TESTUNIVERSITARI

TestUniversitari

LE COLLANE — ALPHA TEST

GLI SPILLI
Oltre 160 tascabili a colori, per fissare le idee su materie di studio fondamentali ma anche su temi di attualità e cultura o lingue straniere. Una collana già scelta da oltre 1 milione di lettori: studenti e non solo...

STRUMENTI DIDATTICI
Guide per l'aggiornamento e l'attività didattica di insegnanti, orientatori e psicologi sui temi dell'orientamento e dei test a risposta multipla.

MATURITÀ
Volumi che raccolgono i temi d'esame della prova scritta dei licei scientifici, risolti e commentati.

ORIENTAMENTO
Guide aggiornate per la scelta degli studi post-diploma e per l'inserimento nel mondo del lavoro.

TEST UNIVERSITARI
Manuali ed eserciziari specifici per la preparazione ai test di ammissione di tutte le facoltà universitarie.

ESERCIZIARI PER L'UNIVERSITÀ
Volumi per prepararsi agli esami universitari di matematica e fisica di tutte le facoltà scientifiche, dei Politecnici e degli altri corsi che prevedono esami di queste discipline.

DOPO LA LAUREA
Guide aggiornate con informazioni a tutto campo, utili per inserirsi con soddisfazione nel mondo del lavoro. Ogni volume è dedicato specificamente agli sbocchi occupazionali delle diverse aree di studio.

PASSEPARTOUT
Volumi monodisciplinari utili per la preparazione ai test di concorsi pubblici, selezioni aziendali, concorsi dell'Unione Europea, concorsi militari, ammissione all'università e ai master.

LAVORO&CARRIERA
Guide pratiche e informative di supporto allo svolgimento delle diverse professioni.

TEST PROFESSIONALI
Oltre 40 manuali ed eserciziari per prepararsi alle prove di selezione previste per l'accesso e l'abilitazione a specifiche professioni (promotore finanziario, vigile urbano, fisioterapista, infermiere ecc.).

CONCORSI&ESAMI
Volumi monodisciplinari con teoria ed esercizi per prepararsi alle prove scritte e orali dei concorsi pubblici e degli esami universitari.

TEST MILITARI
Manuali ed eserciziari dedicati a chi deve sostenere prove selettive nell'ambito militare.

I NUOVI CODICI
Codici innovativi per il contenuto e per il formato. Rappresentano un utile strumento per i professionisti del diritto, studenti e candidati a concorsi pubblici. Sempre aggiornati, si caratterizzano anche per la raccolta di indirizzi internet relativi a leggi e sentenze presenti sul web.

FAMILY DOCTOR
Collana che informa in modo semplice e preciso tutti coloro che hanno interesse a comprendere meglio i problemi legati alla salute.

METEO
Collana curata dal colonnello Mario Giuliacci realizzata in collaborazione con professionisti del settore e composta da volumi di meteorologia, che coniugano l'approccio divulgativo con il rigore scientifico.

QUANTE NE SAI?
Volumi per mettere alla prova, giocando e divertendosi, la memoria e la conoscenza di quel che più ci appassiona ma anche per soddisfare le nostre curiosità.

LINGUE AL VOLO
Piccoli volumi per risolvere al volo ogni dubbio sulla lingua quando ci si trova all'estero: dialoghi modello, frasari per le situazioni più comuni e per gli imprevisti, indicazioni per la pronuncia e agili glossari.

TEORITEST 1

Edizioni Alpha Test

Copyright © 1997-2009 Alpha Test S.r.l.
Via Mercalli 14 – 20122 Milano (Italy)
Tel. 02 5845981 – fax 02 58459896
servizi@alphatest.it
www.alphatest.it

Tutti i diritti sono riservati a norma di legge e a norma delle convenzioni internazionali.
Le fotocopie per uso personale del lettore possono essere effettuate nei limiti del 15% del volume dietro pagamento alla SIAE del compenso previsto dall'art. 68, commi 4 e 5, della legge 22 aprile 1941 n. 633.
Le riproduzioni effettuate per finalità di carattere professionale, economico o commerciale o comunque per uso diverso da quello personale possono essere effettuate a seguito di specifica autorizzazione rilasciata da AIDRO (www.aidro.org).

ISBN: 978-88-483-1061-1

Undicesima edizione: gennaio 2009

Grafica della copertina di Andrea Morando
Copertina e illustrazioni interne a cura dell'Ufficio Grafico Alpha Test:
Marina Ilacqua, Elisabetta Ronchi e Katia Lerario
Foto in copertina: © MathieuViennet - Fotolia.com

Stampato da Legoprint S.p.A., Lavis (Trento)
per conto di Alpha Test S.r.l.
nel gennaio 2009

INDICE

PREFAZIONE XI
Natura del test e caratteristiche di questo libro XV

parte prima – **INTRODUZIONE** 1

1. IL NUMERO CHIUSO E I SISTEMI DI SELEZIONE NELLE UNIVERSITÀ ITALIANE 3
   1.1 La normativa in Italia sul numero programmato 3
   1.2 il test alla Bocconi e alla Luiss 6
   1.3 Il test alla Liuc 7
   1.4 Numero chiuso: amico o nemico degli studenti? 7
2. INDICAZIONI PER I PARTECIPANTI AI CORSI ALPHA TEST 13
   2.1 Informazioni e modalità di iscrizione ai corsi Alpha Test 14
3. SUGGERIMENTI PER AFFRONTARE LA PROVA A TEST 17
   3.1 Bando di concorso e informazioni sulla selezione 17
   3.2 Regolamento e istruzioni per lo svolgimento della prova 17
   3.3 Domande a risposta multipla 18
   3.4 Valore dei quesiti e gestione del tempo a disposizione 19
   3.5 Scelta casuale della risposta nei quesiti che non si sanno risolvere .. 20
   3.6 Scheda per le risposte e correzioni 21

parte seconda – **LOGICA VERBALE** 25

4. COMPETENZE LINGUISTICHE 27
   4.1 Analogie concettuali 28
   4.2 Serie di parole 35
   4.3 Sinonimi e contrari 40
   4.4 Frasi incomplete 42
   4.5 Significato corretto di un vocabolo 45
   4.6 Quesiti di grammatica 47
   4.7 Frasi con errori di grammatica 49
5. COMPRENSIONE DI TESTI 53
   5.1 Principi utili per una lettura critica dei brani 53
   5.2 Come strutturare l'analisi dei brani 54

	5.3	Domande relative ai brani	55
	5.4	Strategia nell'analisi dei brani	57
6	DIAGRAMMI INSIEMISTICI	73
	6.1	Relazioni tra insiemi	73

parte terza – **MATEMATICA** 79

7	ARGOMENTI VARI		81
	7.1	Insiemi, numeri e operazioni	81
	7.2	Algebra classica: monomi e polinomi	85
	7.3	Equazioni e sistemi di equazioni	89
	7.4	Disequazioni	94
	7.5	Logaritmi ed esponenziali	97
	7.6	Geometria analitica	99
	7.7	Statistica	104
	7.8	Problemi di geometria	113

parte quarta – **ATTITUDINE LOGICO-MATEMATICA** 119

8	PROBLEMI DI NATURA MATEMATICA		121
	8.1	Descrizione degli esercizi	122
	8.2	Problemi con frazioni	122
	8.3	Percentuali e loro applicazioni	125
	8.4	Tasso di cambio	131
	8.5	Problemi di lavoro	133
	8.6	Problemi di calcolo delle probabilità	138
	8.7	Problemi con proporzioni	142
	8.8	Problemi risolvibili con equazioni	144
	8.9	Matrici di numeri	146
	8.10	Operazioni in codice	147
	8.11	Problemi su distanza, velocità e tempo	149
	8.12	Suggerimenti	153
9	INTERPRETAZIONE DI GRAFICI E TABELLE		155
	9.1	Principali tipologie di grafici	155
	9.2	Descrizione degli esercizi	158
	9.3	Capacità di individuare informazioni rilevanti	166

parte quinta – **RAGIONAMENTO E ATTENZIONE** 171

10	PROBLEMI DI NATURA LOGICA		173
	10.1	Esercizi di ragionamento	174
	10.2	Deduzioni logiche	181
11	QUESITI DI ANALISI DOCUMENTALE		195
	11.1	Prove di analisi	196
	11.2	Esercizi di valutazione	199

12	ESERCIZI DI ATTENZIONE	203
	12.1 Riproduzione di frasi	203
	12.2 Copie conformi all'originale	204
	12.3 Elementi da contare	205
13	PERCORSI LOGICI	207
	13.1 Analisi di processo	207
	13.2 Sequenze di azioni	210

parte sesta – LOGICA NUMERICA E SPAZIALE 213

14	SUCCESSIONI DI NUMERI E LETTERE	215
	14.1 Successioni di numeri	215
	14.2 Successioni di lettere	220
	14.3 Successioni combinate di numeri e lettere	221
15	SUCCESSIONI DI FIGURE	225
	15.1 Figura da scartare	226
	15.2 Sequenze di figure	226
	15.3 Figura negativa	228
	15.4 Figura speculare	230
	15.5 Analogie tra figure	232
	15.6 Matrici di Raven	233
	15.7 Ragionamento astratto	237
	15.8 Rotazioni	241
	15.9 Test del domino	242
	15.10 Successioni di figure	245
	15.11 Carte da gioco	250

parte settima – CULTURA GENERALE 253

16	STORIA	257
	16.1 Cronologia	258
17	GEOGRAFIA	293
	17.1 L'Italia	293
	17.2 L'Europa	298
	17.3 La Terra	302
	17.4 I continenti	308
18	LETTERATURA ITALIANA E STRANIERA	315
19	EDUCAZIONE CIVICA	319
	19.1 Il diritto italiano	322
	19.2 La struttura dello Stato italiano	323
	19.3 L'Unione europea	324
	19.4 L'onu (Organizzazione delle Nazioni Unite)	326

20	ATTUALITÀ	327
	20.1 Cronologie essenziali degli anni recenti	327
	20.2 Anno 2007	327
	20.3 Anno 2008	337
21	CONOSCENZE INFORMATICHE	349

parte ottava – **I TEST IN INGLESE** **355**

22	LINGUA INGLESE	357
	22.1 Glossario dei termini socio-economici	367
23	IL SAT	371
	23.1 In cosa consiste: le tre prove	371
	23.2 Tempo e punteggio	372
	23.3 Consigli utili	373
	23.4 Dove iscriversi per sostenere il SAT	374
	23.5 La Bocconi e il Sat	374
	23.6 Esempi di esercitazioni	375
	23.7 Esercizi proposti e risolti	377
	23.8 Soluzioni	383

PREFAZIONE

Per molti studenti l'iscrizione all'università è subordinata al superamento di una selezione preliminare che ha lo scopo di valutare le potenzialità dei singoli studenti a frequentare con profitto il corso di studi prescelto.

Attualmente, molti corsi di alcune importanti università private, alcuni corsi di laurea specialistica a livello nazionale (Medicina e Chirurgia, Medicina Veterinaria, Odontoiatria e Protesi dentaria, Scienze della Formazione primaria e Architettura) e molti corsi di laurea triennali sono caratterizzati dalla presenza del **numero programmato**: il numero di matricole di questi corsi non può superare il numero di posti programmati annualmente.

In generale, la selezione dei candidati che desiderano accedere a un corso universitario a numero programmato viene effettuata sulla base del risultato di una prova a test, composta da domande a risposta multipla tese a valutare determinate attitudini e conoscenze. Il risultato di tale prova – predisposta in alcuni casi dal ministero dell'Università e della Ricerca (come, per esempio, le prove di accesso ai corsi di Medicina, Odontoiatria e Veterinaria) e in altri casi dalle stesse università – determina un **punteggio** in base al quale viene stabilita la **graduatoria dei candidati**. In alcuni casi la graduatoria finale tiene conto anche dei risultati conseguiti dai singoli candidati negli ultimi anni della scuola superiore ma il risultato del test è quasi sempre il fattore più importante ai fini dell'ammissione all'università.

Dal 2004 sono inoltre previsti test di verifica in ingresso anche per i corsi ad accesso libero con la finalità di accertare il possesso di conoscenze e attitudini necessarie per il corso prescelto. In caso di valutazione negativa viene stabilito un "debito" formativo che lo studente dovrà "saldare" entro il primo anno di corso dimostrando di aver colmato le lacune rilevate. Anche chi è intenzionato ad accedere a corsi universitari attivati presso facoltà quali Lettere, Giurisprudenza o Scienze Politiche dovrà perciò dimostrare di possedere alcuni prerequisiti di base inerenti all'area del corso prescelto.

La presenza dei test di pre-immatricolazione, siano questi selettivi o "orientativi", impone quindi ai candidati seriamente motivati di conseguire una preparazione adeguata al test che dovranno sostenere.

Alpha Test è la prima e la più importante organizzazione in Italia che offre agli studenti tutti gli strumenti necessari per affrontare con successo i test universitari. Opera a livello nazionale con sedi nelle principali città universitarie e si avvale della collaborazione di centinaia di esperti. Per la preparazione alle diverse prove di ammissione, Alpha Test organizza ogni anno specifici **corsi intensivi** e pubblica la collana *TestUniversitari* composta da oltre quaranta tra manuali ed eserciziari, specifici per ogni facoltà o area di studi (www.alphatest.it/corsi).

In particolare, questo libro è rivolto alla preparazione ai test di ammissione ai corsi universitari delle università **Bocconi**, **LUISS** e **LIUC** (che prevedono un'unica prova di selezione, indipendentemente dal corso di laurea scelto) e ai **corsi di studio** delle aree *Economica*, *Giuridica* e *Politica*.

Per una preparazione completa, a questo volume si affiancano il corrispondente eserciziario ESERCITEST 1 (disponibile anche nella versione con CD) e la raccolta di prove simulate VERITEST 1. Ai fini dello studio, ciascuno dei tre volumi è autosufficiente ma, allo stesso tempo, complementare rispetto agli altri. Le loro caratteristiche sono così sintetizzabili:

- TEORITEST 1: è il principale strumento di preparazione alle prove di ammissione. Consente infatti lo studio e il ripasso mirato di tutti gli argomenti su cui vertono le domande dei test; la trattazione teorica è completata da schemi, tabelle, glossari e da centinaia di esercizi risolti e commentati;

- ESERCITEST 1: è un eserciziario contenente centinaia di quesiti suddivisi in base alle materie oggetto d'esame. Di ciascun quesito viene fornita la soluzione e il commento che illustra i metodi risolutivi più efficaci. Costituisce dunque uno strumento utile per esercitarsi e per approfondire la propria preparazione. Nella versione con CD, il *software* combina i numerosi esercizi a disposizione e permette di comporre un numero molto ampio di prove simulate di test da svolgere secondo le modalità e i tempi che caratterizzano l'esame ufficiale; allo scadere del tempo prefissato, il programma elabora le risposte e fornisce i risultati, anche in forma grafica.

- VERITEST 1: contiene 10 prove d'esame composte con le domande dei concorsi degli ultimi anni sotto forma di test simulati. Le prove sono accompagnate da indicazioni precise (tempo a disposizione, criteri di valutazione ecc.) che consentono al lettore di svolgerle secondo le modalità dell'esame ufficiale.

L'acquisto di ogni libro della collana *TestUniversitari* dà anche diritto a svolgere gratuitamente 3 simulazioni del test ufficiale di proprio interesse sul sito www.testonline.it. Per le istruzioni si rimanda alle indicazioni riportate nell'apposita pagina in fondo al volume.

Si ricorda al lettore che il TEORITEST 1 contiene le tipologie di esercizi presenti in tutti i test di ingresso ai corsi universitari sopra citati. Si raccomanda quindi di **leggere con attenzione il bando di concorso del corso di proprio interesse**, per individuare con precisione le tipologie di esercizi sulle quali **concentrare la propria attenzione**. Si consiglia anche di leggere attentamente le **parti introduttive** dei diversi capitoli dove è possibile trovare informazioni sull'utilizzo degli esercizi proposti nelle diverse prove d'esame degli ultimi anni.

Per la preparazione alle prove di ammissione, oltre ai volumi della collana *TestUniversitari*, Alpha Test organizza per gli studenti più motivati numerosi corsi di varia durata. Frequentare un corso Alpha Test consente di completare, perfezionare e consolidare la propria preparazione grazie ai seguenti punti di forza:

1. **la didattica interattiva.** Ciascun corso prevede cicli di lezioni e di esercitazioni dedicate al ripasso di tutti gli argomenti oggetto d'esame. Gli studenti possono beneficiare della professionalità di docenti con un'esperienza d'insegnamento unica in Italia, maturata in oltre 20 anni di attività nel campo specifico della preparazione ai test universitari;

2. **il materiale supplementare consegnato ai corsi.** Durante i corsi, a ciascun partecipante viene fornito materiale di studio e di esercitazione aggiuntivo rispetto ai volumi consegnati al momento dell'iscrizione. Si tratta di materiale estremamente aggiornato e specifico per la struttura e i contenuti del test che si deve affrontare;

3. **l'esperienza "sul campo".** In ciascun corso, vengono svolte più simulazioni d'esame che, oltre a corrispondere alla natura del test ufficiale a cui il corso si riferisce, consentono di confrontare la propria preparazione con quella di altri candidati. I docenti Alpha Test sono in grado inoltre di indicare a ogni candidato il punteggio orientativo che occorre conseguire per accedere al corso universitario prescelto.

Chi desidera prepararsi ai test di ammissione dell'area medico-sanitaria senza rinunciare a sport e divertimento può anche partecipare a una delle **vacanze-studio Alpha Test** (per informazioni: www.alphatest.it/corsi).

Alpha Test ringrazia i numerosi lettori, i partecipanti ai corsi e i collaboratori che, con i loro interventi, suggerimenti e in particolare con i giudizi ogni anno forniti al termine dei corsi, hanno contribuito a migliorare negli anni la qualità dei nostri volumi e servizi.

Al fine di poter pubblicare libri sempre più aggiornati e completi, Alpha Test considera estremamente prezioso il parere dei propri lettori. Le chiediamo pertanto la cortesia di esprimere un giudizio su questo libro nell'apposita sezione "Valuta un libro" del sito www.alphatest.it. Per ogni valutazione ricevuta Alpha Test devolverà 1 euro a **Medici Senza Frontiere o ad altra organizzazione non governativa con finalità umanitarie**; in alternativa il lettore potrà scegliere di beneficiare di un **buono sconto** per l'acquisto di libri direttamente dal sito alphatest.it.

La ringraziamo anticipatamente per la collaborazione.

Per informazioni aggiornate sui libri di Alpha Test i lettori possono visitare il sito internet **www.alphatest.it** o richiedere il catalogo gratuito a:

Alpha Test S.r.l.
via Mercalli, 14 – 20122 Milano
tel. 02 58 45 981 – fax 02 58 45 98 96

e-mail: servizi@alphatest.it

Natura del test e caratteristiche di questo libro

Il volume contiene la spiegazione e l'analisi degli argomenti e delle tipologie di esercizi previsti nei test di ammissione dei corsi universitari a cui è rivolto. È dedicato a corsi di università diverse, in quanto i test utilizzati sono della stessa natura e presentano molti aspetti in comune. In generale, non vi è dunque, all'interno del volume, una parte dedicata alla Bocconi, un'altra alla Luiss e così via, nel senso che pressoché tutte le tipologie di esercizi esaminate sono di interesse per i candidati a tutti i test a cui il libro si rivolge. All'inizio di ogni capitolo, comunque, sono segnalati quali esercizi sono stati somministrati negli ultimi anni nelle diverse prove di ammissione. Questa informazione consente al lettore di indirizzare la propria preparazione in modo più specifico. Poiché di anno in anno ci possono essere delle variazioni nella composizione delle diverse prove di ammissione, si consiglia di **leggere sempre il bando** di concorso relativo alla propria selezione, in modo da non tralasciare alcuna tipologia di esercizi prevista.

La **prima parte** del volume spiega il significato, le caratteristiche e le implicazioni del numero chiuso e dei test di ammissione alle università italiane e propone alcuni suggerimenti utili su come prepararsi a tali prove.

Nella **seconda parte** vengono analizzati i quesiti di **logica verbale**: esercizi volti a verificare la proprietà di linguaggio, l'ampiezza del vocabolario, la capacità di comprendere relazioni tra vocaboli e le capacità critiche, di analisi e di sintesi del candidato.

La **terza parte** propone esercizi di **matematica** (radicali, monomi, polinomi, geometria analitica ecc) introdotti nelle prove degli ultimi anni alla Bocconi, alla LUISS e alla LIUC.

I problemi di attitudine **logico-matematica** costituiscono l'argomento sviluppato nella **quarta parte**. Al contrario degli esercizi di matematica, non presuppongono la conoscenza di nozioni specifiche, ma intendono valutare le capacità logico-matematiche e di ragionamento dei candidati.

Nella **quinta parte** sono proposti esercizi di **ragionamento logico** (sillogismi, negazioni, deduzioni, problemi di analisi ecc.) e **problemi di attenzione**. Se i primi servono a valutare le capacità logico-deduttive del candidato, i secondi sono utilizzati per valutare la capacità di mantenere la concentrazione.

La **sesta parte** è dedicata alla spiegazione degli esercizi di **attitudine numerica e spaziale**. Per mezzo di numerosi esempi, viene illustrata la logica che sta alla base delle diverse tipologie di esercizi quali: sequenze di numeri e lettere, successioni di figure, ragionamento astratto ecc.

Nella **settima parte** vengono proposti esercizi di **cultura generale** (storia, geografia, educazione civica, attualità ecc.).

L'**ottava** e ultima **parte** è invece dedicata ai test in lingua **inglese**. Un capitolo di questa parte è dedicato al **SAT** (*Scholastic Assessment Test*), certificazione internazionale che la Bocconi prevede in alternativa al test di ingresso. In particolare, ai fini selettivi la Bocconi considera i punteggi ottenuti nelle sezioni relative a Critical Reading e Math.

È opportuno ricordare ancora che ogni università potrebbe utilizzare solo alcune delle categorie di esercizi affrontate nelle diverse sezioni di questo libro. Nel test ufficiale che il lettore dovrà affrontare potranno quindi essere somministrate soltanto alcune delle tipologie di quesiti trattate. Dal momento però che ogni anno i test di ammissione ai singoli corsi di laurea possono presentare alcune novità rispetto agli anni precedenti, si consiglia di studiare e di esercitarsi su tutte le tipologie di esercizi analizzate nel libro, concentrandosi maggiormente su quelle che trovano corrispondenza con la natura della prova così come descritta nel bando di concorso, al quale si rimanda quale fonte ufficiale di informazioni. Si potrà in questo modo ottimizzare la propria preparazione minimizzando eventuali sorprese al momento della prova.

Per avere informazioni certe e ufficiali circa il programma e le modalità di svolgimento del test di ammissione per uno specifico corso universitario, in una particolare sede universitaria, si suggerisce di partecipare al **corso Alpha Test**: durante le lezioni vengono infatti descritte in modo dettagliato le **caratteristiche peculiari** della prova di ammissione esaminata e vengono fornite **indicazioni puntuali** circa le tipologie di esercizi più frequenti e le modalità di svolgimento della prova stessa.

parte prima

INTRODUZIONE

1 IL NUMERO CHIUSO E I SISTEMI DI SELEZIONE NELLE UNIVERSITÀ ITALIANE

Con l'espressione **numero chiuso** o **numero programmato**, in relazione ai corsi universitari, si intende un sistema articolato di regolamentazione delle immatricolazioni degli studenti che tiene conto di molti fattori quali:
- il rapporto fra il numero degli studenti e la qualità del servizio offerto dall'università;
- la necessità di investire sugli studenti più capaci e meritevoli;
- l'opportunità di adeguare il numero dei laureati alle effettive esigenze del mondo del lavoro nei diversi settori professionali;
- la necessità di ridurre il tasso di abbandono negli studi universitari e, conseguentemente, di aumentare la produttività del sistema formativo universitario;
- la necessità di introdurre maggiore competizione fra gli atenei;
- la necessità di adeguare il sistema formativo italiano alle direttive dell'Unione europea.

Nonostante il fenomeno coinvolga ogni anno centinaia di migliaia di studenti, il significato, le motivazioni e le implicazioni del numero chiuso, unitamente alle modalità di selezione adottate dai singoli atenei, sono ancora poco conosciuti da molti studenti al termine delle scuole superiori.

1.1 LA NORMATIVA IN ITALIA SUL NUMERO PROGRAMMATO

La materia dell'accesso ai corsi universitari è disciplinata dalla legge n° 264 del 1999, sotto riportata.

LEGGE 2 agosto 1999, n. 264
NORME IN MATERIA DI ACCESSI AI CORSI UNIVERSITARI
GU n. 183 del 6-8-1999

La Camera dei deputati ed il Senato della Repubblica hanno approvato;

Il Presidente della Repubblica
Promulga la seguente legge:

Art. 1.

1. Sono programmati a livello nazionale gli accessi:
a) ai corsi di laurea in medicina e chirurgia, in medicina veterinaria, in odontoiatria e protesi dentaria, in architettura, nonché ai corsi di diploma universitario, ovvero individuati come di primo livello in applicazione dell'articolo 17, comma 95, della legge 15 maggio 1997, n. 127, e successive modificazioni, concernenti la formazione del personale sanitario infermieristico, tecnico e della riabilitazione ai sensi dell'articolo 6, comma 3, del decreto legislativo 30 dicembre 1992, n. 502, e successive modificazioni, in conformità alla normativa comunitaria vigente e alle raccomandazioni dell'Unione europea che determinano standard formativi tali da richiedere il possesso di specifici requisiti;
b) ai corsi di laurea in scienza della formazione primaria e alle scuole di specializzazione per l'insegnamento secondario, di cui, rispettivamente, all'articolo 3, comma 2, e all'articolo 4, comma 2, della legge 19 novembre 1990, n. 341;
c) ai corsi di formazione specialistica dei medici, disciplinati ai sensi del decreto legislativo 8 agosto 1991, n. 257;

d) alle scuole di specializzazione per le professioni legali, disciplinate ai sensi dell'articolo 16 del decreto legislativo 17 novembre 1997, n. 398;

e) ai corsi universitari di nuova istituzione o attivazione, su proposta delle università e nell'ambito della programmazione del sistema universitario, per un numero di anni corrispondente alla durata legale del corso.

Art. 2.

1. Sono programmati dalle università gli accessi:

a) ai corsi di laurea per i quali l'ordinamento didattico preveda l'utilizzazione di laboratori ad alta specializzazione, di sistemi informatici e tecnologici o comunque di posti-studio personalizzati;

b) ai corsi di diploma universitario, diversi da quelli di cui all'articolo 1, comma 1, lettera a), per i quali l'ordinamento didattico prevede l'obbligo di tirocinio come parte integrante del percorso formativo, da svolgere presso strutture diverse dall'ateneo;

c) ai corsi o alle scuole di specializzazione individuate dai decreti attuativi delle disposizioni di cui all'articolo 17, comma 95, della legge 15 maggio 1997, n. 127, e successive modificazioni.

2. Sono programmati dall'università di Trieste gli accessi al corso di laurea in scienze internazionali e diplomatiche con sede in Gorizia, in ragione dei particolari compiti di collaborazione transfrontaliera e internazionale adempiuti da tale corso.

Art. 3.

1. Il Ministro dell'università e della ricerca scientifica e tecnologica, nell'emanazione e nelle modificazioni del regolamento di cui all'articolo 9, comma 4, della legge 19 novembre 1990, n. 341, come modificato dall'articolo 17, comma 116, della legge 15 maggio 1997, n. 127, si conforma alle disposizioni di cui agli articoli 1 e 2 della presente legge e si attiene ai seguenti principi e criteri direttivi:

a) determinazione annuale, per i corsi di cui all'articolo 1, comma 1, lettere a) e b), del numero di posti a livello nazionale con decreto del Ministro dell'università e della ricerca scientifica e tecnologica, sentiti gli altri Ministri interessati, sulla base della valutazione dell'offerta potenziale del sistema universitario, tenendo anche conto del fabbisogno di professionalità del sistema sociale e produttivo;

b) ripartizione dei posti di cui alla lettera a) tra le università, con decreto del Ministro dell'università e della ricerca scientifica e tecnologica, tenendo conto dell'offerta potenziale comunicata da ciascun ateneo e dell'esigenza di equilibrata attivazione dell'offerta formativa sul territorio;

c) determinazione da parte delle università dei posti relativi ai corsi di cui all'articolo 1, comma 1, lettera e), nonché di cui all'articolo 2, previa valutazione della propria offerta potenziale;

d) previsione di attività di informazione e orientamento degli studenti da parte degli atenei e del Ministero dell'università e della ricerca scientifica e tecnologica, introduzione graduale dell'obbligo di preiscrizione alle università, monitoraggio e valutazione da parte del citato Ministero dell'offerta potenziale degli atenei.

2. La valutazione dell'offerta potenziale, al fine di determinare i posti disponibili di cui alle lettere a), b) e c) del comma 1, è effettuata sulla base:

a) dei seguenti parametri:
  1) posti nelle aule;
  2) attrezzature e laboratori scientifici per la didattica;
  3) personale docente;
  4) personale tecnico;
  5) servizi di assistenza e tutorato;

b) del numero dei tirocini attivabili e dei posti disponibili nei laboratori e nelle aule attrezzate per le attività pratiche, nel caso di corsi di studio per i quali gli ordinamenti didattici prevedono l'obbligo di tirocinio come parte integrante del percorso formativo, di attività tecnico-pratiche e di laboratorio;

c) delle modalità di partecipazione degli studenti alle attività formative obbligatorie, delle possibilità di organizzare, in più turni, le attività didattiche nei laboratori e nelle aule attrezzate, nonché dell'utilizzo di tecnologie e metodologie per la formazione a distanza.

Art. 4.

1. L'ammissione ai corsi di cui agli articoli 1 e 2 è disposta dagli atenei previo superamento di apposite prove di cultura generale, sulla base dei programmi della scuola secondaria superiore, e di accertamento della predisposizione per le discipline oggetto dei corsi medesimi, con pubblicazione del relativo bando almeno sessanta giorni prima della loro effettuazione, garantendo altresì la comunicazione dei risultati entro i quindici giorni successivi allo svolgimento delle prove stesse. Per i corsi di cui all'articolo 1, comma 1, lettere a) e b), il Ministro dell'università e della ricerca scientifica e tecnologica determina con proprio decreto modalità e contenuti delle prove di ammissione, senza oneri aggiuntivi per il bilancio dello Stato.

2. I requisiti di ammissione alle tipologie di corsi e titoli universitari, da istituire con le procedure di cui all'articolo 17, comma 95, della legge 15 maggio 1997, n. 127, e successive modificazioni, in aggiunta o in sostituzione a quelli previsti dagli articoli 1, 2, 3, comma 1, e 4, comma 1, della legge 19 novembre 1990, n. 341, sono determinati dai decreti di cui al citato articolo 17, comma 95, della legge n. 127 del 1997, i quali comunque non possono introdurre fattispecie di corsi ad accesso programmato ulteriori rispetto a quanto previsto dalla presente legge.

Art. 5.

1. Sono regolarmente iscritti ai corsi universitari per il rilascio dei titoli di cui all'articolo 1, comma 1, lettere a) e b), della legge 19 novembre 1990, n. 341, gli studenti nei confronti dei quali i competenti organi di giurisdizione amministrativa, anteriormente alla data di entrata in vigore della presente legge, abbiano emesso ordinanza di sospensione dell'efficacia di atti preclusivi della iscrizione ai predetti corsi. Sono validi ai sensi e per gli effetti della legislazione universitaria gli esami sostenuti dagli studenti di cui al presente articolo.

2. Sono altresì regolarmente iscritti ai corsi universitari di cui al comma 1 gli studenti che siano stati comunque ammessi dagli atenei alla frequenza dei corsi dell'anno accademico 1998-1999 entro il 31 marzo 1999.

3. Le disposizioni di cui all'articolo 1, comma 1, lettera e), acquistano efficacia a decorrere dall'anno accademico 2000-2001.

4. Fino alla data di entrata in vigore di specifiche modificazioni del regolamento adottato con decreto del Ministro dell'università e della ricerca scientifica e tecnologica 21 luglio 1997, n. 245, pubblicato nella Gazzetta Ufficiale n. 175 del 29 luglio 1997, le università determinano i posti per i corsi di cui all'articolo 2, comma 1, lettera a), e comma 2, conformandosi ai criteri di cui all'articolo 3, comma 2, e disponendo prove d'ammissione ai sensi dell'articolo 4, comma 1.

La presente legge, munita del sigillo dello Stato, sarà inserita nella Raccolta ufficiale degli atti normativi della Repubblica italiana. È fatto obbligo a chiunque spetti di osservarla e di farla osservare come legge dello Stato.

Data a Roma, addì 2 agosto 1999

CIAMPI

D'ALEMA, Presidente del Consiglio dei Ministri

ZECCHINO, Ministro dell'università e della ricerca scientifica e tecnologica

È importante sottolineare che, oltre alle università statali, per le quali valgono le norme sopracitate, anche le università private, quali la Bocconi di Milano, la LUISS di Roma e la LIUC di Castellanza, ormai da molti anni stabiliscono autonomamente un numero limitato di posti per l'accesso ai propri corsi.

In conclusione, il panorama dei corsi universitari che hanno attivato il numero programmato è riassunto nella tabella seguente.

Corsi a "numero programmato"

- Corsi di laurea dell'**area medica**: Medicina e Chirurgia, Odontoiatria e Protesi Dentaria;
- Corsi di laurea dell'**area architettonica**: Architettura, Disegno industriale, Pianificazione territoriale, urbanistica e ambientale, Storia e conservazione dei beni architettonici e ambientali;
- Corsi di laurea dell'**area agraria e scientifica**: Veterinaria, Biotecnologie, Chimica e Tecnologie Farmaceutiche, Farmacia, Informatica;
- Corsi di laurea dell'area **umanistica e psico-pedagogica**: Scienze delle comunicazioni, Psicologia, Scienze internazionali e diplomatiche;
- Corsi di laurea in Scienze motorie;
- Corsi di laurea dei seguenti **atenei privati**: Università Cattolica (alcuni corsi), Università Commerciale Bocconi, Ateneo Vita-salute San Raffaele di Milano, LUISS di Roma, LUMSA di Roma, Università di Urbino, Libera Università S. Pio V, LIUC di Castellanza, Libero Istituto Universitario Campus Bio-medico di Roma.

I posti disponibili per l'immatricolazione ai singoli corsi universitari devono essere resi noti dalle singole università attraverso la pubblicazione di apposito bando almeno sessanta giorni prima della data di svolgimento della prova. Generalmente tale **prova** si svolge nella prima metà di **settembre** (con disponibilità dei bandi tra giugno e luglio) ma, in alcuni casi (tra cui le Università Bocconi e LUISS), una sessione della **prova** di ammissione si tiene già nel mese di **aprile**.

Il 28 dicembre 2007 il Consiglio dei ministri aveva approvato un decreto legislativo interministeriale (concordato quindi tra il ministro dell'Istruzione Fioroni e ministro dell'Università Mussi) che introduce un nuovo criterio per la stesura della graduatoria di merito dei candidati per l'ammissione ai corsi di laurea a numero chiuso: il punteggio massimo ottenibile diventa di 105 punti, 80 dei quali derivanti dal test d'ingresso e i restanti 25 punti dal voto conseguito all'esame di Stato e dai risultati scolastici del triennio che lo precede. Non è ancora noto se tale criterio entrerà in vigore nel 2009-2010 ma, in ogni caso, è riferito alle università statali e non a quelle private.

1.2 IL TEST ALLA BOCCONI E ALLA LUISS

Vale la pena spendere due parole su modalità e tempistica dei test di accesso alla Bocconi di Milano e alla LUISS di Roma.

Differentemente da quanto accade nelle altre università di area economica, giuridica e di scienze politiche, dove le selezioni si svolgono a settembre, questi due atenei propongono l'esame di ammissione già a primavera.

La Bocconi prevede l'assegnazione della maggior parte dei posti disponibili (circa l'80%) nella sessione primaverile, mettendo a bando la restante parte dei posti nella sessione di settembre.

La LUISS ha modificato negli anni il sistema di selezione. In passato, infatti, nella sessione primaverile erano messi a bando tutti i posti, ma ai candidati veniva richiesto non solo di rientrare nella classifica utile ai fini selettivi, ma anche di ottenere un punteggio complessivo (calcolato tenendo presente il curriculum scolastico e il voto del test) pari ad almeno 65/100. Nell'ultimo anno anche la LUISS ha adottato un sistema molto simile a quello della Bocconi, non richiedendo più la soglia minima di punteggio, ma mettendo comunque a bando la maggior parte dei posti nella sessione primaverile.

Sia Bocconi sia LUISS operano una selezione tale per cui una parte del punteggio finale deriva dal test e una parte dal curriculum scolastico.

Altre caratteristiche comuni ai due test sono:
- numero domande: 100;
- materie presenti: logica.

Le differenze tra le due prove possono essere sintetizzate nei seguenti punti:
- tempo totale a disposizione: solitamente per il test della LUISS è pari a un'ora e mezzo, per quello della Bocconi è di circa due ore (un'ora e mezzo per il test selettivo e mezz'ora per il test di inglese non selettivo);
- domande di lingua inglese nel solo test della Bocconi, dove si riscontra anche una maggiore presenza di domande volte alla conoscenza della matematica;
- numero di alternative: nei test alla Bocconi le domande prevedono 5 alternative, mentre in quello alla LUISS si trovano domande con 5, con 4 e anche con 3 alternative (sono segnalate all'interno del volume);
- sistema di attribuzione del punteggio: di solito alla LUISS viene attribuito un punteggio pari a 1 per ogni risposta corretta, 0 per ogni risposta omessa e 0 anche per ogni risposta sbagliata; per la selezione alla Bocconi, invece, per ogni risposta sbagliata viene assegnata una penalità pari a 1/3.

Altre differenze riguardano le specifiche tipologie di esercizi di logica utilizzate. Si consiglia di leggere con attenzione le tabelle poste all'inizio di ogni capitolo, dove sono elencate le tipologie di esercizi assegnate nei test di ammissione degli anni passati.

1.3 Il test alla LIUC

L'Università Carlo Cattaneo – LIUC prevede solitamente un accesso diretto per gli studenti in possesso di un voto di maturità superiore o uguale a 75/100 o di una media del 7 negli ultimi tre anni di scuola.

L'ammissione degli studenti con votazione inferiore ai 75/100 è subordinata al superamento di un test attitudinale.

Il test è composto da 60 domande con 4 alternative e prevede esercizi riguardanti: comprensione di brani, logica verbale, logica matematica e conoscenza della matematica di base, cultura generale, ragionamento logico e logica numerica.

Alla risposta esatta viene attribuito un punto e alla risposta sbagliata una penalità di un terzo di punto, mentre non c'è penalità in caso di omissione della risposta.

1.4 Numero chiuso: amico o nemico degli studenti?

Nel dibattito in corso in Italia sul numero programmato, tra le argomentazioni di chi è contrario e ne chiede l'abolizione vi è quella della sua presunta incostituzionalità. Chi sostiene questa posizione afferma che il numero chiuso viola il diritto allo studio e, in particolare, gli articoli 2, 3, 33 e 34 della Costituzione. Tuttavia nell'articolo 34 il Costituente, nel disporre che "la scuola è aperta a tutti" (comma 1), aggiunge significativamente che hanno diritto ad accedere **ai gradi più alti degli studi** "**i capaci e meritevoli**, anche se privi di mezzi" (comma 3). Una regolamentazione dell'accesso agli studi universitari (cioè ai gradi alti degli studi e non alla scuola dell'obbligo) che valorizzi le capacità e il merito degli aspiranti studenti, risulta pertanto legittima anche sul piano costituzionale. Per tutelare realmente il dettato costituzionale bisognerebbe potenziare il sistema di borse di studio da assegnare ai capaci e meritevoli privi di mezzi economici.

Nel novembre del 1998 la Corte Costituzionale aveva d'altronde già chiarito la legittimità costituzionale del numero programmato, evidenziando anche la necessità di garantire agli studenti una qualità dell'insegnamento conforme agli standard imposti dall'Unione europea.[1]

Stabilita la liceità del numero chiuso sul piano costituzionale, è opportuno valutarne l'efficacia e l'utilità per gli studenti, per il sistema formativo universitario e per la collettività nel suo complesso. Per esprimere una valutazione complessiva occorre conoscere le ragioni e i principi che hanno portato anche in Italia alla regolamentazione degli accessi in università, misurare i vantaggi che tale scelta comporta e, soprattutto, i risultati a cui ha dato luogo in quei corsi universitari che già da molti anni operano una regolamentazione delle immatricolazioni sulla base di criteri meritocratici.

---

1. Sentenza n. 383 del 27 novembre 1998.

1.4.1 A COSA SERVE IL NUMERO CHIUSO

Oltre a rispondere alla necessità di adeguare il sistema formativo italiano alle direttive dell'Unione europea relative ad alcuni corsi di laurea,[1] in generale la regolamentazione delle immatricolazioni operata attraverso una selezione su basi meritocratiche si dimostra funzionale sotto diversi aspetti.

Le università possono offrire un servizio qualitativamente adeguato soltanto commisurando il numero di studenti alle effettive capacità delle strutture didattiche e del corpo docente. Gli atenei devono infatti garantire alle proprie matricole un'adeguata accoglienza e reali opportunità formative. Questo aspetto è particolarmente rilevante per i corsi che prevedono attività di tirocinio, come quelli sanitari, o di laboratorio, come quelli scientifici, dove il numero di studenti è strettamente correlato alla qualità della formazione.

Le ultime statistiche sugli studi universitari in Italia indicano che oltre il 40 per cento degli studenti immatricolati abbandona l'università senza conseguire la laurea. Questo è uno dei maggiori problemi del sistema formativo universitario italiano.

Nella tabella seguente sono riportati i dati che illustrano il tasso di successo (la percentuale di laureati nell'anno rispetto al numero di studenti che si sono immatricolati sei anni prima) nei diversi corsi universitari raggruppati per aree omogenee.

Gruppo di studio	Tasso di successo
Medico	94,8
Architettura	88,6
Psicologico	63,3
Economico-statistico	61,2
Ingegneria	56,8
Chimico-farmaceutico	56,5
Letterario	50,6
Insegnamento	49,2
Linguistico	49,0
Agrario	47,4
Scientifico	44,2
Politico-sociale	41,6
Giuridico	41,6
Geo-biologico	40,8
Totale	**53,0**

Percentuale di laureati nel 2002 rispetto al numero di matricole del 1997 (Fonte: ISTAT, *Università e lavoro: statistiche per orientarsi*, 2005).

Dalla tabella emerge chiaramente che **i corsi di laurea che da oltre 5 anni hanno istituito a livello nazionale il numero chiuso sono quelli con la più alta probabilità di laurea**. Le aree medica e di architettura (dove il numero chiuso è in vigore da più tempo e a livello nazionale) presentano rispettivamente una pro-

---

[1]. Corsi di laurea in Medicina e Chirurgia, Odontoiatria e Protesi Dentaria, Medicina Veterinaria, corsi triennali dell'area sanitaria, Architettura, Scienze della Formazione Primaria e corsi di nuova istituzione (legge n. 264 del 2 agosto 1999).

babilità di laurea pari al 94,8 e all'88,6%, a fronte di un valore medio pari al 53,0%. È interessante sottolineare in particolare il caso del corso di laurea in Odontoiatria e Protesi dentaria, da sempre riservato a un numero molto ristretto di matricole, dove la quasi totalità degli immatricolati porta a termine gli studi.

Un altro dato significativo è rappresentato dalla **percentuale di matricole che non si reiscrivono l'anno accademico successivo**. Come si nota dal grafico seguente, il valore medio nazionale è pari al 19,9% e molti dei corsi che prevedono in più sedi il numero chiuso sono sotto questa media.

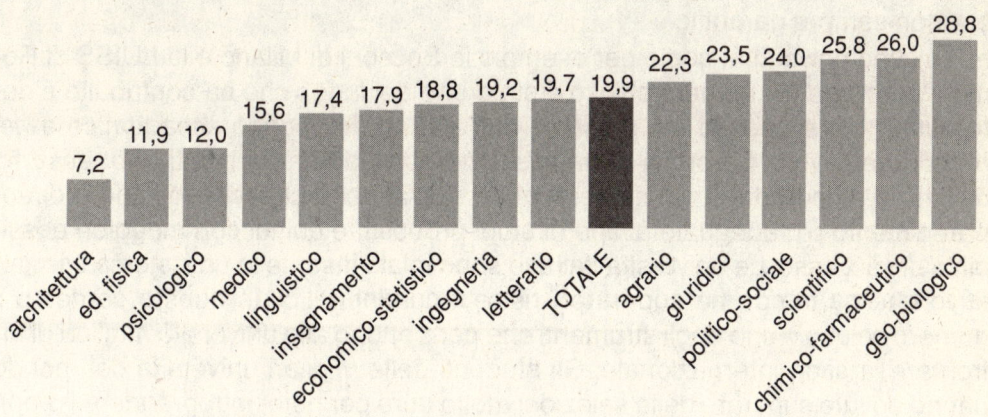

Iscritti al primo anno dell'anno accademico 2005-2006 che non si sono reiscritti l'anno successivo (Fonte: *Università e lavoro, Orientarsi con la statistica 2008*).

Le ripercussioni negative di un sistema che non seleziona all'ingresso gli studenti sui quali investire non si limitano al disagio di coloro che abbandonano e che ritardano di alcuni anni il loro ingresso nel mondo del lavoro, ma toccano molto da vicino anche gli studenti capaci e seriamente motivati, che devono fare i conti con una situazione di sovraffollamento che abbassa inevitabilmente la qualità della loro formazione.

Programmare gli accessi all'università significa anche assicurare migliori prospettive occupazionali, adeguando il numero dei laureati ai bisogni effettivi che si registrano nei diversi settori professionali. Aumentano in questo modo le probabilità di intraprendere fin da subito una carriera universitaria in un campo che offra buone possibilità di impiego e si riduce il rischio di ritrovarsi, una volta laureati, con possibilità occupazionali modeste e poco coerenti con il proprio percorso di studi. Nei corsi ad accesso libero la selezione è comunque presente, non all'ingresso, ma posticipata ai primi anni di corso (caratterizzati da un tasso di abbandono estremamente elevato) o al più tardi al momento dell'ingresso nel mondo del lavoro.[1] Sono peraltro queste le condizioni dove i "figli di nessuno" dif-

---

1. Un esempio è offerto dalla maggioranza dei laureati in Giurisprudenza (corso di laurea quasi ovunque in Italia ad accesso libero) che non hanno la possibilità di diventare notai, avvocati o uditori giudiziari, per l'elevata selezione degli esami per l'accesso a tali professioni. La differenza con l'inserimento professionale di un laureato in Odontoiatria (esempio di un corso di laurea che da diversi anni prevede una dura selezione in ingresso) è evidente.

ficilmente riescono ad avere le stesse opportunità dei figli dei professionisti. In Italia infatti, più che in altri paesi, il ricambio generazionale per alcune professioni sembra non avvenire solo su basi meritocratiche ma anche per via "ereditaria". Avvocati, notai e commercialisti sono forse i casi più noti. Questo fenomeno, che non favorisce la mobilità sociale, sarebbe certamente corretto da una programmazione nazionale degli accessi all'università correlata alla domanda del mercato del lavoro. La diffusione di una selezione meritocratica all'inizio degli studi universitari renderebbe infatti più semplice ai laureati l'inserimento nel mondo del lavoro, contribuendo così a creare anche in Italia le condizioni di pari opportunità ora non sempre garantite.

Per alcune università, come per esempio la Bocconi di Milano e la LUISS di Roma, l'adozione del numero chiuso è stato uno dei fattori che ha contribuito a determinarne il successo e il prestigio dell'ateneo nel mondo accademico e nel mondo del lavoro. La prova di ammissione obbligatoria ha infatti permesso fin dall'inizio di individuare gli studenti più preparati, con capacità logiche e di apprendimento più adeguate al tipo di studi proposti, e quindi con maggiori possibilità di successo. Le università italiane sono infatti inserite in un sistema competitivo che da tempo ha superato i ristretti confini italici. In questo contesto il numero chiuso è uno degli strumenti che permettono alle università migliori di affrontare la sfida internazionale. Gli studenti delle migliori università del mondo hanno dovuto superare delle selezioni molto dure per poter intraprendere i propri studi universitari ed è con loro che gli studenti italiani devono competere oggi nelle aule universitarie e competeranno domani sul mercato del lavoro.

In definitiva, più che garantire un generico diritto a frequentare le lezioni, anche l'Università italiana dovrebbe offrire ai propri studenti la concreta possibilità di laurearsi attraverso una formazione di qualità elevata che rappresenti un valore nel mercato professionale nazionale e internazionale. E siccome in Italia, come negli altri Paesi, le risorse destinate all'università non sono e non potranno mai essere infinite, così come non sono infiniti gli sbocchi professionali che si aprono ai laureati, è necessario orientare e selezionare gli studenti prima degli studi universitari in base alle capacità e alle inclinazioni individuali e in base alle esigenze del mondo del lavoro.

Quanto detto consente di capire il motivo per il quale gran parte degli studenti che frequenta o si è laureato in un corso con accesso programmato, avendone sperimentato personalmente i vantaggi, si dichiara favorevole alla selezione delle aspiranti matricole.

1.4.2 Validità del test come strumento di selezione

Qualunque considerazione sul numero chiuso non può prescindere da una analisi dei sistemi utilizzati per la selezione degli studenti. Come si è detto, il sistema più diffuso in Italia per regolamentare l'accesso all'università è la valutazione del candidato sulla base del risultato conseguito in una prova a test e, in misura minore, dei risultati conseguiti negli ultimi tre anni della scuola superiore. L'esperienza ha dimostrato che, dove il test di ammissione/valutazione è stato accuratamente formulato e bilanciato, esiste una forte correlazione fra il punteggio

conseguito nel test e i risultati ottenuti nel corso degli studi universitari. In particolare, ricerche autorevoli[1] condotte dalle università hanno mostrato che:
- il tempo di conseguimento della laurea è inferiore per gli studenti che ottengono un punteggio elevato nella prova a test;
- i candidati che ottengono un buon punteggio nella prova di ammissione superano gli esami con votazioni più alte e si laureano con una votazione mediamente più elevata rispetto ai candidati posizionatisi nelle fasce inferiori della graduatoria; inoltre, il numero di esami superati in corso è tanto più elevato quanto maggiore è il punteggio conseguito nella prova a test;
- regolamentare l'accesso in università attraverso adeguate prove a test ha consentito di indirizzare gli studenti verso i corsi di laurea che risultano maggiormente idonei alle attitudini dei singoli.

Le prove a test, lontane dal discriminare gli studenti in base a fattori legati al reddito familiare o all'ambiente sociale di provenienza, se ben formulate e gestite, garantiscono criteri di selezione unicamente meritocratici, concorrendo così al raggiungimento di un sistema competitivo, del quale beneficiano gli studenti stessi. Il prestigio di un ateneo è infatti determinato anche dalle opportunità di lavoro che offre ai suoi laureati: condurre fino alla laurea un numero limitato e scelto di studenti, nei tempi previsti e con buoni curricula di studi, consente di attivare canali di collegamento privilegiati tra le università stesse e il mondo produttivo e professionale.

In definitiva non è un caso che i test a risposta multipla sono lo strumento di valutazione più utilizzato al mondo non solo in ambito universitario ma anche nei processi di selezione sul lavoro. Tale diffusione è dovuta ad alcuni vantaggi legati ai test che è possibile sintetizzare nei punti seguenti.

- **Oggettività**: se la prova d'esame viene gestita con serietà e professionalità, il punteggio totalizzato dai candidati non è influenzato da valutazioni "personali", ma ottenuto attraverso una procedura informatizzata e standardizzata che consente di effettuare una valutazione oggettiva delle prove garantendo la pari opportunità dei candidati.
- **Efficacia**: come evidenziano i dati menzionati in precedenza, i test, se ben progettati e formulati, consentono di individuare gli studenti che possiedono le conoscenze, le potenzialità e le attitudini richieste dal corso di studi.
- **Rapidità**: automatizzando il processo di lettura è possibile correggere le prove di un elevato numero di candidati e ottenere i relativi punteggi, corredati da un'analisi comparativa, nell'arco della stessa giornata di svolgimento del test.
- **Efficienza**: i test costituiscono uno strumento di valutazione a basso costo perché possono essere somministrati contemporaneamente a gruppi numerosi di persone e soprattutto perché possono essere corretti attraverso procedure automatizzate.

---

1. Si veda ad esempio quanto pubblicato dal CISIA (Centro universitario per l'accesso alle scuole di ingegneria e architettura) sul sito www.cisiaonline.it.

2 INDICAZIONI PER I PARTECIPANTI AI CORSI ALPHA TEST

Alpha Test:
- è **la prima** società in Italia specializzata nel preparare gli studenti ai test di ammissione all'università;
- è **l'unica** organizzazione che può vantare un'esperienza ventennale e oltre 1000 corsi già organizzati su tutto il **territorio nazionale**;
- dal 1987 a oggi ha **preparato con successo** ai test universitari **decine di migliaia di studenti** che si sono trovati in vantaggio rispetto alle altre aspiranti matricole;
- propone corsi con durata, programmi e costi differenziati a seconda della prova di selezione e delle esigenze dei singoli studenti, avvalendosi di prestigiose strutture didattiche;
- vanta un corpo docente composto da oltre 80 esperti rigorosamente selezionati e costantemente formati: docenti universitari, ricercatori e professionisti con un'**esperienza didattica unica** e **specifica** nel campo della preparazione ai test universitari;
- ha sviluppato, per prima in Italia, una **metodologia didattica innovativa** e specifica per affrontare le prove a test;
- effettua l'analisi e la discussione in aula delle **prove ufficiali** utilizzate dalle università negli anni passati;
- sottopone ai partecipanti ai corsi numerose **prove simulate** che, nella maggioranza dei casi, vengono corrette individualmente mediante l'uso di **lettori ottici** del tipo di quelli utilizzati dalle università; ciò consente ai partecipanti di verificare in tempo reale il proprio livello di preparazione e di apprendimento;
- ha sviluppato una collana di volumi specifici per i diversi test di ammissione, già scelti da oltre un milione di studenti e **forniti ai partecipanti ai corsi** all'atto dell'iscrizione;
- mette a disposizione degli studenti un servizio di esercitazione *on line* – all'indirizzo **www.testonline.it** – dove è possibile simulare i test di ammissione ai singoli corsi di studio.

Quanto premesso, unitamente ai risultati conseguiti dai partecipanti alle passate edizioni, ci consente di affermare che prepararsi a un test di ammissione frequentando lo specifico corso Alpha Test rappresenta la scelta migliore per chi è veramente motivato ad accedere al corso universitario desiderato. Alpha Test e il suo corpo docente mettono a disposizione l'esperienza maturata e forniscono tutto l'aiuto necessario affinché i propri studenti possano prepararsi nel modo più completo ed efficace alla prova di selezione.

Per accrescere ulteriormente la probabilità di successo **è essenziale anche l'impegno** degli studenti sotto forma di studio e di esercitazione **prima** e **durante** lo svolgimento del corso. Per facilitare la preparazione preliminare, Alpha Test consegna, già all'atto dell'iscrizione, i volumi TEORITEST 1, ESERCITEST 1 e VERITEST 1. Consigliamo di leggere questi libri prima dell'inizio del corso con l'obiettivo di acquisire almeno una conoscenza di base degli argomenti trattati. Questa raccomandazione vale in particolar modo per chi sceglie di frequentare uno dei corsi Alpha Test di durata minore.

Durante il corso l'attenzione viene focalizzata in modo specifico sulle tipologie di quesiti previsti nella prova di ammissione di interesse. Viene inoltre esaminato e discusso con i docenti un consistente numero di esercizi diversi da quelli presenti nei libri e contenuti in apposite dispense aggiornate ogni anno e distribuite durante il corso esclusivamente ai partecipanti.

2.1 INFORMAZIONI E MODALITÀ DI ISCRIZIONE AI CORSI ALPHA TEST

Le iscrizioni ai corsi Alpha Test per la preparazione ai test di ammissione universitari si aprono ogni anno in ottobre (in marzo quelle per i soli corsi estivi) e terminano all'esaurimento dei posti disponibili (i corsi sono riservati a un numero limitato di partecipanti per garantire le migliori condizioni di apprendimento); a partire dallo stesso periodo sono disponibili le informazioni relative al calendario e alla quota di partecipazione di ciascun corso.

Per chi ha già acquistato **presso un centro Alpha Test** l'ultima edizione dei libri in dotazione al corso, è prevista una riduzione della quota di iscrizione al corso pari al 100% del prezzo di copertina dei libri; se i libri sono stati acquistati **in libreria** tale riduzione è invece pari al 50% del prezzo di copertina.

L'iscrizione ai corsi e l'acquisto dei libri Alpha Test possono essere effettuati:

- presso uno dei **centri Alpha Test** (per conoscere il più vicino visitare il sito www.alphatest.it/corsi o chiamare il numero verde 800 017 326);
- **su Internet** all'indirizzo **www.alphatest.it/corsi** (dove è disponibile l'apposito modulo di iscrizione);
- **telefonicamente**, chiamando il numero **02 58 45 981** (per chi chiama da fuori Milano è attivo anche il numero verde 800 017 326);
- **compilando l'apposito modulo** di iscrizione contenuto nella brochure di presentazione dei corsi, che è possibile ricevere gratuitamente anche a casa, chiamando il numero verde 800 017 326 o scrivendo a servizi@alpha-test.it.

I libri Alpha Test si possono acquistare anche presso le **migliori librerie** di tutta Italia.

Chi desidera ricevere, gratuitamente e senza impegno, materiale informativo relativo ai corsi e/o ai libri Alpha Test, può visitare il sito internet **www.alphatest.it** o richiedere il catalogo gratuito a:

Alpha Test S.r.l.
via Mercalli, 14 – 20122 Milano
tel. 02 58 45 981 – fax 02 58 45 98 96
servizi@alphatest.it

3 SUGGERIMENTI PER AFFRONTARE LA PROVA A TEST

Per affrontare al meglio un test a risposta multipla è importante conoscere preventivamente le modalità di svolgimento e la natura delle diverse tipologie di esercizi, nonché le opportune "strategie" per valorizzare al massimo le proprie conoscenze e potenzialità.

Si tenga presente che i criteri adottati dalle università italiane per selezionare i candidati ai corsi universitari sono di tipo **comparativo**. Ciò significa che non viene stabilito a priori un punteggio minimo al di sopra del quale lo studente è automaticamente ammesso, ma che, per superare la selezione, **lo studente deve figurare tra i migliori** nella graduatoria dei candidati. In altre parole, per superare la selezione occorre svolgere il test di ammissione meglio di un certo numero di altri candidati.

Prima di addentrarsi nell'analisi dei contenuti dei test e degli esercizi che li compongono, è quindi opportuno considerare alcuni suggerimenti apparentemente banali, ma utili al fine di ottimizzare il risultato nella prova di ammissione.

3.1 Bando di concorso e informazioni sulla selezione

Il primo suggerimento di carattere generale è quello di **prestare particolare attenzione a tutte le informazioni fornite dall'università e contenute nel bando di concorso**: esse sono infatti, insieme alle disposizioni del Ministero, le uniche informazioni **ufficiali** relative alle norme, alle modalità di selezione, alla struttura e ai contenuti della prova che regola l'ammissione al corso di studi scelto.

3.2 Regolamento e istruzioni per lo svolgimento della prova

In sede d'esame, prima ancora dell'inizio della prova, vengono sottoposte all'attenzione dei candidati le **norme alle quali attenersi durante l'intero svolgimento del test**. Tali norme riguardano, per esempio, il tempo a disposizione per lo svolgimento della prova, le modalità con cui indicare le risposte sull'apposita scheda (si veda il § 3.6) e altre indicazioni su come comportarsi in sede d'esame e al termine del test.

È necessario attenersi a tali informazioni per evitare di commettere errori banali (quale, per esempio, la compilazione errata della scheda per le risposte), che potrebbero compromettere l'esito della prova e quindi l'ammissione all'università.

In alcuni casi, all'interno del test gli esercizi sono preceduti da **istruzioni circa le modalità di risoluzione** dei quesiti e a volte anche da un esempio risolto. È importante in questi casi non aver fretta di cominciare a risolvere i quesiti, ma dedicare la massima attenzione alla lettura di queste istruzioni, indispensabili per capire la logica degli esercizi e per rispondere correttamente alle domande.

3.3 Domande a risposta multipla

I test che vengono utilizzati per l'ammissione all'università sono costituiti da domande **chiuse**, le cui risposte sono cioè predefinite: il candidato deve scegliere la sola risposta esatta tra le alternative proposte.

Per rispondere a una domanda *aperta* (non corredata da risposte prefissate) come per esempio "Qual è la capitale della Colombia?", occorre conoscere le informazioni necessarie alla formulazione della risposta. Nel caso di *domande a scelta multipla* è invece possibile procedere anche in maniera diversa. Si ipotizzi, per esempio, di dover rispondere al medesimo quesito, però a risposta multipla.

1 Qual è la capitale della Colombia?

- **A** Delhi
- **B** Buenos Aires
- **C** Bogotá
- **D** Brasilia
- **E** Santiago

In questo caso è possibile determinare la risposta corretta procedendo in due modi distinti:

1. ragionando come se si trattasse di una domanda aperta: sapendo che la capitale della Colombia è Bogotá, si individua direttamente la risposta corretta (**C**) senza valutare le altre proposte;

2. se, al contrario, non si conosce la risposta alla domanda, ma si ricordano gli altri accoppiamenti Paese/capitale, è possibile individuare la risposta corretta seguendo un procedimento di eliminazione: sapendo che Delhi è la capitale dell'India, Buenos Aires dell'Argentina, Santiago del Cile e Brasilia del Brasile, per esclusione si può concludere che la risposta esatta è la **C**.

In altre parole, per rispondere correttamente a una domanda a scelta multipla non è strettamente necessario conoscere la risposta esatta: a volte la soluzione del problema può essere individuata indirettamente, eliminando le alternative errate.

Nel caso in cui, procedendo per esclusione, il candidato non riesca a eliminare tutte le alternative errate, il metodo di risposta per eliminazione permette comunque di aumentare le probabilità di individuare la risposta corretta: l'esclusione di una o più risposte riduce il numero delle alternative tra cui si rimane incerti e quindi incrementa la probabilità di individuare l'alternativa corretta rispondendo in modo casuale.

Un altro aspetto che caratterizza le prove di ammissione è il fatto che l'assegnazione dei punteggi si basa solo ed esclusivamente sulle risposte indicate sull'apposita scheda: non hanno quindi alcuna rilevanza eventuali spiegazioni o giustificazioni alle risposte date. Ciò rappresenta un'ulteriore differenza importante rispetto ad altri tipi di valutazione: per esempio, nelle interrogazioni o nelle verifiche scritte viene quantificata non solo la correttezza della risposta ma anche il modo in cui essa viene giustificata e presentata dallo studente.

A ciò si aggiunga che nei test di ammissione, il tempo a disposizione risulta spesso appena sufficiente per rispondere a tutti i quesiti. È dunque molto importante gestirlo nel modo più conveniente.

3.4 Valore dei quesiti e gestione del tempo a disposizione

Nei test universitari ai quali questo libro si rivolge **tutti gli esercizi hanno lo stesso valore**: è dunque necessario evitare di dedicare eccessivi sforzi e tempo per risolvere un quesito particolarmente complesso. Poiché ogni risposta giusta fa guadagnare lo stesso punteggio, a parità di tempo impiegato conviene risolvere due esercizi semplici piuttosto che uno complesso.

Come i partecipanti ai corsi Alpha Test hanno modo di sperimentare durante lo svolgimento delle prove simulate dei test, il tempo rappresenta uno dei fattori critici per affrontare con successo un test di ammissione. Infatti, le prove sono spesso progettate e formulate in modo tale da permettere solo ai più preparati di terminare nel tempo concesso la totalità dei quesiti. È dunque fondamentale impiegarlo razionalmente, calcolando rapidamente, prima di iniziare la prova, il tempo medio a disposizione per ogni quesito (dato ovviamente dal tempo complessivo diviso per il numero di esercizi), ed evitando di dedicare ai singoli quesiti un tempo eccessivamente superiore a quello medio. Il suggerimento generale è di non superare il tempo medio nello svolgimento di un singolo esercizio, per più del 20%. Questa maggiorazione di tempo dedicato ai quesiti complessi viene infatti facilmente compensata dalla presenza di numerosi quesiti di natura nozionistica di veloce risoluzione. Se dunque il tempo complessivo per il test è di 2 ore e il numero di esercizi da risolvere è pari a 80, il tempo medio per quesito è pari a 1,5 minuti (90 secondi). Bisogna quindi cercare di non dedicare più di due minuti allo svolgimento del singolo quesito. Allo scadere di tale tempo limite, se non si è prossimi alla soluzione del quesito, è opportuno passare a quello successivo.

L'obiettivo da raggiungere è rispondere correttamente al maggior numero possibile di esercizi; si consiglia quindi, compatibilmente con i vincoli imposti dalle modalità di svolgimento della prova, affrontare prima gli esercizi che si ritiene di saper risolvere più facilmente e velocemente, per passare poi a quelli più complessi che richiedono un dispendio di tempo maggiore.

> Il consiglio, ove possibile, è di evidenziare con un opportuno segno di riconoscimento tali quesiti sul fascicolo contenente il test: sarà così possibile ritrovarli velocemente in un secondo tempo. Lo stesso consiglio vale per le domande a cui si è data una risposta che, compatibilmente con il tempo a disposizione, si vorrebbe verificare prima del termine della prova.

3.5 Scelta casuale della risposta nei quesiti che non si sanno risolvere

La valutazione dei test avviene mediante l'attribuzione di un punteggio positivo per le risposte corrette (generalmente un punto per ogni risposta esatta) e, in molti casi, l'attribuzione di un punteggio negativo per ogni risposta errata (generalmente quantificato in una frazione di punto). Ai quesiti omessi, a cui cioè non si è risposto, viene di solito attribuito un punteggio nullo.

Come illustrato nel decreto ministeriale riportato nel § 1.1, l'edizione 2008 dei test ministeriali prevedeva quesiti con 5 alternative e la seguente attribuzione di punteggi:

- Risposta esatta: + 1
- Risposta errata: − 1/4
- Risposta omessa: 0

La penalità sulle risposte errate è introdotta per ridurre il punteggio positivo che, statisticamente, il candidato potrebbe conseguire rispondendo a caso in assenza di tale penalità. Ma è allora conveniente o no rispondere a caso ai quesiti che non si sanno risolvere?

Si supponga di non conoscere assolutamente le risposte di 20 quesiti (con 5 risposte alternative ciascuno) della prova. Scegliendo a caso, si risponderebbe statisticamente in modo corretto a 4 esercizi (20/5) e si sbaglierebbero i restanti 16 quesiti. Il punteggio totalizzato sarebbe dunque:

- Risposte esatte: $4 \times (+1) = +4$
- Risposte errate: $16 \times (-1/4) = -4$
- Risposte nulle: $0 \times 0 = 0$
- Punteggio totale: $4 - 4 = 0$

Si otterrebbe quindi un punteggio nullo, esattamente identico a quello che si totalizzerebbe scegliendo di non rispondere ai 20 quesiti.

È evidente che il punteggio totalizzato rispondendo casualmente potrà essere tanto maggiore quanto minore sarà il numero di alternative tra cui si è indecisi e quanto minore è la penalità attribuita alle risposte errate. Il numero delle alternative tra cui si è indecisi non coincide necessariamente con quello delle alternative esistenti. Se, per esempio, le alternative proposte sono 5, ma si riesce a scartarne 2 perché si sa che sono errate, il numero da considerare per il confronto con la penalizzazione è 3 (cioè 5 – 2).

Più in generale, è possibile enunciare una regola utile che indica come comportarsi nel caso in cui non si riesca a identificare, tra le diverse risposte alternative, quella corretta:

> conviene rispondere casualmente ogni volta che il numero di alternative tra cui si è indecisi è pari o inferiore al reciproco[1] del punteggio negativo attribuito alle risposte errate.

1. Due numeri sono reciproci quando il loro prodotto è uguale a 1.

Quindi, con le regole in uso fino al 2008, è sufficiente scartare una (o più) alternative per rendere conveniente rispondere a caso al quesito.

3.6 Scheda per le risposte e correzioni

Una volta individuata la risposta corretta a un quesito, il candidato deve generalmente segnarla su un'apposita *scheda per le risposte* (si veda la figura 1), distinta dal fascicolo contenente gli esercizi. Si tratta cioè di segnare la risposta esatta in corrispondenza del numero dell'esercizio appena risolto.

Per la correzione delle schede vengono utilizzati *elaboratori elettronici* dotati di *lettori ottici*, il candidato deve quindi rispondere contrassegnando in modo opportuno il "cerchietto" o il "quadratino" corrispondente all'alternativa ritenuta esatta. Nelle prove per l'accesso a Medicina, Odontoiatria e Veterinaria dell'anno accademico 2007/2008 era consentito effettuare correzioni sulla scheda delle risposte. È comunque consigliabile **limitare al minimo le correzioni**. Si riporta di seguito un modello di tale scheda con l'indicazione di come effettuare le correzioni. Sia la scheda sia il metodo di correzione potrebbero cambiare in futuro ed è quindi importante leggere attentamente le istruzioni e le procedure di svolgimento della prova.

Sulle schede per le risposte sono solitamente presenti aree (con cerchi neri, codici a barre o altro) indispensabili al corretto funzionamento del sistema ottico di lettura e correzione. All'interno di tali aree è importante non apporre alcun segno di scrittura che potrebbe pregiudicare il corretto funzionamento del lettore.

> **Si raccomanda quindi di non apporre alcun segno al di fuori delle caselle previste e di non sgualcire o piegare la scheda.**

Modulo risposte

ATTENZIONE: NON piegare o sgualcire questa scheda

Nº domanda	Logica Verbale A	B	C	D	E
1	☐	☐	☐	☐	☐
2	☐	☐	☐	☐	☐
3	☐	☐	☐	☐	☐
4	☐	☐	☐	☐	☐
5	☐	☐	☐	☐	☐
6	☐	☐	☐	☐	☐
7	☐	☐	☐	☐	☐
8	☐	☐	☐	☐	☐
9	☐	☐	☐	☐	☐
10	☐	☐	☐	☐	☐
11	☐	☐	☐	☐	☐
12	☐	☐	☐	☐	☐
13	☐	☐	☐	☐	☐
14	☐	☐	☐	☐	☐
15	☐	☐	☐	☐	☐
16	☐	☐	☐	☐	☐
17	☐	☐	☐	☐	☐
18	☐	☐	☐	☐	☐
19	☐	☐	☐	☐	☐
20	☐	☐	☐	☐	☐
21	☐	☐	☐	☐	☐
22	☐	☐	☐	☐	☐
23	☐	☐	☐	☐	☐
24	☐	☐	☐	☐	☐
25	☐	☐	☐	☐	☐
26	☐	☐	☐	☐	☐
Nº domanda	A	B	C	D	E
Logica Verbale					

Nº domanda	Logica matematica A	B	C	D	E
27	☐	☐	☐	☐	☐
28	☐	☐	☐	☐	☐
29	☐	☐	☐	☐	☐
30	☐	☐	☐	☐	☐
31	☐	☐	☐	☐	☐
32	☐	☐	☐	☐	☐
33	☐	☐	☐	☐	☐
34	☐	☐	☐	☐	☐
35	☐	☐	☐	☐	☐
36	☐	☐	☐	☐	☐
37	☐	☐	☐	☐	☐
38	☐	☐	☐	☐	☐
39	☐	☐	☐	☐	☐
40	☐	☐	☐	☐	☐
41	☐	☐	☐	☐	☐
42	☐	☐	☐	☐	☐
43	☐	☐	☐	☐	☐
44	☐	☐	☐	☐	☐
Nº domanda	A	B	C	D	E
Logica matematica					

Nº domanda	Ragionamento A	B	C	D	E
45	☐	☐	☐	☐	☐
46	☐	☐	☐	☐	☐
47	☐	☐	☐	☐	☐
48	☐	☐	☐	☐	☐
49	☐	☐	☐	☐	☐
50	☐	☐	☐	☐	☐
51	☐	☐	☐	☐	☐
52	☐	☐	☐	☐	☐
53	☐	☐	☐	☐	☐
54	☐	☐	☐	☐	☐
55	☐	☐	☐	☐	☐
56	☐	☐	☐	☐	☐
57	☐	☐	☐	☐	☐
58	☐	☐	☐	☐	☐
59	☐	☐	☐	☐	☐
60	☐	☐	☐	☐	☐
61	☐	☐	☐	☐	☐
62	☐	☐	☐	☐	☐
Nº domanda	A	B	C	D	E
Ragionamento					

Nº domanda	Numeri A	B	C	D	E
63	☐	☐	☐	☐	☐
64	☐	☐	☐	☐	☐
65	☐	☐	☐	☐	☐
66	☐	☐	☐	☐	☐
67	☐	☐	☐	☐	☐
68	☐	☐	☐	☐	☐
69	☐	☐	☐	☐	☐
70	☐	☐	☐	☐	☐
71	☐	☐	☐	☐	☐
72	☐	☐	☐	☐	☐
73	☐	☐	☐	☐	☐
74	☐	☐	☐	☐	☐
75	☐	☐	☐	☐	☐
76	☐	☐	☐	☐	☐
77	☐	☐	☐	☐	☐
78	☐	☐	☐	☐	☐
79	☐	☐	☐	☐	☐
80	☐	☐	☐	☐	☐
Nº domanda	A	B	C	D	E
Numeri					

Fig. 1. Esempio di scheda delle risposte che non prevede la possibilità di effettuare correzioni.

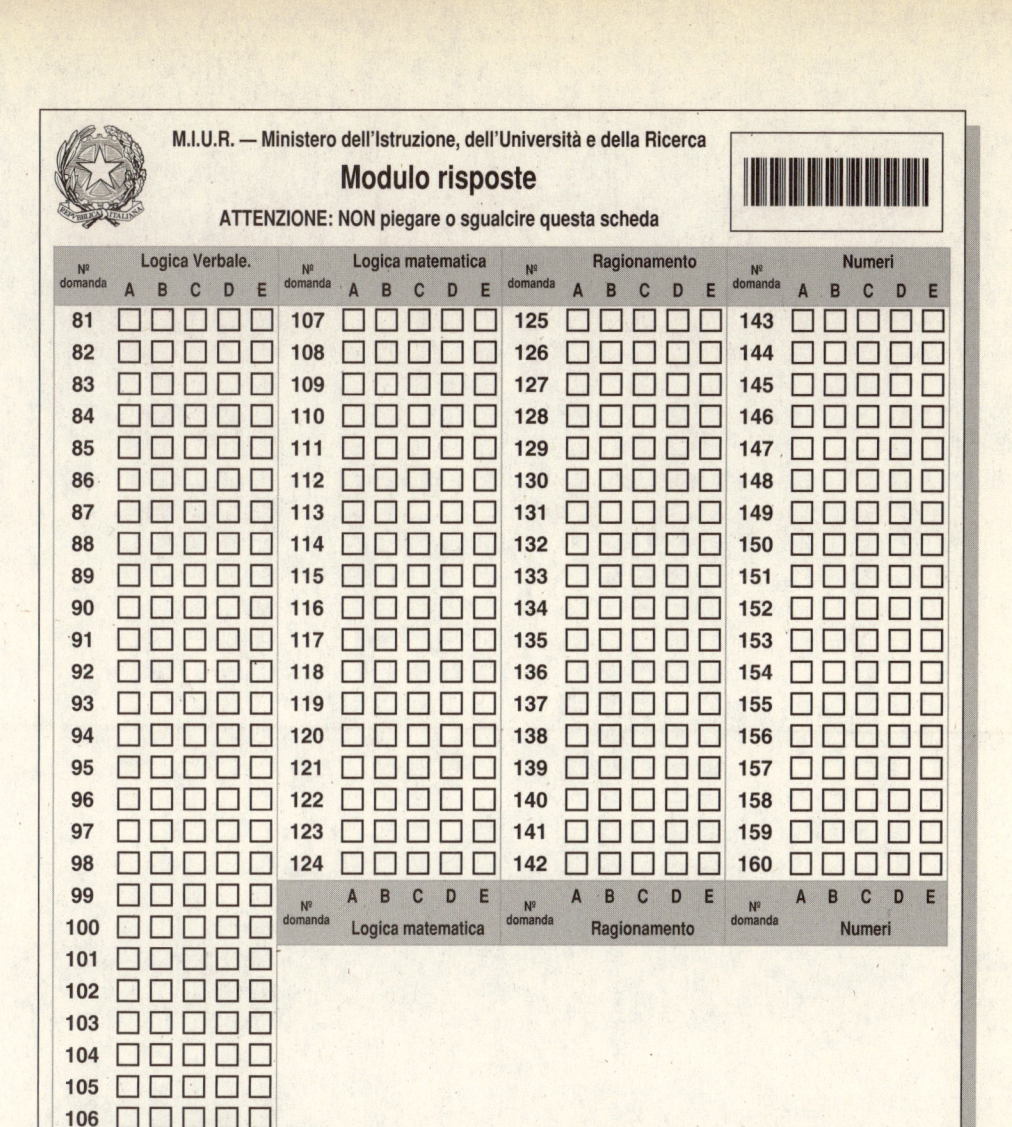

M.I.U.R. — Ministero dell'Istruzione, dell'Università e della Ricerca

Modulo risposte

ATTENZIONE: NON piegare o sgualcire questa scheda

1. Ogni domanda ammette **una e una sola** risposta esatta. Si risponde barrando la relativa casella, ad esempio con una crocetta ben marcata, avendo cura di rimanere entro i bordi della casella stessa.

2. Per correggere una risposta errata è necessario **annerire completamente** la casella e barrare quella corretta. Per ogni domanda è **ammessa una sola** correzione.

3. Per annullare una risposta già data occorre annerire tutte le caselle della fila corrispondente. L'annerimento della singola casella non annulla la risposta.

Fig. 2. Esempio di scheda delle risposte con possibilità di correzione ed estratto di istruzioni per la corretta compilazione della scheda.

parte seconda
LOGICA VERBALE

4 COMPETENZE LINGUISTICHE

Il ricorso a esercizi volti a valutare le *competenze linguistiche* è molto ampio nei test di ingresso all'università.

Le capacità sottoposte a verifica sono principalmente quelle relative alla **proprietà di linguaggio** e all'**ampiezza del vocabolario**. L'ambito, dunque, più che nozionistico, ossia volto a verificare la conoscenza dei concetti fondamentali di una data disciplina, è piuttosto culturale e attitudinale, mira a valutare le capacità del candidato di comprendere le relazioni tra vocaboli, come nelle analogie concettuali, o la coerenza logica tra più vocaboli, come negli esercizi che richiedono di inserire parole mancanti all'interno di una frase incompleta. Si tratta dunque di quesiti che verificano la proprietà di linguaggio, ma anche capacità logiche, per affinare le quali risultano particolarmente utili alcuni suggerimenti. Il presente capitolo analizza le diverse tipologie di esercizi, ne illustra e commenta numerosi esempi e offre consigli utili per risolverli.

La tabella sottostante riporta gli esercizi che negli ultimi anni sono stati proposti con più frequenza nelle diverse università. Tuttavia, si consiglia comunque di **leggere sempre bene il bando** di concorso per verificare la presenza o meno delle tipologie elencate nell'esame di ammissione.

Bocconi	LUISS	Economia, Giurisprudenza e Scienze politiche	LUIC
proporzioni tra parole	proporzioni tra parole	proporzioni tra parole	proporzioni tra parole
parole da scartare	sinonimi e contrari	parole da scartare	parole da scartare
sinonimi e contrari	frasi da completare	sinonimi e contrari	
	significato di vocaboli	significato di vocaboli	
	quesiti di grammatica		
	frasi con errori		

4.1 ANALOGIE CONCETTUALI

Gli esercizi di analogia concettuale si presentano o come *proporzioni tra parole*, incomplete di uno o due termini, o come una *serie di parole* due delle quali appartengono allo stesso insieme logico.

4.1.1 PROPORZIONI TRA PAROLE

In questa tipologia di esercizi è necessario individuare, tra le alternative proposte, quella che completa correttamente la proporzione. La proporzione è completata in modo corretto quando la relazione tra i due termini del primo membro è uguale a quella che lega i due termini del secondo membro.

Nell'ambito della logica verbale, questa tipologia di esercizio è stata proposta con maggiore frequenza nei test di ingresso alle università. Ultimamente sia la Bocconi sia la LUISS l'hanno proposta ai loro candidati, anche se con sfumature differenti: alcuni esercizi verranno segnalati, per aiutare il lettore a riconoscerli, come "tipici" dei test di selezione per una determinata Università.

ESEMPI

Individuare, negli esercizi che seguono, la coppia di termini che completa correttamente la proporzione.

1 **Secondo : tempo = X : Y**
- **A** X = cronometro, Y = minuti
- **B** X = ora, Y = lunghezza
- **C** X = spazio, Y = chilometro
- **D** X = metro, Y = spazio
- **E** X = minuto, Y = ora

La relazione logica che lega i due termini del primo membro (*secondo* e *tempo*) è in questo caso di *misurazione*: il secondo è, infatti, un'unità di misura del tempo. L'alternativa che rispetta tale relazione è la **D**: *il metro misura lo spazio*. Si osservi che l'alternativa **C** è errata in quanto i due termini sono invertiti.

2 **X : approdare = aeroplano : Y**
- **A** X = nave, Y = decollare
- **B** X = approdo, Y = pilota
- **C** X = approdo, Y = aereo
- **D** X = automobile, Y = scendere
- **E** X = nave, Y = atterrare

Per risolvere la proporzione è necessario sostituire le diverse alternative proposte e vedere quando si crea la stessa logica a sinistra e a destra dell'uguale. L'alternativa **A** è da scartare in quanto la nave *approda* al termine di un viaggio, mentre per l'aereo il verbo *decollare* indica l'inizio del viaggio. Le alternative **B**, **C** e **D**, se sostituite, non creano alcun legame logico. La risposta esatta è la **E**, infatti il verbo che indica l'arrivo di una nave è *approdare*, così come il verbo che indica l'arrivo di un aeroplano è *atterrare*.

3   **X : Argentina = portoghese : Y**

- **A** X = Spagnolo, Y = Uruguay
- **B** X = Sudamericano, Y = europeo
- **C** X = Spagnolo, Y = Brasile
- **D** X = Cile, Y = spagnolo
- **E** X = Patagonia, Y = Azzorre

La risposta esatta è la **C**. Infatti, lo *spagnolo* è la lingua ufficiale dell'*Argentina* così come il *portoghese* è la lingua ufficiale del *Brasile*. L'alternativa **A** è errata poiché la lingua ufficiale dell'*Uruguay* non è il *portoghese* ma sempre lo *spagnolo*. Analogamente, l'alternativa **D** è errata in quanto la lingua ufficiale del *Cile* non è il *portoghese* ma lo *spagnolo*. Le alternative **B** ed **E** danno invece luogo a proporzioni prive di significato.

4   Minuto → enorme
     X   → Y

- **A** X = polmone, Y = respirazione
- **B** X = vero, Y = falso
- **C** X = grande, Y = enorme
- **D** X = giusto, Y = giustizia
- **E** X = sicuro, Y = polizia

In questo caso il quesito si presenta in forma differente dalle precedenti, anche se la logica dell'esercizio rimane inalterata: la relazione che lega i due termini proposti deve essere ritrovata in una delle coppie di termini presentati nelle diverse alternative. La relazione tra i due termini dati è di *opposizione/contrarietà*. L'alternativa corretta è la **B**: *vero* è infatti l'opposto, il contrario, di *falso*. Nessuna delle altre alternative proposte presenta la stessa relazione e risultano quindi errate.

5   **Medico : X = avvocato : Y**

- **A** X = cliente, Y = malato
- **B** X = paziente, Y = causa
- **C** X = penale, Y = dentista
- **D** X = disputa, Y = malattia
- **E** X = paziente, Y = cliente

In questo caso non è possibile determinare una relazione precisa sulla base dei due termini noti della proporzione, poiché non costituiscono un membro della stessa. Conviene, dunque, cercare una relazione tra il primo termine dato e il primo termine di ciascuna delle alternative proposte. Una volta individuata una plausibile relazione, bisogna verificare se il secondo termine dell'alternativa in esame instaura la stessa relazione con il termine dato del secondo membro.

L'alternativa corretta è la **E**: il *paziente*, infatti, *è la persona che beneficia dei servizi del medico*, così come il *cliente è colui che usufruisce dei servizi dell'avvocato*. Si osservi che nell'alternativa **A** i termini proposti soddisferebbero la relazione della proporzione se non fossero presentati nell'ordine invertito.

Occorre fare attenzione non solo al tipo di relazione esistente tra i termini, ma anche all'ordine con cui questi sono collocati all'interno della proporzione.

6   Ottundere – acuire
- **A** arrotondare – smussare
- **B** omettere – effettuare
- **C** adempiere – eseguire
- **D** correre – giocare
- **E** saltare – lasciare

Questa particolare struttura della proporzione è stata adottata dalla Bocconi negli anni passati. In questo esempio, la relazione tra i *ottundere* e *acuire* è di *opposizione/contrarietà*. L'alternativa corretta è la **B**: *omettere* è infatti un opposto, un contrario, di *effettuare*. Le alternative **A**, **C** e **E** propongono termini tra loro sinonimi e sono dunque errate.

7   Vocabolario – traduttore
- **A** elefanti – Annibale
- **B** appetito – ristorante
- **C** francobollo – lettera
- **D** coltello – macellaio
- **E** giornali – edicolante

La relazione che lega le prime due parole è tra strumento di lavoro e professionista che ne fa uso: il *traduttore* si serve del *vocabolario* per lavorare. Allo stesso modo, per esempio, il *chirurgo* usa il *bisturi*.

La risposta esatta è dunque la **D**. La **E** è invece errata, perché i *giornali* sono l'oggetto venduto dall'*edicolante* e non il mezzo con cui egli lavora.

8   Freddo sta a gelato come X sta a Y.
- **A** X = bollente, Y = caldo
- **B** X = bello, Y = stupendo
- **C** X = atteso, Y = arrivato
- **D** X = estate, Y = sole
- **E** X = sfinito, Y = stanco

La relazione tra i due termini dati (*freddo* e *gelato*) sta nel crescente *grado di intensità*: freddo e gelato sono due aggettivi che esprimono il concetto di temperatura bassa, ma con un diverso grado di intensità (gelato è più intenso di freddo). Si osservi che, tra le alternative proposte, ne esistono tre che rispettano la relazione di *diverso grado di intensità*: la **A**, la **B** e la **E**. L'ordine dei termini nelle alternative **A** e la **E**, tuttavia, è invertito, dal più intenso al meno intenso. L'alternativa corretta è dunque la **B**.

9 Completare la seguente proporzione tra parole:

.... : Dei delitti e delle pene = Van Gogh : ....

1: La Locandiera 2: G. Ungaretti 3: G. Pascoli 4: C. Goldoni
5: C. Beccaria 6: La camera da letto 7: L'urlo 8: La ballerina

- **A** 5; 6
- **B** 5; 7
- **C** 8; 5
- **D** 2; 6
- **E** 6; 3

La stessa tipologia di esercizi visti fino ad ora assume qui una forma leggermente diversa, la stessa che è stata proposta negli ultimi anni al test di ammissione all'Università **LUISS** e alla **Bocconi**. Questo tipo di prova richiede un ulteriore esercizio di associazione dei diversi termini proposti.

Dei delitti e delle pene è un'opera letteraria scritta da Cesare Beccaria e *La camera da letto* è un famoso dipinto di Vincent Van Gogh. Sulla base di queste informazioni, si individua come esatta l'alternativa **A** che completa correttamente la proporzione facendo risultare, in ciascun membro, prima l'autore e poi la sua opera.

---

10 Individuare la coppia di termini che completa correttamente la proporzione.

... sta a birra come grano sta a ...

A: pub B: luppolo C: riso D: mirto
E: pasta F: granaio G: bevanda H: cibo

- **A** G; H
- **B** A; F
- **C** B; E
- **D** B; C
- **E** D; E

Per risolvere l'esercizio, bisogna provare a sostituire nel testo dell'esercizio le diverse coppie proposte dalle alternative. Così facendo si osserva che l'unica alternativa in grado di costruire una proporzione logica coerente è la **C**: infatti, come il luppolo è un ingrediente della birra, così il grano lo è della pasta.

TIPOLOGIE DI RELAZIONI

Di seguito viene riportata una tabella con le principali tipologie di relazioni di analogia concettuale. Tale lista non può evidentemente essere completa (si potrebbero infatti individuare molte altre relazioni), ma rappresenta un elenco delle tipologie più frequenti nei test di ammissione ed è dunque opportuno averla ben presente.

RELAZIONI	ESEMPI
Lavoratore e frutto del lavoro	scrittore : libro compositore : sinfonia
Lavoratore e strumento utilizzato	scultore : scalpello pittore : pennello
Strumento e oggetto su cui è utilizzato	penna : carta sega : legno
Sequenza temporale	presto : tardi alba : tramonto
Causa ed effetto	germe : malattia esplosione : macerie
Grado di intensità	tiepido : caldo gioia : estasi
Classe e specie	insetto : formica mammiferi : delfino
Relazioni grammaticali	io : mio ha : ebbe
Sinonimi	gentile : benevolo bugia : menzogna
Contrari	mai : sempre amore : odio
Parte del tutto	soldato : esercito stella : costellazione
Sesso	mucca : toro gallina : gallo

SUGGERIMENTI

- Prima di analizzare le alternative possibili, occorre cercare di **individuare il tipo di relazione** esistente, nel caso siano dati entrambi i termini di un membro della proporzione. Quindi bisogna analizzare le varie alternative, per vedere quale di esse rispetta tale relazione.
- Nel caso in cui **le incognite di una proporzione siano relative a due membri** diversi della stessa, occorre procedere per tentativi, ossia provare a sostituire i vocaboli delle diverse alternative e controllare se la proporzione acquista significato.

- Prima di passare all'esercizio successivo, è importante **controllare tutte le alternative**, verificando che quelle scartate siano effettivamente errate.
- È importante prestare **attenzione all'ordine con cui sono presentati i due termini** della relazione. A volte infatti, sono proposte alternative che rispettano la relazione di partenza, ma l'ordine delle incognite è invertito.

4.1.2 Le analogie di appartenenza

In questa tipologia di esercizi, proposta negli anni passati soprattutto dall'Università LUISS di Roma, viene data una serie di vocaboli, una coppia dei quali soddisfa la condizione di appartenenza a uno stesso insieme. Per risolvere l'esercizio, occorre indicare tale coppia.

Esempi

Individuare, negli esercizi che seguono, la coppia di termini che appartengono allo stesso insieme.

1 1: cervo 2: regista 3: sereno
   4: gatto 5: telecamera 6: nuvola
   A 1; 2
   B 2; 5
   C 3; 6
   D 4; 1
   E 1; 6

La soluzione al quesito è fornita dall'alternativa D, infatti il *cervo* e il *gatto* appartengono all'insieme degli animali, o ancora meglio dei mammiferi. Si deve prestare attenzione alle alternative B e C. Le coppie *regista/telecamera* come *nuvola/sereno* possono infatti trarre in inganno. In realtà, il *regista* utilizza la *telecamera*, ma i due termini non appartengono allo stesso insieme logico. Il *regista* è un professionista, la *telecamera* uno strumento da questo utilizzata. Benché quindi ci sia un rapporto (lavoratore/strumento di lavoro) questo non è quello di appartenenza allo stesso insieme. Così, anche i termini *nuvola/sereno* (alternativa C), per quanto legati tra loro (un'assenza di nuvole produce un cielo sereno), non rientrano nello stesso insieme logico (fenomeno atmosferico il primo, qualità il secondo).

2 1: pesce 2: Roma 3: Tevere
   4: Iseo 5: Colosseo 6: Maggiore
   A 5; 2
   B 4; 6
   C 2; 3
   D 1; 6
   E 1; 4

Per risolvere l'esercizio è necessario prestare attenzione alle relazioni logiche che esistono tra i diversi termini proposti. Conviene partire dalle alternative e provare ad analizzarle una dopo l'altra.

L'alternativa **A** che propone la coppia *Roma/Colosseo* risulta errata. Infatti, benché si trovi a *Roma*, il *Colosseo* è comunque un monumento, mentre Roma appartiene all'insieme delle città.

Lo stesso ragionamento si può fare per le coppie proposte dalle alternative **C**, **D** ed **E**: allo stesso modo, benché il *Tevere* attraversi *Roma*, è comunque un fiume e non una città: benché nell'*Iseo* e nel lago *Maggiore* si trovino *pesci*, questi sono animali e non laghi.

La soluzione è, quindi, individuata dall'alternativa **B**. *Iseo* e *Maggiore* sono infatti due laghi (si noti che Maggiore è scritto con la lettera maiuscola proprio per evidenziare che si tratta di un nome proprio e non di un aggettivo) e appartengono allo stesso insieme: *laghi d'Italia*.

---

3   1: gonna   2: velluto   3: lana
       4: tessile   5: tessuto   6: seta

   A 2; 3
   B 5; 6
   C 1; 2
   D 3; 5
   E 4; 6

Per risolvere il quesito conviene partire dalle alternative. Ci si accorge subito che l'alternativa **A** risolve il quesito, infatti sia il *velluto* sia la *lana* appartengono all'insieme dei tessuti.

Si deve prestare attenzione alle alternative **B** e **D**, errate in quanto mettono in relazione un elemento e l'insieme stesso (la *lana* e la *seta* sono appunto *tessuti*) e non due elementi che appartengono a un insieme. Risulta errata anche l'alternativa **C** in quanto una *gonna* può essere fatta di *velluto*, ma rimane un capo d'abbigliamento, mentre il *velluto* è un *tessuto* e i due termini appartengono a due insiemi differenti.

Se si fosse partiti dall'analisi dei termini e non delle alternative si sarebbero potute trovare altre potenziali soluzioni (per esempio *seta/lana*), che però, non essendo proposte dalle alternative, avrebbero solo generato confusione e fatto perdere tempo prezioso.

Suggerimenti

- Al fine di non perdere inutilmente tempo è sempre conveniente **partire dall'esame delle alternative** proposte cercando di individuare quella che propone i due termini che appartengono allo stesso insieme.
- Ricordarsi che l'unica relazione che risolve l'esercizio è quella di **appartenenza** dei due termini **allo stesso insieme**. Non vanno, invece, prese in considerazione relazioni del tipo *lavoratore/luogo di lavoro* o *strumento*

di lavoro, oppure relazioni geografiche (città che appartiene a una certa regione), o anche *oggetto/materiale* di cui è composto. Tutte queste relazioni, infatti, traggono in inganno e conducono a conclusioni errate.

4.2 Serie di parole

Questi esercizi si presentano come *sequenze di vocaboli, tra i quali il candidato deve individuare quello da scartare.* Si tratta di trovare il legame logico esistente tra le parole della sequenza e, sulla base di tale legame, escludere tra i termini della serie quello che non lo rispetta. È dunque necessario riconoscere la parola che non si accorda o si accorda solo parzialmente con le altre. Esistono due diverse tipologie di esercizi, a seconda del tipo di legame esistente tra i vocaboli che compongono la serie data. La prima, più frequente, è quella in cui il nesso logico è il *significato* delle parole. La seconda, molto meno frequente, è quella in cui il nesso logico è il *significante*, ossia il modo in cui i vocaboli sono scritti.

4.2.1 Nesso logico del significato

All'interno di questa prima tipologia è possibile identificare diverse categorie di nessi logici che possono legare le parole della serie. I principali e più diffusi sono esemplificati di seguito.

Esempi

1   **Indicare la parola da scartare.**
    A Mandarino
    B Limone
    C Pompelmo
    D Ciliegia
    E Cedro

La logica dell'esercizio fa riferimento alla famiglia di appartenenza dei frutti: mandarino, limone, pompelmo e cedro sono tutti agrumi. La parola da scartare è quindi ciliegia (D), che non appartiene a questa famiglia.

2   **Indicare la parola da scartare.**
    A Polimero
    B Polimetro
    C Polimorfo
    D Poliomielite
    E Polipo

L'esercizio è abbastanza complesso. Il nesso è di derivazione. Tutte le alternative, tranne la D, propongono parole composte dalla parola greca *polys* (molto). Così, il *polimero* (*polys* – molto + *meros* – parti) è in chimica una sostanza composta da più elementi; *polimetro* (*polys* – molto + *metron* – misura) è detto di componimento composto da versi da vari metri; polimorfo (*polys* – molto + *morphe* – forma) è detto di chi può assumere varie forme e, infine, il polipo (*polys* – molto + *meros* – podos) è caratterizzato dai molti tentacoli.

Poliomelite, invece, deriva da *polios* (grigio) e *myelos* (midollo) e, avendo una radice differente dalle altre, è la parola da scartare. La soluzione al quesito è, dunque, fornita dall'alternativa **D**.

3   Quale parola non è simile alle altre quattro?
- **A** Mitigare
- **B** Contenere
- **C** Ridurre
- **D** Sollevare
- **E** Diminuire

In questo esercizio si osserva senza particolari difficoltà che quattro dei termini proposti sono tra loro sinonimi: mitigare, contenere, ridurre e diminuire. L'unico termine che si discosta come significato è *sollevare* (alternativa **D**), che rappresenta dunque la soluzione.

4   Indicare il nome da scartare.
- **A** Giuseppe Tomasi di Lampedusa
- **B** Torquato Tasso
- **C** Giovanni Verga
- **D** Filippo Tommaso Marinetti
- **E** Carlo Emilio Gadda

Nesso *temporale*. La risposta esatta è la **B**: si tratta infatti di scrittori italiani vissuti a cavallo tra il secolo XIX e il secolo XX, a eccezione di Torquato Tasso, che visse nel secolo XVI.

5   Quale è l'intruso?
- **A** Il conte di Carmagnola
- **B** Al signor di Montgolfier
- **C** Il cinque maggio
- **D** Adelchi
- **E** Inni sacri

L'elemento estraneo è quello proposto dall'alternativa **B**, titolo di un'opera di Vincenzo Monti; tutti gli altri termini identificano opere di Alessandro Manzoni.

6 Quale dei seguenti termini è discordante dagli altri?

- **A** Atene
- **B** Corinto
- **C** Ankara
- **D** Sparta
- **E** Salonicco

I termini proposti rappresentano tutti città della Grecia, ad eccezione di Ankara, che si trova in Turchia. La risposta esatta è dunque la **C**.

7 Indicare la parola da scartare.

- **A** Balena
- **B** Vipera
- **C** Pipistrello
- **D** Gnu
- **E** Coniglio

Nesso di *classe* o *genere*. La risposta esatta è la **B**: la serie presenta animali mammiferi, a eccezione della *vipera*, che è un rettile.

8 Indicare la parola da scartare.

- **A** Giotto
- **B** Caravaggio
- **C** Bruegel
- **D** Pinturicchio
- **E** Raffaello

Nesso di *nazionalità*: si tratta di pittori italiani, a eccezione di Bruegel. La risposta corretta è dunque la **C**.

9 Indicare la parola da scartare.

- **A** Iraq
- **B** Giordania
- **C** Afghanistan
- **D** Siria
- **E** Emirati Arabi

Per risolvere l'esercizio si deve fare riferimento alla lingua nazionale parlata nei vari Stati citati. In tutti è l'arabo, eccetto in Afghanistan, dove si parla il Pashtu e il Persiano. La risposta esatta è quindi la **C**.

10 Indicare la parola da scartare.
- **A** Avvalorare
- **B** Confermare
- **C** Ratificare
- **D** Giustificare
- **E** Convalidare

A eccezione di *giustificare*, tutti gli altri verbi della serie sono sinonimi. La risposta esatta è quindi la **D**.

4.2.2 Nesso logico del significante

Gli esercizi di questa seconda tipologia, molto meno frequenti, somigliano ad alcuni rompicapo di tipo enigmistico. Pochi esempi risulteranno sufficienti per comprendere la loro natura. Occorre ricordare che in questo caso *il nesso logico fa riferimento al significante dei vocaboli,* ossia a come i vocaboli sono scritti.

Esempi

1 Indicare la parola da scartare.
- **A** Contatto
- **B** Siffatto
- **C** Attore
- **D** Attonito
- **E** Effetto

La risposta esatta è la **E**. Infatti tutti i vocaboli contengono, al loro interno, la parola *atto*, a eccezione di *effetto*.

2 Indicare la parola da scartare.
- **A** Osso
- **B** Anna
- **C** Reo
- **D** Ala
- **E** Otto

La soluzione è la **C**, poiché tutti i vocaboli, a esclusione di *reo,* sono palindrome (lette, cioè, in senso inverso mantengono immutato il significato).

3 Indicare la parola da scartare.
- **A** Mosso
- **B** Rossore
- **C** Addosso
- **D** Cipresso
- **E** Fosso

La soluzione è la **D**, poiché tutti i vocaboli a esclusione di *cipresso* contengono la parola *osso*.

Suggerimenti

- **Esaminare i vocaboli a due a due**, cercando di identificare il nesso che li lega. Successivamente, controllare se lo stesso nesso logico viene rispettato dagli altri vocaboli.

- **Ricordare almeno alcuni dei nessi logici** più comuni esaminati sopra e provare a vedere se i vocaboli presenti negli esercizi sono riconducibili a uno di essi.

- **Concentrarsi dapprima sulla ricerca di un nesso logico riferito al significato** e non al significante. Esercizi basati su quest'ultimo sono infatti molto più rari. Solo se non si riesce a individuare una logica legata al significato, è opportuno ragionare sul significante dei termini proposti.

- **Evitare i criteri troppo particolari**, scartando per esempio una parola perché è l'unica che contiene la lettera "h" o presenta due lettere doppie; esiste sicuramente un criterio di selezione più generale che è sfuggito.

4.2.3 Anagrammi di parole

Una variante della tipologia di esercizi basata sul nesso tra significanti consiste in serie di parole apparentemente prive di nesso logico o anche di significato, tra le quali deve essere individuata quella da eliminare. In questo caso il candidato deve dapprima anagrammare i termini proposti, trasformandoli in parole di senso compiuto, e ricercare poi il legame logico che collega tutti i termini dati tranne uno.

Esempi

---

1   Indicare la parola da scartare.

   A Roma   **B** Mare   **C** Omar   **D** Mora   **E** Ramo

Quattro parole sono formate sempre con le stesse lettere (o, se si preferisce, sono l'anagramma di *Roma*). Fa eccezione *mare*. La risposta corretta è dunque la **B**.

---

2   Indicare la parola da scartare.

   A Raso

   B Tapelo

   C Alida

   D Ofragano

   E Giotinca

In questo caso le alternative presentano anagrammi di nomi di fiori (*rosa*, *dalia*, *garofano*, *giacinto*), tranne *tapelo*: *petalo*. La risposta corretta è dunque la **B**.

3 Indicare la parola da scartare.
- **A** Carine
- **B** Assimmo
- **C** Marani
- **D** Zucrelia
- **E** Ladonera

Tutte le alternative si trasformano in nomi propri di donna (*Enrica*, *Marina*, *Lucrezia*, *Loredana*) a eccezione della **B**, il cui anagramma è *Massimo*. La risposta corretta è dunque la **B**.

4 Indicare la parola da scartare.
- **A** Onu
- **B** Teste
- **C** Lacas
- **D** Toto
- **E** Ise

Tutte le alternative si trasformano in numeri (*uno*, *sette*, *otto*, *sei*) a eccezione della **C**, il cui anagramma è *scala*. La risposta corretta è dunque la **C**.

4.3 SINONIMI E CONTRARI

In questo tipo di esercizi il candidato deve individuare, tra una serie di alternative, il sinonimo o il contrario del termine proposto. Nell'affrontare tali quesiti occorre prestare attenzione all'alternanza tra domande che richiedono il contrario e quelle che richiedono il sinonimo. Spesso, infatti, gli esercizi si succedono con diversa tipologia, generando il rischio di errori di distrazione (per esempio individuare il sinonimo là dove si richiede il contrario). A volte, infatti, negli esercizi che richiedono il contrario il candidato troverà tra le alternative anche il sinonimo del termine proposto e viceversa.

ESEMPI

1 Quale tra i seguenti è un sinonimo di *protervo*?
- **A** Docile
- **B** Tenace
- **C** Chiuso
- **D** Protetto
- **E** Libero

Protervo significa *ostinato*, *testardo*, *tenace*. La soluzione al quesito è rappresentata dall'alternativa **B**. *Docile* (alternativa **A**) è invece il contrario.

2 Quale tra i seguenti è un contrario di *insigne*?
- **A** Noto
- **B** Degno
- **C** Ignorato
- **D** Firmato
- **E** Unito

Aggettivo detto di una persona *famosa*, *illustre*, *insigne* ha tra i suoi sinonimi *noto* e *degno* (alternative **A** e **B**, quindi errate). Un suo contrario è, invece, *ignorato*. La soluzione al quesito è fornita dall'alternativa **C**.

3 Quale tra i seguenti è un contrario di osmotico?
- **A** Impenetrabile
- **B** Irrilevante
- **C** Impresentabile
- **D** Improbabile
- **E** Irriferibile

Osmotico è un aggettivo riferito all'osmosi, fenomeno consistente nell'interscambio fra persone di idee, atteggiamenti, realtà culturali, forme linguistiche. Il suo contrario è, quindi, *impenetrabile* (risposta **A**).

4 Quale tra i seguenti è un sinonimo di *flebile*?
- **A** Febbricitante
- **B** Fioco
- **C** Flessibile
- **D** Forte
- **E** Allegro

Flebile significa *fievole, fioco, sommesso*. La risposta esatta è quindi la **B**. *Forte* e *allegro* sono due termini con significato contrario a quello di *flebile* e quindi sono sbagliate le risposte **D** ed **E**.

5 Quale tra i seguenti è un contrario di *onta*?
- **A** Calma
- **B** Vicina
- **C** Onore
- **D** Certa
- **E** Sana

Con il termine *onta* si indica una *vergogna*, un *disonore*. Il contrario è rappresentato da *onore* e quindi la risposta esatta è la **C**.

6 Quale tra i seguenti è un contrario di *irrequieto*?
- **A** Agitato
- **B** Tranquillo
- **C** Requieto
- **D** Grullo
- **E** Combattuto

Agitato e *combattuto* potrebbero essere sinonimi di *irrequieto*, non contrari. *Requieto* non esiste. La risposta esatta è la **B**.

7 Quale tra i seguenti è un contrario di *requisizione*?

- **A** Inquisizione
- **B** Perquisizione
- **C** Concessione
- **D** Liberalità
- **E** Non esiste un contrario

La requisizione è un provvedimento amministrativo con il quale si impone autoritativamente il trasferimento della proprietà di un bene. Essendo un termine tecnico, un suo esatto contrario non esiste, per quanto a livello intuitivo si sarebbe portati a pensare che una concessione o una liberalità realizzano un risultato opposto. La risposta esatta è comunque la **E**.

Suggerimenti

- **Prestare attenzione all'alternanza** tra esercizi che richiedono di individuare il **sinonimo** e quelli che invece richiedono il **contrario**. È frequente infatti il caso di candidati che continuano a risolvere gli esercizi sempre alla ricerca di sinonimi, o sempre alla ricerca di contrari, fedeli al primo tipo di esercizio incontrato.

- Fare attenzione al fatto che **a volte esiste più di un'alternativa apparentemente corretta**. Se anche dopo un'analisi attenta delle alternative (che ha portato all'eliminazione di alcune di esse ma non a tutte) non si riesce a identificare la risposta corretta, conviene "tirare a indovinare", rispettando la regola esaminata nei suggerimenti generali.

- Negli esercizi che richiedono di individuare il sinonimo di un vocabolo, così come negli esercizi relativi al significato corretto di parole (presentati più avanti), **le alternative errate sono a volte costruite sulla base del significante**, ossia sul modo in cui è scritto il vocabolo.

4.4 Frasi incomplete

In questo tipo di esercizi vengono presentate frasi incomplete, generalmente mancanti di uno o due vocaboli. *Al candidato viene richiesto di individuare, tra le alternative presenti, quella che meglio completa la frase.* L'argomento delle frasi può essere scientifico, letterario, giornalistico, artistico o di altra natura. È frequente il caso di frasi composte da due proposizioni, una principale e una subordinata. L'individuazione del vocabolo mancante (o dei vocaboli mancanti) è legata alla comprensione delle conclusioni che si possono trarre dalla principale (se il vocabolo mancante è nella subordinata), o all'individuazione delle premesse quando se ne conosce la conclusione (se il vocabolo mancante è nella principale).

> ✓ Questa tipologia di esercizi non è stata molto utilizzata dalla LUISS di Roma negli ultimi anni, mentre sia la Bocconi sia le altre università ne hanno proposto diversi esempi nei loro test di ammissione.

Esempi

1 Poiché il nemico aveva la reputazione di lanciarsi in attacchi improvvisi, stavamo ... all'erta.

- **A** inavvertitamente
- **B** frequentemente
- **C** costantemente
- **D** evidentemente
- **E** occasionalmente

L'alternativa corretta è la **C**: *costantemente* è infatti l'unico avverbio che risponde alla logica del termine *improvvisi*.

2 ... ha determinato il tremendo problema ... di centinaia di lavoratori, rimpiazzati dalle macchine.

- **A** La specialità - della riallocazione
- **B** L'automazione - del riaddestramento
- **C** La disoccupazione - dell'istruzione
- **D** La malattia - del recupero
- **E** La macchinizzazione - dell'addestramento

L'alternativa corretta è la **B**. L'allocazione dei lavoratori sostituiti dalle macchine necessita infatti del loro riaddestramento. L'alternativa **E**, unica apparentemente corretta oltre alla **B**, può essere scartata in quanto da un lato il termine *macchinizzazione* non è appropriato, dall'altro si tratta di un *riaddestramento* (è verosimile che i lavoratori fossero già addestrati a compiere un determinato lavoro).

3 Nonostante fosse una persona solitamente ..., il suo intervento al convegno era stato molto ...

- **A** intelligente - critico
- **B** erudita - attento
- **C** leale - scorretto
- **D** timido - sommesso
- **E** brillante - ascoltato

La risposta corretta è la **C**. La frase riportata, infatti, indica l'aspettativa di qualcosa di diverso dalla qualità o caratteristica della persona in esame (*nonostante*). Dunque i due aggettivi devono essere opposti nel significato: *leale* e *scorretto* rispondono a tale requisito di opposizione.

4 Quando la malattia è in uno stato ... è quasi impossibile determinare la sua esistenza mediante ...

- **A** frenetico - osservazione
- **B** latente - applicazione
- **C** latente - osservazione
- **D** critico - esame
- **E** avanzato - osservazione

La risposta corretta è la **C**: la *latenza* corrisponde infatti a una fase della malattia in cui essa non è manifesta a un esame clinico obiettivo.

5 La poesia di Edgar Allan Poe, per quanto lodata per musicalità e originalità metrica, è spesso criticata per la sua ... tematica; è infatti, secondo numerosi critici, troppo spesso una collezione di impressioni ...

- **A** banalità - ritmiche
- **B** dolcezza - poco chiare
- **C** leggerezza - noiose
- **D** linearità - inespresse
- **E** trascendenza - ineffabili

La risposta corretta è la **E**. Infatti la frase lascia intendere che i due aggettivi, quello relativo alla tematica della poesia e quello relativo alle impressioni di cui essa è composta, devono essere coerenti fra loro, ossia suggerire il medesimo significato. In questo senso, è coerente sostenere che una poesia *trascendente*, poco concreta, è fatta di impressioni *ineffabili*. Tutte le altre alternative non offrono la medesima coerenza di significato.

Suggerimenti

- Leggere attentamente l'intera frase, prestando attenzione non solo al suo significato, ma anche alla **sintassi** e alla **tonalità**.
- Cercare di dare la propria risposta corretta **prima** di consultare le diverse alternative disponibili. Se ciò è possibile, la fase successiva sarà semplicemente quella di scegliere l'alternativa più vicina alla risposta iniziale.
- Prestare attenzione non solo al **significato** delle parole da inserire nella frase, ma anche al loro corretto **inserimento sintattico**.
- Spesso gli esercizi sono basati sul contrasto tra due idee espresse nella proposizione principale e in quella subordinata. Tale contrasto è indicato da **vocaboli chiave** quali: *nonostante, ma, tuttavia, anche se, per quanto* e così via. In questi casi, la risposta esatta è quella che consente di esprimere la prima parte della frase con un significato in opposizione a quello della seconda parte.
- Spesso la scelta delle parole mancanti è complicata dalla presenza di più incognite o dal loro ordine sparso, che non consente di dare un senso iniziale alla frase. In questi casi occorre **procedere per sostituzione**, inserendo di volta in volta nella frase le diverse alternative, fino a ottenere quella esatta.

- Prima di passare all'esercizio successivo, provare a **rileggere la frase completa**, inserendo i vocaboli dell'alternativa prescelta, in modo da controllarne la coerenza.

4.5 Significato corretto di un vocabolo

Questo tipo di esercizi è sostanzialmente analogo a quello dei sinonimi esaminato in precedenza. L'unica differenza è rappresentata dal fatto che in questo caso il significato richiesto può essere indicato dalle alternative anche per mezzo di frasi o espressioni, non solo attraverso sinonimi. È importante ricordare, per la risoluzione di questi esercizi, che spesso le alternative errate vengono costruite sulla base della radice del vocabolo dato. Alcuni esempi risultano utili per chiarire quest'ultima avvertenza.

Esempi

1   Il significato del termine *riffa* è:
    A beneficienza
    B tombola
    C fiera
    D sagra
    E lotteria

La risposta esatta è la E. La riffa è una lotteria privata in cui sono messi in palio oggetti di valore. Si osservi che anche le altre alternative richiamano mentalmente situazioni ludico-popolari.

2   Il significato del termine *abborracciarsi* è:
    A munirsi di borraccia
    B sfogarsi
    C arrangiarsi come si può
    D navigare senza vento
    E viaggiare alla buona

La risposta esatta è la C. Anche in questo caso è possibile riscontrare un'alternativa, la A, costruita sulla base di una falsa etimologia (il verbo, in realtà, non deriva dal sostantivo *borraccia*).

3   Il significato del termine *diverbio* è:
    A differenza
    B proibizione
    C battibecco
    D partizione
    E discorso

Il *diverbio* è un vivace scontro verbale fra due persone. Nel dramma antico latino, identificava semplicemente la parte dialogata, contrapposta al cantico. La risposta esatta è dunque la **C**.

4   Cosa si intende con il termine *sinestesia*?
  A Accostamento di due parole appartenenti a sfere sensoriali differenti
  B Intervento chirurgico volto a regolare il battito cardiaco
  C Riassunto esauriente di un trattato medico
  D Sostanza introdotta nel corpo umano al fine di effettuare un'operazione chirurgica
  E Collaborazione tra più soggetti per ottenere un risultato comune

La sinestesia è un'associazione tra parole che appartengono a sfere sensoriali diverse. Un esempio di sinestesia è l'espressione "un colore caldo". La soluzione al quesito è fornita dall'alternativa **A**.

Suggerimenti

- **Ripassare alcuni vocaboli e radici latine** può risultare utile per identificare l'alternativa corretta, nel caso non si conosca il significato del vocabolo dato.
- In questa tipologia di esercizi, così come nei quesiti che richiedono di individuare il sinonimo di un vocabolo, le **alternative errate sono spesso costruite sulla base** della **radice** del vocabolo.
- Spesso le domande riguardanti il significato di un vocabolo fanno riferimento a termini del linguaggio figurato. Si consiglia il ripasso dei seguenti termini che individuano le principali **figure retoriche**:
  - **Allegoria**. Esprime un significato diverso da quello letterale, al quale è sotteso. Le favole, per esempio, sono allegorie. *La Divina Commedia* è un'allegoria, perché, attraverso la descrizione del viaggio di Dante, intende raffigurare il cammino dell'anima dalla condizione di perdizione a quella di salvezza.
  - **Anacoluto**. È un errore (voluto!) di sintassi, che consiste nel non seguire la normale successione logica del costrutto, ma nell'adottarne una diversa, la quale è molto più colorita. Non per niente, l'anacoluto è molto usato per rendere il linguaggio popolaresco. Per esempio: *io, mi pare che…*
  - **Antonomasia**. Consiste nell'uso di un nome proprio o concreto al posto di un altro, solitamente generico o astratto. Per esempio: *quell'uomo è un maciste*.
  - **Eufemismo**. È utilizzato per temperare concetti molto forti o per nobilitarli. Consiste nell'usare parole o espressioni più sfumate. Per esempio: *decesso* al posto di *morte*.
  - **Ironia**. Indica il significato opposto a quello espresso. Per esempio: *che bella figura*! Se nell'affermazione vi è un tono beffardo, l'ironia diventa **sarcasmo**: *sei proprio il migliore!*

- **Litote**. Consiste nell'affermare, negando il contrario (magari espresso in forma di metafora). Per esempio: *non è un'aquila*.
- **Metafora**. Consiste nella sostituzione di un termine proprio con un altro, diverso. Per esempio: *arde di desiderio*. La differenza con il traslato è molto sottile: nel traslato, il termine improprio ha sempre una relazione piuttosto stretta con il termine che sostituisce, nella metafora tra i due termini vi è una distanza maggiore.
- **Metonimia**. Figura retorica assai complessa, che generalmente consiste nell'*inversione* della causa e dell'effetto, di un oggetto e del materiale che lo compone, di un'opera e del suo autore. Per esempio: *quella sera si lesse Omero*.
- **Ossimoro**. Consiste nell'accostare, nella medesima locuzione, concetti contrari. Per esempio: *ghiaccio bollente*.
- **Prosopopea**. È la personificazione di un concetto o entità astratta (per esempio *la fama* di memoria virgiliana).
- **Similitudine**. Indica un paragone. Per esempio: *quali colombe dal desìo chiamate*.
- **Sineddoche**. Usa una parte per indicare il tutto. Per esempio: *sta sempre dietro alle gonnelle*.
- **Traslato** (detto anche **tropo**). Consiste nell'uso improprio di una parola, diverso da quello normale. Per esempio: *l'insegnante è un cane*; *beviamoci un bicchiere*.
- **Zeugma**. È il collegamento di un unico termine a termini diversi, sacrificando la precisione linguistica. Per esempio: *mi vedrai parlare e piangere*. Il costrutto corretto sarebbe, ovviamente, *mi ascolterai parlare e mi vedrai piangere*.

4.6 Quesiti di grammatica

Questa tipologia di quesiti è volta a *verificare il livello di padronanza* delle regole che governano la morfologia e la sintassi della lingua italiana. Si è parlato di padronanza non a caso, poiché questo è un settore in cui più che in altri ciò che conta sono la dimestichezza e la prontezza, intesa come capacità di applicare con rapidità e senza necessità di rifletterci a lungo le regole della grammatica italiana. La conoscenza delle regole grammaticali essenziali è cioè considerata bagaglio culturale ormai acquisito da ogni studente al termine della scuola media superiore.

Ciò che fa la differenza è il grado di assimilazione di tali regole: maggiore è tale assimilazione, maggiore è la probabilità di rispondere in modo "automatico", senza dover riflettere a lungo sui quesiti.

Gli esercizi, sempre in forma di quesiti a risposta multipla, hanno per oggetto le parti del discorso (variabili e invariabili) e le nozioni base di analisi logica e del periodo. I quesiti possono richiedere di individuare il tempo corretto di un verbo, il plurale/singolare di un sostantivo, il femminile di un aggettivo e così via.

ESEMPI

1 Quale delle seguenti frasi contiene un verbo impersonale?

- **A** Dobbiamo andare
- **B** Andate, altrimenti farete tardi
- **C** Bisogna andare
- **D** Se non andiamo subito, arriveremo in ritardo
- **E** Vattene subito!

I verbi impersonali sono tali in quanto privi di un soggetto determinato. Le frasi riportate nelle alternative **A**, **B**, **D** ed **E** hanno tutte un soggetto determinato, anche se sottinteso (noi, voi, noi, tu). Nella **C** invece non si può risalire al soggetto di *bisogna*. Bisognare è, infatti, un tipico verbo impersonale. Molto spesso i verbi di questo genere indicano fenomeni atmosferici (piove, nevica …) e sono detti impersonali assoluti. Alcuni verbi possono inoltre essere usati, a seconda delle circostanze, personalmente o impersonalmente (per esempio: ella *sembra* simpatica; *sembra* che ella sia simpatica). Infine, qualunque verbo può essere usato impersonalmente premettendo la particella pronominale *si* alla terza persona singolare (si dice, si vede ecc.)

2 Quale delle seguenti frasi presenta un anacoluto?

- **A** E caddi come corpo morto cade (Dante Alighieri)
- **B** Le donne, i cavallier, l'arme, gli amori,... (Ludovico Ariosto)
- **C** Non ho voglia di tuffarmi in un gomitolo di strade (Ungaretti)
- **D** Per me si va nella città dolente, per me si va nell'eterno dolore, per me si va tra la perduta gente (Dante Alighieri)
- **E** Lei sa che noi altre monache, ci piace sapere le cose (Alessandro Manzoni)

L'anacoluto è una rottura voluta o meno della regolarità sintattica della frase. Produce come effetto l'imitazione del linguaggio parlato e spesso viene usato per caratterizzare la parlata di personaggi di basso livello culturale. La risposta esatta è la **E**. Infatti, si può notare che la frase è spezzata sintatticamente in due da due costruzioni diverse, di cui la prima rimane incompiuta.

SUGGERIMENTI

- Unico possibile suggerimento, forse banale ma certamente efficace, per questa tipologia di esercizi è quello di **rileggere una grammatica italiana** e di ripassare le principali regole, eccezioni incluse. Può risultare inoltre utile ripassare modi e tempi dei verbi, concentrandosi in particolare su quelli irregolari. A tale scopo si segnala il volume I TEST DI GRAMMATICA PER TUTTI I CONCORSI appartenente alla collana *TestProfessionali* edita da Alpha Test.

4.7 Frasi con errori di grammatica

Questa tipologia di esercizi è volta a valutare la capacità dei candidati di *individuare gli errori grammaticali presenti in un testo*. Gli errori possono riguardare i pronomi, i tempi dei verbi, la costruzione sintattica della frase, gli aggettivi e perfino gli accenti.

Gli esercizi si possono presentare in forme differenti. Le più comuni sono due:
- quattro o cinque frasi fra le quali individuare quella che contiene o non contiene un errore di grammatica;
- una frase con una parte in corsivo o sottolineata che indica la presenza di un errore grammaticale o di forma, con quattro o cinque alternative fra le quali identificare quella che, sostituita alla parte in corsivo o sottolineata, rende corretta la frase di partenza.

Si ricorda che di solito gli errori che si richiede di trovare sono di:
- **punteggiatura**, scorretto utilizzo di virgole, punti ecc;
- **ortografia**, parole scritte in modo scorretto;
- **lessico**, parola utilizzata con in modo improprio;
- **sintassi**, errato costrutto di una frase.

ESEMPI

---

1 Quale delle seguenti frasi non contiene un errore di grammatica?

A La pianta in giardino è cresciuta rapidamente sebbene che il tempo sia stato poco favorevole

B Luca rimase a casa sostenendo che non avrebbe gradito lo spettacolo teatrale

C Andrea, non essendo abituato con i numerosi temporali, è salito in soffitta per la paura

D Nonostante fosse solo mezzogiorno, Giorgio si sarebbe gradito volentieri un panino

E Pur avendo avuto più volte richiesto quel libro in biblioteca, mi trovai ancora una volta a dover telefonare

La risposta corretta è la B. Infatti, tutte le altre frasi contengono macroscopici errori grammaticali. La A è errata per la presenza del *che* dopo il *sebbene*; la C è errata in quanto il verbo *essere abituati* regge la preposizione *a* e non *con*; la D è errata in quanto la forma verbale corretta è *avrebbe gradito*, non *si sarebbe gradito*; infine la E è errata in quanto il gerundio passato è presentato con due participi (*avuto* e *richiesto*).

2 **Quale delle seguenti frasi contiene un errore di grammatica?**

A L'erba del vicino cresce sempre più rapidamente della propria

B Pur avendo più volte visitato quella località, provai una sensazione di estraneità

C Nonostante fosse stata una serata piacevole, Giovanni si era recato al bar per consolarsi

D Francesco amava molto venire a visitare le sue zie lassù in montagna

E Enrico non avrebbe certamente gradito tale atteggiamento se fosse stato presente in quell'occasione

La risposta esatta è la **D**. L'avverbio *lassù* indica un luogo lontano sia da chi parla o scrive sia da chi ascolta. Questa nozione è però contraddetta dal verbo *venire* che indica al contrario che il movimento è diretto verso un luogo ove si trova o chi parla o chi ascolta.

Le frasi seguenti sono, nella parte sottolineata, sintatticamente scorrette. Si individui, tra le alternative proposte, la proposizione che completa correttamente il periodo.

3 <u>Per quanto fossero in grado di calcolare il più velocemente possibile rispetto a prima</u>, i primi computer, costruiti con tubi invece che con transistor, erano troppo pesanti, ingombranti, e inaffidabili per l'utilizzo aziendale.

A Nonostante i loro calcoli fossero il più rapidi possibili rispetto a prima

B Per quanto fossero il più rapidamente possibili capaci di effettuare calcoli

C Nonostante fossero in grado di calcolare più rapidamente rispetto a quanto possibile in precedenza

D Sebbene che la loro velocità di calcolo fosse il più elevata possibile

E Per quanto fossero capaci di effettuare calcoli a una più possibile elevata velocità

La risposta esatta è la **C**. Infatti la **A** presenta una forma errata di superlativo relativo (*il* più rapidi *possibili*), che in aggiunta non consentirebbe locuzioni come *rispetto a*, proprie dei comparative.

Anche l'alternativa **B** è errata per due motivi: come per l'alternativa **A** è errata la concordanza tra il singolare *il* e il plurale *possibili*; inoltre, il significato della frase viene modificato non essendovi più il confronto con la situazione precedente l'introduzione dei primi computer.

L'alternativa **D** è anch'essa errata per la modifica di significato e per la congiunzione *che* posta dopo *sebbene*. Infine, l'alternativa **E** è errata per la costruzione sintattica delle ultime parole: *a una più possibile elevata velocità* sarebbe da emendare in *a una velocità il più possibile elevata*.

4 **Nonostante fosse vissuto numerosi anni a Milano, <u>Giulio ancora non conosce le vie principali della città e la strada per raggiungerle</u>.**

- **A** Giulio ancora non conobbe le vie principali della città e come raggiungerle
- **B** Giulio ancora non conosceva le vie principali della città e come raggiungere
- **C** Giulio ancora non ebbe conosciuto le vie principali della città e come raggiungerle
- **D** Giulio ancora non conosceva le vie principali della città e come raggiungerle
- **E** Giulio ancora non conoscendo le vie principali della città e come raggiungerle

La risposta esatta è la **D**. Le alternative **A**, **C** ed **E** sono errate per la forma verbale di *conoscere* utilizzata nella subordinata. L'alternativa **B** è invece errata in quanto la subordinata retta dall'infinito *raggiungere* è priva dell'oggetto *le*, e perde così significato.

Suggerimenti

- **Accertarsi di aver ben capito** quale **tipo di errore** viene chiesto di individuare (lessicale, sintattico, ortografico) e concentrare, di conseguenza, l'attenzione sul tipo di errore da trovare.
- Prestare attenzione alla struttura di ogni frase, **concentrandosi inizialmente sul significato** e solo successivamente sulla ricerca degli errori di forma o grammaticali.
- Prestare attenzione non solo alla **correttezza dei singoli vocaboli** (pronomi, avverbi, aggettivi, verbi ecc.), ma anche a quella della **struttura complessiva della frase**.
- Nel caso in cui la frase sia composta da una principale e da una subordinata, prestare particolare attenzione alla **coerenza tra verbi** (tempi e modi), **avverbi**, **aggettivi**, **pronomi**.
- Controllare che ogni proposizione sia correttamente **composta da un soggetto e da un verbo**.
- **Leggere attentamente il testo dell'esercizio**, facendo attenzione all'alternanza fra gli esercizi che richiedono di individuare la *frase corretta* e quelli che richiedono invece di indicare la *frase contenente un errore*.

5 COMPRENSIONE DI TESTI

Gli esercizi di comprensione di testi consistono nel sottoporre al candidato un brano di varia natura (scientifica, tecnica, letteraria, storica, giornalistica ecc.), di lunghezza variabile seguito da alcuni quesiti (di norma da tre a sei) che prevedono quattro o cinque alternative tra cui il candidato deve scegliere la risposta esatta. La finalità degli esercizi di comprensione di testi è quella di valutare, da un lato, le capacità del candidato di **assimilare i concetti**, i dati e le nozioni riportate in un testo, dall'altro, quella di **inserire il testo in un contesto**, alla cui definizione concorrono vari fattori, quali l'identità e la nazionalità dell'autore, il carattere e la natura del brano, l'epoca storica e la zona geografica in cui gli avvenimenti sono collocati, l'intento dell'autore e così via.

I brani possono avere diversa lunghezza:

Bocconi	si è passati da testi con lunghezza pari a circa due pagine (a volte divisi in paragrafi numerati) a testi brevi di uno o due paragrafi
LUISS - LIUC	il testo dell'esercizio, negli ultimi anni, non ha superato quasi mai l'estensione di una facciata
Economia, **Giurisprudenza** e **Scienze politiche**	la lunghezza media varia tra una e due pagine per brano

Il capitolo propone una strategia di risoluzione valida sia per i brani più lunghi sia per i brani più brevi con esempi di entrambe le tipologie di testi.

5.1 Principi utili per una lettura critica dei brani

Il lavoro da svolgere su un brano, allo scopo di risolvere i quesiti a esso inerenti, non può consistere esclusivamente in una semplice lettura, per quanto attenta. L'errore tipico del candidato è quello di "buttarsi" a leggere il testo, senza cercare di differenziare le informazioni che riceve e senza accoglierle criticamente, senza cioè sforzarsi di capire qual è il tema e quali gli scopi dell'autore. Occorre invece procedere con un preciso metodo di lavoro, ma prima di delinearlo si devono tenere presenti alcuni principi.

Concetto centrale
• **Ogni brano è basato su un'idea o concetto centrale**: è necessario mettere a fuoco tale idea, prestando minore attenzione a tutte le frasi e ai vocaboli superflui e concentrandosi invece sulle tesi dell'autore e sulle argomentazioni portate a loro sostegno. • Un **brano breve** (uno due paragrafi) esprime l'idea dell'autore in poche righe ma è anche spesso pieno di **molti dettagli insignificanti**. Nella lettura è necessario innanzi tutto individuare il **concetto centrale**. • **In un brano lungo, la prima parte (due-tre paragrafi) è solitamente quella più importante**, poiché contiene di norma le informazioni chiave circa la finalità dell'autore, ciò che egli intende dimostrare, il suo punto di vista e il tono utilizzato: occorre dunque leggere attentamente i primi paragrafi, se necessario rileggerli e dedicarvi un tempo superiore rispetto al resto del brano.

Dettagli
• **Sia in un brano breve, sia in uno lungo, i dettagli servono solo a chiarire i concetti più generali**: si consiglia di leggere tali dettagli velocemente e di tornarvi unicamente nel caso in cui i quesiti lo rendano necessario, evitando di memorizzarli nel corso della lettura.

Paragrafi
• **Ogni paragrafo è volto a chiarire un elemento utile all'espressione dell'idea centrale del brano**: occorre dunque, per ogni paragrafo, cercare di estrapolare il concetto o l'idea che l'autore ha cercato di comunicare, se necessario parafrasando mentalmente il testo.

5.2 Come strutturare l'analisi dei brani

Gli esercizi di comprensione di testi presentano spesso problemi maggiori rispetto alle altre tipologie, sia per la loro intrinseca complessità sia per il notevole dispendio di tempo che richiedono. Diviene dunque importante per il candidato impostare un efficace metodo di lavoro che consenta di velocizzare la risoluzione dei quesiti. Tale metodo può avvalersi dei seguenti suggerimenti.

- Al fine di **gestire correttamente il tempo a disposizione**, l'esperienza insegna che, mediamente, *il tempo ottimale è di circa un minuto per la lettura di ogni pagina del brano, e di circa mezzo minuto per la soluzione di ogni quesito*.

- È indispensabile una **veloce lettura delle domande prima** di affrontare il brano. Ciò consente di:
  - intuire l'argomento oggetto del brano prima di iniziare a leggere, riducendo così il tempo necessario a familiarizzare con il testo;
  - concentrare maggiormente l'attenzione su quelle parti del brano che sono poi oggetto dei quesiti.

- È utile **sottolineare quelle frasi su cui si basano eventuali quesiti** relativi a specifici concetti o dettagli riportati dal brano (luoghi, date, affermazioni particolari ecc.).

- È prezioso anche **sottolineare i dati numerici** (date, quantità, prezzi ecc.) che sono oggetto delle domande. Ciò consente di ritrovarli velocemente nel momento in cui si affrontano analiticamente le domande.

- È opportuno **analizzare tutte le alternative** proposte da una domanda prima di scegliere quella corretta. Infatti, le domande di *comprensione di testi* sono spesso caratterizzate dalla presenza di diverse alternative "verosimili". Il candidato deve dunque individuare quella che risponde al quesito in esame **nel modo più preciso e completo** (ossia la risposta *migliore*). Anche la semplice eliminazione di una o due alternative consente di aumentare significativamente le probabilità di successo, nel caso in cui si debba ricorrere alla scelta casuale tra le alternative (si vedano i suggerimenti generali).

- Al fine di poter rispondere agevolmente ai quesiti relativi alle *implicazioni e alle conseguenze logiche* di quanto affermato nel brano, è opportuno concentrarsi **non solo sul significato esplicito** del testo, **ma anche sul significato implicito**, domandandosi ripetutamente quale sia la conseguenza, non esplicitamente riportata nel brano, di una determinata affermazione o di una certa opinione espressa dall'autore.

- **Una volta letto un brano, è consigliabile non abbandonare le domande riferite a esso senza aver prima dato le soluzioni**. È decisamente poco efficace, infatti, saltare da un brano all'altro o da un brano a esercizi di altro tipo con il proposito di tornarci in un secondo tempo: si perde solo del tempo prezioso perché si deve riacquistare familiarità con il testo.

- Occorre **rispondere unicamente sulla base di quanto affermato nel testo** e non sulla base di eventuali conoscenze personali sull'argomento. Le domande vertono infatti esclusivamente su quanto sostenuto nel testo o su quanto da esso è possibile dedurre in modo logico. Pertanto, anche se si è esperti della materia trattata nel brano, occorre prescindere dalle proprie conoscenze e concentrarsi sul contenuto. Viceversa, se il tema risulta sconosciuto, non è il caso di allarmarsi.

5.3 Domande relative ai brani

Nei paragrafi che seguono vengono individuate le principali tipologie di domande tipiche di questo genere di esercizi. Tali quesiti possono essere suddivisi in quattro diverse categorie.

5.3.1 Quesiti relativi al pensiero centrale del brano

Si tratta di domande che sono generalmente poste in una delle seguenti forme:

- Il titolo che meglio esprime le idee del brano è ...
- L'idea principale espressa dal brano è ...

- L'affermazione che meglio sintetizza il tema centrale del brano è …
- Il brano illustra …
- Lo scopo dell'autore del brano è di …

Si tratta dunque di quesiti che intendono valutare la comprensione da parte del candidato del *tema centrale* del brano e della *finalità* perseguita dall'autore nello scriverlo. Generalmente il tema centrale può essere sintetizzato in una singola frase, che potrebbe fungere da titolo del passo.

Per rispondere a questa tipologia di quesiti, è per lo più sufficiente leggere attentamente la parte iniziale del brano. Un utile suggerimento è quindi quello di concentrarsi in modo particolare sulla prima parte del brano, rileggendola più volte, se necessario.

5.3.2 QUESITI RELATIVI A SPECIFICI CONCETTI O DETTAGLI RIPORTATI DAL BRANO

Queste domande sono generalmente espresse in una delle seguenti forme:

- L'autore afferma che …
- Il brano riporta tutte le seguenti affermazioni tranne una. Quale?
- Quale delle seguenti affermazioni è corretta, secondo quanto riportato dal brano?
- Quanti/Quali/Quando/Dove … ?

Si tratta di quesiti che fanno riferimento ad alcuni specifici concetti o informazioni presenti nel brano ed evidentemente espressi con parole differenti rispetto a quelle utilizzate nelle risposte alternative. Leggendo il testo, più che memorizzare tutti i dettagli e i concetti, il lettore deve cercare di *focalizzare il passaggio dove essi vengono enunciati*, in modo poi da potervi tornare velocemente durante l'analisi dei quesiti.

Emerge già ora un utile suggerimento che verrà successivamente ripreso: nel corso della lettura, è inutile e dannoso, in termini di tempo, cercare invano di memorizzare tutti i dettagli e le affermazioni. Occorre piuttosto *estrapolare i concetti chiave* e ricordare in quale parte o passaggio del brano vengono enunciati i diversi dettagli.

5.3.3 QUESITI CHE RICHIEDONO DI IDENTIFICARE LE IMPLICAZIONI E LE CONSEGUENZE LOGICHE DI QUANTO AFFERMATO NEL BRANO

Queste domande sono il più delle volte espresse in una delle seguenti forme:

- L'autore probabilmente crede che …
- Dal brano è possibile dedurre che …/ non è possibile dedurre che …
- Il paragrafo che precede il brano riportato probabilmente afferma che …
- Quale delle seguenti sarebbe una logica continuazione del brano?
- Quale delle seguenti conclusioni non può essere dedotta dal brano?

Si tratta di quesiti più complessi dei precedenti, giacché non si limitano a indagare la comprensione di quanto esplicitamente affermato nel passo, ma mirano a valutare anche la *comprensione di ciò che può essere logicamente dedotto dal testo.*

Emerge nuovamente la necessità di una *lettura critica del testo* non condotta in modo superficiale, e neppure finalizzata a memorizzare ogni dettaglio: occorre estrapolare e comprendere il processo logico seguito dall'autore nel cercare di dimostrare la propria tesi e le diverse argomentazioni portate a sostegno di essa.

5.3.4 Quesiti relativi al contesto del brano

Queste domande sono generalmente espresse in una delle seguenti forme:
- Dal brano si deduce che l'autore è un … (fisico, avvocato, romanziere, giornalista, chimico, economista, storico ecc.)
- L'epoca in cui si svolgono gli avvenimenti descritti è probabilmente …
- La nazionalità dell'autore è …
- Il brano è di natura … (scientifica, storica, economica ecc.)
- Il carattere del brano è … (apologetico, allusivo, critico, celebrativo, descrittivo, giornalistico, divulgativo, polemico ecc.)

Si tratta di quesiti volti a valutare le capacità del candidato di inserire il brano in un contesto storico o geografico, di comprendere l'identità dell'autore, di individuare la natura del brano sulla base dei contenuti e infine di individuare il carattere del brano sulla base del linguaggio utilizzato e del modo in cui l'argomento viene trattato.

È bene sottolineare la differenza esistente fra *natura* e *carattere* di un brano. Nel primo caso si fa riferimento ai *contenuti*, ossia al tipo di argomenti trattati; nel secondo caso, invece, il riferimento è alla *modalità* o al *tono* mediante cui tali contenuti vengono illustrati.

5.4 Strategia nell'analisi dei brani

Volendo sintetizzare e schematizzare le diverse fasi di analisi e soluzione dei quesiti, si può quindi procedere come di seguito.

Veloce lettura preliminare dei quesiti
Leggere solo le domande, non le diverse risposte alternative.

Lettura attenta della prima parte del brano
Leggere attentamente i primi paragrafi (per un brano breve il primo paragrafo), concentrandosi sui seguenti elementi:
tema o idea centrale del brano, intento dell'autore,
carattere del brano, tono, contesto geografico e temporale.

Lettura veloce del resto del brano

Leggere più rapidamente il resto del brano, soffermandosi brevemente a identificare mentalmente i concetti e le argomentazioni di ogni passaggio.
Se necessario e se consentito, sottolineare in matita i dati numerici ecc.

Analisi dei quesiti

Esaminare tutte le alternative a disposizione per ogni quesito,
restando pronti a tornare velocemente, se necessario,
alla parte del testo relativa al quesito.

Evitare di passare a un brano successivo senza aver prima completato la serie di quesiti relativa al brano già letto.

ESEMPI

Brano 1 — **In base alle informazioni contenute nel brano seguente, rispondere alle successive domande.**

Nell'Unione europea il termine "Commissione" ha due accezioni. Può riferirsi ai membri della Commissione, ossia al gruppo ("collegio") di donne e uomini nominati dagli Stati membri e dal Parlamento per dirigere l'istituzione e prendere le decisioni che da essa emanano, come all'istituzione stessa e al suo personale.

I membri della Commissione vengono chiamati informalmente "commissari". Sono personalità politiche nei rispettivi Paesi d'origine, possono essere stati anche ministri di governo, ma in qualità di membri della Commissione si impegnano ad agire nell'interesse generale dell'Unione e non sollecitano né accettano istruzioni dai governi nazionali.

Ogni cinque anni viene nominata una nuova Commissione, entro sei mesi dalle elezioni del Parlamento europeo. La Commissione è politicamente responsabile dinanzi al Parlamento, che può destituirla con una mozione di sfiducia. La Commissione assiste a tutte le sedute del Parlamento, nel corso delle quali può essere chiamata a chiarire o giustificare le sue politiche e risponde regolarmente alle interrogazioni scritte e orali che le sono rivolte dagli eurodeputati.

1 In base a quanto contenuto nel brano, quale delle seguenti affermazioni è falsa?

- **A** All'interno dell'Unione europea il termine "Commissione" ha più di una accezione
- **B** Il Parlamento europeo concorre alla nomina dei "commissari"
- **C** Il Parlamento europeo ha il potere di destituire la Commissione
- **D** I commissari europei non seguono linee guida dettate dai Paesi d'origine
- **E** Gli eurodeputati possono rivolgere interrogazioni solo scritte alla Commissione

La soluzione al quesito è fornita dall'alternativa E. Infatti, dall'ultima frase del brano si evince che gli eurodeputati possono formulare alla Commissione interrogazioni sia scritte, sia orali (e quindi non solo scritte come erroneamente riportato dall'alternativa E) a cui questa deve rispondere regolarmente. La A e la B trovano, invece, riscontro nelle prime righe del brano, la D nel secondo paragrafo e la C all'inizio del terzo paragrafo; tutte queste alternative sono dunque vere e non possono essere al soluzione del quesito.

2 Dal brano si ricava che:
   A il Parlamento europeo viene eletto ogni cinque anni
   B la Commissione europea è composta da tanti membri quanti sono le commissioni del Parlamento europeo
   C il Parlamento non può destituire la Commissione
   D la Commissione europea deve essere formata da personalità che non hanno partecipato, come ministri, all'attività dei governi dei Paesi membri
   E l'interesse nazionale dei commissari e le direttive ricevute dai singoli Paesi di appartenenza devono prevalere su quello generale dell'Unione

Il terzo paragrafo inizia affermando che "ogni cinque anni viene nominata una nuova Commissione, entro sei mesi dalle elezioni del Parlamento europeo"; ciò significa che il Parlamento europeo viene eletto ogni cinque anni. Entro i sei mesi seguenti tale elezione viene nominata la Commissione. La soluzione al quesito è fornita dall'alternativa A. Tutte le altre alternative sono false o non ricavabili da quanto affermato nel brano.

Brano 2 In base alle informazioni contenute nel brano seguente, rispondere alla successiva domanda.

La crisi bancaria congela la ripresa. L'uscita dal tunnel della recessione si allontana. Le probabilità di ripresa nel 2009 appaiono ora nulle, schiacciate dalla crisi bancaria che rischia di avvitarsi in una pericolosa spirale con l'economia reale. Il Centro Studi della Confindustria delinea perciò un nuovo scenario economico alternativo e meno favorevole. Il PIL (prodotto interno lordo) italiano cala dello 0,2% nel 2008 e dello 0,5% l'anno prossimo, contro il -0,1% e il +0,4% indicati a settembre. Il semplice slittamento del rilancio al 2010 basta a spiegare il cambiamento di segno alla variazione del PIL nel 2009, a causa dell'arretramento già registrato dalla scorsa primavera e diventato lievemente più marcato nelle attuali stime.

	Variazioni percentuali in Italia			
	2006	2007	2008	2009
Prodotto interno lordo	1,8	1,5	-0,2	-0,5
Consumi delle famiglie residenti	1,1	1,4	-0,2	-0,6
Investimenti fissi lordi	2,5	1,2	-1,3	-1,9

3 In base a quanto riportato dal brano è possibile dedurre che:

A In Italia tra il 2006 e il 2007 il prodotto interno lordo è calato percentualmente più degli investimenti lordi fissi

B La crisi bancaria non può avere impatti sull'economia reale

C Nella primavera del 2008 il PIL italiano era aumentato

D Nel rapporto di settembre 2008 del Centro Studi della Confindustria si prevedeva un aumento del PIL italiano nel 2009

L'alternativa **A** è errata in quanto tra il 2006 e il 2007 in Italia il PIL è calato dello 0,3% contro un calo dell'1,3% registrato dagli investimenti lordi fissi. Risultano errate anche l'alternativa **B** (infatti nel brano si parla di "crisi bancaria che rischia di avvitarsi in una pericolosa spirale con l'economia reale") e l'alternativa **C** (nel brano è spiegato che il PIL ha già registrato un arretramento nella scorsa primavera, e il brano è chiaramente stato scritto dopo settembre 2008 e prima di gennaio 2009). Risulta, invece, corretta l'alternativa **D** (soluzione del quesito), infatti, il brano si riferisce al rapporto di settembre 2008 che avrebbe indicato un aumento dello 0,4% del PIL in Italia per il 2009, incremento rivisto successivamente per l'aggravarsi della crisi bancaria.

Brano 3 In base alle informazioni contenute nel brano seguente, rispondere alle successive domande.

L'obesità e il sovrappeso dovuto alla cattiva alimentazione e all'assenza di attività fisica potrebbero divenire la prima causa di morte negli Stati Uniti a partire dal prossimo anno. L'allarme proviene da uno studio del Cento di controllo e di prevenzione delle malattie (Cdc) pubblicato sul «Journal of the American Medical Association» (Jama). Nel 2000 il fumo ha causato 435 mila decessi negli Usa contro i 400 mila associati alla cattiva alimentazione e all'inattività fisica, molti di più degli 85 mila provocati dall'alcool, dice lo studio della Cdc. Secondo i ricercatori «gli interventi contro il fumo e per migliorare l'alimentazione e far aumentare l'attività fisica devono diventare le principali priorità della sanità pubblica».

Tra il 1990 e il 2000 la percentuale di morti per la cattiva alimentazione e l'obesità è passata negli Stati Uniti dal 14% al 16,6% sul totale dei decessi. Questa tendenza è destinata ad aumentare portando quindi nel 2005 le due cause in testa alla classifica, mentre i decessi attribuiti al fumo sono in diminuzione così come quelli per l'alcool. Gli autori dello studio notano che quasi la metà dei decessi negli Usa può essere attribuita a comportamenti evitabili, come appunto il fumo, il consumo di alcool, l'igiene e l'eccesso di peso.

4 **Quale dei titoli proposti coglie la tesi esposta dall'autore?**

- **A** Annuncio shock della Cdc: circa la metà dei decessi negli Usa può essere evitata
- **B** Fumo, alcool, igiene e salute negli Usa
- **C** L'importanza dell'attività fisica per la salute
- **D** I decessi causati dall'alcool sono molto meno numerosi di quelli causati dal fumo
- **E** Obesità e sovrappeso: prime cause di morte negli Usa nel 2005?

Il tema di cui tratta il brano è l'obesità come probabile prima causa di morte negli Stati Uniti a partire dal 2005, confrontata con le altre cause di decesso. Un titolo che non citi questi elementi, dunque, non può essere considerato accettabile. Da questo punto di vista, si può dedurre che le alternative **A**, **B** e **C** sono troppo generiche; la **D** sottolinea un tema presente ma marginale nel testo. La soluzione corretta è dunque la **E**.

5 **Delle alternative di seguito proposte, solo una È CONSEGUENTE al brano. Quale?**

- **A** Il sovrappeso di molti cittadini statunitensi dipende essenzialmente dall'obesità e ha dunque origine genetica
- **B** Mentre fino al 2000 i decessi per obesità e cattiva alimentazione negli Usa erano in diminuzione, negli ultimi anni vi è stata una brusca inversione di tendenza
- **C** Non sarà possibile contrastare l'aumento di morti per obesità o cattiva alimentazione negli Usa delegando la soluzione del problema alla sola iniziativa privata
- **D** L'American Medical Association svolge ricerche per il controllo e la prevenzione delle malattie
- **E** L'obesità è causata dalla cattiva alimentazione, compreso l'abuso di alcool

L'alternativa **A** deve essere scartata in quanto trascura di indicare anche la cattiva alimentazione come causa di origine non genetica dell'obesità di molti statunitensi; la **B** afferma esattamente il contrario di quanto sostenuto nel brano (fra "il 1990 e il 2000 la percentuale di morti per la cattiva alimentazione e l'obesità è passata negli Stati Uniti dal 14% al 16,6% sul totale dei decessi"). La soluzione del quesito è la **C**, in quanto l'importanza della sanità pubblica nel controllo di questo fenomeno può essere chiaramente dedotta dall'affermazione "gli interventi contro il fumo e per migliorare l'alimentazione e far aumentare l'attività fisica devono diventare le principali priorità della sanità pubblica". La **D** confonde quanto affermato nel brano sul Centro di controllo e di prevenzione delle malattie (Cdc) con l'American Medical Association; quest'ultima, infatti, viene citata solo in quanto la ricerca in discussione nel testo è stata pubblicata appunto sulla loro rivista (il Jama). Infine la **E** non può essere la soluzione del quesito poiché è il sovrappeso a dipendere dalla cattiva alimentazione (come indicato nella prima riga del brano) e non l'obesità.

Brano 4   **In base alle informazioni contenute nel brano seguente, rispondere alle successive domande.**

La crisi del debito che ha colpito numerosi Paesi in via di sviluppo ha tre cause principali: una cattiva politica macroeconomica da parte dei Paesi debitori; una politica poco prudente di finanziamento da parte delle banche; l'incremento dei tassi di interesse reali. L'aumento dei tassi di interesse reali fino a circa il 6% nel 1982 ha sestuplicato l'onere reale degli interessi per i Paesi indebitati, modificando completamente la natura del problema del debito. Un simile incremento per un periodo così protratto non si era mai visto in precedenza. Durante le crisi passate, quando i prestiti venivano concessi a un tasso di interesse fisso, i tassi di interesse reali diminuivano a causa della deflazione. Ma quando il livello dei prezzi si stabilizzava, l'onere reale degli interessi rimaneva più elevato solo in proporzione alla diminuzione dei prezzi. Ed era comunque possibile che l'inflazione riducesse tale onere. In questa crisi, invece, il tasso di interesse reale è aumentato in modo significativo ed è rimasto elevato per molti anni, mostrando scarsi segni di diminuzione. L'inflazione, ormai, non porta alcun sollievo ai Paesi debitori.

Il timore di un collasso finanziario negli Stati Uniti era una delle principali motivazioni alla base dell'approccio iniziale alla crisi del debito. I pagamenti di interessi dai Paesi debitori eccedettero i nuovi prestiti negli anni 1984, 1985 e 1986. Le banche statunitensi ridussero la propria esposizione nei confronti dell'America Latina nel 1985. Nel 1982, le nove principali banche commerciali statunitensi avevano un ammontare di prestiti nei confronti dei Paesi in via di sviluppo pari al 250% del proprio capitale; alla metà del 1986, le stesse banche avevano un grado di capitalizzazione sufficiente a sopportare anche la completa perdita dei prestiti nei confronti dell'America Latina. Anche se le banche hanno aumentato gli accantonamenti a riserva, esse continuano a riportare in bilancio i prestiti ai Paesi in via di sviluppo al valore nominale. Il mercato secondario attribuisce invece a tali prestiti un valore decisamente inferiore.

L'attuale strategia di approccio al problema del debito dei Paesi in via di sviluppo è basata sull'allungamento della scadenza effettiva del debito. Ogni metodo che consente di ridurre il flusso di fondi in uscita dai Paesi debitori aiuterà gli stessi Paesi a crescere economicamente nel breve periodo. Ma un ulteriore finanziamento non rappresenta la soluzione al problema del debito. Fino a quando i tassi di interesse reali resteranno intorno al 6%, i Paesi debitori avranno grandi difficoltà a uscire dal problema del debito. Vi sono due possibilità. O si continua con l'approccio corrente, o si ricorre a una qualche forma di cancellazione del debito. Per quattro anni i Paesi in via di sviluppo hanno pagato il prezzo del debito nella forma di un basso tasso di crescita del PIL e di diminuzioni sostanziali dei salari reali. Milioni di persone residenti in questi Paesi rimangono a livelli di reddito ridotti semplicemente per gli interessi degli azionisti delle banche creditrici. Mediante una cancellazione del debito, i singoli Paesi e le istituzioni multilaterali potrebbero cominciare a pensare alle necessarie politiche di sviluppo orientate alla crescita. Ciò sarebbe possibile senza aumentare l'onere fiscale per i residenti dei Paesi sviluppati.

6 Sulla base di quanto affermato nel testo, si può ricavare che per l'autore l'effetto più dannoso della crisi del debito è:

- **A** il livello artificialmente basso dei salari reali percepiti dai residenti dei Paesi debitori
- **B** i problemi connessi al rimborso del debito causati dall'elevato livello dei tassi di interesse
- **C** la drastica diminuzione delle prospettive di crescita nel lungo periodo dei Paesi debitori
- **D** la scarsa attenzione posta al problema dalle banche creditrici
- **E** le perdite subite dalle banche internazionali

La risposta corretta è la **C**. Occorre prestare particolare attenzione a non confondere le *cause* con gli *effetti*. La domanda chiede infatti di individuare quale effetto l'autore ritenga essere più dannoso. Ne segue inevitabilmente che le alternative **B** e **D** devono essere considerate errate in quanto entrambe menzionano le cause del problema del debito dei Paesi in via di sviluppo e non gli effetti. La risposta **E** è anch'essa da scartare, in quanto l'autore mostra più volte, specie nell'ultima parte del brano, di considerare i gravi effetti dell'indebitamente dei Paesi dell'America Latina con riferimento alla situazione degli stessi Paesi e non a quella delle banche creditrici.

Rimangono solo le alternative **A** e **C**: si ricade dunque nel tipico caso dei quesiti relativi ai brani, dove può accadere di avere due alternative non del tutto errate. Fra le due, sembra preferibile la seconda: l'autore infatti attribuisce maggiore rilevanza, in termini di effetto negativo, al problema delle prospettive di crescita a lungo termine dei Paesi debitori e considera invece la riduzione dei salari semplicemente uno degli effetti che contribuiscono al problema della crescita. La rilevanza del problema delle prospettive di sviluppo è d'altronde chiaramente evidenziata nell'ultima parte del brano, dove si sostiene la necessità di una politica orientata alla crescita.

7 Il brano fornisce informazioni che consentono di rispondere a una o più delle seguenti domande. A quali precisamente?

I) Vi sono stati errori di politica economica da parte dei Paesi debitori che hanno contribuito a determinare il problema del debito?

II) Vi sono attualmente dei provvedimenti volti a estendere la scadenza effettiva del debito?

III) Il mercato secondario del debito dei Paesi in via di sviluppo attribuisce al debito lo stesso valore di quello attribuito dalle banche che lo detengono?

- **A** Solo la I)
- **B** Solo la II)
- **C** La I) e la III)
- **D** La II) e la III)
- **E** La I), la II) e la III)

La risposta esatta è la **E**. Infatti il brano fornisce le informazioni necessarie per rispondere a tutti i tre quesiti. Per ciò che concerne la domanda I), proprio all'inizio del passo, si sostiene che una delle cause del problema è stata una cattiva politica macroeconomica dei Paesi debitori. Per ciò che concerne invece la domanda II), la terza parte del brano inizia proprio affermando che "l'attuale approccio al problema del debito è basato sull'allungamento della scadenza effettiva del debito". Infine, alla domanda III) è possibile rispondere sulla base di quanto affermato alla fine del secondo capoverso del brano, dove si sostiene che "il mercato secondario attribuisce ai prestiti un valore decisamente inferiore" a quello riportato a bilancio dalle banche.

8 Quale delle seguenti definizioni rappresenta meglio, secondo l'autore, *l'approccio iniziale* alla crisi del debito?

- **A** Una pressione crescente verso i Paesi debitori perché pagassero gli interessi sul debito
- **B** Un aumento dei tassi di interesse per favorire le banche creditrici
- **C** Una diminuzione dell'assicurazione contro le perdite per le nove principali banche statunitensi
- **D** Un crescente coinvolgimento dei Paesi OCSE per aiutare i Paesi debitori
- **E** Un decremento dei nuovi prestiti e un aumento della capitalizzazione delle banche creditrici

La risposta esatta è la **E**. L'approccio iniziale alla crisi del debito viene illustrato nelle prime righe del secondo capoverso del brano, quando si afferma che "il timore di un collasso finanziario negli Stati Uniti era una delle principali motivazioni alla base dell'approccio iniziale alla crisi del debito" e si illustrano le modalità con cui le principali banche sono riuscite a ridurre la propria esposizione diminuendo i nuovi prestiti e aumentando il proprio grado di capitalizzazione.

Le risposte **B**, **C** e **D** sono palesemente errate: la prima in quanto nel brano non si menziona la manovra dei tassi di interesse come strumento utilizzato nella gestione del problema del debito; la seconda in quanto nel testo non viene esaminato il problema dell'assicurazione delle banche creditrici; la terza in quanto non si menziona un intervento dei Paesi OCSE. L'alternativa **A** è invece errata in quanto il brano parla effettivamente di "pagamenti di interessi che eccedettero i nuovi prestiti" nei tre anni dal 1984 al 1986, ma non accenna ad alcuna pressione nei confronti dei Paesi debitori.

9 Se il brano dovesse continuare, quale sarebbe probabilmente l'argomento successivo affrontato dall'autore?

- **A** Le varie forme possibili di cancellazione del debito
- **B** Le alternative alla cancellazione del debito per la soluzione del problema
- **C** La reazione delle banche creditrici all'idea della cancellazione del debito
- **D** Le prospettive realistiche per i Paesi debitori se le attuali politiche continuassero
- **E** Gli effetti dell'aumento dei prestiti all'America Latina nel 1984

La domanda richiede di dedurre, da quanto in esso riportato, quale potrebbe essere il proseguimento del brano. L'unico modo di rispondere a questo tipo di quesiti è quello di pensare all'intero brano come a una sequenza logica ordinata. Fino a questo punto, l'autore ha:
- spiegato le cause della crisi del debito;
- illustrato la reazione delle banche creditrici alla crisi;
- spiegato perché l'attuale approccio al problema non può funzionare;
- sostenuto che l'unica soluzione possibile è la cancellazione del debito.

È dunque sensato illustrare quali forme può concretamente assumere tale soluzione. La risposta corretta è dunque la **A**. La **B** è errata in quanto l'autore ha già escluso le altre possibili alternative. La discussione sulle possibili reazioni delle banche creditrici dovrebbe essere affrontata in seguito, dopo aver illustrato concretamente come la cancellazione può essere effettuata. L'alternativa **C** è dunque errata. I problemi che le attuali politiche causano ai Paesi in via di sviluppo sono già stati analizzati dall'autore nel corso della terza parte del brano. L'alternativa **D** è dunque errata. Analogamente, la risposta **E** è sbagliata in quanto solleva un problema già analizzato nella seconda parte del brano.

Brano 5 In base alle informazioni contenute nel brano seguente, rispondere alle successive domande.

Dal congresso di Stoccolma sono partite le linee guida della moderna lotta all'infarto (170.000 casi l'anno in Italia, con il 50% di decessi ancora nel domicilio). Il consumo di pesce è sicuramente un aspetto fondamentale, a cui vanno aggiunti la riduzione o, meglio, l'eliminazione del fumo, il controllo del peso e un'attività fisica regolare. Tutte queste linee vanno seguite non a cominciare da una certa età, ma fin da bambini e proprio ai bambini vanno insegnate specifiche e utili regole di vita.

Il segreto del pesce (soprattutto azzurro, per i nostri mari) risiede nella particolare ricchezza in Omega-3, particolari acidi grassi capaci di ridurre l'incidenza di aritmie gravi tipiche dell'infarto cardiaco.

Secondo la rivista «New England Journal of Medicine» tali grassi possono ridurre l'incidenza di morte improvvisa (in Italia una ogni 10 minuti) sia nei soggetti sani sia nei pazienti infartuati. Lo studio, seguendo più di 22.000 medici maschi per oltre 17 anni, ha concluso che coloro che hanno fatto il maggior uso di acidi grassi Omega-3 hanno ridotto il rischio di morte improvvisa dell'81%.

10 In base a quanto riportato dal testo, qual è in Italia il numero dei decessi annui per infarto ancora nel domicilio causati dal fumo eccessivo?

- **A** 170.000
- **B** 85.000
- **C** 22.000
- **D** 81%
- **E** Non è determinabile

Il fumo viene definito come una delle possibili cause dell'infarto, ma non l'unica. In Italia, i decessi per infarto già a domicilio sono il 50% dei 170.000 totali. La risposta corretta sembrerebbe a una lettura poco attenta la **B**. In realtà nulla si sa di quanti di questi casi siano determinati dal fumo e quanti dalle altre possibili cause. Il testo, cioè, non fornisce elementi sufficienti per determinare questo numero. La risposta corretta è, dunque fornita dall'alternativa **E**.

11 Quale delle seguenti informazioni non è deducibile dal brano?

- **A** In Italia sono circa 85.000 i casi di decessi per infarto che avvengono non in ospedale ma ancora nel domicilio
- **B** Le persone con un peso eccessivo sono più esposte al rischio di infarto rispetto a quelle con un peso nella norma
- **C** Il consumo di qualsiasi acido grasso consente la riduzione delle aritmie cardiache
- **D** Insegnare ai bambini ad avere una regolare attività fisica consente loro di ridurre il rischio di infarto nella vita
- **E** Le persone che non fumano sono meno esposte al rischio di infarto

La soluzione al quesito è fornita dall'alternativa **C**. Infatti il brano afferma che sono gli Omega-3, particolari tipi di acidi grassi, ad avere un effetto positivo sulla riduzione delle aritmie cardiache e non tutti gli acidi grassi. Nulla si sa quindi sugli effetti degli acidi grassi in generale sulla riduzione degli infarti. Tutte le altre affermazioni riportano, invece, affermazioni esplicite del brano.

12 Quale delle seguenti affermazioni è riportata o è deducibile dal brano?

- **A** Gli Omega-3 riducono il rischio di morte improvvisa nei soli soggetti infartuati
- **B** Gli Omega-3 riducono il rischio di morte improvvisa nei soli soggetti sani
- **C** L'aumento dell'utilizzo dei grassi acidi ha consentito la riduzione in Italia dei casi di infarto nell'ultimo anno
- **D** Secondo lo studio effettuato su medici nel corso di 17 anni, poco meno di 18.000 soggetti hanno ridotto il rischio di morte improvvisa per aver utilizzato acidi Omega-3
- **E** Secondo lo studio effettuato sui medici nel corso di 17 anni, la riduzione del rischio di morte improvvisa nei soggetti che hanno utilizzato acidi Omega-3 è stata pari all'81%

Le alternative **A** e **B** risultano errate in quanto il brano afferma che gli effetti sulla riduzione delle morti improvvise dovuta all'utilizzo di acidi Omega-3 si possono riscontrare sia su soggetti sani sia su soggetti già infartuati (e non "solo" in una delle due categorie). Non è da nessuna parte detto né è deducibile che ci sia stata in Italia una riduzione nell'ultimo anno dei casi di infarto (alternativa **C** errata). Si deve prestare attenzione a quanto affermato dall'alternativa **D**. Il testo parla di una ridotta probabilità di morte improvvisa nei soggetti studiati che hanno utilizzato acidi Omega-3 dell'81%. Il testo non dice invece che il numero di medici che hanno ridotto il rischio di morte improvvisa grazie all'utilizzo degli acidi Omega-3 è stato pari all'81% del campione di 22.000 persone (quantità pari quindi a 18.000 unità) e quindi l'alternativa **D** è errata. La risposta corretta è dunque la **E**.

Brano 6   In base alle informazioni contenute nel brano seguente, rispondere alla successiva domanda.

Raffaella decide di intraprendere un viaggio con un tour operator che organizza escursioni in luoghi considerati poco turistici. Il giorno in cui va in agenzia a chiedere informazioni per il viaggio chiede anche di sapere come è formato il gruppo di persone che per ora ha prenotato. La ragazza dell'agenzia le risponde che per il momento i partecipanti sono 33, 15 dei quali possiedono un passaporto francese, 20 possiedono un passaporto italiano e 3 non hanno passaporto né italiano né francese.

13 In base alle informazioni contenute nel brano si può essere certi che i partecipanti che hanno sia passaporto francese sia italiano siano in:

- **A** 2
- **B** 3
- **C** 4
- **D** 5

Il testo del quesito porta immediatamente l'attenzione alle ultime due righe del brano dove sono contenuti i dati che servono per risolvere il quesito. Delle 33 persone che fanno parte del gruppo sono in 30 ad avere passaporto italiano e/o francese (3 delle 33 persone non hanno né l'uno né l'altro). Se ora si ragiona per assurdo e si afferma che nessuno di coloro che possiede passaporto italiano ha un passaporto francese e viceversa, si deve affermare che i due gruppi sono separati e che quindi il totale delle persone con passaporto italiano e francese corrisponde a 35 (20 +15). Ma questo è impossibile perché si è detto che il totale deve essere pari a 30. Questo significa che 5 persone sono state conteggiate due volte (una prima volta quando si sono conteggiate le persone con passaporto italiano e una seconda quando si è fatto lo stesso con quelle con passaporto francese) e che costoro quindi possiedono entrambi i passaporti. La soluzione al quesito è fornita dall'alternativa **D**.

Brano 7   In base alle informazioni contenute nel brano seguente, rispondere alle successive domande.

La critica storica ha ormai confutato l'opinione un tempo comune secondo la quale non vi sarebbe stato alcun reale progresso scientifico e tecnologico nell'età medievale. Il periodo successivo al secolo XII fu infatti caratterizzato da uno sviluppo rapido e pressoché ininterrotto che non si esaurì neppure con il sopraggiungere della grande crisi economica e demografica dovuta alla peste nera.

Sul piano culturale, con il sorgere delle università si creano dei centri per lo studio delle scienze naturali, studio che si basava in gran parte (ma non esclusivamente) sulle opere degli antichi greci. La tecnologia ricevette un forte impulso dallo sfruttamento di forze naturali quali l'acqua e il vento, dall'adozione di macchinari tessili e di una metallurgia più efficiente, nonché dal diffondersi di invenzioni più recenti come l'orologio meccanico, la bussola e la polvere da sparo, che aprirono una nuova era nella produzione, nel commercio e nella strategia militare.

Naturalmente, si può obiettare che era ancora necessario smantellare buona parte delle dottrine elaborate nell'Alto Medioevo perché le nuove idee e i nuovi metodi si potessero affermare nel campo della scienza e della medicina e, inoltre, che bisognava rivoluzionare le pratiche dell'artigianato medievale perché si potesse sviluppare una società moderna. Ciononostante, le conquiste raggiunte in ciascun campo verso la fine del secolo XV costituirono un salto di qualità rispetto agli standard prevalenti all'epoca di Carlo Magno, paragonabile soltanto a quello provocato dall'avvento della scienza e della tecnologia nel secolo XIX. Senza questo stadio intermedio, non avremmo avuto né la rivoluzione scientifica del secolo XVII, né la rivoluzione industriale del secolo XVIII.

Il riconoscimento di questi progressi è determinante per l'impostazione iniziale del nostro lavoro, in quanto sarebbe un errore attribuire tutti i mutamenti fondamentali della scienza e della tecnologia sia all'originalità senza precedenti del pensiero moderno, sia esclusivamente al gioco deterministico dei fattori economici. Nessuno di questi campi conobbe mai un momento di profonda e violenta transizione; al contrario, i cambiamenti si verificarono gradualmente man mano che nuovi metodi e nuove idee mostrarono la loro validità; alcuni orientamenti dell'età medievale ebbero applicazione concreta, mentre altri vennero abbandonati.

Contrariamente a quel che si può credere, neppure il fenomeno delle nuove invenzioni, che pure fu un attributo fondamentale della scienza e della tecnologia dell'Europa occidentale durante la prima fase dell'età moderna, produsse, se non raramente, dei mutamenti repentini nella vita economica o scientifica. Un aspetto basilare della progressiva differenziazione tra il mondo medievale e quello moderno forma il tema centrale di questo capitolo. Si tratta del rapporto tra il filosofo e l'artigiano, o, in termini moderni, tra lo scienziato e il tecnico.

Troppo spesso si è ritenuto, in maniera alquanto sbrigativa, che la frattura esistente nella società medievale tra le due rispettive funzioni fosse essa stessa, in gran parte, la causa sia della sterilità della scienza che del livello rudimentale della tecnica. Si è finito in tal modo con il concludere che un duplice progresso ha avuto origine in tempi moderni dalla consapevolezza dei forti legami e della comunanza di interessi tra queste due funzioni: la scienza ha smesso di essere speculativa e la tecnologia è divenuta oggetto di analisi più serie. Di qui, il luogo comune che lo sviluppo tecnologico richieda un parallelo incoraggiamento della scienza "pura" e costituisca il requisito essenziale di una produzione efficiente.

Il pericolo implicito in questa concezione è l'idea che la tecnologia si sviluppi sempre e soltanto se "guidata" dalla scienza, e, per converso, che la scienza avanzi soltanto se stimolata dai bisogni tecnici. Ma, nel passato, le cose andarono ben diversamente. Nel Medioevo e nel Rinascimento, tale relazione tra lo studio e il controllo della Natura a scopi umani venne riconosciuta solo in alcuni casi, tra cui quello dell'utilità di appurare le proprietà delle erbe nella cura delle malattie. Tuttavia questa connessione non venne ignorata per mera ottusità mentale, ma perché le condizioni oggettive le toglievano ogni reale valore. In effetti, le forme di ricerca scientifica allora in voga e i confusi processi di un artigiano tradizionale avevano così poco in comune che certamente nessun vantaggio sarebbe risultato da una più stretta collaborazione. Solo in alcuni casi molto limitati, la ricerca scientifica si rivelava utile a scopi pratici, come ad esempio nell'applicazione dell'astronomia alla navigazione oceanica nel secolo XV, oppure determinati bisogni pratici suggerivano ai filosofi "naturali" concreti problemi da risolvere.

Benché la descrizione sistematica dei procedimenti commerciali sia cominciata soltanto nel corso del secolo XVII, buona parte delle nostre conoscenze in fatto di tecnologia dell'età medievale e della prima fase dell'età moderna risale ai resoconti dei mestieri dell'epoca redatti da uomini di cultura. Che tali scrittori, malgrado l'interesse che portavano per questo argomento, non siano stati in grado di fornire un'analisi esauriente delle tecniche degli artigiani, ci dà la misura della frattura esistente tra la teoria e la pratica.

Era dunque necessaria una lunga serie di mutamenti indipendenti e interi stadi di sviluppo sia nella scienza che nella tecnologia perché queste due discipline potessero completarsi a vicenda. Lo scienziato doveva ancora imparare l'importanza di un esame rigoroso dei fatti, del metodo sperimentale e della prudenza nella formulazione di teorie generali.

Soltanto dopo aver acquisito una rigorosa base sperimentale, meccanica, fisica e chimica egli poté chiarire i relativi procedimenti tecnici. D'altra parte, perché la scienza trovasse pratica applicazione era pur sempre necessario un certo livello di organizzazione tecnica ed economica.

Lo sviluppo di una produzione su larga scala, la ricerca di nuove fonti energetiche, di macchinari più elaborati, e di procedimenti chimici più complessi, gli effetti della competizione e la ricerca di un'autosufficienza nazionale, tutte queste cose messe insieme contribuirono a suscitare l'esigenza dell'analisi scientifica e di tecniche più sistematiche.

Durante il periodo in questione la scienza si sviluppò in modo del tutto indipendente dalla tecnologia; solo negli ultimi anni la figura dello scienziato sperimentale fu finalmente in grado, in alcuni casi, di assumersi l'iniziativa di nuove invenzioni. Verso la fine del secolo XVIII questa grave frattura tra scienza e tecnologia cominciò a colmarsi, e tra le due discipline ebbe inizio una fase reale di collaborazione; ma fino a quel momento i loro rispettivi problemi e il loro autonomo sviluppo erano stati più importanti di qualsiasi occasionale interconnessione.

14   Qual è il titolo che meglio esprime le idee del brano?

   A Il progresso scientifico nel Medioevo

   B Il rapporto tra scienza e tecnologia nell'età moderna

   C Scienza e tecnologia dall'epoca medievale all'epoca moderna

   D Le scoperte scientifiche dal Medioevo all'età moderna

   E Il rapporto tra filosofia e artigianato nel Medioevo

La risposta esatta è la **C**. Infatti, il brano descrive i complessi rapporti tra sviluppo scientifico e progresso tecnologico nel periodo che va dal Medioevo all'età moderna. Nel quinto capoverso si fa esplicito riferimento al *tema centrale*, rappresentato dal rapporto tra filosofo e artigiano (o, in termini moderni, tra scienziato e tecnico), come elemento di differenziazione tra mondo medievale e mondo moderno. L'alternativa **A** è da scartare, in quanto il brano non analizza unicamente il progresso scientifico, ma anche quello tecnologico e più precisamente il rapporto tra i due; inoltre, il periodo in esame non è solo quello medievale, ma piuttosto la transizione da quest'ultimo al periodo moderno. Analogamente, le alternative **B**, **D** ed **E** sono da scartare, in quanto prendono in considerazione rispettivamente solo il periodo moderno, solo le scoperte scientifiche e solo il periodo medievale.

15 **Nel brano sono presenti tutte le seguenti affermazioni tranne una. Quale?**
- **A** Sono rari i casi in cui, nel Medioevo e nel Rinascimento, la ricerca scientifica si è rivelata utile a scopi pratici
- **B** La connessione tra scienza e tecnica nel periodo medievale e rinascimentale venne ignorata a causa della scarsa comunanza dei processi utilizzati nei due rami
- **C** Le nostre conoscenze relative alla tecnologia medievale derivano da scritti di intellettuali dell'epoca
- **D** L'utilizzo delle erbe nella cura delle malattie è un esempio efficace delle frequenti applicazioni concrete della ricerca scientifica medievale
- **E** La descrizione sistematica dei procedimenti commerciali delle età medievale e rinascimentale è iniziata nel secolo XVII

La risposta corretta è la **D**. L'autore del brano afferma infatti ripetutamente che i contatti tra scienza e tecnologia nel periodo medievale erano particolarmente rari. Le rimanenti alternative rispondono invece pienamente a quanto riportato nel passo.

16 **Il carattere del brano è:**
- **A** colloquiale
- **B** polemico
- **C** economico
- **D** descrittivo
- **E** tecnico-scientifico

La risposta esatta è la **D**. Si tratta di un quesito relativamente semplice che non necessita di particolari spiegazioni: l'analisi storica effettuata dall'autore nel corso del brano è infatti caratterizzata da un tono tipicamente descrittivo/divulgativo.

17 **Secondo quanto riportato dal brano, la frattura tra scienza e tecnologia:**
- **A** cominciò a colmarsi soltanto verso la fine del XIX secolo
- **B** necessitava di organizzazione tecnica ed economica per essere superata
- **C** era caratteristica del XIX secolo
- **D** era imputabile alle scarse relazioni tra scienziati e tecnici
- **E** era stata evidenziata dai resoconti degli uomini di cultura dell'epoca

La risposta esatta è la **B**. Infatti, nel terz'ultimo capoverso si afferma esplicitamente che perché la scienza trovasse pratica applicazione, era pur sempre necessario un certo livello di organizzazione tecnica ed economica. L'alternativa **A** è errata in quanto l'autore del brano afferma che tale frattura cominciò a colmarsi verso la fine del secolo XVIII, ossia verso la fine del '700 e non dell'800. L'alternativa **C** è palesemente sbagliata, in quanto il brano descrive ripetutamente tale frattura come caratteristica del periodo medievale. L'alternativa D è errata in quanto l'autore afferma più volte che la menzionata frattura non era dovuta a scarse collaborazioni o relazioni tra scienziati e tecnici, ma piuttosto a divergenze relative ai campi d'indagine e ai procedimenti seguiti. Infine l'alternativa E è errata in quanto, con riferimento ai resoconti menzionati, l'autore afferma unicamente, alla fine dell'ottavo capoverso, che essi non erano stati in grado di fornire un'analisi esauriente delle tecniche degli artigiani.

18   L'autore ritiene che:

A le nuove invenzioni della prima fase dell'età moderna contribuirono a migliorare rapidamente la vita economica e scientifica dell'Europa occidentale

B il progresso scientifico e tecnologico avanza rapidamente in corrispondenza delle scoperte più rilevanti, per poi attenuare il proprio sviluppo e attraversare fasi statiche durante le quali i progressi vengono assimilati e pienamente utilizzati

C il periodo dal Medioevo all'epoca moderna rappresenta uno stadio intermedio, in termini di sviluppo scientifico e tecnologico, che ha favorito la rivoluzione scientifica del secolo XVII e quella industriale del secolo XVIII

D la frattura tra scienza e tecnica nel Medioevo rappresenta la causa dell'astrattezza della ricerca scientifica e della rudimentalità dei processi tecnologici del periodo

E una collaborazione più intensa tra scienza e tecnica nel periodo medievale avrebbe sensibilmente beneficato entrambe

La risposta esatta è la C. Infatti, alla fine del terzo capoverso, l'autore afferma esplicitamente che il Medioevo rappresenta uno stadio intermedio senza il quale non sarebbero state possibili "né la rivoluzione scientifica del secolo XVII, né la rivoluzione industriale del secolo XVIII". L'alternativa A è errata in quanto all'inizio del quinto capoverso lo scrittore sostiene che "il fenomeno delle nuove invenzioni della prima fase dell'età moderna non produsse, se non raramente, dei mutamenti repentini nella vita economica o scientifica". L'alternativa B è errata: infatti l'autore afferma, nel quarto capoverso, che i progressi della scienza e della tecnica non avvengono a salti, cioè seguendo violente e profonde transizioni, ma piuttosto si verificano "gradualmente man mano che nuovi metodi e nuove idee mostrano la loro validità". L'alternativa D è errata: all'inizio del sesto capoverso, infatti, lo scrittore asserisce il contrario, dicendo che "troppo spesso si è ritenuto, in maniera alquanto sbrigativa, che la frattura esistente fosse stata causa…". L'alternativa E, infine, è errata in quanto l'autore afferma, a metà del settimo capoverso, che "le forme di ricerca scientifica allora in voga e i confusi processi di un artigiano tradizionale avevano così poco in comune che certamente nessun vantaggio sarebbe risultato da una più stretta collaborazione".

6 DIAGRAMMI INSIEMISTICI

Gli esercizi di natura insiemistica mirano a **valutare le capacità logiche** del candidato e sono una tipologia alquanto diffusa nei test selettivi di natura attitudinale. Generalmente ogni quesito chiede di individuare, tra una serie di diagrammi, quello che rappresenta correttamente la relazione insiemistica esistente tra i tre termini dati.

Per una migliore comprensione di questa tipologia occorre innanzitutto definire la nozione di insieme. Un **insieme** è una collezione di elementi individuata da una o più caratteristiche, in base alle quali si stabilisce l'appartenenza o meno degli elementi all'insieme stesso. Un insieme può essere vuoto (quando nessun elemento vi appartenga), unitario (quando contenga un solo elemento), finito (quando contenga un numero finito di elementi) e infinito (quando contenga un numero infinito di elementi). Per esempio, si può avere l'insieme *automobili* o l'insieme *studenti universitari*, oppure ancora l'insieme *Lombardia* (in quest'ultimo caso la parola non definisce effettivamente un gruppo di elementi ma *un insieme costituito da un solo elemento*). In pratica, un insieme risulta definito quando esiste una "regola" che permette di stabilire se un qualunque elemento appartiene o meno all'insieme. Le pagine seguenti chiariranno ulteriormente questo concetto.

Bocconi	tipologia **non** presente negli ultimi anni ma somministrata in passato
LUISS	tipologia **non** presente negli ultimi anni
LIUCC – Economia, Giurisprudenza e Scienze politiche	tipologia somministrata negli ultimi anni

6.1 Relazioni tra insiemi

Le relazioni esistenti tra due classi di oggetti o insiemi possono essere di tre tipi.

1) **Estraneità**: le due classi di oggetti costituiscono due insiemi distinti e sono quindi rappresentate da due linee chiuse staccate tra loro. Si considerino per esempio i termini *uomini* e *madri*: tali termini vengono correttamente rappresentati da due insiemi tra loro completamente separati e distinti, come illustrato nella figura. Non esistono infatti *uomini* che siano anche *madri* e viceversa.

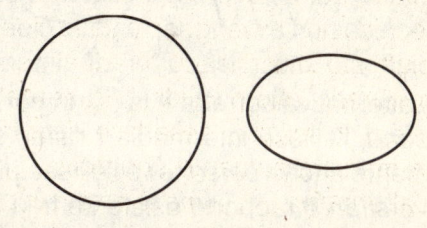

2) **Intersezione**: le due categorie di oggetti costituiscono due insiemi che condividono alcuni elementi e sono quindi rappresentati da due linee chiuse che si intersecano una porzione di piano. Si pensi, per esempio, ai due termini *madri* e *sorelle*: nel diagramma qui raffigurato il cerchio potrebbe rappresentare l'insieme *madri* e l'ellisse l'insieme *sorelle*; l'area comune alle due figure rappresenta l'*area intersezione* dei due insiemi. Il diagramma soddisfa la relazione tra i due termini dati, dal momento che esistono *madri* che sono anche *sorelle* e *sorelle* che sono anche *madri* (area comune). Vi sono poi anche *madri* che non sono *sorelle* così come *sorelle* che non appartengono all'insieme *madri* (parti del cerchio e dell'ellisse non sovrapposte tra loro).

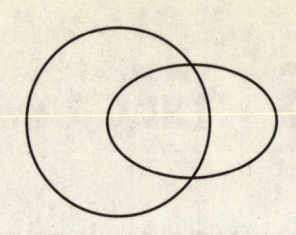

3) **Inclusione (o subordinazione)**: tutti gli elementi di uno dei due insiemi fanno parte dell'altro, ma non viceversa. Si pensi, per esempio, ai termini *donne* e *madri*: tutte le *madri* (insieme più piccolo) sono comprese nell'insieme più grande delle *donne*; non esistono infatti *madri* che non siano *donne*, mentre esistono *donne* che non sono *madri*.

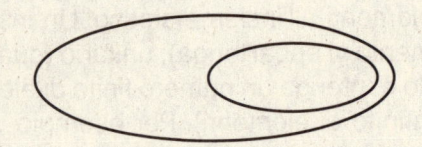

Di seguito, vengono analizzati alcuni esempi di esercizi nella forma in cui si presentano nei test di ammissione universitari.

ESEMPI

1   Individuare quale diagramma soddisfa la relazione insiemistica esistente fra i tre termini seguenti: studenti universitari, persone, studenti.

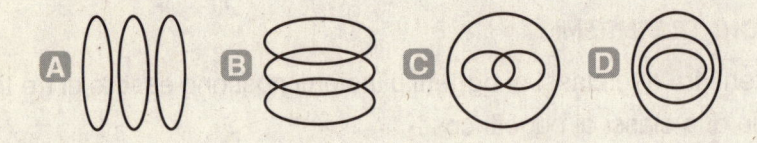

Ⓐ   Ⓑ   Ⓒ   Ⓓ

L'alternativa corretta è la Ⓓ, in cui l'ellisse più grande rappresenta l'insieme *persone*, l'ellisse intermedia l'insieme *studenti* (tutti gli *studenti* sono necessariamente anche *persone*) e l'ellisse più piccola corrisponde all'insieme *studenti universitari*. Il rapporto esistente fra i tre insiemi è dunque di **inclusione**.

2 Individuare quale diagramma soddisfa la relazione insiemistica esistente fra i tre termini seguenti: quadri, fiori, pittori.

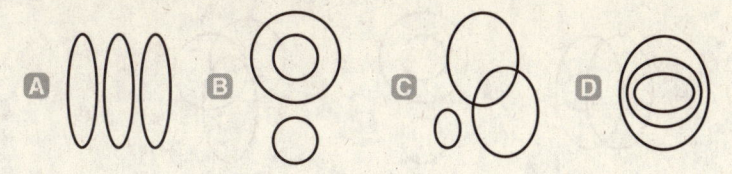

In questo caso i tre termini identificano tre categorie distinte di oggetti e sono quindi correttamente rappresentate dall'alternativa **A**.
Il fatto che i tre termini in esame presentino delle connessioni concettuali (per esempio il fatto che i *pittori* dipingono *quadri* in cui possono anche essere rappresentati dei *fiori*) non è da considerare ai fini della risoluzione dell'esercizio, perché tali connessioni non sono di natura insiemistica. È necessario, infatti, limitarsi a considerare che, se un oggetto appartiene alla categoria dei *quadri*, non appartiene a quella dei *fiori*. In altre parole, se un oggetto è un quadro non può essere nel contempo anche un fiore e viceversa; quindi, *fiori* e *quadri* sono insiemi caratterizzati da un rapporto di **estraneità**.
Allo stesso modo, né *fiori* né *quadri* hanno elementi in comune con l'insieme *pittori*.

3 Individuare quale diagramma soddisfa la relazione insiemistica esistente fra i tre termini seguenti: chitarre, musicisti, strumenti musicali.

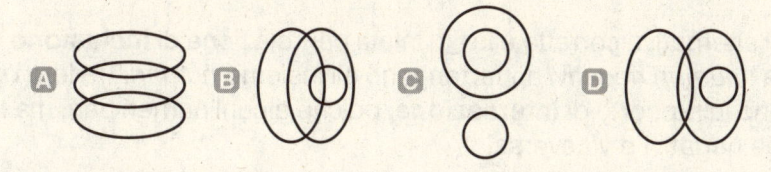

Si proceda, in questo caso, a considerare a due a due i termini proposti dall'esercizio: la categoria *chitarre* è sicuramente inclusa in quella degli *strumenti musicali* (tutte le chitarre sono strumenti musicali); i due insiemi sono pertanto caratterizzati da un rapporto di **subordinazione**. La soluzione dell'esercizio deve dunque raffigurare un insieme interamente contenuto in un altro insieme. L'insieme *musicisti*, rispetto ai precedenti, rimane invece a sé stante: non è infatti lecito pensare che, siccome i musicisti utilizzano strumenti musicali, gli uni rappresentino un sottoinsieme degli altri! Ciò in quanto un musicista non è uno strumento musicale e uno strumento musicale non è un musicista: i due insiemi sono cioè caratterizzati da un rapporto di **estraneità**. L'alternativa corretta è dunque la **C**.

4 Individuare quale diagramma soddisfa la relazione insiemistica esistente fra i tre termini seguenti: **avvocati, francesi, biondi**.

È questo un tipico esempio in cui i tre insiemi di oggetti si intersecano parzialmente dando luogo a una rappresentazione insiemistica come quella descritta dall'alternativa **D**. Nell'esercizio, i tre insiemi sono caratterizzati da un rapporto di **intersezione**, dal momento che esistono *francesi* che sono *avvocati*, *avvocati* che sono *biondi* e *francesi* che sono *biondi*. Nel contempo è anche vero che non tutti i *francesi* sono *avvocati*, così come non tutti gli *avvocati* sono *biondi* e non tutti i *francesi* sono *biondi*: per tale ragione la sovrapposizione tra i diversi insiemi è solo parziale.

5 Individuare quale diagramma soddisfa la relazione insiemistica esistente fra i tre termini seguenti: **numeri, numeri pari, numeri negativi**.

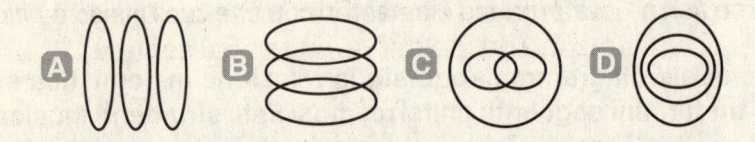

In questo caso l'alternativa corretta è la **C**: infatti per relazione di **inclusione**, sia i *numeri pari* sia i *numeri negativi* appartengono all'insieme *numeri*. Tra loro i due insiemi citati sono in rapporto di **intersezione**, poiché alcuni numeri pari, ma non tutti, sono anche negativi e viceversa.

6 Individuare quale diagramma soddisfa la relazione insiemistica esistente fra i tre termini seguenti: **laureati in giurisprudenza, avvocati, amanti del Jazz**.

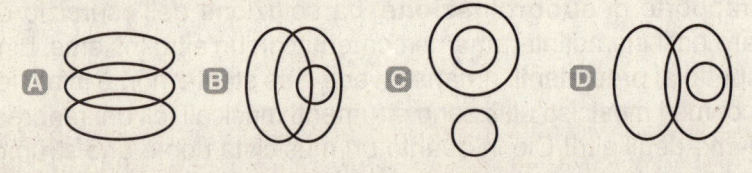

L'alternativa corretta è dunque la **B**. Infatti tra l'insieme *avvocati* e *laureati in giurisprudenza* esiste una relazione di inclusione (tutti gli avvocati sono laureati in giurisprudenza), mentre tra questi due insiemi citati e gli *amanti del jazz* c'è una relazione di intersezione (alcuni avvocati, e alcuni laureati in giurisprudenza, ma non tutti sono amanti del jazz e viceversa). Si presti attenzione all'alternativa **D**, che risulta errata in quanto assume come ipotesi (totalmente arbitraria) che a nessun avvocato piaccia il jazz.

7 Individuare quale diagramma soddisfa le relazioni insiemistiche definite dal seguente enunciato: alcuni P sono Q; alcuni P sono R; alcuni Q sono P; nessun Q è R; alcuni R sono P.

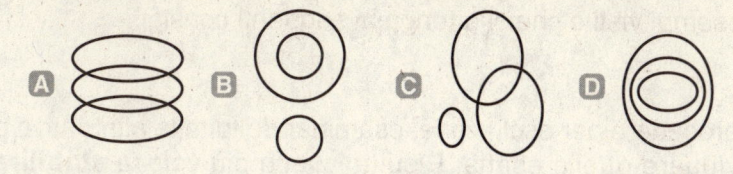

In questo caso occorre prestare molta attenzione a ogni parte dell'enunciato. L'alternativa corretta è la **A**: l'ellisse centrale rappresenta l'insieme P, mentre le altre due ellissi rappresentano l'insieme Q e l'insieme R. È importante osservare che:

- la relazione *alcuni P sono Q* non implica necessariamente che *alcuni Q siano P*. Potrebbe essere infatti che *tutti i Q siano P*;
- il fatto che *nessun Q è R* significa necessariamente, allo stesso tempo, che *nessun R è Q*.

Per ciascuno degli esercizi seguenti, indicare il diagramma che soddisfa la relazione insiemistica esistente tra i tre termini dati (le alternative proposte per ciascun esercizio sono quelle raffigurate qui di seguito).

Diagramma 1 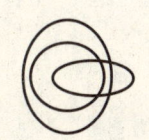   Diagramma 2    Diagramma 3 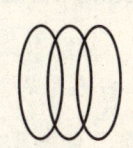   Diagramma 4

---

8 Donne, Impiegate, Madri.

A Diagramma 1
B Diagramma 2
C Diagramma 3
D Diagramma 4
E Nessuna delle precedenti

Sia il termine *impiegate* sia il termine *madri* indicano elementi che devono essere totalmente compresi nella categoria *donne* (altrimenti significherebbe ammettere l'esistenza di una madre o di un'impiegata uomo). Tale considerazione è sufficiente per scartare le alternative **B**, **C** e **D**. I due termini *impiegate* e *madri* sono inoltre tra loro in una relazione di intersezione, nel senso che esistono *madri* che sono anche *impiegate* e *impiegate* che sono anche *madri* ma vi sono anche *madri* che non sono *impiegate* e *impiegate* che non sono *madri*. La risposta **A** rappresenta dunque correttamente tutte le possibili relazioni esistenti tra i termini proposti.

Come si può osservare in questo esercizio, le alternative proposte sono più di quattro e prevedono, come ultima possibilità, la soluzione *nessuna delle precedenti*. Tale evenienza, pur aumentando il grado di difficoltà, non modifica la logica degli esercizi stessi, che risultano ugualmente risolvibili per il candidato che abbia compreso gli esempi visti e che si attenga ai seguenti consigli.

Suggerimenti

- Non conviene procedere per esclusione, esaminando tutte le alternative proposte per individuare quella esatta. Risulta invece più veloce **stabilire la relazione esistente tra i termini dati (considerandoli a due a due)** per poi ricercare, tra le alternative proposte, l'unica soluzione che soddisfa, da un punto di vista insiemistico, la relazione individuata.
- Non è necessario che vi sia corrispondenza tra l'ordine con cui vengono presentate le tre categorie di oggetti e l'ordine con cui si succedono i relativi insiemi all'interno di ciascuna alternativa.
- **Il tipo di figure** (cerchi, ellissi, rettangoli ecc.) utilizzato per rappresentare gli insiemi, i rapporti di grandezza tra le figure e l'ampiezza della loro eventuale area di intersezione **non ha alcuna importanza ai fini della soluzione**.
- **Non bisogna considerare legami tra i termini dati che, seppure esistenti, vadano al di là della relazione insiemistica dei termini stessi.** Ciò potrebbe portare a un'erronea soluzione dell'esercizio.

parte terza

MATEMATICA

7 ARGOMENTI VARI

Le prove di ammissione alla Bocconi e alla LUISS hanno presentato, negli ultimi anni, diversi esercizi che richiedono una conoscenza dei principali concetti di matematica. Il presente capitolo vuole fornire al lettore un sunto delle principali nozioni e quindi uno spunto per il ripasso della materia.

Bocconi	tipologia **molto utilizzata** negli ultimi anni
LUISS – LIUC	tipologia somministrata negli ultimi anni (compresa geometria)
Economia, Giurisprudenza e **Scienze politiche**	tipologia poco presente negli ultimi anni

7.1 INSIEMI, NUMERI E OPERAZIONI

7.1.1 INSIEMI

Un *insieme* può essere inteso come una *collezione di oggetti* (detti *membri* o *elementi* dell'insieme): il concetto di *insieme* e quello di *elemento di un insieme* sono **concetti primitivi**, ossia non definibili tramite concetti più semplici.

Un insieme A risulta definito quando esiste una "regola" specifica che permette di stabilire se un qualunque elemento x appartiene o meno all'insieme A.

Esempi di insiemi sono: l'insieme delle consonanti dell'alfabeto italiano, degli stati europei, dei numeri relativi, delle frazioni.

- $x \in A$: x appartiene ad A; $x \notin A$: x non appartiene ad A.
- $A \subseteq B$ ($A \subset B$): A è contenuto (propriamente) in B, A è **sottoinsieme (proprio)** di B.

Due insiemi A e B sono **uguali** quando contengono gli stessi elementi.

✓ L'**insieme vuoto** (indicato con $\emptyset$) è un insieme privo di elementi.

Può capitare che occorra indicare l'*ambiente* da cui trarre gli elementi dell'insieme.

✓ L'**insieme ambiente** o **universo** (indicato con U) contiene la totalità dei possibili elementi.

L'insieme delle vocali dell'alfabeto italiano ha come universo l'alfabeto stesso.

CORRISPONDENZE FRA INSIEMI

Tra due insiemi A e B vi è una **corrispondenza univoca** (da A a B) quando a **ogni** elemento a di A corrisponde **uno e un solo** elemento b di B; vi è una **corrispondenza biunivoca** quando a **ogni** elemento di un insieme corrisponde **uno e un solo** elemento dell'altro insieme **e viceversa**.

OPERAZIONI CON GLI INSIEMI

L'insieme **intersezione** di A e B è l'insieme degli elementi appartenenti **contemporaneamente** ad A e a B: $A \cap B = \{x \mid x \in A \text{ e } x \in B\}$.

L'insieme **unione** di A e B è l'insieme degli elementi appartenenti ad A **oppure** a B: $A \cup B = \{x \mid x \in A \text{ oppure } x \in B\}$.

✎ A = {0, 3, 8}; B = {0, 3, 22, 70}: $A \cap B$ = {0, 3} e $A \cup B$ = {0, 3, 8, 22, 70}

7.1.2 Numeri naturali

✓ Gli infiniti numeri interi costituiscono l'insieme dei numeri naturali:
$$\mathbb{N} = \{1, 2, 3... n...\}$$

NUMERI PRIMI

✓ Si dicono **primi** i numeri naturali maggiori di 1 che ammettono come divisori **solo** se stessi e l'unità.

✎ I primi dieci numeri primi sono: 2, 3, 5, 7, 11, 13, 17, 19, 23, 29.

SCOMPOSIZIONE IN FATTORI PRIMI

La scomposizione in fattori primi di un numero naturale maggiore di 1 è la sua rappresentazione come **prodotto dei suoi fattori primi**: tale scomposizione è **unica**.

✎ La scomposizione in fattori primi di 126 è: $126 = 2 \cdot 3 \cdot 3 \cdot 7 = 2 \cdot 3^2 \cdot 7$

MASSIMO COMUNE DIVISORE E MINIMO COMUNE MULTIPLO

✓ Il **Massimo Comune Divisore** (M.C.D.) di due o più interi è il maggiore fra gli interi che dividono (senza resto) tutti i numeri dati, il **minimo comune multiplo** (m.c.m.) è il minore fra gli interi multipli di tutti i numeri dati.

Per determinare il **M.C.D.** di due o più numeri, li si scompone in fattori primi e si calcola il prodotto dei **fattori primi comuni**, ciascuno preso una volta sola con il **minimo esponente** con cui figura.

Per determinare il **m.c.m.** di due o più numeri, li si scompone in fattori primi e si calcola il prodotto dei **fattori primi comuni e non comuni**, ciascuno preso una volta sola con il **massimo esponente** con cui figura.

7.1.3 Numeri interi relativi

✓ Gli infiniti numeri interi positivi (naturali), lo zero e gli infiniti numeri interi negativi costituiscono l'insieme (infinito) dei numeri interi relativi.
$$\mathbb{Z} = \{... -n... -3, -2, -1, 0, +1, +2, +3... +n...\}$$

Negli interi, come in ogni altro insieme numerico, **non si può dividere per zero**.

⚠ **Legge dell'annullamento del prodotto**: il prodotto tra due numeri si annulla se e solo se almeno uno dei due numeri è uguale a zero.

Valore assoluto di un numero relativo

Il *valore assoluto* (o *modulo*) di un numero relativo *a* (indicato con |*a*|) è **il numero stesso privato del segno**.

$$|a| = \begin{cases} a & \text{se } a \geq 0 \\ -a & \text{se } a < 0 \end{cases}$$

✎ |−3| = 3 ; |+7| = 7.

Due numeri relativi aventi lo **stesso valore assoluto e segni contrari** si dicono **opposti** (o anche simmetrici o contrari). Due numeri relativi **aventi lo stesso segno** si dicono **concordi**. Due numeri relativi **aventi segno diverso** si dicono **discordi**.

✓ Due numeri relativi si dicono **uguali** se hanno lo **stesso valore assoluto** e lo **stesso segno**.

7.1.4 Numeri razionali

✓ Tutte le possibili frazioni costituiscono l'insieme (infinito) dei numeri razionali:
$$\mathbb{Q} = \{a/b \mid a, b \in \mathbb{Z} \text{ e } b \neq 0\}$$

✎ La frazione 3/8 è il rapporto fra l'intero 3 (il *numeratore*) e l'intero 8 (il *denominatore*).

Tutti gli interi possono essere pensati come frazioni con denominatore unitario, per cui si ricava la seguente catena di inclusioni: $\mathbb{N} \subset \mathbb{Z} \subset \mathbb{Q}$.

Proprietà invariantiva e frazioni equivalenti

✓ Moltiplicando o dividendo i due termini di una frazione per uno stesso numero (diverso da zero) si ottiene una frazione equivalente alla data.

Una frazione viene detta **irriducibile** o **ridotta ai minimi termini** quando i suoi termini sono *primi fra loro* (ossia quando il loro M.C.D. vale 1). Per ridurre una frazione ai minimi termini si divide sia il numeratore sia il denominatore per il loro M.C.D. Questa operazione prende anche il nome di "semplificazione".

✎ $\dfrac{24}{60}$ ⟶ essendo M.C.D.(24, 60) = 12 ⟶ $\dfrac{24 \div 12}{60 \div 12} = \dfrac{2}{5}$

Confronto tra frazioni

Per confrontare fra loro due o più frazioni occorre che esse abbiano lo stesso denominatore. Una volta ridotte le frazioni al minimo comune denominatore, si confrontano fra loro i numeratori. Se le frazioni da confrontare sono soltanto due (per esempio *a*/*b* e *c*/*d*) esiste un metodo più rapido: si confrontano i due prodotti *a* · *d* e *b* · *c* e si utilizza la regola seguente.

✓ La frazione più grande è quella il cui numeratore compare nel prodotto maggiore.

> Per confrontare fra loro le due frazioni $\frac{4}{5}$ e $\frac{3}{4}$, si calcolano i due prodotti $4 \cdot 4 = 16$ e $5 \cdot 3 = 15$. Essendo $16 > 15$, il numeratore che compare nel prodotto maggiore è 4, per cui la frazione maggiore è $\frac{4}{5}$, ossia $\frac{4}{5} > \frac{3}{4}$.

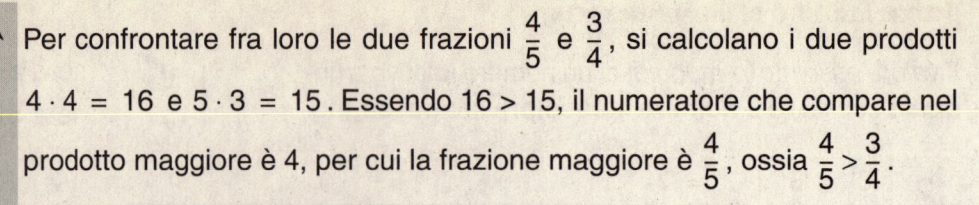

NUMERI DECIMALI E FRAZIONI GENERATRICI

Ogni numero razionale (frazione) può anche essere rappresentato in forma di **numero decimale**: è sufficiente **dividere il numeratore per il denominatore** utilizzando la nota regola di divisione fra interi. Si possono presentare tre casi:

- numero decimale limitato:

  $2/5 = 2 \div 5 = 0{,}4$

- numero decimale illimitato periodico semplice:

  $10/3 = 3{,}333\ldots = 3{,}(3) = 3{,}\bar{3}$: il periodo è 3.

- numero decimale illimitato periodico misto:

  $4/15 = 0{,}2666\ldots = 0{,}2(6) = 0{,}2\bar{6}$: l'antiperiodo è 2 mentre il periodo è 6.

Viceversa è anche vero che: dato un numero decimale (limitato o illimitato periodico) è possibile trovare la frazione corrispondente, detta *frazione generatrice*.

1. Numero decimale limitato: si forma la frazione moltiplicando e dividendo il numero decimale per il numero costituito dalla cifra 1 seguita da tanti zeri quante sono le cifre decimali del numero dato.

   > $0{,}06 = \frac{0{,}06 \cdot 100}{100} = \frac{6}{100} = \frac{3}{50}$

2. Numero decimale illimitato periodico: si forma la frazione avente per numeratore la differenza fra il numero costituito dalla parte intera seguita dall'antiperiodo e dal periodo preso una sola volta e il numero composto dalla parte intera e dall'eventuale antiperiodo e, per denominatore, un numero composto da tanti 9 quante sono le cifre del periodo seguito da tante cifre 0 quante sono quelle dell'eventuale antiperiodo.

   > $0{,}(13) = \frac{13 - 0}{99} = \frac{13}{99}$: in questo caso non c'è antiperiodo.
   >
   > $2{,}18(4) = \frac{2184 - 218}{900} = \frac{1966}{900}$: in questo caso l'antiperiodo è 18.

7.1.5 POTENZE DI UN NUMERO RAZIONALE

La *potenza* di un numero razionale *a*, detto *base*, con *esponente* intero *n* è il prodotto di *n* fattori tutti uguali ad *a*:

$$a^n = \underbrace{a \cdot a \cdot \ldots \cdot a}_{n \text{ volte}} \quad \text{con} \begin{cases} a \in \mathbb{Q} \\ n \in \mathbb{N} \end{cases}$$

$3^4 = 3 \cdot 3 \cdot 3 \cdot 3 = 81$; $(-5)^3 = (-5) \cdot (-5) \cdot (-5) = -125$

Se la base è positiva, il valore della potenza è sempre positivo.
Se la base è negativa, il valore della potenza è positivo se l'esponente è pari, negativo se l'esponente è dispari.

$(+5)^3 = +125$; $(-2)^4 = +16$; $(-3)^3 = -27$

Proprietà delle potenze

$$a^1 = a \qquad 0^n = 0 \text{ con } n \neq 0 \qquad 1^n = 1$$

Al simbolo 0^0 non si attribuisce alcun significato.

Potenze e operazioni fondamentali

$$a^m \cdot a^n = a^{(m+n)} \qquad \frac{a^m}{a^n} = a^{(m-n)} \qquad a^0 = 1 \text{ con } a \neq 0 \qquad a^{-n} = \frac{1}{a^n}$$

$(2)^3 \cdot (2)^4 = (2)^{3+4} = 128 \qquad \dfrac{(-3)^5}{(-3)^3} = (-3)^{5-3} = +9 \qquad 5^{-2} = \dfrac{1}{5^2} = \dfrac{1}{25}$

Proprietà distributive delle potenze

$$(a \cdot b \cdot c \cdot \ldots)^n = a^n \cdot b^n \cdot c^n \cdot \ldots \qquad \left(\frac{a}{b}\right)^n = \frac{a^n}{b^n} \text{ con } b \neq 0 \qquad (a^m)^n = a^{m \cdot n}$$

$(2 \cdot 3 \cdot 4)^2 = 2^2 \cdot 3^2 \cdot 4^2 \qquad (3/4)^2 = 3^2/4^2 \qquad (3^2)^3 = 3^{2 \cdot 3} = 3^6$

7.2 Algebra classica: monomi e polinomi

7.2.1 Monomi

Si dice **monomio** qualunque espressione algebrica numerica o letterale in cui *non* figurano addizioni o sottrazioni.

Le espressioni $2ab$; $\dfrac{1}{2}xy^2$; $\left(-\dfrac{1}{3}\right) \cdot \dfrac{a^2}{b}$ rappresentano tre monomi.

I numeri 2, $\dfrac{1}{2}$ e $-\dfrac{1}{3}$ e le espressioni letterali ab, xy^2 e $\dfrac{a^2}{b}$ prendono rispettivamente il nome di *coefficienti numerici* e di *parti letterali* dei corrispondenti monomi.

Grado di un monomio intero

Un monomio in cui le lettere non figurano a denominatore è detto **intero**.

✓ **Grado complessivo**: somma degli esponenti delle lettere del monomio.
Grado relativo a una lettera: esponente con cui tale lettera compare.

✎ x^2y è un monomio di terzo grado (secondo grado rispetto a x e primo grado rispetto a y).

Monomi simili e somma tra monomi

Due o più monomi sono **simili** se hanno la stessa parte letterale.

Dati due o più monomi, la loro **somma algebrica** è un monomio soltanto se i monomi sono simili tra loro; è un monomio simile agli addendi e avente per coefficiente la somma algebrica dei coefficienti.

✎ $15abc^3$ e $24abc^3$ sono monomi simili e la loro somma vale $39abc^3$.

Prodotto, potenza intera e quoziente di monomi

Il **prodotto** di due o più monomi è un monomio avente per coefficiente il prodotto dei coefficienti e per parte letterale il prodotto delle parti letterali.

✎ $(12x^3yz^2) \cdot (4xy^2) = 48x^4y^3z^2$

Per elevare alla **potenza n-esima** un monomio si eleva alla potenza n-esima sia il coefficiente sia ciascun fattore della parte letterale.

✎ $(3x^2yz^3)^3 = 27x^6y^3z^9$

✓ Un monomio si dice **divisibile** per un altro monomio (diverso da zero) se ne esiste un terzo che moltiplicato per il secondo dia come risultato il primo.

Il coefficiente del monomio **quoziente** è uguale al quoziente dei coefficienti del dividendo e del divisore; la parte letterale è uguale al quoziente delle parti letterali, ossia è costituita da tutti i fattori letterali del monomio dividendo, ciascuno elevato alla differenza degli esponenti che esso ha nel monomio dividendo e nel monomio divisore.

✎ $(-15a^5b^3c^4) \div (3a^3b^2c) = (-15/3)a^{5-3}b^{3-2}c^{4-1} = -5a^2bc^3$

Quando due monomi non sono divisibili l'uno per l'altro, non esiste un monomio *intero* quoziente: in questi casi il monomio quoziente è un *monomio frazionario*.

✎ $(12x^3yz^2) \div (-4xy^3zw) = \dfrac{12x^3yz^2}{-4xy^3zw} = -\dfrac{3x^2z}{y^2w}$

Massimo Comune Divisore (M.C.D.) e minimo comune multiplo (M.C.M.) di più monomi

Il M.C.D. è quel monomio che ha come coefficiente il M.C.D. dei coefficienti e come parte letterale il prodotto delle **lettere comuni** ai monomi dati, ciascuna di esse presa una volta sola con il **minimo esponente** con cui compare.

Il m.c.m. è quel monomio che ha come coefficiente il m.c.m. dei coefficienti e come parte letterale il prodotto delle **lettere comuni e non comuni** ai monomi dati, ciascuna presa una volta sola con il **massimo esponente** con cui compare.

$8a^2b^3c^3$; $12ab^4c^2$; $16a^3b^3$ → M.C.D. = $4ab^3$, m.c.m. = $48a^3b^4c^3$

7.2.2 Polinomi

La somma algebrica di più monomi (non tutti simili fra loro) si chiama **polinomio**. I singoli monomi prendono il nome di *termini del polinomio*.

L'espressione $\frac{3}{9}a^2 - \frac{1}{2}a^3b - \frac{5}{4}ab^2c + 2a^5 - 3ab$ è un polinomio.

Grado di un polinomio

Il **grado** di un polinomio è il massimo fra i gradi dei suoi termini.

$2xy^2 + 3x^2 + 5y$ è un polinomio di 3° grado.

Un *polinomio omogeneo* è un polinomio costituito da termini aventi lo stesso grado.

$2xy + 3x^2 + y^2$ è un polinomio omogeneo di 2° grado.

Somma e differenza di polinomi

La **somma algebrica** di due o più polinomi è un polinomio avente per termini tutti quelli dei polinomi addendi.

Dopo aver scritto la somma algebrica si deve operare la **riduzione dei termini simili**, ossia effettuare la somma algebrica degli eventuali monomi simili.

$(4xy^2 - 3x^2 + 5y) + (4x^2 + 2y) = 4xy^2 + x^2 + 7y$

Prodotto e quoziente di un polinomio per un monomio

Il **prodotto** di un polinomio per un monomio è un polinomio i cui termini si ottengono moltiplicando ciascun termine del polinomio per il monomio.

$(4x^2 - 3x - 2y + 3z) \cdot (2xy) = 8x^3y - 6x^2y - 4xy^2 + 6xyz$

Un polinomio si dice **divisibile** per un monomio quando tutti i termini (ossia tutti i monomi) del polinomio sono divisibili per il monomio.

Il **quoziente** della divisione tra un polinomio e un monomio è uguale al polinomio i cui termini si ottengono dividendo ciascun termine del polinomio per il monomio.

$(4a^3b^4 - 8a^2b + 3a^2b^2 - 6a^4b) \div (2a^2b) = 2ab^3 - 4 + \frac{3}{2}b - 3a^2$

Quando il polinomio non è divisibile per il monomio si ha una *frazione algebrica*.

PRODOTTO DI POLINOMI

Il **prodotto** fra due polinomi è uguale al polinomio i cui termini si ottengono moltiplicando ciascun termine del primo polinomio per tutti i termini del secondo.

$$(a+b+c)\cdot(x+y) = a\cdot(x+y) + b\cdot(x+y) + c\cdot(x+y) =$$
$$= ax+ay+bx+by+cx+cy$$

7.2.3 Prodotti notevoli

$$(a+b)\cdot(a-b) = a^2 - b^2$$
$$(a+b)^2 = a^2 + 2ab + b^2$$
$$(a-b)^2 = a^2 - 2ab + b^2$$
$$(a+b+c)^2 = a^2 + b^2 + c^2 + 2ab + 2ac + 2bc$$
$$(a+b)^3 = a^3 + 3a^2b + 3ab^2 + b^3$$
$$(a-b)^3 = a^3 - 3a^2b + 3ab^2 - b^3$$
$$a^3 + b^3 = (a+b)\cdot(a^2 - ab + b^2)$$
$$a^3 - b^3 = (a-b)\cdot(a^2 + ab + b^2)$$

$$(3a+2b)\cdot(3a-2b) = (3a)^2 - (2b)^2 = 9a^2 - 4b^2$$
$$(3a+2b)^2 = (3a)^2 + 2\cdot(3a)\cdot(2b) + (2b)^2 = 9a^2 + 12ab + 4b^2$$

7.2.4 Scomposizione di un polinomio in fattori

La *scomposizione di un polinomio in fattori*, è la **trasformazione di una somma algebrica di più monomi in un prodotto**.

RACCOGLIMENTO A FATTORE COMUNE

È il tipo più semplice di scomposizione in fattori: consiste nel **mettere in evidenza un fattore comune a tutti i termini** (ossia i monomi) **del polinomio da scomporre**.

✓ Per eseguire il raccoglimento a fattore comune **si calcola il M.C.D. dei monomi del polinomio e si pone il polinomio uguale al prodotto di due fattori di cui il primo è il M.C.D. stesso e il secondo è il quoziente tra il polinomio e il M.C.D.**

$$15x^6 - 25x^4 + 5x^3 = 5x^3\cdot(3x^3 - 5x + 1) \quad \text{dove M.C.D.: } 5x^3$$

RACCOGLIMENTO A FATTORE PARZIALE

Se il polinomio è del tipo $ax + bx + ay + by$, è possibile mettere in evidenza, nei primi due termini, il fattore comune x e, negli ultimi due, il fattore comune y:

$$ax + bx + ay + by = x\cdot(a+b) + y\cdot(a+b)$$

mettendo poi in evidenza il fattore $(a+b)$ si ha:

$$ax + bx + ay + by = x\cdot(a+b) + y\cdot(a+b) = (a+b)\cdot(x+y)$$

Scomposizione tramite i prodotti notevoli

Le uguaglianze dedotte affrontando i prodotti notevoli si possono leggere in senso "inverso" ed essere quindi utili per la scomposizione in fattori di un polinomio.

✎ $16a^2 - 9b^4 = (4a)^2 - (3b^2)^2 = (4a + 3b^2) \cdot (4a - 3b^2)$

$x^2 + 2x + 1 = (x + 1)^2$

$8x^3 + 12x^2 + 6x + 1 = (2x + 1)^3$

$a^6 - 64b^3 = (a^2 - 4b) \cdot (a^4 + 4a^2 b + 16b^2)$

7.2.5 Semplificazione di frazioni algebriche

✓ Il quoziente fra due espressioni algebriche A e B, dove B non sia identicamente nullo, prende il nome di **frazione algebrica**.

✓ Moltiplicando o dividendo sia il numeratore sia il denominatore di una frazione algebrica per una stessa espressione (purché diversa da zero) si ottiene una **frazione algebrica equivalente** alla data.

Per **semplificare** una frazione algebrica si deve:
1. scomporre in fattori (se necessario) numeratore e denominatore;
2. eliminare i fattori comuni tra numeratore e denominatore.

✎ $\dfrac{4x^2 - 4x + 1}{8x^4 - x} = \dfrac{(2x - 1)^2}{x \cdot (8x^3 - 1)} = \dfrac{2x - 1}{x \cdot (4x^2 + 2x + 1)}$

7.3 Equazioni e sistemi di equazioni

7.3.1 Equazioni

✓ Se un'uguaglianza tra due espressioni algebriche letterali è verificata per ogni valore numerico assegnato alle lettere, essa prende il nome di **identità**, se è verificata solo per particolari valori numerici assegnati alle lettere prende il nome di **equazione**. In tal caso le lettere prendono il nome di **incognite**.

Soluzione di un'equazione

✓ **Risolvere un'equazione** significa trovare i valori dell'incognita per i quali la relazione di uguaglianza diventa una identità numerica.

La **soluzione** di un'equazione è rappresentata dall'insieme di **tutti e soli** i valori dell'incognita che soddisfano l'uguaglianza.

✎ L'equazione $3x - 2 = 4$ ha come soluzione il valore $x = 2$ (infatti, sostituendo 2 al posto di x, l'equazione diventa $3 \cdot 2 - 2 = 4$).

Equazione impossibile, indeterminata, determinata

Equazione impossibile: non ammette soluzioni reali.
Equazione indeterminata: ammette infinite soluzioni.
Equazione determinata: ammette un numero finito di soluzioni.

Classificazione delle equazioni

Un'equazione si dice **numerica** quando oltre all'incognita non contiene altre lettere, **letterale** in caso contrario: tali lettere (*parametri*) si considerano costanti.

> $2x + 1 = 0$ è un'equazione numerica, $x + a = 2$ un'equazione letterale.

Un'equazione si dice **intera** quando l'incognita non compare a denominatore, **frazionaria** quando vi compare, **irrazionale** quando l'incognita compare nell'argomento di un radicale.

> $\dfrac{x}{2} - 5 = 3$ è un'equazione intera, $\dfrac{1}{x^2} + x = 1$ è un'equazione frazionaria.
>
> $x + \sqrt{3x + 1} = 3$ è un'equazione irrazionale.

Forma normale e grado di un'equazione

Un'equazione è *in forma normale* quando è nella forma $P(x) = 0$ dove $P(x)$ è un polinomio nell'incognita x ordinato secondo le sue potenze decrescenti.

✓ Il **grado** di un'equazione a una incognita è il massimo esponente con cui l'incognita compare nell'equazione ridotta in forma normale.

> $2x + 1 = 0$ → è un'equazione di **primo grado.**
>
> $\dfrac{x+1}{x} - 3x = 0$ → occorre ridurla in forma normale: moltiplicando ambo i membri per x e ordinando il polinomio
> → si ottiene $-3x^2 + x + 1 = 0$, quindi si tratta di un'equazione di **secondo grado**.

Teorema fondamentale dell'algebra

✓ Un'equazione determinata di grado n ammette al massimo n soluzioni nell'insieme dei numeri reali, alcune delle quali potrebbero coincidere.

Metodo della verifica

Per rispondere a domande a risposta multipla relative alle soluzioni di una equazione, spesso non è necessario e talvolta neanche conveniente risolvere le equazioni: risulta più rapido sostituire nell'equazione le soluzioni proposte e trovare quale fra queste la soddisfa. Si usa, in altre parole, il "metodo della verifica".

> Risolvere l'equazione $x^2 - 1 = 0$.
> **A** $x = 2 ; x = 1$ **B** $x = 1 ; x = -1$ **C** $x = 0 ; x = -1$ **D** $x = 1$
> La soluzione è la **B**: sostituendo i valori $x = 1$ e $x = -1$, si ottiene in entrambi i casi un'identità.

Equazioni equivalenti

Due equazioni si dicono **equivalenti** quando ammettono la **stessa soluzione**.
- Aggiungendo ad ambedue i membri di una equazione la medesima espressione algebrica si ottiene un'equazione equivalente alla data.
- Moltiplicando o dividendo entrambi i membri di una equazione per la medesima espressione algebrica (purché sempre definita e diversa da zero) si ottiene un'equazione equivalente alla data.

EQUAZIONI INTERE DI PRIMO GRADO

✓ Si chiamano anche equazioni **lineari** e hanno la seguente forma generale:
$$ax + b = 0 \qquad [1]$$

Dopo aver spostato il termine noto a destra del segno di uguaglianza e supponendo che sia $a \neq 0$, è possibile dividere ambo i membri per a, ottenendo:
$$x = -b/a \qquad [2]$$

Un'equazione intera di primo grado in una incognita $ax + b = 0$ è:

- **determinata**, cioè ammette sempre una e una sola soluzione, se $a \neq 0$;
- **indeterminata**, cioè ammette infinite soluzioni, se $a = 0$ e $b = 0$;
- **impossibile**, cioè non ammette soluzioni, se $a = 0$ e $b \neq 0$.

$$\frac{2x+5}{4} - 1 = \frac{x}{2} + \frac{1}{4} \rightarrow \frac{2x+5-4}{4} = \frac{2x+1}{4} \rightarrow 2x+5-4 = 2x+1 \rightarrow$$
$$\rightarrow 2x - 2x = +1 - 5 + 4 \rightarrow 0 \cdot x = 0$$

è un'equazione indeterminata.

EQUAZIONI FRAZIONARIE DI PRIMO GRADO

È necessario prestare attenzione alle condizioni di esistenza da porre affinché l'equazione non perda di significato: tutte le soluzioni trovate dovranno essere confrontate con le condizioni poste.

$$\frac{x^2-3}{x+1} = x + \frac{2x}{x+1} \qquad \text{C.E.: } x + 1 \neq 0 \rightarrow x \neq -1$$

Calcolando il denominatore comune e riducendo a forma intera (moltiplicando ambo i membri per il denominatore comune che, dopo aver posto le C.E. è sicuramente diverso da zero) si ha:

$$\frac{x^2-3}{x+1} = \frac{x^2+x+2x}{x+1} \rightarrow x^2 - 3 = x^2 + x + 2x \rightarrow 3x = -3 \rightarrow x = -1$$

La soluzione trovata è inaccettabile, in quanto contrasta con la condizione di esistenza posta all'inizio, quindi l'equazione data è impossibile.

EQUAZIONI INCOMPLETE DI SECONDO GRADO

La forma normale di un'equazione di secondo grado è $ax^2 + bx + c = 0$. Assumendo che sia $a \neq 0$ (altrimenti si avrebbe un'equazione di primo grado), se uno degli altri due parametri, b o c, è nullo, l'equazione viene detta *incompleta*.

1º caso: $c = 0$ (il termine noto è nullo) $\rightarrow$ equazione *spuria*:

$$ax^2 + bx = 0 \xrightarrow{\text{scomponendo in fattori}} x \cdot (ax+b) = 0 \xrightarrow{\text{per la legge dell'annullamento del prodotto}} \begin{cases} x_1 = 0 \\ x_2 = -b/a \end{cases}$$

dove x_1 e x_2 indicano le **due** soluzioni (il massimo numero di soluzioni previsto dal teorema fondamentale dell'algebra per una equazione di secondo grado).

> Qualsiasi equazione intera priva di termine noto ammette la soluzione nulla $x = 0$.

2º caso: $b = 0 \to$ equazione *pura*:

$$ax^2 + c = 0 \to x^2 = -c/a \xrightarrow{\text{estraendo la radice algebrica di entrambi i membri}} x_{1,2} = \pm\sqrt{-c/a}$$

Per la realtà di tali soluzioni bisogna che sia $-c/a \geq 0 \to a$ e c discordi. In caso contrario, non esistono soluzioni reali.

3º caso: $b = 0$ e $c = 0 \to$ equazione *monomia*:

$$ax^2 = 0 \to x_{1,2} = 0 \text{ (soluzione doppia)}$$

Equazioni complete di secondo grado

Se a, b e c sono diversi da zero, l'equazione si dice *completa*:

$$ax^2 + bx + c = 0$$

e le soluzioni sono date dalla *formula risolutiva*:

$$x_{1,2} = \frac{-b \pm \sqrt{b^2 - 4ac}}{2a}$$

Il segno di $\Delta = b^2 - 4ac$ (*discriminante*) influenza la realtà delle radici:

se $\Delta > 0 \to$ le radici sono reali distinte;
se $\Delta = 0 \to$ le radici sono reali e coincidenti;
se $\Delta < 0 \to$ non esistono radici reali.

> $2x^2 - 6x + 1 = 0 \to x_{1,2} = \dfrac{6 \pm \sqrt{36-8}}{4} = \dfrac{6 \pm 2\sqrt{7}}{4} = \dfrac{3 \pm \sqrt{7}}{2}$

Se b è pari, si può usare la *formula ridotta*:

$$x_{1,2} = \frac{-b/2 \pm \sqrt{(b/2)^2 - ac}}{a} \xrightarrow{\text{se } k = b/2} x_{1,2} = \frac{-k \pm \sqrt{k^2 - ac}}{a}$$

Equazioni di grado superiore al secondo

Per risolvere tali equazioni occorre, in generale, scomporre in fattori per poi sfruttare la regola dell'annullamento del prodotto.

> Data l'equazione di terzo grado $x^3 - 5x^2 + 4x = 0$ si scompone in fattori con un raccoglimento a fattor comune e si applica la legge dell'annullamento del prodotto (§ 7.1.3):
>
> $x \cdot (x^2 - 5x + 4) = 0 \to \begin{cases} x_1 = 0 \\ x^2 - 5x + 4 = 0 \end{cases} \xrightarrow{\text{applicando la formula}} \begin{cases} x_2 = 1 \\ x_3 = 4 \end{cases}$

7.3.2 Proporzioni

✓ L'uguaglianza tra due rapporti è detta **proporzione**.

Dati a, b, c e d, con $b \neq 0$ e $d \neq 0$, se $a/b = c/d$ si ha la proporzione:
$$a : b = c : d$$
a e c sono detti *antecedenti*, b e d *conseguenti*, a e d *estremi*, b e c = *medi*.

Il prodotto dei medi è uguale al prodotto degli estremi: $a \cdot d = b \cdot c$

7.3.3 Sistemi di equazioni

✓ L'insieme di due (o più) equazioni (nelle stesse incognite) delle quali si voglia trovare una soluzione comune è detto **sistema di equazioni**.

Soluzione di un sistema

Risolvere un sistema significa trovare la soluzione comune alle due (o più) infinità di soluzioni delle singole equazioni che compongono il sistema.

✓ L'insieme delle coppie di valori numerici che soddisfano contemporaneamente tutte le equazioni costituenti il sistema prende il nome di **soluzione** del sistema.

Grado di un sistema

✓ Il **grado** di un sistema è il prodotto dei gradi delle equazioni componenti.

I sistemi di primo grado vengono anche detti *sistemi lineari*.

Metodi risolutivi dei sistemi lineari

Esistono diversi metodi per risolvere i sistemi di equazioni: quello di **sostituzione** è sempre utilizzabile. Tale metodo consiste nel ricavare da una delle equazioni (per esempio dalla prima) una delle incognite (per esempio la x), quindi sostituire l'espressione trovata nell'altra equazione:

$$\begin{cases} x - 2y = 0 \\ 3x + 2y = 8 \end{cases} \rightarrow \begin{cases} x = 2y \\ 3 \cdot (2y) + 2y = 8 \end{cases} \rightarrow \begin{cases} x = 2y \\ 8y = 8 \end{cases} \rightarrow \begin{cases} x = 2y \\ y = 1 \end{cases} \rightarrow \begin{cases} x = 2 \\ y = 1 \end{cases}$$

Carattere dei sistemi lineari

Un sistema lineare (ossia un sistema di primo grado) può essere:

- possibile
  - determinato ⟷ una soluzione
  - indeterminato ⟷ infinite soluzioni
- impossibile ⟷ nessuna soluzione

È possibile stabilire il carattere di un sistema di due equazioni in due incognite senza risolverlo:

$$\begin{cases} a_1 x + b_1 y = c_1 \\ a_2 x + b_2 y = c_2 \end{cases}$$

1. $a_1/a_2 \neq b_1/b_2$ → il sistema è determinato;
2. $a_1/a_2 = b_1/b_2 = c_1/c_2$ → il sistema è indeterminato;

3. $a_1/a_2 = b_1/b_2 \neq c_1/c_2$ → il sistema è impossibile.

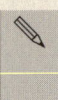

✏️ Il sistema $\begin{cases} 2x - y = 1 \\ 6x - 3y = 2 \end{cases}$ è impossibile, infatti: $\frac{2}{6} = \frac{-1}{-3} \neq \frac{1}{2}$ (caso 3).

7.4 Disequazioni

7.4.1 Disequazioni

✓ Una disuguaglianza tra due espressioni algebriche letterali verificata solo per alcuni valori numerici assegnati alle lettere è detta **disequazione**.

Risolvere una disequazione significa trovare **tutti** i valori dell'incognita che la soddisfano.

RAPPRESENTAZIONE GRAFICA DELLA SOLUZIONE DI UNA DISEQUAZIONE

In generale una disequazione è verificata da una **infinità** di valori numerici. È molto utile rappresentare *graficamente* la soluzione di una disequazione, indicando sulla retta reale quali valori soddisfano la disequazione e quali no:

$x + 1 > 0$ → $x > -1$ → [retta reale con valori da -3 a $+3$, soluzione $x > -1$]

DISEQUAZIONI EQUIVALENTI

Due disequazioni si dicono *equivalenti* quando ammettono la **stessa soluzione**.
- Aggiungendo ad ambedue i membri di una disequazione la medesima espressione algebrica si ottiene una disequazione equivalente alla data.
- Moltiplicando o dividendo entrambi i membri di una disequazione per la medesima espressione algebrica sempre definita e sempre positiva si ottiene una disequazione dello stesso verso ed equivalente alla data.
- Moltiplicando o dividendo entrambi i membri di una disequazione per la medesima espressione algebrica sempre definita e sempre negativa si ottiene una disequazione di verso opposto ed equivalente alla data.

DISEQUAZIONI INTERE DI PRIMO GRADO

Una disequazione intera di primo grado può sempre essere ricondotta a una delle forme seguenti:

$$ax + b > 0 \quad \text{oppure} \quad ax + b < 0 \qquad [3]$$

applicando le proprietà viste nel paragrafo precedente si ha:

$$ax > -b \rightarrow \begin{cases} x > -\frac{b}{a} & \text{se } a > 0 \\ x < -\frac{b}{a} & \text{se } a < 0 \end{cases} \quad \text{oppure} \quad ax < -b \rightarrow \begin{cases} x < -\frac{b}{a} & \text{se } a > 0 \\ x > -\frac{b}{a} & \text{se } a < 0 \end{cases} \qquad [4]$$

✏️ $2x + 1 > 0 \rightarrow 2x > -1 \rightarrow x > -\frac{1}{2}$ $3 - 4x < 0 \rightarrow -4x < -3 \rightarrow x > +\frac{3}{4}$

Segno di un prodotto o di un quoziente

Date due espressioni algebriche A e B *sempre definite* si ha:

$A \cdot B > 0 \leftrightarrow \frac{A}{B} > 0 \leftrightarrow$ A e B concordi $A \cdot B < 0 \leftrightarrow \frac{A}{B} < 0 \leftrightarrow$ A e B discordi

Disequazioni frazionarie di primo grado

✓ Una disequazione è **frazionaria** se l'incognita compare a denominatore.

Il metodo seguito per risolvere le equazioni frazionarie non è applicabile.

Si portano tutti i termini a primo membro, calcolando il denominatore comune e riducendo i termini simili:

$$\frac{2}{x-1} \geq -1 \rightarrow \frac{2}{x-1} + 1 \geq 0 \rightarrow \frac{2+x-1}{x-1} \geq 0 \rightarrow \frac{x+1}{x-1} \geq 0$$

Si cercano i valori di x che rendono concordi numeratore e denominatore. Per fare questo si deve *studiare il segno* di entrambi, cercando i valori di x che rendono *positivi* numeratore e denominatore (ricordandosi di scartare per quest'ultimo gli eventuali zeri):

$N \geq 0 \rightarrow x + 1 \geq 0 \rightarrow x \geq -1$ $D > 0 \rightarrow x - 1 > 0 \rightarrow x > 1$

I risultati vengono rappresentati in un diagramma, dove il tratto unito indica la positività, il tratteggio la negatività, il pallino nero che il valore $x = -1$ deve essere incluso dalla soluzione, mentre il pallino bianco che il valore $x = +1$ deve essere escluso. La soluzione cercata è quindi $x \leq -1$ e $x > 1$: in tali intervalli c'è concordanza di segno fra numeratore e denominatore.

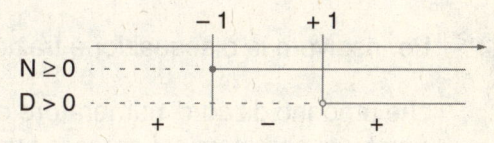

Segno di un trinomio di secondo grado e disequazioni

Le disequazioni di secondo grado (in forma normale) si presentano nelle seguenti forme:

$$ax^2 + bx + c > 0 \quad \text{oppure} \quad ax^2 + bx + c < 0 \qquad [5]$$

Senza ledere la generalità si può assumere $a > 0$. In tale ipotesi, risolvere una delle [5] equivale a *studiare il segno* del trinomio di secondo grado $ax^2 + bx + c$. Sia $\Delta = b^2 - 4ac$ il discriminante del trinomio; si presentano i seguenti casi:

Radici del trinomio $ax^2 + bx + c$		$ax^2 + bx + c > 0$ è soddisfatta da:	$ax^2 + bx + c < 0$ è soddisfatta da:
$\Delta > 0$	due radici distinte x_1 e x_2 con $x_1 < x_2$	$x < x_1$ e $x > x_2$	$x_1 < x < x_2$
$\Delta = 0$	due radici coincidenti $x_{1,2} = -b/2a$	$x \neq -b/2a$	non ammette soluzioni
$\Delta < 0$	nessuna radice reale	tutti i valori di x	non ammette soluzioni

Disequazioni intere di secondo grado

Applicando quanto visto nel paragrafo precedente (in particolare la tabella riassuntiva), risulta possibile risolvere le disequazioni intere di secondo grado.

Risolvere la disequazione $x^2 - 3x + 2 < 0$.
Le radici del trinomio sono $x_1 = 1$ e $x_2 = 2$, per cui la soluzione è costituita dalle x comprese tra 1 e 2. Nella tabella si legge infatti:
$$x_1 < x < x_2 \rightarrow 1 < x < 2$$

Disequazioni frazionarie di secondo grado

Per risolvere una disequazione frazionaria di secondo grado si procede allo studio del segno di numeratore e denominatore, per poi verificare dove i segni siano concordi o discordi a seconda del verso della disequazione di partenza.

Per risolvere la disequazione frazionaria $\frac{x^2 - 2x}{x^2 - 1} < 0$ si cercano i valori di x che rendono discordi numeratore e denominatore, studiando il segno di entrambi: si comincia col cercare i valori di x che li rendono *positivi*. Il numeratore ammette due radici reali e distinte ($x_1 = 0$ e $x_2 = 2$) ed è quindi positivo per valori esterni ($x < 0$ e $x > 2$). Il denominatore ammette anch'esso due radici reali e distinte ($x_1 = -1$ e $x_2 = +1$) ed è positivo per valori esterni ($x < -1$ e $x > +1$):

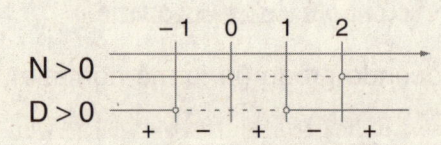

```
              -1    0    1    2
      N > 0   ─────────○─────────○─────
      D > 0   ────○─────────○─────────
               +    -    +    -    +
```

Negli intervalli $(-1, 0)$ e $(1, 2)$ la frazione è negativa e la disequazione è quindi verificata: la soluzione cercata è pertanto $-1 < x < 0$ e $1 < x < 2$.

Disequazioni di grado superiore al secondo

Le disequazioni di grado superiore al secondo si risolvono scomponendo in fattori il polinomio nel prodotto di due o più fattori (di primo o secondo grado).

✏️ Per risolvere $x^3 - 5x^2 + 4x > 0$ si effettua un raccoglimento a fattore comune: $x \cdot (x^2 - 5x + 4) > 0$. Studiando il segno dei singoli fattori si ricava:

1° fattore > 0 per $x > 0$
2° fattore > 0 per $x < 1$ e $x > 4$

quindi la soluzione della disequazione risulta $0 < x < 1$ e $x > 4$.

7.5 Logaritmi ed esponenziali

✓ Un'equazione esponenziale è un'equazione in cui l'incognita compare all'esponente.

Indicati con a e b due numeri reali, l'equazione esponenziale *elementare* assume la forma $a^x = b$, la cui risoluzione consiste, quando ciò è possibile, nel trasformare b (il secondo membro) in una potenza di a (la base della potenza a primo membro), per poi trasformare l'uguaglianza fra potenze in una uguaglianza fra esponenti.

✏️ $5^x = 1/25$ —può essere riscritta nella forma→ $5^x = 5^{-2}$ → $x = -2$

🔬 La soluzione di una equazione esponenziale elementare esiste ed è unica se e solo se sono verificate le tre condizioni: **$a > 0$, $a \neq 1$, $b > 0$**.

Talvolta (come nel caso dell'equazione $2^x = 5$) non è possibile trasformare b in una potenza di a e l'equazione $a^x = b$ non sarebbe risolubile: è necessario utilizzare il concetto di logaritmo.

7.5.1 Definizione di logaritmo

✓ Dati due numeri positivi a e b (con $a \neq 1$), si chiama **logaritmo in base a del numero b** (detto anche argomento) l'esponente da attribuire alla base a per ottenere il numero b:

$$x = \log_a b \text{ se e solo se } a^x = b$$

✏️ $\log_2 4 = 2 \leftrightarrow 2^2 = 4$ $\log_3 \frac{1}{9} = -2 \leftrightarrow (3)^{-2} = \frac{1}{3^2} = \frac{1}{9}$

Si può allora "risolvere" l'equazione $2^x = 5$, la cui soluzione è $\log_2 5$: in realtà, l'introduzione del logaritmo non consente di risolvere in senso stretto l'equazione (ossia ricavare il valore numerico della radice), ma solo di scriverne la soluzione in forma esplicita utilizzando la nuova simbologia.

🔬 Il logaritmo in base a dell'argomento b esiste se e solo se sono verificate le tre condizioni: **$a > 0$, $a \neq 1$, $b > 0$**. In particolare, il logaritmo di un numero negativo non esiste nell'insieme dei numeri reali.

Il logaritmo dell'unità è sempre nullo, qualsiasi sia la base: $\log_a 1 = 0 \leftrightarrow a^0 = 1$

Il logaritmo della base è sempre uguale all'unità: $\log_a a = 1 \leftrightarrow a^1 = a$

✎ $\log_2 1 = 0 \leftrightarrow 2^0 = 1$ $\qquad \log_5 5 = 1 \leftrightarrow 5^1 = 5$

7.5.2 Segno del logaritmo

⚠ Se $a > 1$, il logaritmo di un numero positivo minore di 1 è negativo, mentre quello di un numero positivo maggiore di 1 è positivo.
Se $0 < a < 1$, il logaritmo di un numero positivo minore di 1 è positivo, mentre quello di un numero positivo maggiore di 1 è negativo.

✎ $\log_2 16 = 4 \qquad \log_{1/2} 4 = -2$

7.5.3 Teoremi sui logaritmi

- Il logaritmo del prodotto di due o più numeri positivi è uguale alla somma dei logaritmi dei singoli fattori:

$$\log_a bc = \log_a b + \log_a c$$

- Il logaritmo del quoziente di due numeri positivi è uguale alla differenza fra il logaritmo del numeratore e quello del denominatore.

$$\log_a \frac{b}{c} = \log_a b - \log_a c$$

- Il logaritmo della potenza di un numero positivo è uguale al prodotto dell'esponente per il logaritmo della base della potenza.

$$\log_a b^m = m \cdot \log_a b$$

- Il logaritmo della radice di un numero positivo è uguale al prodotto del reciproco dell'indice per il logaritmo del radicando:

$$\log_a \sqrt[n]{b} = \frac{1}{n} \cdot \log_a b$$

Combinando gli ultimi due teoremi si ha:

$$\log_a \sqrt[n]{b^m} = \log_a b^{m/n} = \frac{m}{n} \log_a b$$

✎ • $\log_a(3 \cdot 2) = \log_a 3 + \log_a 2$ • $\log_a \sqrt{3} = \log_a 3^{1/2} = \frac{1}{2} \cdot \log_a 3$

7.5.4 Sistemi di logaritmi maggiormente utilizzati

✓ L'insieme dei logaritmi di tutti i numeri positivi, rispetto alla stessa base a, prende il nome di *sistema dei logaritmi in base a*.

Logaritmi decimali e logaritmi naturali

Tra gli infiniti sistemi di logaritmi, due sono quelli maggiormente utilizzati: i *logaritmi decimali* e i *logaritmi naturali*.

I **logaritmi decimali** hanno come base il numero 10 e si indicano nella forma:

$\text{Log } x \quad (\text{o log} x) \quad$ equivalente a: $\quad \log_{10} x$

I **logaritmi naturali** (o **neperiani**) hanno come base un numero irrazionale (detto numero di Eulero) indicato con la lettera *e*, il cui valore approssimato è:

$$e = 2{,}71828\ldots$$

I logaritmi naturali si indicano nella forma:

$$\ln x \quad (\text{o } \lg x) \quad \text{equivalente a:} \quad \log_e x$$

7.6 Geometria analitica

7.6.1 Riferimento cartesiano ortogonale

Nel piano due rette orientate, fra loro *ortogonali*, prendono il nome di **assi coordinati**, detti **asse delle x** (o delle ascisse) e l'**asse delle y** (o delle ordinate). Il loro punto di intersezione prende il nome di *origine del sistema di riferimento* (O). I due assi dividono il piano in quattro parti, chiamate *quadranti* e numerate in senso antiorario. Si consideri un qualsiasi punto P del piano: da P si conducano le parallele ai due assi e siano A e B i loro punti di intersezione con l'asse delle *x* e delle *y* rispettivamente. Fissata un'unità *u* su entrambi gli assi, siano *a* e *b* rispettivamente le misure dei segmenti orientati OA e OB, ossia:

$$\overline{OA} = a \qquad \overline{OB} = b$$

I due numeri *a* e *b* così trovati prendono il nome di coordinate cartesiane ortogonali del punto P: *a* prende il nome di **ascissa** di P, *b* quello di **ordinata** di P. In tal modo a ogni punto del piano si associa una coppia di numeri reali.

Vale anche il viceversa: data una coppia di numeri reali *a* e *b*, è sempre possibile determinare uno e un solo punto P che abbia per ascissa *a* e per ordinata *b*.

Si è così stabilita una **corrispondenza biunivoca** tra i punti del piano e l'insieme delle coppie ordinate di numeri reali.

Distanza tra due punti e coordinate del loro punto medio

Dati due punti A e B, di coordinate $(x_1; y_1)$ e $(x_2; y_2)$, valgono le seguenti relazioni per calcolare la loro distanza e le coordinate del loro punto medio:

$$\overline{AB} = \begin{cases} |y_2 - y_1| & \text{se } x_1 = x_2 \\ |x_2 - x_1| & \text{se } y_1 = y_2 \\ \sqrt{(x_2 - x_1)^2 + (y_2 - y_1)^2} & \text{in generale} \end{cases}$$

Punto medio: $\quad M = \left(\dfrac{x_1 + x_2}{2} ; \dfrac{y_1 + y_2}{2} \right)$

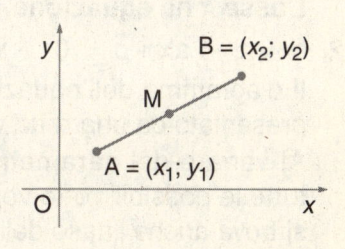

7.6.2 Curve nel piano

Ogni equazione del tipo $F(x, y) = 0$ può essere rappresentata nel piano cartesiano.

> ✓ Qualsiasi equazione in due incognite $F(x, y) = 0$ è detta anche **curva**.

CONDIZIONE DI APPARTENENZA

Un punto P di coordinate $(x_0; y_0)$ appartiene alla curva $F(x, y) = 0$ se e solo se le sue coordinate soddisfano l'equazione della curva: $F(x_0, y_0) = 0$.

> ✏ Il punto $P = (2; 3)$ appartiene alla curva di equazione $4y - 5x - 2 = 0$:
> $$4 \cdot 3 - 5 \cdot 2 - 2 = 12 - 10 - 2 = 0$$

7.6.3 Retta

EQUAZIONE GENERALE DELLA RETTA

La forma più generale di un'equazione di primo grado in due incognite (*lineare*) è:

$$ax + by + c = 0$$

> 💡 Il diagramma cartesiano di una equazione lineare è una **retta**.

Per disegnare tale retta nel piano è sufficiente conoscere due soli punti.

CASI PARTICOLARI

Nell'equazione generale della retta compaiono i parametri a, b, c, che non sempre sono diversi da zero. Se uno dei tre si annulla, si ha uno dei seguenti casi particolari.

1. $a = 0 \rightarrow by + c = 0 \rightarrow y = -c/b \rightarrow y = k$ (dove k indica una costante)
   Il diagramma dell'equazione $y = k$ è rappresentato da una retta **orizzontale**.
   Al variare del parametro k si ottengono tutte le possibili rette orizzontali, tra le quali si trova anche l'asse delle x.
   L'asse x ha equazione $y = 0$.

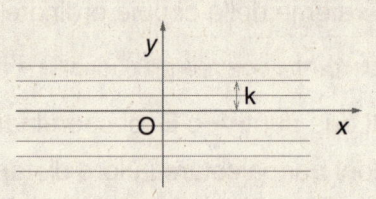

2. $b = 0 \rightarrow ax + c = 0 \rightarrow x = -c/a \rightarrow x = h$ (dove h indica una costante)
   Il diagramma dell'equazione $x = h$ è rappresentato da una retta **verticale**.
   Al variare del parametro h si ottengono tutte le possibili rette verticali, tra le quali si trova anche l'asse delle y.
   L'asse y ha equazione $x = 0$.

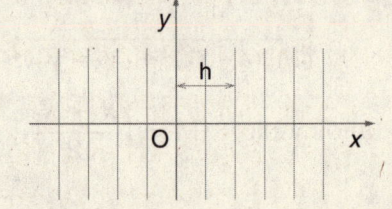

3. $c = 0 \to ax + by = 0$

Si tratta di una equazione soddisfatta dalle coordinate dell'origine: in altre parole il punto $O = (0; 0)$ di certo appartiene alla retta. L'equazione $ax + by = 0$ rappresenta (al variare di a e b) un *fascio* di rette passanti per l'origine $O = (0; 0)$.

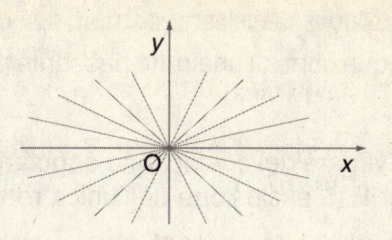

> Quando il termine noto è nullo, la curva $F(x, y) = 0$ passa per l'origine qualunque sia la sua equazione (e il suo ordine).

EQUAZIONE CANONICA DELLA RETTA

Nell'ipotesi che sia $b \neq 0$ si ha:

$$ax + by + c = 0 \to y = -\frac{ax}{b} - \frac{c}{b} \to y = mx + q \qquad [6]$$

dove $-a/b = m$ è detto **coefficiente angolare**, $-c/b = q$ **termine noto**.

> L'equazione generale $3x + 2y - 4 = 0$ in forma canonica è: $y = -\frac{3}{2}x + 2$.

> Mentre l'equazione generale $ax + by + c = 0$ rappresenta **tutte** le rette del piano, l'equazione canonica $y = mx + q$ tralascia tutte le rette verticali (parallele all'asse y) e **non** rappresenta dunque **tutte** le rette del piano (si è infatti posto $b \neq 0$ per passare da una equazione all'altra).

COEFFICIENTE ANGOLARE: RETTE PARALLELE E PERPENDICOLARI

> Data una retta di equazione $ax + by + c = 0$, **il** suo **coefficiente angolare è un indice di quanto la retta è inclinata rispetto all'asse x**.

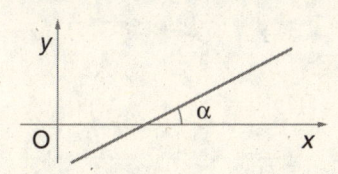

Indicando con α l'angolo orientato (antiorario) formato dalla retta e dalla semiretta positiva delle x, si ha:

se l'angolo α è acuto (< 90°) $\to m > 0$
se l'angolo α è ottuso (> 90°) $\to m < 0$
se $\alpha = 0$ $\to m = 0$

> Per le rette verticali (le cui equazioni non possono essere portate in forma canonica) non si definisce il coefficiente angolare.

Date due rette, con coefficienti angolari m_1 e m_2, si ha:

- **condizione di parallelismo**: $m_1 = m_2$
- **condizione di perpendicolarità**: $m_1 \cdot m_2 = -1$

> Le rette $y = 3x + 1$ e $6x - 2y = 5$ sono parallele.
> Le rette $y = -2x + 1$ e $-x + 2y = 0$ sono perpendicolari.

EQUAZIONE DELLE RETTE PASSANTI PER UNO O PER DUE PUNTI

L'equazione di una retta passante per un generico punto $P = (x_0; y_0)$ del piano è:

$$y - y_0 = m(x - x_0)$$

Al variare del coefficiente angolare m si ottengono tutte le possibili rette passanti per P (a esclusione dell'unica retta verticale).

✎ Le rette passanti per il punto P (1; 2) hanno equazione: $y - 2 = m(x - 1)$

L'equazione della retta passante per due punti A e B di coordinate $(x_1; y_1)$ e $(x_2; y_2)$ è:

$$\frac{y - y_1}{y_2 - y_1} = \frac{x - x_1}{x_2 - x_1}$$

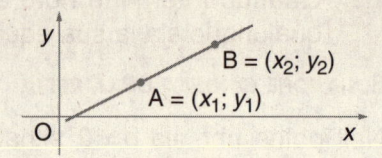

✎ L'equazione della retta passante per $A = (1; 2)$ e $B = (2; 0)$ è:

$$\frac{y - 2}{-2} = \frac{x - 1}{2 - 1} \rightarrow y = -2x + 4$$

DISTANZA DI UN PUNTO DA UNA RETTA

La distanza d fra la retta $ax + by + c = 0$ e il punto $P = (x_0; y_0)$ è pari a:

$$d = \frac{|ax_0 + by_0 + c|}{\sqrt{a^2 + b^2}}$$

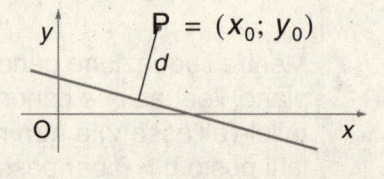

7.6.4 CIRCONFERENZA

✓ La circonferenza è il luogo dei punti del piano per i quali è costante la distanza da un punto fisso detto centro.

$$x^2 + y^2 + ax + by + c = 0$$

Per trovare le coordinate del centro $C = (\alpha; \beta)$ e il raggio r si utilizzano le relazioni:

$$\alpha = -a/2 \qquad \beta = -b/2$$

$$r = \sqrt{\alpha^2 + \beta^2 - c}$$

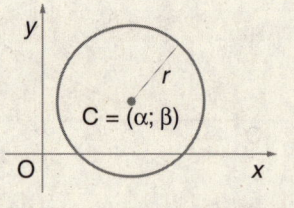

✎ La circonferenza di equazione $x^2 + y^2 - 2x + 4y - 1 = 0$ ha centro di coordinate $C = (1; -2)$ e raggio $r = \sqrt{1 + 4 + 1} = \sqrt{6}$.

7.6.5 ELLISSE

✓ L'ellisse è il luogo geometrico dei punti del piano per i quali è costante la somma delle distanze da due punti fissi detti fuochi.

$$\frac{x^2}{a^2} + \frac{y^2}{b^2} = 1$$

La relazione che lega i tre parametri a, b, c è:

$$c^2 = a^2 - b^2$$

L'**eccentricità** dell'ellisse è $e = c/a$.

Dal momento che $a \geq c$, risulta $0 \leq e < 1$.

7.6.6 PARABOLA

✓ La parabola è il luogo geometrico dei punti del piano equidistanti da un punto fisso detto fuoco e da una retta fissa detta direttrice.

$$y = ax^2 + bx + c$$

Posto $\Delta = b^2 - 4ac$ si ha:

fuoco: $F = \left(-\dfrac{b}{2a}; -\dfrac{\Delta}{4a} + \dfrac{1}{4a}\right)$

direttrice: $y = -\dfrac{\Delta}{4a} - \dfrac{1}{4a}$

asse di simmetria: $x = -\dfrac{b}{2a}$

vertice: $V = \left(-\dfrac{b}{2a}; -\dfrac{\Delta}{4a}\right)$

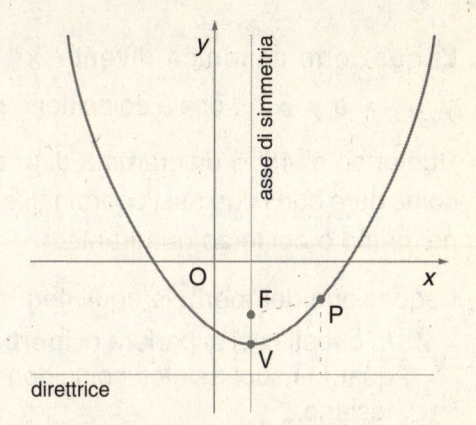

✏ La parabola di equazione $y = x^2 - 2x - 3$ ha come direttrice la retta $y = -17/4$, mentre le coordinate del fuoco sono $F = (1; -15/4)$.

7.6.7 IPERBOLE

✓ L'iperbole è il luogo geometrico dei punti del piano per i quali è costante (in valore assoluto) la differenza delle distanze da due punti fissi detti fuochi.

$$\frac{x^2}{a^2} - \frac{y^2}{b^2} = 1$$

La relazione che lega i tre parametri a, b, c è:

$$c^2 = a^2 + b^2$$

L'**eccentricità** dell'iperbole è definita dal rapporto $e = c/a$; dal momento che $a \geq c$, risulta $e > 1$.

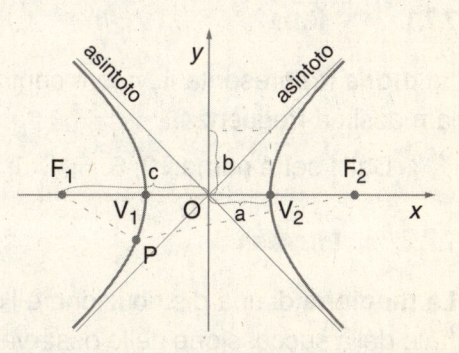

✓ Quando una curva si avvicina indefinitamente a una retta, il suo comportamento viene detto **asintotico** e la retta in questione **asintoto** della curva.

Un'iperbole possiede sempre due asintoti; se la sua equazione è quella canonica, i due asintoti hanno equazioni:

$$y = -\frac{b}{a}x \qquad y = \frac{b}{a}x$$

✎ Gli asintoti dell'iperbole di equazione $\frac{x^2}{16} - \frac{y^2}{9} = 1$ sono $y = \pm\frac{3}{4}x$.

IPERBOLE EQUILATERA

✓ Un'iperbole si dice **equilatera** quando i suoi asintoti sono perpendicolari tra loro.

L'equazione canonica diventa $x^2 - y^2 = a^2$ e gli asintoti hanno equazioni $y = -x$ e $y = x$, ossia coincidono con le bisettrici degli assi coordinati.

Ruotando di 45° il diagramma di una iperbole equilatera, gli asintoti vengono a coincidere con i due assi coordinati e il diagramma dell'iperbole è tutto contenuto nel primo e nel terzo quadrante.

L'equazione dell'iperbole equilatera diventa particolarmente semplice: $xy = k$.

✓ In questi casi si parlerà di **iperbole equilatera riferita ai propri asintoti**, in quanto i suoi asintoti coincidono con gli assi del sistema di riferimento cartesiano.

7.7 STATISTICA

La statistica si pone la finalità di trarre dai dati delle informazioni sintetiche: spesso è necessario disporre di un unico valore numerico che sintetizzi tutti i dati della distribuzione rappresentandone, in qualche modo, il "centro".

7.7.1 MODA

La **moda** rappresenta il "valore centrale" più intuitivo: è la modalità che presenta la massima frequenza.

✎ Dati i sette numeri 2, 3, 5, 1, 5, 3, 5 la loro moda è 5.

7.7.2 MEDIANA

La **mediana** di una distribuzione è l'osservazione che occupa la posizione centrale della successione delle osservazioni, poste in **ordine crescente**. Se gli elementi sono in numero dispari, la mediana coincide con l'elemento che occupa la posizione centrale, se sono in numero pari gli elementi centrali sono due, e la mediana coincide con la loro semisomma.

✎ Dati i sette numeri 2, 3, 5, 1, 5, 3, 5 la loro successione ordinata è:
$$1, 2, 3, 3, 5, 5, 5$$
quindi la mediana è 3 (quarto elemento in una successione di sette).
Dati gli otto numeri 2, 3, 5, 1, 5, 3, 5, 7 la loro successione ordinata è:
$$1, 2, 3, 3, 5, 5, 5, 7$$
quindi la mediana è la semisomma di 3 e 5 (quarto e quinto elemento, rispettivamente, in una successione di otto), ossia $4 = (3+5)/2$.

7.7.3 Media aritmetica

La **media aritmetica** di n numeri è la somma degli n numeri divisa per n:

$$\text{media di } x_1, x_2, ..., x_n = M(x_1, x_2, ..., x_n) = \frac{x_1 + x_2 + ... + x_n}{n}$$

✎ La media aritmetica dei quattro numeri 2, 4, 5 e 7 è
$$\frac{2+4+5+7}{4} = \frac{18}{4} = 4{,}5$$

La **somma degli scarti** dalla media (ossia la somma delle differenze fra ciascuno degli n numeri e la media) è **sempre nulla**, qualsiasi siano gli n numeri.

Esempi

1 Calcolare il M.C.D. e il m.c.m. di 48, 60 e 72.
- Ⓐ 2 e 1440
- Ⓑ 3 e 720
- Ⓒ 12 e 720
- Ⓓ 24 e 1440
- Ⓔ 36 e 720

Il primo passo consiste nella scomposizione in fattori primi dei numeri dati:
$$48 = 2^4 \cdot 3$$
$$60 = 2^2 \cdot 3 \cdot 5$$
$$72 = 2^3 \cdot 3^2$$
per cui risulta:
$$\text{M.C.D.} = 2^2 \cdot 3 = 12$$
$$\text{m.c.m.} = 2^4 \cdot 3^2 \cdot 5 = 720$$
La risposta corretta è dunque la Ⓒ.

2 Quanto vale la decima parte di 10^{20}?
- Ⓐ 1^{20}
- Ⓑ 10^2
- Ⓒ 10^{10}
- Ⓓ 10^{19}
- Ⓔ 10^{20}

La decima parte di un numero si ottiene dividendo per dieci il numero dato. Nel caso in esame si ha: $10^{20} \div 10 = 10^{20-1} = 10^{19}$.

La risposta corretta è dunque la **D**.

---

3 L'espressione $(2^n + 2^{n+1})^2$ con *n* intero positivo, è anche uguale a:

A $9 \cdot 4^n$ **B** 2^{4n+2} **C** 4^{4n+2} **D** 2^{2n^2+2n} **E** $3 \cdot 4^n$

Conviene procedere nel modo seguente:

$(2^n + 2^{n+1})^2 = (2^n + 2^n \cdot 2)^2 = [2^n \cdot (1+2)]^2 = (3 \cdot 2^n)^2 = 3^2 \cdot 2^{2n} = 3^2 \cdot (2^2)^n =$

La risposta corretta è dunque la **A**.

---

4 L'espressione $(a^2 + b^2)^2$ è uguale a:

A $(a^2 + b^2) - (2ab)^2$

B $(a+b)^3 \cdot (a-b)$

C $(a-b)^3 \cdot (a+b)$

D $[(a-b)^2 + 2ab]^2$

E $(a^2 + b^2) + 2ab$

Svolgendo il quadrato del binomio contenuto nel testo del quesito si ottiene $a^4 + 2a^2b^2 + b^4$, ossia un'espressione che non coincide con alcuna delle risposte proposte. Diversamente dal solito, conviene partire dalle risposte individuando quella che, attraverso opportuni passaggi algebrici, risulta uguale all'espressione contenuta nel testo del quesito. Svolgendo la **D** si ottiene:

$$[(a-b)^2 + 2ab]^2 = [a^2 + b^2 - 2ab + 2ab]^2 = (a^2 + b^2)^2$$

da cui si deduce che è proprio la risposta cercata.

---

5 Semplificare la seguente frazione algebrica $\dfrac{x^2 - 1}{x^3 + x + 2x^2}$.

A $x+1$ **B** $\dfrac{x-1}{x(x+1)}$ **C** $\dfrac{x+1}{x}$ **D** $\dfrac{-1}{x^3 + x + 2x^2}$ **E** $\dfrac{x}{x(x+1)}$

Per eseguire la semplificazione, si devono scomporre in fattori i termini della frazione:

$$\dfrac{x^2 - 1}{x^3 + 2x^2 + x} = \dfrac{(x+1)(x-1)}{x(x^2 + 2x + 1)} = \dfrac{(x+1)(x-1)}{x(x+1)^2} = \dfrac{x-1}{x(x+1)} \quad \text{(risposta } \mathbf{B}\text{)}$$

6 L'equazione $3x^5 + 96 = 0$ ha per soluzione:
- **A** $x = -2$
- **B** $x = 2$
- **C** $x = -0,5$
- **D** non ha soluzioni reali
- **E** $x = 0$

Risolvendola si ha:
$$3x^5 = -96 \rightarrow x^5 = -32 \rightarrow x = \sqrt[5]{-32} = -2$$
La risposta corretta è la **A**.

---

7 Un bambino possiede *N* biglie. Se ne avesse il triplo ne avrebbe 6 in meno della sorellina che ne ha 18. Quanto vale *N*?
- **A** 4   **B** 6   **C** 8   **D** 12   **E** 24

L'esercizio è facilmente risolubile "traducendo" il testo in un'equazione (di primo grado) nell'incognita *N*. Il testo dice che:
$$3N = 18 - 6$$
da cui segue:
$$3N = 12 \rightarrow N = 4 \quad \text{(risposta \textbf{A})}$$
È opportuno fare una osservazione di carattere generale: le equazioni e i sistemi lineari rappresentano degli strumenti estremamente efficaci per la risoluzione di molti problemi per i quali si è spesso portati a procedere mentalmente. Il consiglio è dunque quello di impostare un'equazione o un sistema di equazioni ogni volta che il quesito lo consente.

---

8 Risolvere la disequazione: $1 - x > 0$.
- **A** $x < 1$
- **B** $x < -1$
- **C** $x > -1$
- **D** $x > 1$
- **E** $x > 0$

Portando il termine noto al secondo membro si ottiene:
$$-x > -1$$
dividendo quindi ambo i membri per -1:
$$x < 1 \quad \text{(il verso della disequazione è cambiato)}$$
La risposta corretta è quindi la **A**.

9 Il numero $(x+5)(x+8)$, con x numero naturale, è:

- **A** multiplo di 3
- **B** multiplo di 11
- **C** multiplo di 5
- **D** dispari
- **E** pari

Il numero naturale x può essere pari o dispari, ma in entrambi i casi $(x+5)(x+8)$ risulta un numero pari, quindi la risposta esatta è la **E**.
Ricordando che:
- la somma di due numeri pari è un numero pari
- la somma di due numeri dispari è un numero pari
- la somma di un numero pari e un numero dispari è un numero dispari
- il prodotto di un numero pari e di un numero dispari è un numero pari

risulta infatti:

x pari $\Rightarrow$ $(x+5)$ è dispari e $(x+8)$ è pari $\Rightarrow$ $(x+5)(x+8)$ è pari

x dispari $\Rightarrow$ $(x+5)$ è pari e $(x+8)$ è dispari $\Rightarrow$ $(x+5)(x+8)$ è pari

---

10 Risolvere l'equazione $|x-2| = 3$.

- **A** $x = 5$
- **B** $x = 1$
- **C** $x = -1$
- **D** $x = 5$ e $x = -1$
- **E** $x = -2$

Ancora una volta è consigliabile utilizzare il metodo della verifica. Il valore $x = 5$ della risposta **A** soddisfa l'equazione proposta ma non rappresenta la soluzione dell'equazione.

> **Per soluzione di una equazione in x si intendono tutti e soli i valori di x che soddisfano l'equazione.**

La risposta esatta è solo la **D** in quanto contiene **tutti** i valori di x ($x = 5$ e $x = -1$) che soddisfano l'equazione $|x-2| = 3$. Si riportano comunque i passaggi della soluzione tradizionale.

Ricordando che $|x-2| = \begin{cases} x-2 & \text{se } x-2 \geq 0 \\ -(x-2) & \text{se } x-2 < 0 \end{cases}$ si devono considerare i due sistemi:

$\begin{cases} x-2 \geq 0 \\ x-2 = 3 \end{cases} \rightarrow \begin{cases} x \geq 2 \\ x = 5 \end{cases} \rightarrow$ soluzione accettabile

e

$$\begin{cases} x - 2 < 0 \\ -x + 2 = 3 \end{cases} \rightarrow \begin{cases} x < 2 \\ x = -1 \end{cases} \rightarrow \text{soluzione accettabile}$$

per cui la risposta corretta è la **D**.

---

11 **Risolvere la disequazione: $(2x + x^2 + 1)/(x^2 - 1) > 0$.**

A $x > 0$ **B** $x < -1$ e $x > 1$ **C** $-1 < x < 1$ **D** $x < 0$ **E** x qualunque

Si è già detto che le disequazioni, diversamente da quanto accade per le equazioni, vanno risolte in modo tradizionale. Per rispondere ai quesiti sulle disequazioni è dunque molto importante scegliere una "strada veloce".
In questo esercizio è sufficiente notare che il numeratore è un quadrato perfetto $(2x + x^2 + 1 = (x + 1)^2)$ per concludere che la disequazione è soddisfatta dai valori di x che rendono positivo il denominatore e non annullano il numeratore. Si tratta cioè di risolvere la disequazione di secondo grado $x^2 - 1 > 0$. L'equazione equivalente ammette le due radici $x = 1$ e $x = -1$: il binomio $x^2 - 1$ è positivo per valori esterni all'intervallo delle due radici.
La risposta corretta è dunque la **B**.

---

12 **È data l'equazione $2^{x^2} = 16$. L'insieme di tutte le sue soluzioni reali è:**

A $\{2\}$

B $\{4\}$

C $\{\sqrt{\log_2 8}\}$

D $\{-2; +2\}$

E $\left\{-\frac{1}{2}\ln 16; +\frac{1}{2}\ln 16\right\}$

Il quesito propone un'equazione esponenziale, che può essere facilmente risolta scrivendo anche il secondo membro come potenza di 2:

$$2^{x^2} = 16 \Rightarrow 2^{x^2} = 2^4$$

Poiché due potenze aventi la stessa base sono uguali quando hanno anche lo stesso esponente, l'equazione esponenziale si riduce all'equazione pura di secondo grado $x^2 = 4$, che ammette come soluzione i valori ± 2; la risposta esatta è quindi la **D**.
Si osservi che è possibile giungere alla soluzione anche utilizzando il metodo della verifica, cioè sostituendo all'incognita dell'equazione i valori proposti dalle varie alternative, fino a individuare quella formata da numeri che la rendono un'identità.

13 L'espressione $\log_{a^{1/2}}\left(\dfrac{1}{a^{2/3}}\right)$:

- **A** vale $1/3$
- **B** vale $-4/3$
- **C** vale $-2/3$
- **D** è irrazionale
- **E** ha un valore che dipende da a

Svolgendo l'espressione contenuta nel testo del quesito si ottiene:

$$\log_{a^{\frac{1}{2}}}\left(\dfrac{1}{a^{\frac{2}{3}}}\right) = \log_{a^{\frac{1}{2}}} a^{-\frac{2}{3}} = -\dfrac{2}{3}\log_{a^{\frac{1}{2}}} a = -\dfrac{2}{3}\cdot 2 = -\dfrac{4}{3}$$

La risposta esatta è la **B**.

---

14 Se $\log_x 196 = -2$, quanto vale x?

- **A** 7
- **B** $1/7$
- **C** 14
- **D** $1/14$
- **E** -392

La risposta corretta è la **D**, infatti, per la definizione di logaritmo, occorre trovare il valore di x per cui:

$$x^{-2} = 196 \;\rightarrow\; \dfrac{1}{x^2} = 196 \;\rightarrow\; x^2 = \dfrac{1}{196} \;\rightarrow\; x = \dfrac{1}{\sqrt{196}} = \dfrac{1}{14}$$

---

15 Le due rette $y = 3x + 2$ e $6y = 18x - 4$:

- **A** si incontrano nel punto $(0, 4)$
- **B** si incontrano nel punto $(3, 1)$
- **C** si incontrano nel punto $(0, 3)$
- **D** sono parallele
- **E** sono sghembe

Scrivendo la seconda equazione in forma esplicita:

$$6y = 18x - 4 \;\rightarrow\; y = \dfrac{18}{6}x - \dfrac{4}{6} \;\rightarrow\; y = 3x - \dfrac{2}{3}$$

si ricava che le due rette hanno il medesimo coefficiente angolare $m = 3$; quindi esse rappresentano due rette fra loro parallele. La risposta esatta è la **D**.

16 In un piano cartesiano la distanza fra i punti (2; 1) e (3; 2) è:

　Ⓐ 2

　Ⓑ radice quadrata di 2

　Ⓒ 4

　Ⓓ 8

　Ⓔ radice quadrata di 8

I due punti proposti dal quesito non hanno in comune né l'ascissa, né l'ordinata: si deve quindi utilizzare la formula generale per la distanza fra due punti.

$$\text{Distanza} = \sqrt{(x_2-x_1)^2+(y_2-y_1)^2} = \sqrt{(3-2)^2+(2-1)^2} = \sqrt{1+1} = \sqrt{2}$$

per cui la risposta corretta è la Ⓑ.

---

17 Quale delle seguenti espressioni rappresenta una circonferenza in coordinate cartesiane?

　Ⓐ $x + y = R$

　Ⓑ $x - y = R$

　Ⓒ $x^2 + y^2 = R^2$

　Ⓓ $(x + y)^2 = R$

　Ⓔ $xy = R^2$

L'espressione contenuta nella risposta Ⓒ è l'equazione canonica della circonferenza avente centro nell'origine raggio R, per cui la Ⓒ risulta essere la risposta esatta. A questa conclusione si sarebbe potuti giungere anche procedendo per esclusione: le espressioni contenute nelle risposte Ⓐ e Ⓑ sono equazioni di primo grado, quindi rappresentano (in coordinate cartesiane) due rette. L'espressione contenuta nella risposta Ⓓ, una volta sviluppato il quadrato a primo membro, contiene il termine in xy per cui non può rappresentare una circonferenza. Infine nell'espressione Ⓔ mancano addirittura i termini x^2 e y^2, quindi di certo non può essere l'equazione di una circonferenza.

---

18 La media aritmetica dei seguenti numeri: – 16; – 6; 0; +10; +16 è:

　Ⓐ 0

　Ⓑ 0,4

　Ⓒ 0,8

　Ⓓ 1,2

　Ⓔ 1,6

Applicando la definizione, si ha che la media aritmetica M dei cinque numeri dati è uguale a:

$$M = \frac{-16 - 6 + 0 + 10 + 16}{5} = \frac{4}{5} = 0{,}8$$

La risposta esatta è dunque la **C**.

---

19 Un gruppo è costituito di 20 maschi con età media pari a 35 anni e di 10 femmine con età media pari a 47 anni. Qual è l'età media dell'intero gruppo?

A 41 anni

B 39 anni

C 42 anni

D 40 anni

E 38 anni

Per risolvere il problema è sbagliato attribuire lo stesso peso ai valori 35 e 47. Il primo è l'età media fra 20 persone, il secondo è l'età media calcolata fra 10 persone.

Pur non essendo note le età dei singoli individui, sappiamo che la somma delle età degli individui di sesso maschile è uguale a $35 \cdot 20$ e quella delle età degli individui di sesso femminile è uguale a $47 \cdot 10$; quindi per determinare l'età media dell'intero gruppo di 30 persone è sufficiente eseguire il seguente rapporto:

$$\frac{35 \cdot 20 + 47 \cdot 10}{20 + 10} = \frac{700 + 470}{30} = \frac{1170}{30} = 39 \quad \text{(risposta } \mathbf{B}\text{)}$$

---

20 In una serie ordinata di 41 dati la mediana è:

A la media aritmetica del 19° e 20° dato

B il 21° dato

C il 20° dato

D la media aritmetica del 21° e 20° dato

E un dato compreso tra il 20° e il 21°

La serie di dati considerata è composta da un numero dispari di elementi, ed è ordinata: per definizione, la sua mediana è data dall'elemento di posto centrale, il 21°. La risposta esatta è quindi la **B**.

7.8 Problemi di geometria

In questo paragrafo vengono analizzati esempi di esercizi comparsi in alcuni test di ammissione all'università degli ultimi anni, relativi a problemi di geometria elementare e analitica.

In ogni esercizio vengono presentate una o più figure geometriche che richiedono l'applicazione di semplici ragionamenti e regole, ma anche esercizi che fanno riferimento a rette o parabole in diagrammi cartesiani.

Si riportano di seguito alcune delle principali definizioni e regole necessarie per la risoluzione di questa tipologia di esercizi.

7.8.1 Angoli

La parte di piano compresa tra due semirette uscenti da uno stesso punto è detta *angolo*. Il punto comune alle due semirette è detto *vertice* dell'angolo.

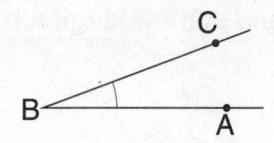

B è il vertice dell'angolo ABC.

Due angoli si dicono *adiacenti* se hanno lo stesso vertice e una semiretta in comune, a patto che un angolo non sia contenuto nell'altro.

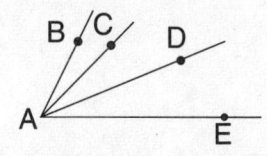

I due angoli BAC e CAE sono adiacenti, mentre i due angoli CAE e DAE non lo sono.

Due angoli si dicono *opposti al vertice* quando i lati dell'uno sono i prolungamenti dei lati dell'altro. Due angoli opposti al vertice sono *congruenti* (ossia hanno la medesima ampiezza).

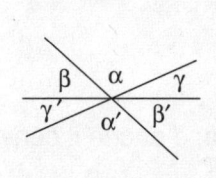

- I due angoli α e α' sono opposti al vertice e quindi congruenti;
- I due angoli β e β' sono opposti al vertice e quindi congruenti;
- I due angoli γ e γ' sono opposti al vertice e quindi congruenti.

Se la somma di due angoli adiacenti è uguale a un angolo piatto (180°) allora i due angoli sono detti *supplementari*; se la somma di due angoli adiacenti è pari a un angolo retto (90°), i due angoli vengono detti *complementari*.

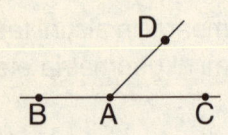

BAD e DAC sono supplementari.

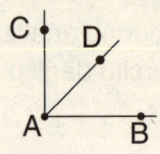

BAD e DAC sono complementari.

7.8.2 Triangoli

Il triangolo ABC è detto:

Scaleno	se $a \neq b \neq c$
Isoscele	se $a \neq b = c$
Equilatero	se $a = b = c$
Rettangolo	se $\alpha = 90°$

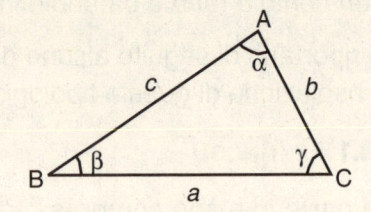

La somma degli angoli interni di un qualunque triangolo è pari a 180°.
Ogni lato di un triangolo ha una lunghezza minore della somma degli altri due e maggiore della loro differenza.

Il perimetro (P) e l'area (A) di un triangolo sono dati da:

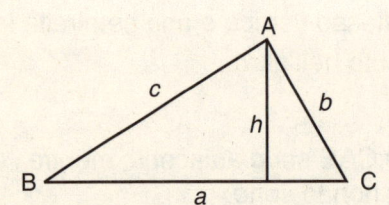

$$P = a + b + c$$

$$A = \frac{a \cdot h}{2}$$

Se il triangolo è rettangolo, dette *a* e *b* le lunghezze dei due cateti, l'area è data da:

$$A = \frac{a \cdot b}{2}$$

Punti notevoli di un triangolo
- **Baricentro:** punto di incontro delle mediane;
- **Ortocentro:** punto di incontro delle altezze;
- **Circocentro:** punto di incontro degli assi dei lati del triangolo; è anche il centro della circonferenza circoscritta al triangolo;

- **Incentro:** punto di incontro delle bisettrici degli angoli del triangolo; è anche il centro della circonferenza inscritta al triangolo.

Teorema di Pitagora

In un triangolo rettangolo, il quadrato della lunghezza dell'ipotenusa è uguale alla somma dei quadrati delle lunghezze dei cateti.

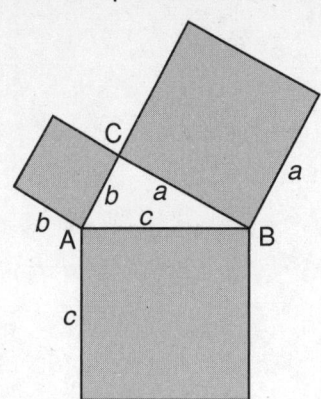

ABC triangolo rettangolo in C
- AC (cateto) = b
- BC (cateto) = a
- AB (ipotenusa) = c

$c^2 = a^2 + b^2$ da cui:

$c = \sqrt{a^2 + b^2}$; $a = \sqrt{c^2 - b^2}$; $b = \sqrt{c^2 - a^2}$

7.8.3 Poligoni

Si ricordano in questo paragrafo le formule per il calcolo del **perimetro** (P) e dell'**area** (A) dei poligoni principali.

Rettangolo

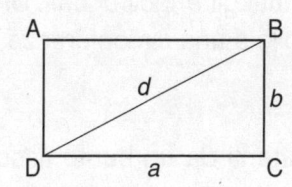

$P = 2 \cdot (a + b)$

$A = a \cdot b$

$d = \sqrt{a^2 + b^2}$

Quadrato

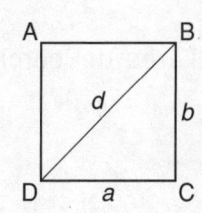

$P = 4 \cdot a$

$A = a^2$

$d = a\sqrt{2}$

Rombo

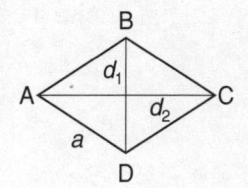

$P = 4 \cdot a$

$A = \dfrac{d_1 \cdot d_2}{2}$

Parallelogramma

$P = 2 \cdot (a + b)$

$A = a \cdot h = a \cdot b \cdot \text{sen}\alpha$

Trapezio

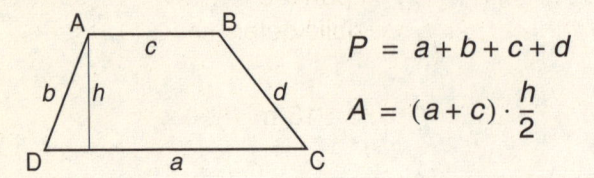

$P = a + b + c + d$

$A = (a + c) \cdot \dfrac{h}{2}$

✓ La somma degli angoli interni di un poligono è sempre uguale a $(N - 2) \cdot 180°$, dove N è il numero di lati del poligono.

✓ Un poligono si dice regolare quando ha tutti i lati e tutti gli angoli uguali. Un poligono regolare è sempre inscrivibile e circoscrivibile a una circonferenza.

7.8.4 Circonferenza

La circonferenza è il luogo geometrico dei punti equidistanti da un punto fisso (centro).

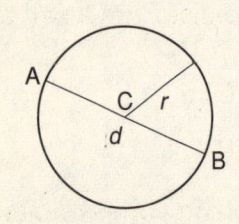

Diametro: $d = 2r = AB$

La lunghezza della circonferenza e l'area del cerchio sono:

$P = 2\pi r = d\pi$

$A = \pi r^2 = \dfrac{\pi d^2}{4}$

Esempi

1 Sapendo che in un triangolo rettangolo un cateto è la metà dell'altro e che l'area del triangolo è pari a 64 m², determinare quale delle seguenti lunghezze approssima meglio la lunghezza dell'ipotenusa del triangolo.
  A 12 m   **B** 14 m   **C** 18 m   **D** 24 m   **E** 32 m

Se si indica con x il cateto avente la lunghezza minore, allora il secondo cateto ha lunghezza pari a $2x$. L'area del triangolo è pertanto uguale a:

$$A = \frac{b \cdot h}{2} = \frac{2x \cdot x}{2} = x^2$$

Essendo l'area pari a 64 m², si ricava $x^2 = 64$ m², da cui $x = 8$ m.
Pertanto i due cateti del triangolo hanno lunghezza pari a 8 m e 16 m rispettivamente. Applicando il teorema di Pitagora, è ora possibile determinare la lunghezza dell'ipotenusa:

ipotenusa $= \sqrt{8^2 + 16^2} = \sqrt{64 + 256} = \sqrt{320} \cong 18$ m (risposta **C**).

2 Si consideri un quadrato con lato pari a 2. Su ogni lato del quadrato si costruisca un semicerchio avente per base il lato del quadrato stesso, come rappresentato nella figura a lato. Qual è l'area della figura così ottenuta?

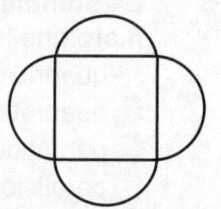

  A $2 + 4\pi$
  B $2 - 4\pi$
  C $4 + 8\pi$
  D $4 - 2\pi$
  E $4 + 2\pi$

L'area del quadrato è pari a $2 \cdot 2 = 4$, mentre l'area di ogni semicerchio è pari a $\pi r^2/2$ ossia $\pi/2$ (il raggio è pari a 1).
Poiché i semicerchi sono quattro, l'area della figura ottenuta è pari a:

area quadrato + 4 · area semicerchio = $4 + 2\pi$ (risposta **E**).

3 Se $y = 4x \cdot (x + 1)$ il grafico di y in funzione di x in un piano cartesiano è:
  A un cerchio
  B una retta
  C un'iperbole
  D una parabola
  E una curva di tipo esponenziale

Per riconoscere la natura di questa conica conviene svolgere il prodotto a secondo membro:

$$y = 4x \cdot (x+1) \rightarrow y = 4x^2 + 4x$$

È più facile ora capire che si tratta di una parabola (risposta D) passante per l'origine (in quanto il termine noto è nullo) con asse di simmetria parallelo all'asse y.

---

4 **Quali sono i triangoli inscrivibili in una circonferenza?**
   A Solo i triangoli rettangoli
   B Solo se i lati del triangolo sono in rapporti costanti
   C Tutti
   D Dipende dal valore degli angoli interni
   E Solo i triangoli isosceli

Ricordando che per tre punti non allineati passa una e una sola circonferenza, si conclude che ogni triangolo è inscrivibile in una circonferenza. Il centro di questa circonferenza è il circocentro del triangolo. La risposta corretta è la C.

---

5 **La somma degli angoli interni di un poligono è 360°. Si può affermare che il poligono è un:**
   A quadrilatero
   B quadrato
   C pentagono
   D parallelogramma
   E esagono

La somma degli angoli interni di un poligono vale tanti angoli piatti quanto è il numero N dei suoi lati diminuito di 2. Quindi si può scrivere l'uguaglianza:

$$180° \cdot (N-2) = 360°$$

che è vera per $N = 4$. La risposta esatta è la A.

parte quarta
ATTITUDINE LOGICO-MATEMATICA

8 PROBLEMI DI NATURA MATEMATICA

Nei test di selezione, la parte di attitudine matematica mira a valutare le **capacità di ragionamento** e la **velocità dei candidati** nel risolvere gli esercizi, più che a misurare le conoscenze specifiche acquisite nel corso degli studi.

Lo svolgimento di questa parte della prova presuppone la conoscenza di poche nozioni di matematica, che dovrebbero essere alla portata di tutti.

Quanto detto sembra sminuire l'importanza della preparazione; tuttavia, alcuni validi motivi che rendono estremamente importante il lavoro di preparazione:

- le poche nozioni necessarie di matematica, che tutti dovrebbero conoscere, non sono, in realtà, sempre note;
- la capacità di ragionamento è certamente aiutata da un lavoro di sintesi e di schematizzazione delle nozioni e dei più frequenti passaggi logici necessari per la risoluzione dei quesiti;
- la migliore preparazione alla prova di selezione si ottiene **esercitandosi** sulle operazioni e sui passaggi logici richiesti;
- il tempo a disposizione è poco: una preparazione adeguata mette il candidato nelle condizioni di rispondere più velocemente alle domande.

Si sottolinea che i test si prefiggono di valutare non tanto la capacità del candidato di giungere alla corretta soluzione del problema proposto, quanto quella di **giungervi nel modo più efficace** che comporta il **minor dispendio di tempo**.

Nella tabella che segue sono riportate le tipologie di esercizi che sono state, negli anni passati, oggetto di verifica nei test di ammissione alle diverse università.

Bocconi	LUISS	Economia e Scienze politiche	LIUC
distanza, velocità e tempo	frazioni	distanza, velocità e tempo	frazioni
frazioni	percentuali	frazioni	percentuali
percentuali	tasso di cambio	percentuali	
problemi di lavoro		lavoro	
operazioni in codice		calcolo delle probabilità	
		proporzioni	
		problemi risolvibili con equazioni	
		matrici di numeri	
		operazioni in codice	

Per chi deve affrontare il test di ingresso alla facoltà di Giurisprudenza si consiglia prevalentemente lo studio dei problemi con frazioni e percentuali.

8.1 Descrizione degli esercizi

I problemi di natura matematica presenti nei test in questione sono riconducibili alle seguenti tipologie di esercizi:
- problemi con frazioni;
- problemi con percentuali;
- problemi con i tassi di cambio;
- problemi di lavoro;
- problemi di calcolo delle probabilità;
- problemi con proporzioni;
- problemi risolvibili con equazioni;
- matrici di numeri;
- operazioni in codice.
- problemi su distanza, velocità e tempo;

8.2 Problemi con frazioni

I problemi con frazioni sono semplici quesiti basati sull'utilizzo dei rapporti tra numeri interi. Generalmente al candidato è richiesto di individuare, tra più frazioni, quella maggiore o minore, o di effettuare semplici calcoli con numeri frazionari.

Esempi

1 Quale tra le seguenti frazioni è la maggiore?

   A $\frac{5}{6}$ **B** $\frac{3}{4}$ **C** $\frac{9}{8}$ **D** $\frac{5}{4}$ **E** $\frac{6}{6}$

Per poter confrontare tra loro più frazioni è sufficiente fare in modo che abbiano lo stesso denominatore (si calcola quindi il loro minimo comune multiplo) e confrontare i numeratori. Nell'esempio considerato le cinque frazioni sono rispettivamente uguali a:

$$\frac{20}{24}, \frac{18}{24}, \frac{27}{24}, \frac{30}{24}, \frac{24}{24}$$

La frazione maggiore è quella che possiede il numeratore maggiore, dunque quella indicata nella risposta **D**.

Nel caso in cui le frazioni da confrontare siano solo due *(a/b, c/d)*, è possibile procedere in un altro modo: si confrontano i prodotti $a \cdot d$ e $b \cdot c$: la frazione più grande è quella il cui numeratore ha determinato il prodotto maggiore. Per esempio, per stabilire quale frazione è maggiore tra 5/13 e 2/5, è possibile applicare il criterio appena esposto:

$$5 \cdot 5 = 25; \quad 2 \cdot 13 = 26 \quad \Rightarrow \quad 2/5 \text{ è maggiore di } 5/13$$

---

2 Trovare i 2/9 di 54.

   A 14
   B 68
   C 12
   D 24
   E 18

Per risolvere l'esercizio occorre semplicemente moltiplicare 54 per 2/9. Si ottiene:

$$\frac{2}{9} \text{ di } 54 = \frac{2}{9} \cdot 54 = 2 \cdot 6 = 12 \quad (\text{risposta } \textbf{C}).$$

---

3 Il numero 9 che parte è di 12?

   A $\frac{3}{4}$ **B** $\frac{4}{3}$ **C** $\frac{3}{2}$ **D** $\frac{2}{3}$ **E** $\frac{3}{9}$

In questo caso, bisogna dividere 9 per 12 e si ottiene 9/12 = 3/4 (risposta **A**). Per verificare di avere fatto l'operazione giusta, è utile confrontare i due numeri in esame (9 e 12) con la frazione ottenuta 3/4: essendo 9 minore di 12, anche la frazione deve avere il numeratore minore del denominatore.

✓ Nei problemi con frazioni il concetto chiave è il resto: data una frazione p/q, è detto *resto* il numero dato da 1 − p/q. Per esempio, se i 2/5 di un bicchiere sono pieni, i restanti (1 − 2/5) = 3/5 sono vuoti.

4 Un muratore costruisce 5/7 di un muro utilizzando 350 mattoni. Quanti mattoni verranno utilizzati per completare allo stesso modo la restante parte di muro?
- A 50
- B 490
- C 25
- D 70
- E 140

La parte ancora da costruire è uguale a 1 − 5/7, pari ai 2/7 del muro. Poiché per ogni settimo di stanza sono stati utilizzati 70 mattoni, per completare il muro occorrono 140 mattoni (risposta E).

5 Uno studente, per andare dalla propria abitazione all'università, percorre 1/5 del tragitto a piedi, 2/3 in autobus e i rimanenti 8 chilometri in bicicletta. Qual è la distanza, espressa in chilometri, tra l'abitazione dello studente e l'università?
- A 90
- B 120
- C 60
- D 30
- E 45

Lo studente percorre a piedi e in autobus $\frac{1}{5} + \frac{2}{3} = \frac{3+10}{15} = \frac{13}{15}$ dell'intero tragitto. La parte rimanente ($1 - \frac{13}{15} = \frac{2}{15}$) viene percorsa in bicicletta. Poiché 2/15 della distanza tra l'abitazione e l'università sono pari a 8 chilometri, la distanza cercata è pari a $\frac{15}{2} \cdot 8 = 60$ km. Pertanto la risposta corretta è la C.

6 Una tipografia acquista una macchina per la stampa a colori al prezzo di 90mila euro e un computer per l'elaborazione delle immagini a 15mila euro. Il prezzo pagato per l'acquisto del computer che frazione è del prezzo pagato per la macchina da stampa?
- A $\frac{1}{3}$
- B $\frac{1}{9}$
- C $\frac{90}{15}$
- D $\frac{1}{6}$
- E $\frac{4}{3}$

L'esercizio chiede di individuare che parte di 90 è 15 o, in altre parole, quante volte il numero 15 è contenuto in 90, cioè 15/90 = 1/6. La risposta corretta è dunque la D.

8.3 Percentuali e loro applicazioni

Le percentuali vanno viste come frazioni. *Per cento* significa *diviso per cento*. Per esempio:

$$25\% = \frac{25}{100} \; ; \; 2000\% = \frac{2000}{100} \; ; \; 0,3\% = \frac{0,3}{100} = \frac{3}{1000}$$

Una percentuale è pertanto una frazione con denominatore pari a 100. È possibile esprimere le percentuali sia come frazioni sia come numeri decimali:

Dal momento che 100% rappresenta l'unità, moltiplicare o dividere un numero qualsiasi (intero, decimale o frazionario) per 100% non ne cambia il valore. Quindi:

- per convertire un numero (intero, decimale o frazionario) in percentuale lo si moltiplica per 100% (ossia si moltiplica per 100 e si affianca il simbolo di percentuale);
- per convertire una percentuale in un numero la si divide per 100% (ossia si divide per 100 e si toglie il simbolo di percentuale).

In altre parole, per convertire una percentuale in un numero decimale è sufficiente eliminare il segno di percentuale (%) e spostare la virgola di due posizioni a sinistra (il che equivale a dividere per cento):

$$25\% = 0,25 \; ; \; 2000\% = 20 \; ; \; 0,3\% = 0,003$$

La maggior parte dei problemi con le percentuali è riconducibile all'espressione:

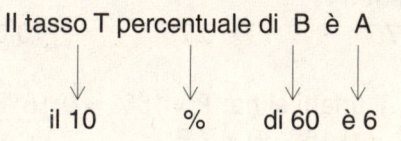

Il tasso T percentuale di B è A

il 10   %   di 60   è 6

Generalmente sono date due variabili ed è richiesto di calcolare la terza. Sebbene molti di questi esercizi possano essere risolti con un semplice ragionamento, le formule a cui fare riferimento sono le seguenti:

$$A = T \cdot B \; ; \; B = \frac{A}{T} \; ; \; T = \frac{A}{B} \qquad [1]$$

dove T rappresenta il tasso percentuale espresso in numero decimale.

Esempi

1 **Convertire 0,93 in percentuale.**
   A) 0,93%   B) 9,3%   C) 93%   D) 930%   E) 0,093%

La risposta esatta è la C: $0,93 \cdot 100 = 93$, da cui si ottiene: $0,93 = 93\%$.

2 **Convertire 1/5 in percentuale.**
- A) 0,20
- B) 20%
- C) 0,20%
- D) 20 · 100
- E) 2,0%

La risposta esatta è la B. Infatti 1/5 · 100 = 20, da cui 1/5 = 20%.

3 **Convertire 35% in frazione.**
- A) 35
- B) 35/10
- C) 2/5
- D) 3/10
- E) 7/20

La risposta esatta è la E. Infatti si ha:

$$35\% = \frac{35}{100} = \frac{7}{20}$$

4 **Trovare il 15% di 50.**
- A) 7,5
- B) 75
- C) 0,75
- D) 0,075
- E) 750

La risposta esatta è la A. Infatti si ha: T = 15% = 0,15; B = 50; applicando la prima delle [1] si ottiene: A = 0,15 · 50 = 7,5.

5 **Di quale numero 35 è il 10%?**
- A) 0,35
- B) 3,5
- C) 3/5
- D) 350
- E) 3500

La risposta esatta è la D. Infatti: T = 10% = 0,1; A = 35, da cui $B = \frac{35}{0,1} = 350$.

6 **In un gruppo di adulti composto da 75 persone vi sono 15 donne. Qual è la percentuale di uomini all'interno del gruppo?**
- A) 30%
- B) 150%
- C) 20%
- D) 70%
- E) 80%

La percentuale di donne è uguale a 15/75 ossia 1/5 (20%); la percentuale di uomini è dunque pari a (100 − 20)% = 80% (risposta E). Analogamente, si può notare che il numero di uomini è 75 − 15 = 60, che corrisponde alla percentuale 60/75 = 4/5 = 80%.

7 Se il 30% di *x* è 210, allora il 75% di *x* è pari a:

Ⓐ 47

Ⓑ 158

Ⓒ 525

Ⓓ 560

Ⓔ 700

Grazie al buon senso, è possibile eliminare le alternative Ⓐ e Ⓑ dal momento che il valore da individuare (ossia il 75% di *x*) deve certamente essere superiore a 210 (che rappresenta il 30% di *x*). Il metodo più rapido per individuare la soluzione del problema è quello di considerare il 75% di *x* come 2 volte e mezza il 30% di *x*. Pertanto si ha: 75% di *x* = 210 · 2,5 = 525 (risposta Ⓒ).

8 Nell'Istituto Colamastri il 60% degli studenti gioca a il tennis, mentre il 70% gioca a calcio. Qual è la percentuale di studenti che gioca sia a calcio sia a tennis?

Ⓐ 130%

Ⓑ 3%

Ⓒ 0,30%

Ⓓ 30%

Ⓔ 10%

Per risolvere l'esercizio è sufficiente seguire questo ragionamento: se nessuno degli studenti che gioca a calcio gioca anche a tennis (e viceversa), si avrebbe un totale di studenti pari a 60% + 70% = 130%. Poiché, però, il totale non può che essere il 100%, c'è un 30% degli studenti che viene conteggiato due volte. Questi studenti, sono quindi quelli che giocano sia a tennis, sia a calcio. La soluzione del quesito è fornita, quindi dall'alternativa Ⓓ.

8.3.1 Problemi di sconto

Due delle più comuni applicazioni delle percentuali nei test selettivi sono i *problemi di sconto* e *di interesse*.

La formula da applicare in questo tipo di problemi è la seguente:

$$\text{sconto} = \text{costo} \cdot \text{tasso di sconto} \qquad [2]$$

Essendo il tasso di sconto espresso in termini percentuali, la formula equivale alla relazione già incontrata: A = T · B.

Esempi

1 Un libro che costa 30 euro è scontato del 12%. A quanto ammonta lo sconto?

- **A** € 31,5
- **B** € 2,5
- **C** € 31,8
- **D** € 3,6
- **E** € 6,4

Per calcolare a quanto ammonta lo sconto se un libro che costa 30 euro è scontato del 12%, si applica la relazione presentata sopra e si ottiene:

$$\text{sconto} = 30 \cdot 0{,}12 = 3{,}6$$

La risposta esatta è pertanto la **D**.

2 Un orologio viene venduto con il 18% di sconto sul prezzo di listino, che equivale a un risparmio di 72 euro. Qual è il prezzo di listino dell'orologio?

A € 380 **B** € 410 **C** € 385 **D** € 400 **E** € 350

In questo esercizio vengono forniti come dati del problema lo sconto e il tasso di sconto e viene richiesto di individuare il costo del bene. Dalla [2] si deduce che per ottenere tale valore è sufficiente calcolare il rapporto sconto/tasso:

$$\text{costo} = \frac{\text{sconto}}{\text{tasso di sconto}} = \frac{72}{18\%} = \frac{72}{18} \cdot 100 = 400 \quad (\text{risposta } \mathbf{D}).$$

Ignorando le formule, è possibile giungere alla soluzione anche ragionando sui dati forniti: se 72 euro sono il 18% di un prezzo X, l'1% varrà 4 (72/18) e quindi il 100% varrà 400.

8.3.2 Problemi di interesse

Anche in questo caso c'è un tasso espresso in percentuale e il modo di procedere è analogo a quello visto in precedenza. Tuttavia, nella formula da applicare per il tasso di interesse, compare un nuovo elemento da considerare attentamente: il *tempo*.

$$\text{interesse} = \text{somma iniziale} \cdot \text{tempo} \cdot \text{tasso} \qquad [3]$$

Il tasso di interesse va inteso come *tasso annuale*, a meno che il problema non ne specifichi uno diverso. Di conseguenza, tutti i tempi devono essere convertiti in anni (o frazioni di anno).

ESEMPI

1 Quale interesse si ottiene investendo 8mila euro per 4 mesi a un tasso del 12%?

- **A** € 300
- **B** € 320
- **C** € 30
- **D** € 650
- **E** € 2.400

La risposta esatta è la **B**. Infatti, si ha che: 12% = 12/100; 4 mesi = 1/3 anno; applicando la formula si ottiene:

$$\text{interesse} = € \, 8.000 \cdot 12/100 \cdot 1/3 = € \, 320$$

2 Qual è la somma che, impiegata per 3 mesi a un tasso di interesse del 7%, frutta 700 euro?

- **A** 40.000 €
- **B** 4.000 €
- **C** 30.000 €
- **D** 49.000 €

Dalla [3] si ha:

$$\text{somma} = \frac{\text{interesse}}{\text{tasso} \cdot \text{tempo}} = \frac{700}{7\% \cdot \frac{1}{4}} = \frac{700}{7} \cdot 100 \cdot 4 = 40.000$$

La risposta corretta è dunque la **A**.

È opportuno infine ricordare la formula per ottenere la *variazione percentuale di una variabile* di cui si conoscono il valore iniziale e quello finale (ammontare originale e nuovo ammontare). Essa è la stessa sia che si consideri un *incremento* sia che si consideri un *decremento* percentuale. L'unica differenza che si osserva è il segno della variazione percentuale (positivo nel primo caso, negativo nel secondo).

$$\text{variazione percentuale} = \frac{\text{nuovo ammontare} - \text{ammontare originale}}{\text{ammontare originale}} \cdot 100$$

3 Il fatturato di un'azienda è passato da 40 a 60 milioni di euro. Calcolare l'incremento percentuale del fatturato.

- **A** + 20
- **B** 30%
- **C** 40
- **D** – 20%
- **E** 50%

Le alternative **A** e **C** possono essere facilmente eliminate poiché non esprimono una percentuale. Applicando la formula si ottiene:

$$\text{variazione percentuale} = \frac{60-40}{40} \cdot 100 = 50\% \text{ (incremento)}$$

La risposta esatta è dunque la **E**.

4 **Il valore di un'azione è sceso da 3 a 2,4 euro. Calcolare la variazione percentuale.**
   A 20%
   B – 20%
   C 0,6
   D – 0,6
   E 25%

Anche in questo caso, è possibile eliminare le alternative **C** e **D** poiché non presentano valori percentuali. La risposta esatta è la **B**, a cui si arriva applicando la formula:

$$\text{variazione percentuale} = \frac{2,4-3}{3} \cdot 100 = -20\% \text{ (decremento)}$$

5 **Dal 2000 al 2005, il valore di una motocicletta d'epoca ha subito un incremento del 30%. Dal 2005 al 2008 ha subito un decremento del 20%. Il valore della moto nel 2008 a quale percentuale corrisponde del suo valore del 2000?**
   A 90%   **B** 100%   **C** 104%   **D** 110%   **E** 124%

Si consideri come valore della motocicletta nel 2000 il numero $x = 100$. Nel 2005 il valore della motocicletta risulta incrementato del 30% rispetto alla valutazione del 2000: 100 + il 30% di 100 = 100 + 30 = 130.
Nel 2008 il valore della motocicletta risulta decrementato del 20% rispetto alla valutazione del 2005: 130 – il 20% di 130 = 130 – 26 = 104.
Pertanto il valore della moto nel 2008 rispetto al valore nel 2000 è pari a:

$$\frac{104}{100} = 104\% \text{ (risposta } \mathbf{C}\text{)}.$$

Si noti che un valore che aumenta del 20% per poi diminuire ancora del 20% non torna ad assumere il suo valore originale, poiché a parità di tasso è però variato il periodo di riferimento.

SUGGERIMENTI
- Quando la domanda e le alternative sono espresse come percentuali, può risultare vantaggioso usare un valore numerico (solitamente 100) da attribuire alla quantità a cui si riferisce il problema ed effettuare poi i ragionamenti del caso.

- **Non confondere decimali con percentuali**. Per esempio, la percentuale 0,3% è uguale a 0,003 (decimale).
- Ove possibile, usare il buon senso e **valutare se sia possibile scartare alcune soluzioni proposte** sulla base della semplice osservazione dei dati.
- Memorizzare le **formule relative allo sconto, all'interesse e alla variazione percentuale** riportate nel capitolo.

8.4 Tasso di cambio

Le seguenti tipologie di esercizi sono state somministrate nel test della LUISS negli ultimi anni. Il tasso di cambio può essere definito come il "prezzo" di una valuta in termini di un'altra valuta, il prezzo cioè, al quale viene scambiata la valuta di un Paese con quella di un altro Paese.

Per risolvere i seguenti esercizi si deve tenere conto delle seguenti situazioni:

Situazione 1

Se si ha necessità di ottenere valuta straniera è necessario vendere alla Banca Centrale di quel Paese la nostra valuta e comprare, quindi, la valuta che ci serve. In questo caso la Banca Centrale applica un tasso di cambio per la vendita della moneta di quel Paese.

Esempio

1 La società italiana Moretta commercia in generi alimentari e deve acquistare una partita di zucchero dagli Stati Uniti che ha un costo di 2.250 dollari. Se il tasso di cambio della Banca Centrale Americana è pari a 1,5 dollari per euro quando vende i dollari, quanti euro costerà alla società Moretta la partita di zucchero?

A 1750   B 1500   C 1250   D 3375   E 2000

Per poter acquistare la partita di zucchero negli Stati Uniti, la società Moretta ha necessità di pagare in dollari e quindi si deve rivolgere alla Banca Centrale americana. La banca vende dollari in cambio di euro applicando il tasso di cambio indicato e cioè dando 1,5 dollari ogni euro. Ciò significa che per capire a quanti euro corrispondono 2250 dollari, si deve dividere questa quantità per il tasso e cioè per 1,5:

$$2250/1,5 = 1500 \text{ euro}.$$

La soluzione al quesito è fornita dall'alternativa B.

Situazione 2

Se si ha necessità di convertire una valuta straniera in valuta del nostro Paese, è necessario vendere alla Banca Centrale la valuta straniera posseduta e ottenere, quindi, in cambio il corrispettivo nella nostra valuta. In questo caso la Banca Centrale applica un tasso di cambio per l'acquisto della valuta straniera.

Esempio

2 La società italiana Moretta commercia in generi alimentari e ha appena aperto un punto di rivendita in Canada. Se il tasso di cambio della Banca Centrale Canadese è pari a 0,5 dollari canadesi per euro quando acquista i primi, a quanti euro dovrà vendere una partita di grano se vuole ottenere in cambio 180 euro?

A 60   **B** 360   **C** 90   **D** 36   **E** 900

Se la Banca Centrale Americana vende alla società Moretta 1 euro ogni 0,5 dollari canadesi, significa che per ottenere 180 euro la società Moretta dovrà vendere la partita di grano a 180 · 0,5 = 90 dollari.

La soluzione al quesito è fornita, quindi, dall'alternativa **C**.

Suggerimenti

Ricordarsi sempre che quando si ha una moneta in mano la si deve vendere alla banca per ottenerne un'altra. Il prezzo che si paga è il tasso di cambio. Si deve avere chiara la distinzione tra i due casi: la banca acquista la nostra moneta per fornire moneta estera, oppure acquista la moneta estera e in cambio ci da la nostra moneta. Questi esercizi di solito propongono al lettore i due tassi di cambio diversi. Se si deve trovare a quanta moneta nazionale corrisponde una certa somma in valuta estera, si DIVIDE quest'ultimo valore per il tasso di cambio che la banca applica quando fa questa operazione. Se invece si deve trovare quanta moneta estera corrisponde a una certa somma in valuta nazionale, si MOLTIPLICA quest'ultimo valore per il corrispettivo tasso di cambio.

8.4.1 Problemi di attenzione

Questa tipologia di esercizi, somministrata dall'Università LUISS, propone al lettore una serie di rapporti tra monete di uno stesso Paese e chiede di capire, date alcune informazioni, a quante monete di un tipo o di un altro corrisponde una certa cifra. La difficoltà di questi esercizi risiede, più che nei calcoli, nella confusione generata dai nomi delle monete, spesso molto simili.

Esempio

A Pidras, capitale del regno di Sadras, 1 moneta vasa può essere suddivisa in 20 monete sava e in 30 monete masa.

1 Vins, abitante di Pidras, compra un tappeto dando al commerciante 3 monete vasa, 10 monete masa e 40 monete sava. Si calcoli il prezzo del tappeto in moneta masa:

A 200   **B** 160   **C** 100   **D** 150   **E** 180

Per risolvere il quesito conviene, innanzitutto, scrivere i rapporti tra le monete proposti dall'istruzione:

$$1 \text{ v.} = 20 \text{ s.} = 30 \text{ m.}$$

L'esercizio chiede di individuare il prezzo pagato per il tappeto, espresso in monete masa. Si deve, quindi, capire a quante monete masa corrispondono le 3 vasa e le 40 sava pagate da Vins (insieme alle 10 masa): poiché 1 moneta vasa vale 30 masa, è evidente che 3 monete vasa valgono 90 masa. Inoltre, poiché il rapporto tra monete sava e masa è due a tre, con due sava si hanno tre vasa (infatti 20 sava sono uguali a 30 masa); pertanto 40 sava corrispondono a 60 masa. Il totale delle monete masa è quindi: 10 + 90 + 60 = 160; l a soluzione al problema è fornita dall'alternativa B.

Suggerimenti

- Scrivere sempre il rapporto di cambio proposto dall'esercizio.
- Se possibile semplificare i rapporti usando le proprietà delle equivalenze (per esempio 20 s. = 30 m., equivale a 2s. = 3 m.).
- Prestare sempre estrema attenzione alla somiglianza tra i nomi delle monete, vera difficoltà dell'esercizio.

8.5 Problemi di lavoro

Con il termine *problemi di lavoro* si intende una categoria di problemi nei quali vengono descritte le modalità e i tempi di svolgimento di un generico lavoro da parte di più soggetti. Con il termine *lavoro* si intendono qui genericamente vari tipi di attività, fisica e non: mangiare qualcosa, costruire una casa, fumare sigarette ecc.

Le variabili in gioco in questo tipo di problemi sono: i ritmi di lavoro dei singoli soggetti, la quantità di lavoro da svolgere e il tempo impiegato. Alcuni di questi elementi sono noti, altri sono da ricavare. Anche la soluzione di questi problemi non richiede conoscenze matematiche di tipo nozionistico, ma una certa attitudine al ragionamento. Generalmente ai candidati viene richiesto di *individuare il tempo che il singolo individuo o le persone coinvolte impiegano per portare a termine il lavoro*.

I problemi di lavoro si possono suddividere in due principali tipologie, in relazione al ritmo con cui il lavoro viene svolto dai differenti soggetti:
- soggetti che lavorano allo stesso ritmo;
- soggetti che lavorano a ritmi diversi.

8.5.1 Soggetti che lavorano allo stesso ritmo

In questo tipo di problemi, si assume che tutti i lavoratori abbiano lo stesso ritmo di lavoro, ossia realizzino la stessa quantità di lavoro nell'unità di tempo.

Il ragionamento per risolvere questi esercizi è il seguente: se un lavoro richiede k lavoratori per 1 ora di tempo, significa che ogni soggetto realizza in 1 ora una quantità di lavoro pari a $1/k$. Se un lavoro richiede m lavoratori per h ore, allora ogni soggetto realizza 1/m del lavoro in h ore e pertanto compie, in un'ora, $\frac{1}{h} \cdot \frac{1}{m}$ del lavoro complessivo. Vediamo ora, attraverso alcuni esempi, come tali principi trovano applicazione negli esercizi.

Esempi

1 Sei artigiani, lavorando allo stesso ritmo, impiegano 24 giorni per realizzare un mosaico. Quanto impiegherebbe un solo artigiano a compiere lo stesso lavoro?

- **A** 36 giorni
- **B** 6 giorni
- **C** 124 giorni
- **D** 144 giorni

Dal momento che i sei artigiani lavorano allo stesso ritmo, ciascuno di loro in un giorno svolge un lavoro pari a $\frac{1}{6} \cdot \frac{1}{24} = \frac{1}{144}$ del lavoro totale. Quindi, per compiere l'intero lavoro un operaio impiega 144 giorni. Alternativamente si può calcolare che un solo operaio impiega sei volte il tempo impiegato dal gruppo per realizzare il mosaico (perché la forza lavoro è composta da 1 anziché da 6 operai): 24 giorni · 6 = 144 giorni (risposta **D**). Si osservi che l'alternativa **B** è facilmente scartabile poiché propone un valore inferiore a 24 (se 6 persone impiegano 24 giorni è impossibile che una persona sola impieghi un tempo minore).

È utile precisare che *l'applicazione delle proporzioni può facilmente condurre a una soluzione errata* di tali esercizi. Infatti, si potrebbe intuitivamente esprimere il testo dell'esempio considerato attraverso la proporzione 6 : 24 = 1 : x.

Così facendo si avrebbe: x = 24/6 = 4. La soluzione è evidentemente errata dal momento che il valore di x (tempo impiegato da un solo artigiano per fare il mosaico) non può essere inferiore a 24 (tempo impiegato da sei artigiani per realizzare il mosaico).

2 Se 5 persone, lavorando allo stesso ritmo, impiegano 1 ora a dipingere un appartamento, quanto impiegano 12 persone a effettuare lo stesso lavoro?

- **A** 25 min
- **B** 2/5 h
- **C** 12/5 h
- **D** 1/5 h
- **E** 20 min

Se i 5 soggetti impiegano 1 ora per realizzare il lavoro, ogni lavoratore realizza in 1 ora 1/5 del lavoro complessivo. Pertanto 12 persone in 1 ora realizzano 12/5 del lavoro totale.

Se t è l'elemento richiesto dal problema, cioè il tempo impiegato dai 12 soggetti per dipingere l'appartamento, si ha:

$$\frac{12}{5} \cdot t = \text{lavoro completato} = 1 \Rightarrow t = \frac{5}{12} \cdot 1 \text{ ora} = 25 \text{ min (risposta } \boxed{A}\text{)}.$$

A volte i dati del problema vengono forniti in maniera implicita, ossia tramite relazioni tra le diverse variabili in gioco, piuttosto che tramite valori numerici; si consideri a questo proposito l'esempio seguente.

---

3 Il direttore di un progetto informatico sa che, per realizzare il lavoro di cui è responsabile, sono necessari 8 giorni utilizzando tutti i programmatori che ha attualmente a disposizione. Se potesse avere altri due programmatori, il lavoro verrebbe compiuto in 7 giorni. Tuttavia, la sua software house, anziché fornire altri due programmatori, sottrae tutte le risorse dal progetto, lasciando un solo programmatore. Quanti giorni impiegherà il programmatore rimasto a realizzare il progetto, nell'ipotesi che tutti avessero lo stesso ritmo di lavoro?

A 72   **B** 112   **C** 56   **D** 87   **E** 135

Sia x il numero di programmatori inizialmente a disposizione del responsabile del progetto; se x persone impiegano 8 giorni per completare il lavoro, nell'unità di tempo (ossia in un giorno) le x persone realizzano 1/8 del lavoro totale. Allo stesso modo, se $(x+2)$ persone impiegano 7 giorni a completare il lavoro, in un giorno le $(x+2)$ persone realizzano 1/7 del lavoro totale. A questo punto si può ricavare la differenza tra il lavoro effettuato da $(x+2)$ persone e quello realizzato da x persone nell'unità di tempo: $(1/7 - 1/8) = 1/56$. Tale valore corrisponde alla quantità di lavoro che può essere portata a termine da due programmatori nell'unità di tempo; pertanto, un solo programmatore può svolgere, in un giorno, 1/112 del lavoro complessivo e quindi impiegherà 112 giorni a realizzare l'intero progetto (risposta $\boxed{B}$).

8.5.2 Soggetti che lavorano a ritmi diversi

In questo tipo di problemi i soggetti hanno ritmi di lavoro differenti, ossia realizzano quantità di lavoro diverse nell'unità di tempo. Per risolvere questi esercizi, bisogna innanzitutto *ricavare la quantità di lavoro svolta dai diversi soggetti nell'unità di tempo*.

ESEMPI

1 Stefania, Piera e Maria lavorano in una biblioteca in cui, periodicamente, occorre spostare tutti i libri da una scaffalatura a un'altra. Per compiere questo lavoro Stefania da sola impiega 8 ore, Piera da sola impiega 24 ore e Maria da sola impiega 12 ore. Quanto tempo impiegherebbero le tre bibliotecarie a spostare i libri se lavorassero insieme?

- **A** 4 ore
- **B** 2 ore
- **C** 3 ore
- **D** 6 ore
- **E** 8 ore

Come prima cosa, occorre ricavare la parte di lavoro che ciascuna persona svolge nell'unità di tempo: se Stefania impiega 8 ore per effettuare il lavoro, in 1 ora (unità di tempo) compie 1/8 del lavoro. Lo stesso ragionamento vale per Piera che in 1 ora compie 1/24 del lavoro, e per Maria, che in 1 ora compie 1/12 del lavoro.

Conoscendo il lavoro svolto dai singoli soggetti nell'unità di tempo, è possibile individuare (sommando le tre frazioni) la parte di lavoro svolta dalle tre bibliotecarie insieme, sempre nell'unità di tempo:

$$1/8 + 1/24 + 1/12 = 1/4 = \text{lavoro svolto in 1 ora dalle tre insieme.}$$

Dato che i tre soggetti insieme in 1 ora svolgono un quarto del lavoro, per compiere l'intero lavoro hanno bisogno di 4 ore (risposta **A**).

Nell'esempio considerato sono noti i tempi impiegati dai singoli soggetti per compiere il lavoro e viene richiesto il tempo impiegato dai tre insieme. È possibile invece che quest'ultimo dato sia noto e che l'incognita del problema sia il tempo impiegato da una singola persona per terminare il medesimo lavoro. Come si nota nell'esempio seguente, il ragionamento di fondo per giungere alla soluzione non cambia.

2 Lavorando insieme, Aldo, Giovanni e Giacomo fabbricano 10 tubi in 2 ore; Aldo da solo impiegherebbe 5 ore e Giovanni da solo ne impiegherebbe 10. Quanto impiegherebbe Giacomo da solo a fabbricare i 10 tubi?

- **A** 10 ore
- **B** 5 ore
- **C** 30 minuti
- **D** 3 ore
- **E** 15 ore

Inizialmente si procede come nell'esempio precedente: si individua la quantità di lavoro svolta, nell'unità di tempo (1 ora), dai diversi soggetti:

- Aldo fabbrica 10/5 = 2 tubi in 1 ora;
- Giovanni fabbrica 10/10 = 1 tubo in 1 ora;
- i tre insieme fabbricano 10/2 = 5 tubi in 1 ora.

Per ottenere il numero di tubi che Giacomo è in grado di fabbricare da solo nell'unità di tempo, bisogna sottrarre il numero di tubi che Aldo e Giovanni fabbricano insieme (2 + 1 = 3), al numero di tubi che tutti e tre insieme fabbricano in un'ora (5):

5 − 3 = 2 = numero di tubi fabbricati da Giacomo nell'unità di tempo.

Ancora una volta, il ragionamento conclusivo è il seguente: se Giacomo in 1 ora fabbrica 2 tubi, per fabbricarne 10 impiegherebbe 5 ore (risposta B).

Talvolta, come nell'esempio che segue, i dati del problema possono essere forniti in forma non del tutto esplicita.

---

3 Matteo e Paolo sono in grado di timbrare 12 fogli in 20 secondi. Matteo ne timbra il triplo di Paolo che, a sua volta, ne timbra la metà di Sergio. Quanti fogli riuscirebbero a timbrare i tre lavorando insieme per 1 minuto?

A 15
B 36
C 54
D 45
E 24

✓ In questi casi è consigliabile individuare la persona che lavora al ritmo più lento e rappresentare schematicamente, rispetto a questo, il ritmo di lavoro delle altre persone.

Nell'esempio in esame, chi lavora più lentamente è Paolo. Dunque, per ogni foglio timbrato da Paolo, Sergio ne timbra 2 e Matteo 3.

Schematicamente si ha:

Soggetto	N. fogli timbrati nello stesso tempo
Paolo	1
Sergio	2
Matteo	3

Si considerino ora Paolo e Matteo insieme: poiché in 20 secondi timbrano 12 fogli, in un minuto ne timbrano 36, di cui 9 sono timbrati da Paolo e 27 da Matteo.

Inoltre, dato che Sergio lavora il doppio di Paolo, in un minuto timbra 18 fogli. Dunque si hanno i seguenti dati:

Soggetto	N. fogli timbrati in 1 minuto
Paolo	9
Sergio	9 · 2 = 18
Matteo	27

In totale, in un minuto i tre timbrano 9 + 18 + 27 = 54 fogli (risposta C).

Suggerimenti

- **Evitare l'utilizzo di proporzioni**: non sono lo strumento matematico per risolvere questo tipo di problemi.
- **Ricavare la quantità di lavoro** svolta dai diversi soggetti **nell'unità di tempo**.
- Se i ritmi di lavoro dei diversi soggetti vengono forniti sotto forma di relazioni tra loro, **individuare il soggetto che lavora al ritmo più lento** e rappresentare schematicamente, rispetto a questo, il ritmo di lavoro degli altri soggetti.

8.6 Problemi di calcolo delle probabilità

Prima di affrontare gli esercizi sul calcolo delle probabilità occorre chiarire alcuni concetti, a cominciare dalla definizione di probabilità.

8.6.1 Probabilità

La probabilità P di un evento E è definita come il **rapporto tra il numero dei casi favorevoli al manifestarsi di E e il numero dei casi possibili, giudicati egualmente possibili**.

La probabilità che dal lancio di un dado esca il numero 2 è 1/6. Infatti i casi possibili sono 6, quante sono le facce di un dado, mentre il numero di casi favorevoli (l'uscita del numero 2) è pari a uno (perché una sola delle sei facce del dado contiene il numero 2).

La probabilità che un evento E si verifichi, indicata con $P(E)$, è un numero compreso fra 0 e 1; in particolare si ha che:

- $P(E) = 0$ se E è un **evento impossibile**. Infatti il rapporto tra casi favorevoli e casi possibili si annulla solo se il numero di casi favorevoli (il numeratore della frazione) è pari a zero, ossia se l'evento è impossibile.
- $P(E) = 1$ se E è un **evento certo**. In tal caso significa che il numeratore della frazione (numero di casi favorevoli) coincide con il denominatore (numero di casi possibili); pertanto, poiché tutti i casi possibili sono casi favorevoli, è certo che l'evento E si verifichi.

La probabilità assume dunque un valore sempre compreso tra 0 e 1. Soluzioni riferite a una probabilità che si trovano al di fuori di questo intervallo sono dunque immediatamente da scartare.

Nota: la probabilità che un evento *E non* si verifichi è pari a $1 - P(E)$.

La probabilità che dal lancio di un dado non esca il numero 2 è uguale a 5/6 ossia è pari alla differenza tra 1 e la probabilità che esca proprio il numero 2 (calcolata nell'esempio precedente e pari a 1/6).

8.6.2 Teoremi sul calcolo della probabilità

È opportuno analizzare i due teoremi principali sul calcolo della probabilità. Una volta compresi tali teoremi, il lettore sarà in grado di risolvere gran parte degli esercizi sulla probabilità eventualmente presenti nei test.

Teorema delle probabilità totali

Siano E_1 ed E_2 due eventi incompatibili (nel senso che se si verifica il primo non si può verificare il secondo e viceversa); la probabilità che si verifichi E_1 o E_2 è uguale alla somma delle probabilità dei singoli eventi.

Se si immagina di lanciare un dado, ciascun numero ha una probabilità 1/6 di uscire; la probabilità che esca il numero 1 *oppure* il numero 6 è:

$$P(1, 6) = 1/6 + 1/6 = 1/3.$$

Teorema delle probabilità composte

Siano E_1 ed E_2 due eventi indipendenti; la probabilità che si verifichino contemporaneamente è data dal prodotto delle probabilità dei singoli eventi.

La probabilità che in due lanci del dado esca due volte il numero 1 è data da:

$$\frac{1}{6} \cdot \frac{1}{6} = \frac{1}{36}$$

In alcuni casi è la stessa definizione di probabilità a consentire di risolvere il problema proposto.

ESEMPI

---

1 Se si lanciano due dadi, qual è la probabilità che la somma dei risultati sia uguale a 6?

    A 1/2   **B** 1/3   **C** 5/36   **D** 1/6   **E** 6/36

Per trovare la probabilità dell'evento tramite la definizione, occorre conoscere il numero di casi favorevoli all'evento e il numero di casi possibili. In questo caso si tratta di valutare quanti sono i **casi favorevoli**, sapendo che i casi possibili sono 36 (6 · 6).

Primo dado	Secondo dado
1	5
2	4
3	3
4	2
5	1

Nei 5 casi riportati in tabella la somma dei dadi è uguale a 6; dunque i casi favorevoli sono 5. Ogni caso è dato da una probabilità composta di 1/6, che sommate danno la probabilità dell'evento $P = 5/36$ (risposta **C**).

---

2 Nella città Beta vi sono due discoteche. Sapendo che la probabilità che una discoteca sia aperta è uguale a 1/2, calcolare la probabilità che:

a) entrambe siano aperte;

b) una sia chiusa e una sia aperta;

c) siano entrambe chiuse.

Dire inoltre qual è la somma di tali probabilità.

A $\frac{1}{4}; \frac{1}{4}; \frac{1}{4}; \frac{3}{4}$

B $\frac{1}{4}; \frac{1}{4}; \frac{1}{2}; 1$

C $\frac{1}{4}; \frac{1}{2}; \frac{1}{4}; 1$

D $\frac{1}{2}; \frac{1}{4}; \frac{1}{4}; 1$

Il numero di casi possibili è pari a 4 poiché ognuna delle due discoteche può essere aperta o chiusa:

Configurazioni	1ª discoteca	2ª discoteca
1	aperta	aperta
2	aperta	chiusa
3	chiusa	chiusa
4	chiusa	aperta

Dalla precedente tabella è possibile ricavare il numero di casi favorevoli per le varie configurazioni:

- entrambe le discoteche aperte: casi favorevoli = 1, da cui $P_1 = 1/4$;
- una discoteca chiusa e l'altra aperta: casi favorevoli = 2, da cui $P_2 = 2/4 = 1/2$;
- entrambe le discoteche chiuse: casi favorevoli = 1, da cui $P_3 = 1/4$;
- la somma delle tre probabilità è: $1/4 + 1/2 + 1/4 = 1$.

La risposta corretta è dunque la **C**.

3 Tre studenti si preparano per sostenere lo stesso esame. Se le probabilità di superarlo per ciascuno di essi sono pari a 0,6, 0,8 e 0,5, qual è la probabilità che tutti e tre riescano a superare l'esame?

- **A** 0,48
- **B** 0,24
- **C** 0,30
- **D** 0,20
- **E** 0,40

La probabilità che i tre studenti superino contemporaneamente l'esame è data dal prodotto delle singole probabilità. Infatti i tre eventi sono indipendenti tra loro: il fatto che uno studente superi l'esame non influenza in alcun modo l'esito dell'esame degli altri due. Pertanto, applicando il teorema delle probabilità composte, si ha che la probabilità è uguale a: $0,6 \cdot 0,8 \cdot 0,5 = 0,24$ (risposta **B**).

4 Lanciando tre dadi qual è la probabilità di ottenere due 5 e un numero diverso da 5?

- **A** 15/36
- **B** 15/216
- **C** 216/15
- **D** 5/36
- **E** 6/25

L'alternativa **C** si può subito scartare perché indica un valore maggiore di 1, incompatibile con la definizione stessa di probabilità. Per individuare la soluzione esatta, è possibile procedere in due modi distinti: utilizzando la definizione di probabilità, oppure utilizzando i due teoremi visti del calcolo delle probabilità.

Per utilizzare la definizione, bisogna ancora una volta determinare il numero di casi favorevoli al manifestarsi dell'evento e il numero di casi possibili, che sono $6 \cdot 6 \cdot 6 = 216$. I casi favorevoli sono quelli indicati dalla tabella:

1° dado	2° dado	3° dado	Numero di casi
5	5	diverso da 5	5 (n° 1, 2, 3, 4 e 6 del terzo dado)
5	diverso da 5	5	5 (n° 1, 2, 3, 4 e 6 del secondo dado)
diverso da 5	5	5	5 (n° 1, 2, 3, 4 e 6 del primo dado)

Complessivamente, i casi favorevoli sono 5 + 5 + 5 e la probabilità richiesta vale pertanto 15/216 (risposta **B**). Nel caso in cui, invece, si vogliano usare i teoremi visti, si procede nel modo seguente: l'evento si verifica se la configurazione dei dadi è una delle tre riportate nella seguente tabella:

Configurazione	1° dado	2° dado	3° dado
1	5	5	diverso da 5
2	5	diverso da 5	5
3	diverso da 5	5	5

Per il teorema delle probabilità composte, la probabilità di ciascuna configurazione (sono tutte uguali) si ottiene dal prodotto delle probabilità relative ai valori assunti dai singoli dadi; per la prima configurazione, per esempio, si ha:

$$P_1 = \frac{1}{6} \cdot \frac{1}{6} \cdot \frac{5}{6} = \frac{5}{216}$$

Per il teorema delle probabilità totali, la probabilità richiesta dal quesito si ottiene sommando le probabilità delle tre configurazioni:

$$P = P_1 + P_2 + P_3 = \frac{15}{216}$$

5 In un sacchetto ci sono 8 caramelle alla menta e 2 alla frutta. Quante caramelle alla frutta bisogna aggiungere per fare in modo che la probabilità di estrarre una caramella alla frutta sia pari a 1/3?

- **A** 4
- **B** 6
- **C** 5
- **D** 2
- **E** 3

La probabilità di estrarre una caramella alla frutta, in base alla definizione di probabilità, è data dal rapporto tra il numero di casi favorevoli e il numero di casi possibili. Pertanto, se x è il numero di caramelle alla frutta da aggiungere, allora si ottiene:

- numero casi favorevoli = numero caramelle alla frutta = $2 + x$;
- numero casi possibili = numero totale di caramelle = $10 + x$;
- $P(E) = \dfrac{x+2}{10+x} = \dfrac{1}{3}$ da cui $3(x+2) = 10 + x$ ossia $x = 2$

La risposta corretta è quindi la **D**.

8.7 Problemi con proporzioni

Si tratta di problemi in cui generalmente compaiono quattro elementi tra i quali è possibile stabilire una relazione come quella che sussiste tra i termini di una proporzione:

$$A : B = C : D$$

dove A e D rappresentano gli *estremi*, mentre B e C i *medi* della proporzione stessa.

Generalmente il problema rende noti tre di questi elementi e chiede di ricavare il quarto. Per far questo si applica la seguente proprietà fondamentale delle proporzioni.

✓ Il prodotto dei medi è uguale al prodotto degli estremi: $B \cdot C = A \cdot D$

Da cui segue:

$$A = \frac{B \cdot C}{D} \; ; \; B = \frac{A \cdot D}{C} \; ; \; C = \frac{A \cdot D}{B} \; ; \; D = \frac{B \cdot C}{A}$$

ESEMPI

1   Se 12 donne su 100 sono bionde, quante donne su 300 non sono bionde?

   A) 36   B) 34   C) 240   D) 264   E) 224

Il numero di donne bionde su 300 si ricava facilmente impostando la seguente proporzione (che riproduce fedelmente la prima parte dell'enunciato del problema):

$$12 : 100 = x : 300$$

L'incognita x, che occupa nella proporzione la posizione di un *medio*, è uguale al prodotto degli *estremi* diviso per l'altro *medio*, cioè:

$$x = \frac{300 \cdot 12}{100} = 36$$

Si deve fare attenzione al fatto che 36 sono le donne *bionde* su 300, quindi le donne *non bionde*, cioè il dato richiesto dal problema, sono 300 − 36 = 264 (risposta D). È molto importante analizzare attentamente il problema al fine di assegnare la giusta posizione ai singoli dati all'interno della proporzione. Una volta fatto questo, la soluzione è pressoché immediata.

✓ È importante leggere attentamente il testo dell'esercizio, con riferimento non soltanto ai dati proposti, ma soprattutto a ciò che il problema chiede di individuare.

2   Un assicuratore riesce a stipulare 12 nuove polizze vita alla settimana; quanto tempo impiega per stipularne 84?

   A) 5 settimane
   B) 8 settimane
   C) 7 settimane
   D) 1 mese
   E) 32 giorni

In questo caso, la proporzione da impostare è: $12 : 1 = 84 : x$; da essa si ricava:

$$x = 84/12 = 7 \text{ settimane (risposta C)}.$$

8.8 Problemi risolvibili con equazioni

Si tratta di esercizi in cui vengono solitamente definite, per mezzo del linguaggio comune, alcune relazioni tra diverse quantità. Tali relazioni permettono di esprimere i dati del problema con un'equazione in cui è presente un'incognita. L'incognita, che corrisponde alla soluzione da ricercare, si ricava applicando i metodi di risoluzione tipici delle equazioni lineari di primo grado, che si consiglia di ripassare. Il metodo generale per risolvere questo tipo di problemi è quello di *tradurre la formulazione della domanda in un problema algebrico*. Alcuni esempi chiariranno quanto detto.

Esempi

1. **Determinare il numero x, sapendo che sottraendo 10 al triplo di x si ottiene un terzo del doppio di x.**
   - A) 1/2
   - B) 30/7
   - C) 3/4
   - D) 21/3
   - E) 18/5

Traducendo in equazione le informazioni fornite dall'esercizio si ottiene:

$$3x - 10 = \frac{2x}{3} \Rightarrow 9x - 30 = 2x \Rightarrow x = \frac{30}{7} \text{ (risposta B)}.$$

2. **Marco ha tre DVD più di Flavio e la metà di Andrea; Flavio ne ha 10 meno di Guido, mentre i quattro amici insieme hanno 169 DVD. Quanti DVD possiede Guido?**
   - A) 65
   - B) 33
   - C) 66
   - D) 40
   - E) 30

Sia x il numero di DVD posseduti da Guido. Dai dati del problema risulta che:
- Flavio possiede 10 DVD in meno rispetto a Guido, cioè $(x - 10)$ DVD;
- Marco ha tre DVD più di Flavio: $(x - 10) + 3$, cioè $(x - 7)$ DVD;
- Andrea ha il doppio dei DVD di Marco: $2(x - 7)$, cioè $(2x - 14)$ DVD.

La somma di tutti i DVD posseduti dai 4 amici è dunque data da:

$$(x - 7) + (x - 10) + (2x - 14) + x$$

Tale somma è pari a 169 e quindi:

$$(x - 7) + (x - 10) + (2x - 14) + x = 169$$

da cui segue $5x = 200$, e quindi $x = 200/5 = 40$ (risposta D).

3 In un gruppo di 12 persone, ognuna può studiare, lavorare o fare entrambe le cose. Se 9 persone studiano e 7 lavorano, quante sono le persone che contemporaneamente svolgono entrambe le attività?

- A) 12
- B) 7
- C) 3
- D) 2
- E) 4

Si indichi con x il numero di persone che studiano e lavorano contemporaneamente. Il gruppo di 12 persone può essere suddiviso in tre insiemi: quelli che studiano solamente, quelli che lavorano solamente e quelli che svolgono entrambe le attività. Pertanto se x è il numero di studenti-lavoratori, allora il numero di studenti è pari a $(9 - x)$ mentre il numero di lavoratori è pari a $(7 - x)$.

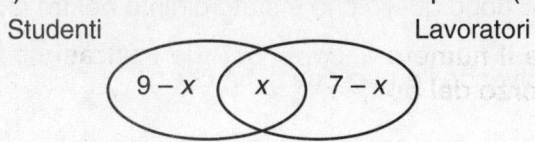

Studenti   Lavoratori

$9 - x$ x $7 - x$

Poiché il totale delle persone è pari a 12, si ha: $(9 - x) + x + (7 - x) = 12$, da cui si ricava $x = 4$ (risposta E).

---

4 Un oggetto viene acquistato in tre rate: si paga subito 1/5 del prezzo, dopo un mese la metà di quanto resta da pagare e dopo un altro mese il saldo di 100. Qual è il prezzo dell'oggetto?

- A) Nessuna delle altre risposte è corretta
- B) € 250
- C) € 1500
- D) € 500
- E) € 300

Dopo il pagamento della prima rata (1/5 del prezzo) rimangono ancora da pagare i 4/5 del totale. Dopo aver pagato la metà di questi 4/5 (cioè i 2/5) rimangono 100 euro che sono proprio i 2/5 rimanenti del prezzo iniziali quindi:

$$100 = 2/5 \, X$$

dove X è il prezzo cercato.

Risolvendo l'equazione si ottiene che X = 250 euro e la soluzione del quesito è, quindi, quella fornita dall'alternativa B.

---

5 Un imbianchino deve dipingere una casa. Il primo giorno dipinge 1/4 della superficie totale e poi ogni giorno 1/3 della superficie rimanente. Se dopo 3 giorni ha ancora 20 metri quadri da dipingere, quanti metri quadri era estesa la superficie iniziale?

- A) 16
- B) 44
- C) 60
- D) 48
- E) 52

Se si chiama X la superficie iniziale, è possibile tradurre l'esercizio nella seguente equazione:

$$X - 1/4\ X - 1/3 \cdot 3/4\ X - 1/3 \cdot 1/2\ X = 20.$$

Infatti, se dopo il primo giorno ha dipinto 1/4 della superficie, il secondo giorno dipingerà 1/3 dei 3/4 restanti e cioè ancora 1/4 della superficie (infatti 1/3 · 3/4 è pari a 3/12, cioè 1/4). Dopo due giorni avrà allora dipinto i 2/4 del totale, cioè la metà, cioè 1/2 del totale. Il terzo giorno dipinge, quindi, 1/3 della metà rimanente (1/3 · 1/2, terzo elemento sottratto nella parte sinistra dell'equazione) e il risultato (cioè quanto rimane dopo quello che è stato dipinto nei tre giorni) è pari a 20.

A questo punto risolvendo l'equazione si ha che:

$$X\ (1 - 1/4 - 1/4 - 1/6) = 20$$

cioè:

$$X \cdot 1/3 = 20$$

quindi X = 60 (**C** soluzione del quesito)

8.9 MATRICI DI NUMERI

In questo tipo di esercizi viene richiesto al candidato di individuare il numero mancante all'interno di una "matrice di operazioni"; in questo caso occorre ricavare i numeri mancanti all'interno della matrice. Si presti attenzione al fatto che le operazioni debbono essere svolte nella sequenza logica in cui sono presentate (quindi all'interno di una stessa riga è possibile dover svolgere prima una somma di una divisione).

Si considerino i seguenti esempi.

---

1 Individuare il numero mancante identificato dal punto interrogativo.

5	x	3	:	5	3
+		x		+	
5	x	…	:	2	5
+		+		−	
1	+	1	:	…	1
11		7		?	

A 7   **B** 11   **C** 0   **D** 5   **E** 28

L'esercizio presenta alcuni numeri, collegati tra loro da operazioni aritmetiche. Per esempio, sulla prima riga si ha 5 x 3 (= 15) : 5 = 3; analogamente sulla prima colonna si ha 5 + 5 (= 10) + 1 = 11. All'interno della matrice alcuni numeri, indicati con i puntini di sospensione (…) e con il punto interrogativo (?), non sono noti. Scopo dell'esercizio è quello di individuare il numero rappresentato dal punto interrogativo.

Per risolvere l'esercizio bisogna in primo luogo calcolare il numero incognito sulla terza riga, ricavando successivamente il numero incognito richiesto (rappresentato dal punto interrogativo) sulla terza colonna.

Per la terza riga il numero incognito è 2: si ottiene infatti 1 + 1 : 2 = 1.

A questo punto la terza colonna risulta: 5 + 2 – 2 = 5. Quindi la risposta corretta è la **D**.

Si osservi che per risolvere l'esercizio non è stato necessario ricavare il numero incognito della seconda riga, risparmiando in tal modo tempo prezioso.

2 Individuare il numero mancante identificato dal punto interrogativo.

15	–	6	:	3	3	
–		x		+		
9	x	…	+	3	30	
+		:		:		
1	x	2	+	…	8	
7		?		1		

A 13   **B** 9   **C** 11   **D** 8   **E** 19

Per ricavare il numero incognito richiesto (rappresentato dal punto interrogativo) occorre dapprima calcolare il numero mancante sulla seconda riga. Moltiplicando tale numero per 9 e aggiungendo 3 il risultato deve essere 30; quindi il numero mancante è 3:

$$9 \times 3 (= 27) + 3 = 30.$$

A questo punto la seconda colonna risulta: 6 x 3 (= 18) : 2 = 9. Quindi la risposta corretta è la **B**.

8.10 Operazioni in codice

Si tratta di quesiti in cui viene richiesto il risultato di alcune operazioni aritmetiche, dove però l'espressione fornita non contiene numeri ma simboli che devono essere opportunamente interpretati. Anche in questo caso l'obiettivo è quello di valutare la capacità dello studente di adattarsi a nuovi linguaggi. Si vedano gli esempi seguenti. Questa tipologia di esercizi è stata utilizzata soprattutto nei test per l'accesso alla Bocconi e alle facoltà di Economia, Giurisprudenza e Scienze Politiche, ma non per i test della LUISS e della LIUC.

Esempi

1 Date le relazioni sotto riportate, individuare il valore di ✖.

✖ + ✖ = ✢;   ☆ + ☐ = ✢;   ☆ + ☐ = 6

- A) 6
- B) 3
- C) 9
- D) 12
- E) 4

Si tratta di un sistema elementare di equazioni nel quale, al posto delle lettere, compaiono alcuni simboli che corrispondono alle incognite del problema. Il valore richiesto dal quesito si ricava facilmente osservando che ✢ e 6 sono uguali alla somma degli stessi elementi (☆ + ☐) e quindi sono uguali anche tra loro. Se ✢ = 6 allora ✖ + ✖ = 6, da cui ✖ = 3 (alternativa B).

2 Date le relazioni sotto riportate, individuare il valore di ○.

☐^{3} = 27;   ☐^{3} + ✱ − ♥ + ○ = 90;   ✱ − ♥ = 28

- A) ○ = 5
- B) ○ = 15
- C) ○ = 35
- D) ○ = 20
- E) Nessuna delle precedenti

Anche in questo caso, la soluzione si ricava sostituendo nella seconda espressione, ☐^{3} con 27 e (✱ − ♥) con 28. La seconda espressione diventa dunque: 27 + 28 + ○ = 90, da cui ○ = 35 (alternativa C).

3 Se:

○ + ☐ = ⊙
☐ + ◉ = ○
☐ + ◉ + ☐ = 7

allora 5 × ⊙ è pari a:

- A) 25
- B) 35
- C) 7
- D) 45
- E) 15

Osservando la terza equazione ci si accorge che la prima parte (☐ + ◉) è proprio uguale al membro di sinistra della seconda equazione. Sostituendo il risultato di quest'ultima a questi due simboli si trasforma la terza equazione nel modo seguente:

$$○ + ☐ = 7.$$

Il membro di sinistra risulta del tutto coincidente con quello della prima equazione, per cui si ottiene che ⊙ = 7.

L'esercizio chiedeva, però, non il valore di ☉ (l'alternativa Ⓒ è sbagliata) ma il risultato del prodotto di ☉ x 5, che è quindi pari a 35. La soluzione al quesito è fornita, quindi, dall'alternativa Ⓑ.

---

4 Date le seguenti operazioni, individuare come si passa dalla successione A B A alla successione A B B.

1 = Inserire una lettera all'interno della successione
(es: A A → A B A);

2 = eliminare una lettera da un estremo della successione
(es: A B A → A B);

3 = raddoppiare la lettera iniziale (es: A B A → A A B A);

4 = invertire la posizione di una coppia di lettere (es: A B A → B A A).

Ⓐ 1, 2
Ⓑ 4, 3, 4, 2
Ⓒ 2, 3, 4
Ⓓ 1, 3, 2
Ⓔ Nessuna delle precedenti

Il modo più semplice e veloce per risolvere questo tipo di esercizi è quello di verificare ciascuna delle alternative proposte eseguendo le operazioni indicate. Per esempio, per verificare se la soluzione Ⓐ è corretta, si vede se, partendo dalla successione A B A ed eseguendo prima l'operazione 1 e poi l'operazione 2, si ottiene la successione A B B. In effetti, secondo tali operazioni, la successione di partenza si modifica nel modo seguente: A B A → A B B A → A B B. L'alternativa Ⓐ è dunque la soluzione dell'esempio considerato. Si noti che questa non sarebbe l'unica sequenza possibile, ma è l'unica corretta tra quelle proposte.

8.11 Problemi su distanza, velocità e tempo

In questa classe di problemi si incontrano tre grandezze fisiche (o variabili) con le rispettive unità di misura:

1. lo **spazio** s espresso in metri (m) o attraverso i suoi multipli e sottomultipli;

2. la **velocità** v espressa in metri al secondo (m/s) o in chilometri all'ora (km/h); vale la conversione: 1 m/s = 3,6 km/h;

3. il **tempo** t espresso in ore (h), minuti (min) e secondi (s): 1h = 60 min = 3600 s.

Generalmente il problema fornisce due delle tre variabili e chiede di ricavare la terza.

Si tratta di applicare una delle seguenti formule[1]:

$$v = \frac{s}{t}; \quad s = v \cdot t; \quad t = \frac{s}{v} \qquad [4]$$

Per esempio, può venire chiesto quanto tempo impiega un'auto che viaggia alla velocità media di 40 km/h a percorrere uno spazio di 100 km. Dati $s = 100$ km e $v = 40$ km/h, si ha:

$$t = \frac{s}{v} = \frac{100 \text{ km}}{40 \text{ km/h}} = 2,5\text{h} \quad \text{(ossia 2 h e 30 min)}$$

Spesso si incontrano esercizi più complessi che presentano due (o più) corpi in movimento. È opportuno osservare che, quando i due corpi viaggiano lungo la stessa direzione, la velocità *v* (di avvicinamento o di allontanamento) è data dalla differenza delle due velocità ciascuna presa con il suo segno. Il passaggio logico è quello di pensare **fermo** uno dei due corpi e attribuire all'altro una velocità data dalla somma algebrica delle due velocità.

Riassumendo, se viene richiesta la *velocità di avvicinamento* o *di allontanamento* di due corpi A e B che si muovono lungo la stessa direzione, rispettivamente con velocità V_A e V_B, questa è data dalla differenza o dalla somma delle due velocità a seconda che i due oggetti viaggino nello stesso verso o in versi opposti. I quattro casi che si possono presentare sono schematizzati nella tabella seguente.

1	$V_A \longrightarrow \quad V_B \longrightarrow$ stesso verso con $V_A > V_B$	Velocità di avvicinamento = $V_A - V_B$
2	$V_A \longrightarrow \quad \longleftarrow V_B$ verso opposto	Velocità di avvicinamento = $V_A + V_B$
3	$V_A \longrightarrow \quad V_B \longrightarrow$ stesso verso con $V_A < V_B$	Velocità di allontanamento = $V_B - V_A$
4	$\longleftarrow V_A \quad V_B \longrightarrow$ verso opposto	Velocità di allontanamento = $V_A + V_B$

---

[1]. Le formule sono applicabili solo quando il moto è rettilineo uniforme (velocità costante) o quando si considera come velocità *v* la velocità media.

Esempi

1 Un ragazzo in motorino insegue un amico in bicicletta. Sapendo che le velocità dei due mezzi sono rispettivamente di 40 km/h e di 20 km/h e che, nell'istante considerato, distano 500 metri l'uno dall'altro, dopo quanto tempo il ragazzo in motorino raggiunge l'amico in bicicletta?

　　A 3 min　　**B** 60 s　　**C** 90 s　　**D** 6 min　　**E** 2 min

Se si considera il movimento relativo dei due mezzi, lo spazio che il motorino deve percorrere per raggiungere la bicicletta (considerata ferma) è $s = 500$ m, mentre la velocità (velocità del motorino rispetto alla bicicletta) è data dalla differenza delle singole velocità ed è pari a 20 km/h: i due corpi si muovono infatti nella stessa direzione e con lo stesso verso, pertanto la velocità da considerare è data dalla differenza delle due velocità (40 km/h – 20 km/h = 20 km/h = 20.000 m/h).

Il tempo necessario per percorrere 500 m alla velocità di 20 km/h si ottiene utilizzando la relazione:

$$t = \frac{s}{v} = \frac{500\,m}{20.000\,m/h} = \frac{1\,m}{40\,m}\,h = 90\,s$$

La risposta corretta è dunque la **C**.

Si osserva che è stato necessario convertire il tempo da ore a secondi. Si ricorda che, per tale conversione, il sistema utilizzato è quello *sessagesimale*: per convertire in minuti il tempo espresso in ore (nell'esercizio 1/40 h) si moltiplica per 60; il valore ottenuto (60/40 min) viene poi trasformato in secondi moltiplicando nuovamente per 60. Più rapidamente, per convertire un tempo da ore in secondi, è sufficiente moltiplicare il numero di ore per 3600.

2 Due treni partono dalla stessa stazione ferroviaria nello stesso istante, viaggiando l'uno verso est a 60 km/h, l'altro verso ovest a 80 km/h. Dopo quanto tempo distano l'uno dall'altro 350 km?

　　A 1 h
　　B 1 h e 30 min
　　C 2 h
　　D 2 h e 30 min
　　E 2 h e 50 min

In questo caso $s = 350$ km e la velocità relativa di un treno rispetto all'altro si ottiene sommando le due velocità (caso n° 4 della tabella precedente): $v = (60 + 80)$ km/h = 140 km/h. Da un punto di vista intuitivo, le due velocità sono da sommare perché entrambi i treni contribuiscono, con il proprio movimento, ad allontanarsi l'uno dall'altro.

Applicando l'ultima formula delle tre citate pagina 150 si ottiene:

$$t = \frac{350 \text{ km}}{140 \text{ km/h}} = 2,5 \text{ h}$$

Il risultato del rapporto tra spazio e velocità (2,5 h) potrebbe portare inizialmente a indicare come esatta l'alternativa **E**; in realtà 2,5 h è uguale a 2 ore più mezz'ora, e mezz'ora non corrisponde a 50 minuti bensì a 30. La risposta esatta è dunque la **D**.

A volte il problema può presentarsi in forma tale da richiedere un maggior numero di passaggi logici e un più attento ragionamento per giungere alla soluzione. Si consideri a questo proposito l'esempio seguente.

---

3 Uno studente impiega solitamente 20 minuti per recarsi a scuola procedendo a una velocità media di 15 km/h. Una mattina, non avendo sentito la sveglia, parte da casa con 5 minuti di ritardo rispetto al solito. A quale velocità deve andare per recuperare il ritardo e arrivare a scuola alla solita ora?

A 10 km/h

B 25 km/h

C 30 km/h

D 20 km/h

E 12 km/h

Per ricavare il valore della velocità incognita, è necessario conoscere i valori del tempo *t* e dello spazio *s*. Tali valori, questa volta, sono forniti *indirettamente* dai dati del problema: solitamente lo studente impiega 20 minuti (1/3 di ora) alla velocità di 15 km/h; lo spazio percorso è dunque pari a:

$$s = v \cdot t = 15 \frac{\text{km}}{\text{h}} \cdot \frac{1}{3} \text{h} = 5 \text{ km}$$

Per ciò che riguarda il tempo *t*, lo studente deve recuperare 5 minuti di ritardo e quindi deve percorrere lo spazio casa-scuola in 15 minuti anziché in 20 (cioè in 1/4 h). Visto che lo spazio da percorrere è sempre *s* = 5 km e il tempo è pari a 1/4 h, la nuova velocità vale:

$$v = \frac{s}{t} = \frac{5 \text{ km}}{\frac{1}{4} \text{h}} = 20 \text{ km/h} \text{ (risposta } \textbf{D}\text{)}.$$

A volte i dati del problema vengono forniti in maniera implicita, ossia tramite relazioni tra le diverse grandezze in gioco, piuttosto che tramite valori numerici.

Si consideri a questo proposito l'esempio seguente.

4 Un rappresentante ha percorso la strada dalla città A alla città B in x ore. Nel viaggio di ritorno, lungo la stessa strada, la sua velocità media è raddoppiata. Quale delle seguenti espressioni rappresenta il numero totale di ore impiegate dal rappresentante per effettuare l'intero viaggio?

A 2/3 x **B** 3/2 x **C** 5/3 x **D** 2x **E** 3x

A parità di distanza, se la velocità raddoppia, il tempo si dimezza. Pertanto il tempo impiegato al ritorno sarà x/2. Il numero totale di ore impiegate per compiere l'intero viaggio è dunque pari a:

$$x + \frac{x}{2} = \frac{3}{2}x \quad \text{(risposta B)}.$$

SUGGERIMENTI

- **Tracciare uno schema** che riproduca le informazioni e le relazioni fornite, in modo da rendere più agevole la comprensione e la risoluzione di questo tipo di problemi.
- **Prestare sempre particolare attenzione alle unità di misura** e alle necessarie conversioni.

8.12 Suggerimenti

Nella sezione di attitudine matematica vengono utilizzate poche nozioni di base alla portata di tutti gli studenti. Anche i quesiti più complessi sono basati su principi relativamente semplici. Ciò che può creare difficoltà è il fatto che, da un lato, non sempre risultano immediatamente evidenti i principi e i metodi risolutivi da applicare, dall'altro il tempo a disposizione non è mai abbondante.
In questo capitolo sono state schematizzate le diverse tipologie di quesiti, evidenziandone i principi fondamentali nonché le nozioni necessarie e i passaggi logici più frequenti per individuare la soluzione dei quesiti. A tale scopo, si riportano di seguito alcuni suggerimenti aggiuntivi che permettono di ottimizzare il risultato nei quesiti di matematica.

- **Leggere tutte le alternative proposte prima di iniziare a risolvere il problema.** A volte è più semplice individuare la risposta corretta in modo indiretto, ossia procedendo per eliminazione e scartando le risposte non corrette, piuttosto che determinare la soluzione in maniera diretta (facendo i calcoli del caso). Vi sono esercizi in cui alcune delle alternative proposte possono essere eliminate a priori, effettuando semplici ragionamenti o stime. Ciò permette di restringere l'insieme delle alternative tra cui individuare la risposta corretta e quindi di aumentare la probabilità di successo, nonché di ridurre l'impiego di tempo.
- **Scrivere i calcoli evitando di fare tutti i passaggi a mente**: la scrittura dei calcoli svolti permette di concentrarsi maggiormente sul problema e riduce gli errori di distrazione. Inoltre permette di avere una traccia scritta dei ragio-

namenti fatti e dei risultati intermedi ottenuti, utilissima nel caso in cui vi sia la necessità di verificare il lavoro svolto (per esempio, nel caso in cui la soluzione trovata non sia presente tra le diverse alternative).

- **Evitare i calcoli non necessari**: è possibile, a volte, rispondere a una domanda tramite approssimazioni o calcoli di massima, senza determinare il risultato esatto del problema. Ciò permette di risparmiare tempo prezioso, che può essere utilizzato per rispondere ad altre domande. Per qualche quesito potrebbe risultare più semplice e veloce verificare quale delle diverse soluzioni proposte risolve il problema, provando a sostituire le alternative all'incognita.

- **Affrontare con molta attenzione anche i quesiti per i quali si sa già come procedere.** Questo suggerimento è particolarmente importante per gli esercizi di natura matematica e permette di evitare errori di distrazione causati dalla fretta.

- **Rispondere alla domanda effettivamente posta dal problema.** È sempre necessario leggere attentamente la domanda: il fatto che il risultato ottenuto con i propri ragionamenti coincida con una delle alternative proposte non significa necessariamente che la risposta data sia quella corretta. Alcune delle alternative corrispondono solitamente a risultati parziali o a risultati che si ottengono commettendo errori comuni nel procedimento di risoluzione.

- **Verificare, se possibile, la soluzione che si ritiene esatta.** Se si è in grado di controllare in modo veloce il risultato ottenuto, è conveniente farlo. Per esempio, se il problema consiste nel risolvere un'equazione, è conveniente verificare che la risposta individuata soddisfi l'equazione stessa. In alcuni casi, tale procedimento permette di individuare gli errori commessi e di correggere la risposta.

- **Prestare attenzione alle unità di misura delle soluzioni.** A volte, tra le alternative proposte, alcune sono numericamente identiche alla soluzione del problema, ma l'unità di misura in cui sono espresse non è corretta.

- **Utilizzare valori numerici per verificare le risposte che utilizzano formule.** Alcune domande possono avere risposte che usano quantità il cui valore numerico non è dato. Per esempio, una domanda potrebbe chiedere il costo di costruzione di y oggetti e tutte le risposte contengono y. In tali problemi, assegnare un valore di riferimento a scelta rende più semplice effettuare i calcoli e può semplificare il problema.

- **L'obiettivo che ci si pone nella risoluzione degli esercizi di attitudine matematica è quello di determinare la risposta corretta, non la "migliore".** Una volta giunti alla soluzione e verificata la stessa, non è necessario analizzare le diverse alternative, perché i quesiti di attitudine matematica, a differenza di quelli presenti nella sezione di attitudine verbale, hanno una soluzione univoca e non ce ne può essere un'altra ugualmente valida.

9 INTERPRETAZIONE DI GRAFICI E TABELLE

La capacità di comprendere e interpretare correttamente le informazioni contenute in un grafico o in una tabella subisce una verifica di tipo trasversale poiché può essere richiesta da diversi percorsi di studio. Per questo motivo, in alcune prove di ammissione all'università compaiono quesiti che fanno riferimento ai dati illustrati attraverso schemi grafici. In particolare, le domande possono riguardare interpretazioni dei dati offerti, deduzioni che è possibile trarre da essi, affermazioni da classificare come compatibili o incompatibili rispetto alle informazioni proposte.

Bocconi – LIUC	tipologia presente negli anni passati
LUISS	tipologia presente negli ultimi anni (si presti particolare attenzione agli esercizi del par. 9.3)
Economia, Giurisprudenza e Scienze politiche	tipologia presente negli ultimi anni

9.1 Principali tipologie di grafici

Dal momento che le prove di ammissione possono proporre grafici di diversa natura, vengono illustrate di seguito le principali tipologie, accompagnate da alcune indicazioni sulla loro lettura e interpretazione.

Grafico lineare

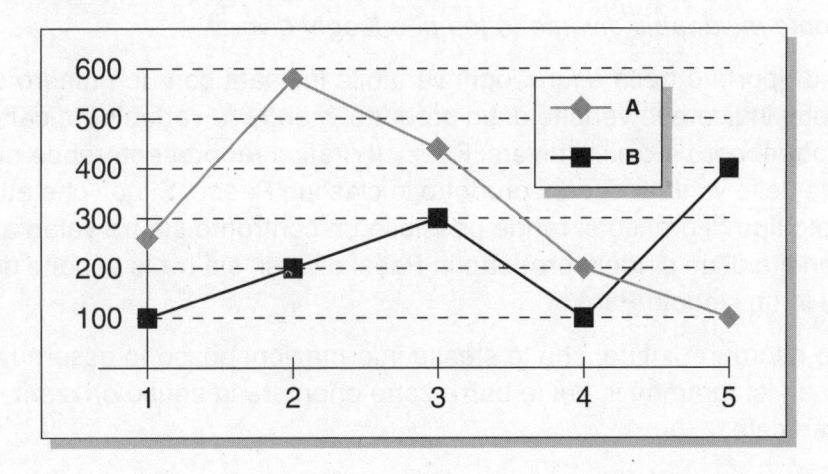

Quello **lineare** è forse il tipo di grafico più diffuso, soprattutto perché è il modo migliore per *rappresentare quantità che mutano nel tempo*. Generalmente, infatti, si può leggere sull'asse delle ascisse una scala temporale (annuale, mensile, settimanale o oraria), mentre sull'asse delle ordinate è rappresentato il valore delle variabili di cui si studia l'andamento (queste variabili potrebbero essere espresse anche in forma percentuale). Naturalmente le varie linee rappresentate sul grafico non sono altro che l'unione dei punti definiti dalle coppie *tempo-valore* e quindi mostrano l'andamento temporale delle variabili in esame.

Per esempio, il grafico sopra riportato potrebbe essere utilizzato per rappresentare l'andamento del prezzo di due titoli azionari (A e B) nei primi cinque mesi dell'anno (1, 2, 3, 4, 5).

GRAFICO A BARRE VERTICALI O ISTOGRAMMA

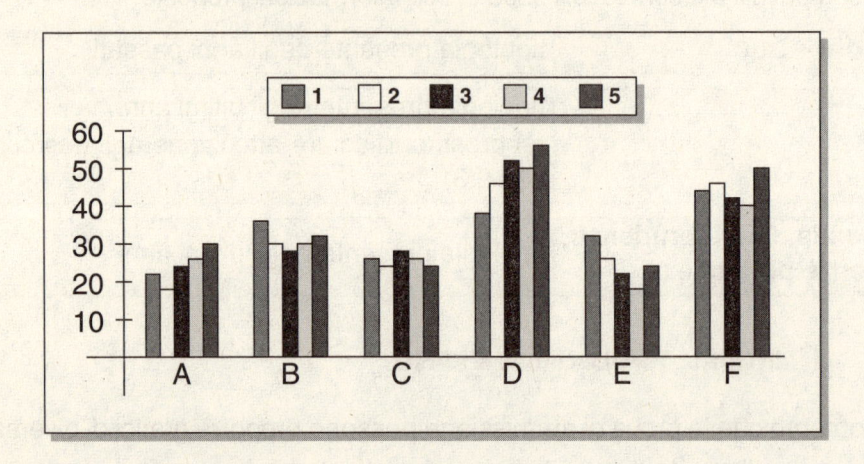

Anche l'*istogramma* è alquanto comune ed è utilizzato prevalentemente per il *confronto di variabili diverse in tempi o luoghi diversi*.

Nel caso riportato nella figura, ogni variabile indicata con un numero da 1 a 5 potrebbe indicare le vendite di un prodotto, mentre le variabili indicate dalle lettere potrebbero indicare diversi Paesi. Il grafico rappresenterebbe dunque il volume delle vendite di ogni prodotto in ciascun Paese. Si noti che attraverso questo tipo di grafico si rende possibile un confronto sia tra valori assunti dalle vendite di un singolo prodotto in Paesi diversi, sia tra le vendite dei vari prodotti in un singolo Paese.

Occorre ricordare, infine, che le stesse informazioni possono essere rappresentate da istogrammi in cui le barre sono orientate in senso orizzontale anziché verticale.

Grafico a torta o areogramma

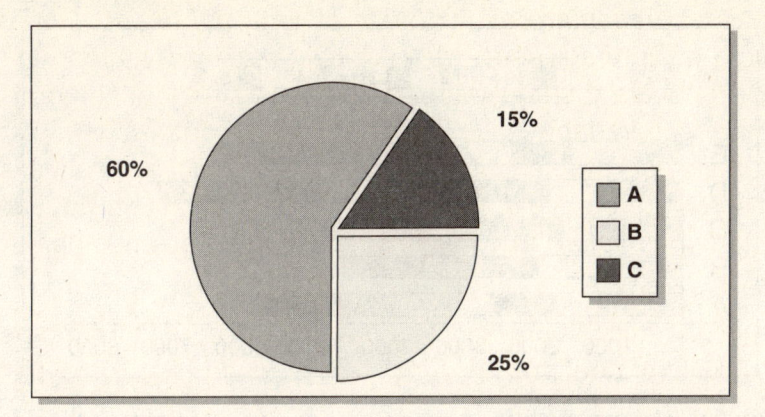

Il grafico *a torta* viene utilizzato per *mostrare la suddivisione di una variabile nelle sue particolari componenti*. Nel caso sopra riportato, per esempio, la componente B rappresenta il 25% del fenomeno considerato nel suo insieme.

Grafico ad aree

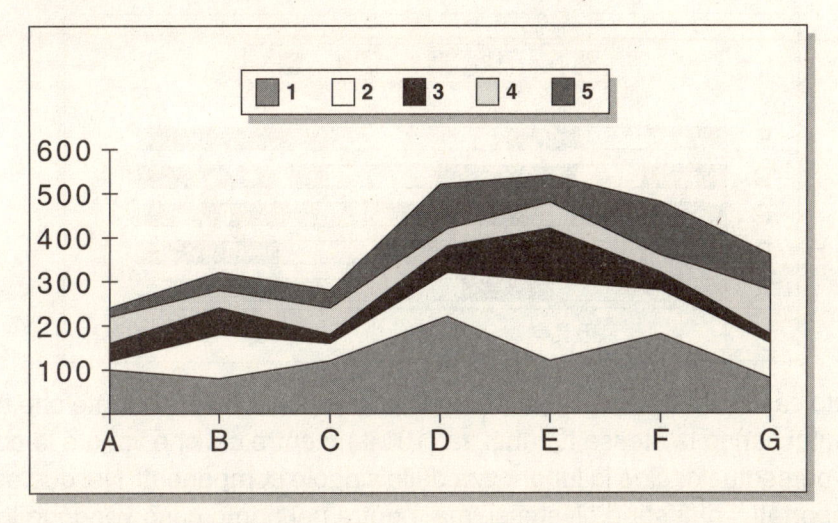

Anche questa tipologia è utilizzata frequentemente. L'informazione che offre è assai *simile a quella dei grafici cumulativi*, dal momento che, per ogni variabile (A, B, C ecc.), vengono sommate le varie componenti (1, 2, 3 ecc.).

Vengono quindi uniti i punti che definiscono le componenti e colorate le aree comprese tra le linee così definite, con il risultato di *mettere in maggior risalto le componenti anziché le singole variabili*.

Dal grafico in esame si deduce, semplicemente osservando la grandezza delle aree, qual è la componente che ha maggior peso nel complesso di tutte le variabili.

Grafico a barre cumulative o sovrapposte

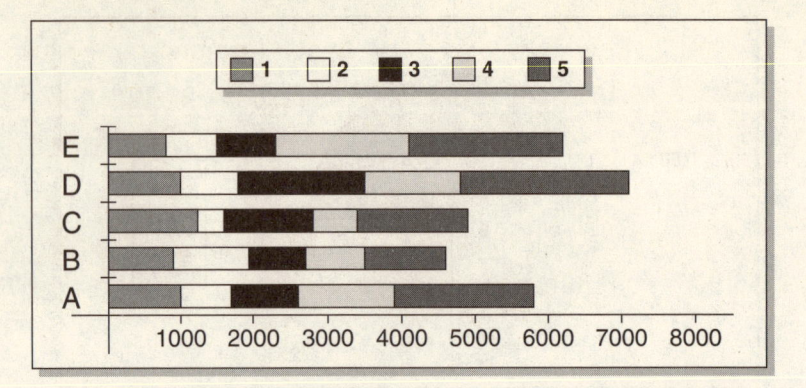

In questi grafici, che potrebbero presentarsi anche in forma verticale, per ogni variabile viene disegnato un istogramma la cui *lunghezza totale è data dalla somma delle varie componenti* (le singole porzioni colorate in modo diverso) *della variabile stessa*.

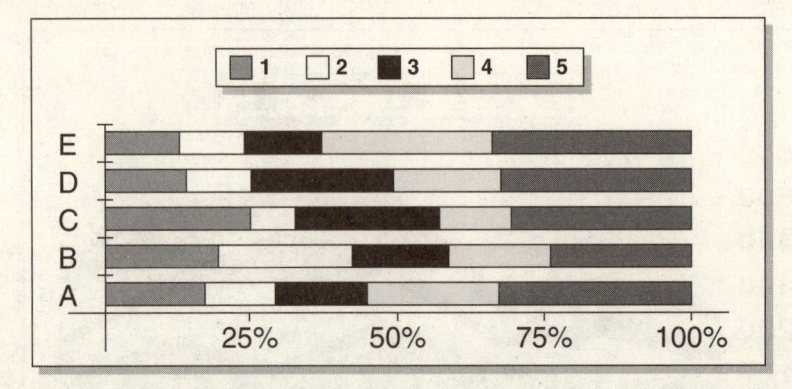

In questo caso si hanno barre percentuali sovrapposte ed è evidente che tutti gli istogrammi hanno la stessa lunghezza (100%) mentre ciò che varia è la composizione percentuale, cioè la lunghezza delle singole componenti. Nei due esempi sopra riportati, i dati sono gli stessi, ma mentre nel primo caso vengono indicati in forma assoluta, nel secondo sono stati percentualizzati.

9.2 Descrizione degli esercizi

Accanto al testo dell'esercizio, le domande di questa tipologia presentano solitamente una tabella a più colonne o un grafico; quest'ultimo può assumere forme diverse, a seconda della natura dei dati rappresentati e delle informazioni che intende fornire. Facendo riferimento alla tabella o al grafico vengono formulate alcune domande, seguite da più risposte alternative, fra le quali il candidato deve scegliere quella esatta. Le domande possono riguardare la natura dei dati contenuti nel campionamento, oppure rapidi esercizi di calcolo basati sui dati forniti, o ancora possono vertere sulla natura del grafico o della tabella.

ESEMPI

Leggere il testo dell'esercizio e rispondere alle domande seguenti.

Nella casa editrice Basco S.p.A. nel 2007 i ricavi sono stati così ottenuti:

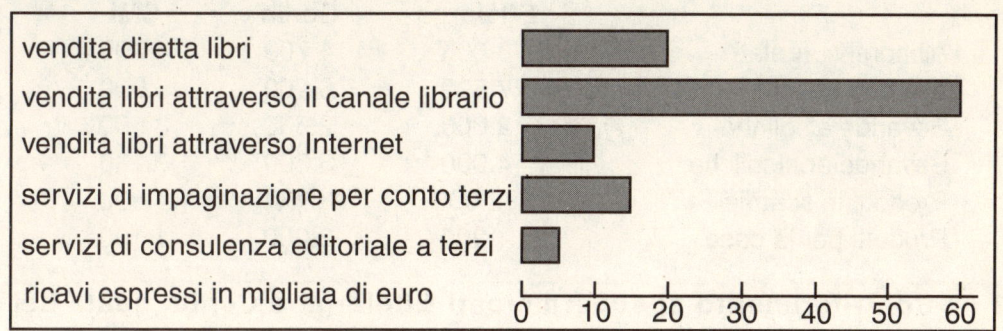

vendita diretta libri	
vendita libri attraverso il canale librario	
vendita libri attraverso Internet	
servizi di impaginazione per conto terzi	
servizi di consulenza editoriale a terzi	
ricavi espressi in migliaia di euro	0 10 20 30 40 50 60

1 Qual è stata nel 2007 per la casa editrice Basco la percentuale dei ricavi derivanti dalla vendita diretta dei libri rispetto a quelli derivanti dalla vendita attraverso il canale librario?

 A 20%   **B** 20   **C** 33,3%   **D** 3%   **E** 25%

Osservando le alternative si nota come la **B** sia da scartare in quanto riporta un valore assoluto, mentre l'esercizio richiede di trovare un valore percentuale.

La vendita diretta di libri nel 2007 per la casa editrice Basco S.p.A. ha portato ricavi per 20.000 euro, mentre quella attraverso il canale librario ha portato nello stesso anno ricavi per 60.000 euro. La vendita diretta rappresenta, quindi 1/3 della vendita attraverso il canale librario e, dunque, in termini percentuali il 33,3%. La soluzione al quesito è rappresentata, quindi, dall'alternativa **C**.

2 I ricavi derivanti dall'impaginazione per conto terzi, rispetto ai ricavi totali registrati nel 2007 dalla casa editrice Basco S.p.A., sono:

 A inferiori al 5%
 B superiori al 15%
 C pari al 10%
 D maggiori del 10%
 E pari al 15%

Il totale dei ricavi è pari a:

  20.000 + 60.000 + 10.000 + 15.000 + 5.000 = 110.000 euro.

Quindi 15.000 euro (ricavi derivanti dall'impaginazione per conto terzi) sono in percentuale, rispetto al totale dei ricavi:

$$(15.000/110.000) \times 100 = 13,63\%.$$

La soluzione al quesito è, quindi, fornita dall'alternativa **D**.

Leggere il testo dell'esercizio e rispondere alle domande seguenti.

Da una ricerca statistica sulla vendita di prodotti nell'ultimo mese, in tre supermercati di Torino si sono ricavati i seguenti dati:

	Unità di prodotti venduti		
	Effelarga	Cenid	SMI
Alimenti surgelati	5.000	4.700	4.000
Alimenti freschi	7.500	6.200	6.900
Bevande alcoliche	2.000	2.500	3.500
Bevande analcoliche	4.000	3.300	7.100
Prodotti in scatola	12.000	10.500	4.000
Prodotti per la casa	1.200	2.000	1.100

3 Con riferimento ai supermercati Effelarga e Cenid, quale dei seguenti prodotti ha venduto in totale di più?
- **A** Alimenti surgelati
- **B** Bevande alcoliche
- **C** Alimenti freschi
- **D** Bevande analcoliche
- **E** Prodotti per la casa

Per trovare la soluzione del quesito è necessario sommare, per ogni prodotto, le quantità vendute nei supermercati Effelarga e Cenid. Si ottiene così che:
- alimenti surgelati: 5.000 + 4.700 = 9.700;
- bevande alcoliche: 2.000 + 2.500 = 4.500;
- alimenti freschi: 7.500 + 6.200 = 13.700;
- bevande analcoliche: 4.000 + 3.300 = 7.300;
- prodotti per la casa: 1.200 + 2.000 = 3.200.

La soluzione al quesito è, quindi, fornita dall'alternativa **C**, essendo gli alimenti freschi il prodotto più venduto nei due supermercati Effelarga e Cenid.

4 Con riferimento alla tabella sopra riportata, quale delle seguenti affermazioni è falsa?
- **A** Il supermercato Effelarga ha venduto più prodotti della casa del supermercato SMI
- **B** Il prodotto più venduto nel supermercato SMI sono state le bevande analcoliche
- **C** All'interno di ognuno dei tre supermercati, sono stati venduti più alimenti freschi rispetto a quelli surgelati
- **D** Il supermercato Effelarga ha venduto più prodotti in scatola che prodotti per la casa
- **E** Il numero di bevande analcoliche vendute dal supermercato SMI è maggiore della somma di quelle vendute dai supermercati Effelarga e Cenid

La soluzione al quesito è fornita dall'alternativa E, che è l'unica che non trova riscontro nella tabella. Infatti, la somma di bevande analcoliche vendute dai supermercati Effelarga e Cenid è pari a 7.300 unità, valore superiore a quello fatto registrare dal supermercati SMI (7.100 unità).

Leggere il testo dell'esercizio e rispondere alle domande seguenti.

Un istituto di ricerca ha recentemente effettuato uno studio sull'utilizzo dell'informatica nelle case degli italiani, rilevando i dati riportati nella tabella seguente:

L'informatica nelle case degli Italiani			
	2006	2007	2008
Numero PC	4.000.000	4.700.000	5.620.000
N. utilizzatori PC	5.135.000	6.100.000	6.900.000
N. lettori CD/DVD	2.000.000	2.400.000	3.700.000
N. utilizzatori CD/DVD	2.350.000	3.100.000	4.100.000
N. abbonamenti a Internet	370.000	500.000	990.000
N. utilizzatori Internet	490.000	750.000	1.100.000

5   Con riferimento al 2008, quale tra i seguenti dati è maggiore?
   A N. utilizzatori Internet
   B N. utilizzatori di PC
   C N. utilizzatori CD/DVD
   D N. lettori CD/DVD
   E N. abbonamenti a Internet

Per rispondere al quesito è sufficiente concentrare l'attenzione sull'ultima colonna della tabella e osservare che, tra le alternative proposte, il numero maggiore è quello indicato dalla risposta B.

6   Quale tra i seguenti valori ha subito il maggior incremento percentuale tra il 2007 e il 2008?
   A N. utilizzatori di PC
   B N. lettori CD/DVD
   C N. utilizzatori CD/DVD
   D N. abbonamenti a Internet
   E N. utilizzatori Internet

L'aumento maggiore in termini assoluti passando dal 2007 al 2008 si è avuto sul numero di *lettori CD/DVD*, che sono aumentati di ben 1.300.000 unità. Il quesito, tuttavia, non richiede l'incremento assoluto (numero di pezzi) ma l'incremento percentuale. La risposta corretta è dunque D: il numero di abbonamenti a Internet nel 2008 è infatti quasi raddoppiato rispetto all'anno precedente, con un incremento di circa il 100%. Per tutte le altre grandezze l'incremento percentuale risulta inferiore al 60%.

Leggere il testo del seguente problema e rispondere alle domande successive.

Il grafico riporta i valori medi (espressi in milligrammi per centimetro cubo di sangue) dell'ormone melatonina rilevati negli uomini e nelle donne nell'arco delle 24 ore.

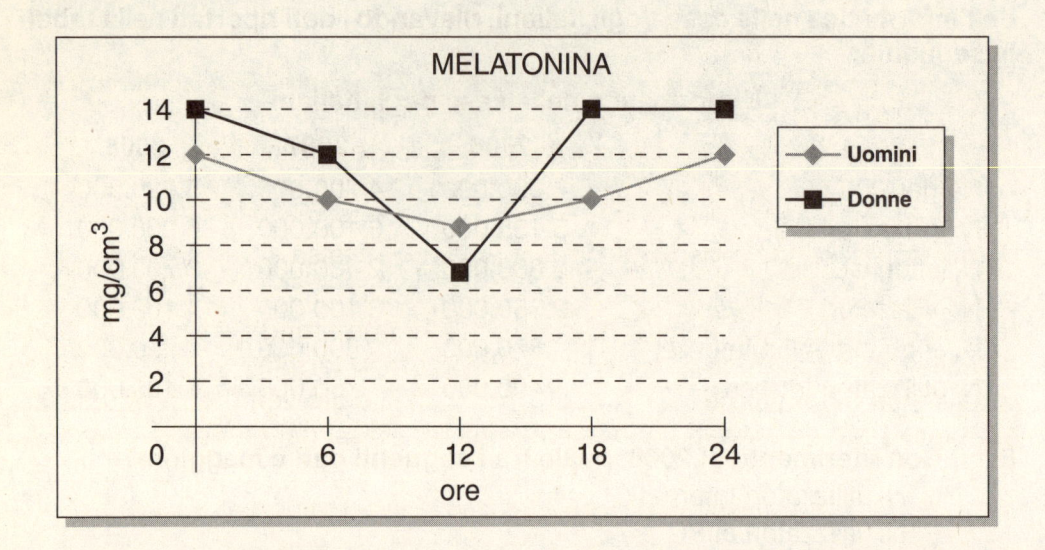

7 Esiste una pillola che innalza il valore di ormone melatonina di un milligrammo e tale effetto dura per tutte le ore della giornata. Qual è il numero minimo di pillole che dovrebbe assumere una donna, con valori ormonali pari alla media femminile, per registrare valori di melatonina superiori alla media maschile in ogni ora della giornata?

- **A** 2
- **B** 3
- **C** 4
- **D** 8

L'unico momento della giornata in cui una donna ha una concentrazione di ormone melatonina inferiore a quella degli uomini è a mezzogiorno. In particolare, dal grafico si osserva che in corrispondenza delle ore 12 il valore ormonale delle donne è pari a circa 7 milligrammi, contro un valore, negli uomini, pari a circa 9 milligrammi. Si deduce, quindi, che per raggiungere un valore superiore a quello della media maschile in ogni ora della giornata una donna con valori ormonali pari alla media femminile dovrebbe assumere almeno tre pillole al giorno (risposta **B**).

8 Quale delle seguenti affermazioni è falsa sulla base dei dati riportati nel grafico?

- **A** Alla sera le donne hanno una concentrazione di melatonina superiore a quella degli uomini
- **B** La concentrazione di melatonina negli uomini non cresce in modo costante nel corso delle 24 ore
- **C** La concentrazione di melatonina negli uomini è inferiore a quella delle donne solo a mezzogiorno
- **D** Durante la notte, le donne hanno una concentrazione di melatonina superiore a quella degli uomini

Il grafico mostra che a mezzogiorno (ore 12 sull'asse orizzontale) la concentrazione dell'ormone melatonina nel sangue cambia tra uomini e donne. A quell'ora negli uomini è maggiore e non viceversa come invece sostiene l'alternativa **C**. Da tale osservazione si deduce che l'alternativa **C** è falsa.

Nel biennio 2007-2008 è stato lanciato sul mercato mondiale un nuovo tipo di macchina fotografica digitale, chiamata Visor. Al termine del 2008 la casa produttrice ha deciso di verificare l'andamento delle vendite in alcuni dei principali Paesi. I risultati dello studio sono espressi nel grafico seguente.

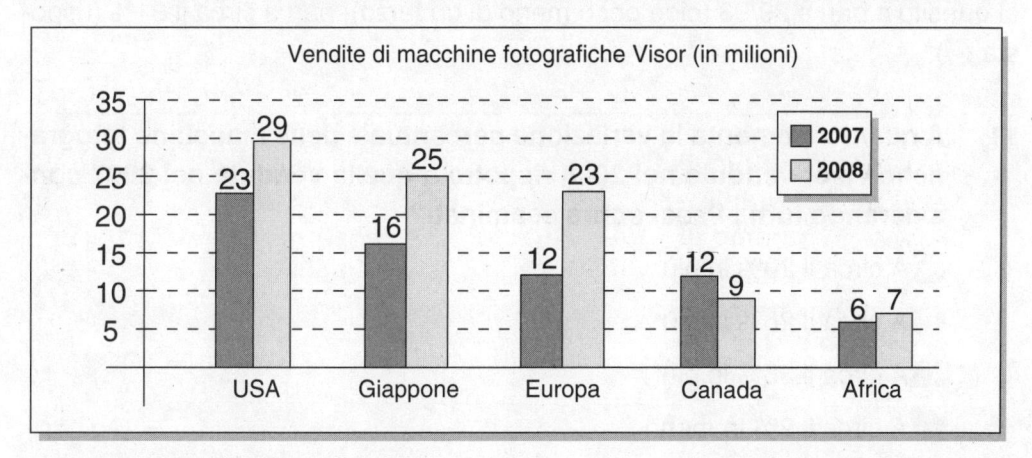

Vendite di macchine fotografiche Visor (in milioni)

Paese	2007	2008
USA	23	29
Giappone	16	25
Europa	12	23
Canada	12	9
Africa	6	7

9 Nel biennio considerato, quante Visor sono state vendute in Canada?

- **A** 21
- **B** 2.100
- **C** 21.000
- **D** 2.100.000
- **E** 21.000.000

Dal grafico si osserva che, in corrispondenza del Canada, la barra relativa al 2007 rappresenta il valore 12 mentre quella relativa al 2008 rappresenta il valore

9. La somma di questi valori è dunque pari a 21. Dal momento che i valori raffigurati nel grafico sono espressi in milioni, il numero di macchine fotografiche Visor vendute in Canada nel biennio considerato è pari a 21 milioni. La risposta corretta è dunque la E.

---

10 **Nel 2008, qual è stata la percentuale di Visor vendute negli USA, rispetto al totale dell'anno?**

A Circa il 20%

B Circa il 25%

C Circa il 30%

D Circa il 40%

E Circa il 45%

Il numero complessivo di macchine fotografiche Visor vendute nei Paesi considerati nel 2008 è pari a 93 milioni mentre il numero di Visor vendute negli USA nello stesso anno è pari a 29 milioni. Pertanto il dato percentuale che risponde al quesito è pari a 29/93 (cioè poco meno di un terzo), pari a circa il 31% (risposta C).

---

11 **A quanto ammonta la variazione percentuale delle macchine fotografiche Visor vendute nel 2008 rispetto a quelle vendute nel 2007 considerando tutti i Paesi sopra esaminati?**

A A circa il 20% in più

B A circa il 26% in più

C A circa il 35% in più

D A circa il 2% in meno

E A circa il 50% in più

Il numero di totale di macchine fotografiche Visor vendute nel 2007 è pari a 69 milioni, mentre nel 2008 tale valore è stato pari a 93 milioni. La variazione percentuale si calcola quindi risolvendo la seguente espressione:

$$\frac{93-69}{69} = 0,347 \cdot 100 = 34,7$$

La soluzione dell'esercizio è quindi fornita dall'alternativa C.

12 Dal grafico si possono trarre tutte le seguenti conclusioni tranne una. Quale?

- **A** Tra il 2007 e il 2008, il maggior incremento percentuale nel numero di macchine fotografiche Visor si è avuto in Europa
- **B** Il numero di macchine fotografiche Visor vendute in Canada è diminuito dal 2007 al 2008
- **C** Nel biennio considerato, sono state vendute più macchine fotografichè Visor in Giappone che in Europa
- **D** Tra il 2007 e il 2008, il numero di fotografi è aumentato negli USA più che negli altri Paesi

Tutte le informazioni proposte dalle diverse alternative sono ricavabili dai dati contenuti nel grafico a eccezione della **D**, che è dunque la risposta corretta. Il fatto che negli USA, nel 2008, il numero di macchine fotografiche Visor vendute risulti superiore a quello degli altri Paesi non significa, infatti, che negli USA il numero di fotografi sia aumentato più che altrove.

Suggerimenti

Alcuni consigli generali possono risultare molto utili al fine per interpretare correttamente tabelle e grafici.

- Leggere attentamente i **titoli delle colonne** nelle tabelle, come pure le variabili rappresentate sugli **assi dei grafici** o le eventuali note.

- Fare attenzione a quali **unità di misura** sono usate per esprimere le quantità rappresentate nelle tabelle e nei grafici (percentuali, anni, migliaia di euro, metri ecc.).

- Prima di effettuare calcoli, **leggere le risposte**, dal momento che spesso sono richiesti valori approssimati. In questo modo è possibile "arrotondare", guadagnando tempo.

- **Non confondere decimali con percentuali.** Se per esempio una colonna rappresenta cifre in forma percentuale, un numero come 0,2 significa 0,2% e quindi è uguale a 0,002.

- Quando il grafico è costituito da più serie di dati (per esempio più linee o più barre), conviene **"etichettare" ogni serie in accordo con la legenda del grafico**, in modo da distinguere velocemente le diverse serie di dati quando si risponde alle domande.

- Quando in un esercizio vengono presentati più grafici, è opportuno **individuare con attenzione il grafico da utilizzare** per rispondere a ogni domanda.

- Per confrontare colonne o righe non adiacenti in una tabella o in un grafico, può essere utile utilizzare la matita o la penna come righello.

9.3 Capacità di individuare informazioni rilevanti

Un'altra tipologia di esercizi di questa sezione chiede di individuare informazioni rilevanti all'interno di una consistente mole di dati, forniti da numerosi grafici e tabelle. Per rispondere correttamente alle domande è necessario dapprima individuare, tra quelli proposti, il grafico o la tabella che contiene i dati a cui il quesito fa riferimento. Si veda il seguente esempio.

> ✓ Questa tipologia di esercizi, insieme a quelli di analisi documentale, è stata proposta in passato nei test di ammissione all'università **LUISS di Roma**, in cui veniva fornita una **scheda separata riassuntiva di una serie di informazioni** a cui facevano riferimento diversi quesiti sparsi nel test.

Tabella 1: andamento delle esportazioni e delle importazioni della Forza e Coraggio S.p.A.

Anno	Esportazioni (in milioni di euro)	Importazioni (in milioni di euro)
2005	1.000	600
2006	1.200	600
2007	1.500	400
2008	1.000	600

Grafico 1: ripartizione della produzione di grano nel 2008 tra Francia, Germania e Italia

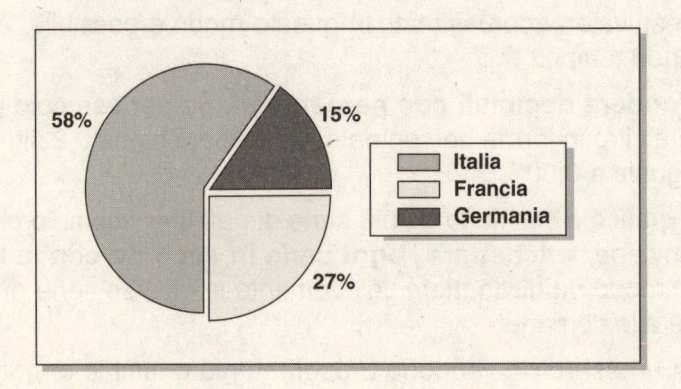

- Italia: 58%
- Francia: 27%
- Germania: 15%

Tabella 2: laureati impiegati per tipologia di impiego

Tipologia di impiego: Lavoro autonomo	% di laureati impiegati	Tipologia di impiego: Lavoro dipendente	% di laureati impiegati
Imprenditore Libero professionista	28,9%	Dirigente	1,4%
Lavoratore in proprio	1,2%	Insegnante	14,0%
Altro	5,7%	Quadro tecnico Funzionario	9,2%
		Impiegato pubblico	31,1%
		Altro	8,4%
Totale	35,9%	Totale	64,1%

Tabella 3: aziende a confronto: Pala e Manca

Azienda	Fatturato (miliardi di euro)	n° impiegati	% esportazioni su fatturato 2008	% importazioni su fatturato 2008
Pala s.r.l.	6,5	24	8%	12%
Manca S.p.A.	10,2	52	14%	2%

Sulla base delle tabelle e dei grafici sopra riportati si risponda alle seguenti domande.

1 Il numero degli impiegati nel settore pubblico è:

A 31.000 unità circa

B 1.500 unità circa

C 14.000 unità circa

D nulla si può dire riguardo al numero assoluto di impiegati nel settore pubblico

Tra le tabelle e il grafico forniti, l'unica fonte di informazione sull'impiego nel settore pubblico è costituita dalla tabella 2, nella quale però sono riportati solo valori percentuali. Senza conoscere il numero totale di impiegati, non è dunque possibile calcolare il numero di impiegati nel settore pubblico. La risposta corretta è dunque la D.

2 Se in Francia nel 2008 la produzione di grano è stata pari a 1350 tonnellate, a quanto ammontava la produzione tedesca dello stesso prodotto nello stesso anno?

- **A** 1.000 tonnellate circa
- **B** 700 tonnellate circa
- **C** 500 tonnellate circa
- **D** 600 tonnellate circa
- **E** 650 tonnellate circa

Il grafico 1 fornisce la ripartizione della produzione di grano tra tre Paesi europei nel 2008. Da esso si ricava che la produzione tedesca è stata un poco superiore alla metà di quella francese. Poiché la Francia ha prodotto 1350 tonnellate, la produzione tedesca deve essere superiore a 675 tonnellate. La risposta corretta è dunque la **B**.

3 In termini assoluti, le esportazioni della Forza e Coraggio S.p.A. nel 2008, rispetto a quelle delle società Pala S.r.l. e Manca S.p.A. nello stesso anno, sono state:

- **A** superiori a quelle della società Pala e inferiori a quelle della società Manca
- **B** superiori a quelle della società Manca e inferiori a quelle della società Pala
- **C** inferiori sia a quelle della società Manca sia a quelle della società Pala
- **D** superiori sia a quelle della società Manca sia a quelle della società Pala

In questo caso è necessario confrontare le informazioni contenute nella tabella 1 (esportazioni della Forza e Coraggio S.p.A. nel 2008 pari a 1000 milioni di euro) con quelle della tabella 3 (esportazioni nel 2008 delle aziende Pala e Manca). Innanzitutto bisogna calcolare il valore in milioni di euro delle esportazioni di Pala e Manca: sapendo che nel 2008 l'azienda Pala ha effettuato esportazioni pari all'8% del fatturato, si può ricavare il valore 520 milioni; analogamente, le esportazioni del 2008 dell'azienda Manca corrispondono a 1428 milioni. La risposta corretta è quindi la **A**.

La difficoltà di questo tipo di esercizi risiede più che altro nell'esiguità del tempo a disposizione rispetto al numero di quesiti proposti.

La Scipioni S.p.A., società che commercia in abbigliamento sportivo, ha pubblicato i seguenti dati di vendita dei suoi prodotti negli ultimi 5 anni:

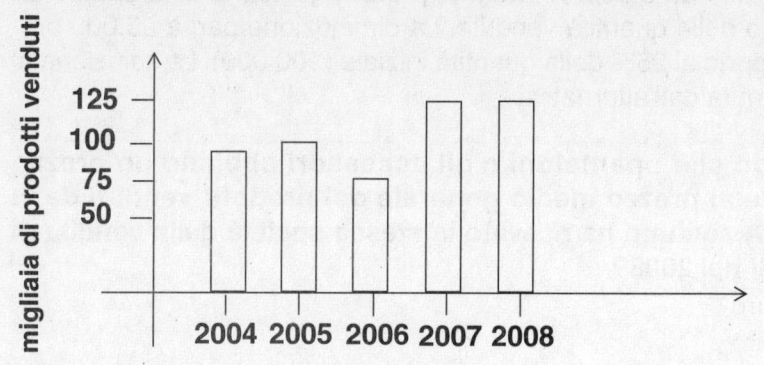

Il prezzo medio dei prodotti venduti della Scipioni S.p.A. è stato negli anni il seguente:

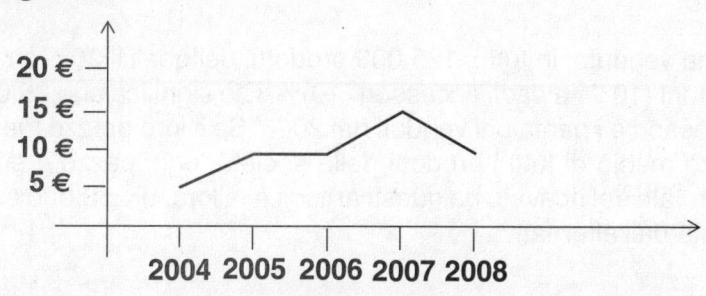

Ripartizione percentuale dei prodotti venduti nel 2008:

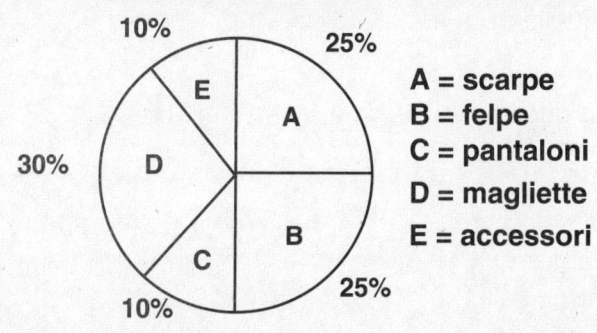

A = scarpe
B = felpe
C = pantaloni
D = magliette
E = accessori

4   Rispetto al 2005, nel 2006 il ricavato dalle vendite di tutti i prodotti della Scipioni S.p.A. è:

A rimasto costante

B diminuito del 25%

C aumentato del 15%

D aumentato del 10%

E diminuito di una percentuale vicina al 50%

Nel 2005 la Scipioni S.p.A. aveva venduto 100.000 prodotti a un prezzo medio pari a 10 euro. Nel 2006 il prezzo medio è rimasto costante, ma il numero di prodotti venduti è diminuito a 75.000. A parità di prezzo, quindi, la differenza è da imputare al solo calo delle quantità vendute. La diminuzione pari a 25.000 prodotti corrisponde proprio al 25% della quantità iniziale (100.000). La soluzione al quesito è, quindi, fornita dall'alternativa B.

---

5 **Considerando che i pantaloni e gli accessori abbiano un prezzo medio uguale al prezzo medio generale dei prodotti venduti dalla Scipioni S.p.A., quanto ha ricavato la stessa società dalla vendita di questi articoli nel 2008?**
  A 125.000 euro
  B 450.000 euro
  C 62.500 euro
  D 250.000 euro
  E 350.000 euro

Nel 2008 la società ha venduto, in tutto, 125.000 prodotti, dei quali il 20% è rappresentato dai pantaloni (10%) e dagli accessori (10)%. Ciò significa che 25.000 sono in totale gli accessori e i pantaloni venduti nel 2008. Se il loro prezzo medio coincide con il prezzo medio di tutti i prodotti della società, ogni pezzo è stato venduto a 10 euro. Il totale del ricavato da questi articoli è, allora, di 250.000 euro e la soluzione è fornita dall'alternativa D.

parte quinta

RAGIONAMENTO E ATTENZIONE

10 PROBLEMI DI NATURA LOGICA

I *problemi di natura logica* sono volti a **misurare le capacità logiche del candidato**, ovvero più in particolare, intendono valutarne l'attitudine a comprendere relazioni di causa ed effetto, a riconoscere categorie, a seguire accuratamente una sequenza complessa di affermazioni tra loro interdipendenti comprendendone le implicazioni, a distinguere ragionamenti coerenti da altri privi di fondamento.

Tutte queste sono facoltà che una persona generalmente utilizza nella vita di tutti i giorni, indipendentemente dal proprio campo di studi o dal proprio tipo di attività. Non è dunque richiesta alcuna conoscenza di logica formale né di nozioni specifiche.

Per prepararsi a test di questo genere è utile osservare le tipologie di esercizi solitamente somministrate e comprenderne i procedimenti di risoluzione. Non ci sono, come si è detto, particolari nozioni teoriche da apprendere, ma è importante familiarizzare con la struttura degli esercizi e allenarsi a una loro rapida risoluzione.

Bocconi	tipologia non presente nell'ultimo anno ma utilizzata negli anni passati
LUISS – LIUC	tipologia presente negli ultimi anni
Economia, **Giurisprudenza** e **Scienze politiche**	tipologia presente negli ultimi anni

Sebbene nell'ultimo anno questa tipologia di esercizi non sia stata oggetto di prova specifica nei test di ammissione alla LUISS e alla Bocconi, se ne **consiglia comunque a tutti lo studio**, in quanto spesso questi stessi esercizi vengono fatti rientrare, con opportune modifiche, sotto altre categorie (per esempio quella dei brani brevi).

10.1 Esercizi di ragionamento

In questa tipologia di esercizi vengono presentati alcuni enunciati che definiscono una serie di relazioni tra loro strettamente dipendenti. Tali relazioni sono, però, prive di contenuto informativo, o quantomeno incomplete, se considerate isolatamente.

È necessario quindi collegare tra loro le informazioni presentate, valutarne le relazioni e dedurre poi i dati non esplicitati.

Gli enunciati sono seguiti da una serie di domande o di affermazioni di cui occorre valutare la veridicità (per esempio: *quale delle seguenti affermazioni è vera/falsa?*) basandosi prevalentemente sulle relazioni sottintese, ossia su quelle relazioni che non vengono direttamente espresse nel testo di partenza.

Il problema è, dunque, quello di comprendere la struttura delle relazioni presentate e di dedurre da esse nuove informazioni, ossia le relazioni mancanti.

Le tipologie di relazioni più frequenti sono:

- **successione temporale** (esempio: X arriva prima di Y ma dopo Z);
- **collocazione spaziale** (esempio: X è a ovest di Y e a est di Z);
- **posizione gerarchica** (esempio: X è superiore a Y ma subordinato a Z);
- **causa ed effetto** (esempio: l'avvenimento X causa sempre l'avvenimento Y).

Alcune relazioni sono fisse o costanti (X è situato a est di Y), altre sono variabili (X deve essere assegnato a Y o a Z). In generale, le relazioni mancanti possono essere dedotte da quelle esplicitamente date.

Un esempio banale per chiarire il meccanismo: se X è alla sinistra di Y e Z è alla sinistra di X, allora anche Z è alla sinistra di Y.

Esempi

Leggere il testo del seguente problema e rispondere alle domande successive.

Un semitono è l'intervallo più piccolo possibile tra due note.

La nota T è un semitono più alta della nota V.
La nota V è un tono intero più alta della nota W.
La nota X è un tono intero più bassa della nota T.
La nota Y è un tono intero più bassa della nota W.

Prima di affrontare le domande che seguono, è opportuno cercare di tracciare uno schema grafico che consenta poi di rispondere agevolmente a tutte le domande. Le relazioni date consentono di rappresentare la *sequenza delle note* (partendo dalla nota più bassa fino a quella più alta) nel modo seguente:

```
Y          W     X     V     T
├──────────┼─────┼─────┼─────┤
```

La distanza maggiore tra Y e W sta a indicare che l'intervallo tra le due note non è di un *semitono*, come per le altre, ma di un *tono*.

1 **Quale delle seguenti soluzioni indica la sequenza delle note date, dalla più bassa alla più alta?**

A X, Y, W, V, T
B Y, W, X, V, T
C W, V, T, Y, X
D Y, W, V, T, X
E W, Y, X, V, T

Dallo schema visto in precedenza risulta che la risposta corretta è la **B**.

2 **Se viene aggiunta una nota Z, quale delle seguenti condizioni non può essere vera?**

A Z è più alta di T
B Z è più bassa di Y
C Z è più bassa di W
D Z è compresa tra W e X
E Z è compresa tra Y ed W

La domanda chiede di individuare *la condizione che non può essere vera*. Poiché W e X sono a distanza di un semitono e poiché un semitono è l'intervallo più piccolo possibile tra due note, Z non può essere compresa tra W ed X. La risposta esatta è dunque la **D**.

3 **Quale delle seguenti affermazioni è falsa?**

A La nota W è di un tono più bassa della nota V
B La nota T è di un tono più alta della nota X
C La nota Y è di un tono più bassa della nota X
D La nota X è più alta della nota W
E La nota più alta tra quelle date è la T

A questa domanda si può rispondere semplicemente esaminando lo schema tracciato inizialmente. Poiché il testo richiede di individuare l'affermazione falsa, la risposta esatta è la **C**. La nota Y è infatti di un tono e mezzo più bassa della nota X e non di un tono soltanto.

4   Quale delle seguenti affermazioni sarebbe vera se la nota W fosse più alta di un tono?
- **A** La nota W sarebbe più alta della nota V
- **B** La nota T sarebbe più bassa della nota W
- **C** La nota W coinciderebbe con la nota V
- **D** La nota X coinciderebbe con la nota W
- **E** La nota Y sarebbe più alta della nota W

La risposta esatta è la **C**. Se la nota W fosse più alta di un tono, verrebbe a coincidere, come altezza nella scala, con la nota V.

Leggere il testo del seguente problema e rispondere alle relative domande.

Fausto, Paola, Ilaria, Monica e Giuseppe sono i redattori di una piccola casa editrice di Torino. Ieri sono giunti in redazione 5 manoscritti da leggere che sono un romanzo storico, un libro di divulgazione scientifica, una raccolta di racconti, un giallo e un saggio (non necessariamente in quest'ordine) scritti da 5 autori esordienti: Mesali, Luisano, Caliciotti, Avolino e Nizzolo (non necessariamente in quest'ordine). Ognuno dei cinque redattori legge un solo libro.
Si sa, inoltre che:
1) Paola legge il giallo;
2) Fausto legge il libro di Avolino;
3) Monica legge il saggio che non è stato scritto da Luisano;
4) Giuseppe legge il libro scritto da Mesali;
5) Nizzolo ha scritto il libro di divulgazione scientifica.

5   Luisano ha scritto:
- **A** il giallo
- **B** il saggio
- **C** il romanzo storico
- **D** la raccolta di racconti

Per risolvere l'esercizio conviene inserire le informazioni proposte dall'esercizio in una tabella a tre colonne nel seguente modo:

Redattore	Tipo di volume	Autore
Paola	Giallo	
Fausto		Avolino
Monica	Saggio	
Giuseppe		Mesali
	Div. scientifica	Nizzolo

A questo punto si osserva facilmente che Ilaria (la redattrice mancante) ha letto il libro di divulgazione scientifica di Nizzolo e che Luisano, non avendo scritto il saggio, ha scritto il giallo (il saggio è invece, per esclusione, stato scritto da Caliciotti).
Si può, quindi, completare la tabella nel seguente modo:

Redattore	Tipo di volume	Autore
Paola	Giallo	Luisano
Fausto		Avolino
Monica	Saggio	Caliciotti
Giuseppe		Mesali
Ilaria	Div. scientifica	Nizzolo

individuando la soluzione al quesito nell'alternativa **A**.

6 In base alle informazioni riportate, quale tra le seguenti affermazioni è sicuramente falsa?
  A Mesali ha scritto il romanzo storico
  B Fausto ha letto la raccolta di racconti
  C La raccolta di racconti non è stata scritta da Avolino
  D Paola ha letto il libro di Caliciotti

Osservando la tabella costruita per rispondere alla prima domanda ci si accorge facilmente che le alternative **A**, **B** e **C** possono essere vere o false, mentre la **D** è certamente falsa (ed è quindi la soluzione del quesito), avendo Paola letto il libro di Luisano.

7 Prendendo in considerazione solo le informazioni 1, 2, 3 e 4, quali delle seguenti affermazioni è certamente vera?
  A Paola ha letto il libro scritto da Luisano
  B Nizzolo è l'autore del libro letto da Ilaria
  C Il saggio è stato scritto o da Nizzolo o da Caliciotti
  D Fausto ha letto il romanzo storico

Eliminando la quinta informazione del testo è comunque possibile compilare la tabella nel seguente modo:

Redattore	Tipo di volume	Autore
Paola	Giallo	
Fausto		Avolino
Monica	Saggio	**NO** Luisano
Giuseppe		Mesali
Ilaria		

Si osserva che il saggio deve essere stato scritto o da Nizzolo o da Caliciotti, non potendo essere stato scritto da Avolino, Luisano o Mesali. La soluzione al quesito è, quindi, fornita dall'alternativa **C**. Tutte le altre alternative non sono soluzioni dell'esercizio in quanto riportano affermazioni che *possono* essere vere ma che non lo sono *sicuramente* (possono, infatti, anche essere false).

Leggere il testo del seguente problema e rispondere alle relative domande.

Una famiglia è composta da cinque fratelli (Marco, Diego, Gabriele, Paolo e Federico) e una sorella (Sara). È noto che:
1) Paolo è più vecchio di Federico;
2) Marco è il più giovane di tutti;
3) Gabriele è più vecchio di Diego che è il quarto dei maschi;
4) Federico è più vecchio di Gabriele.

8   **Quale delle seguenti affermazioni permette di affermare con certezza che Sara è la secondogenita della famiglia?**
- **A** Sara è più anziana di Federico
- **B** Sara è più giovane di Paolo ma più anziana di Diego
- **C** Sara è più anziana di Gabriele ma più giovane di Paolo
- **D** Nessuna delle precedenti alternative è corretta

Se si analizzano le relazioni stabilite dalle affermazioni dell'esercizio, ci si accorge che il maggiore dei fratelli è Paolo, poi seguono nell'ordine Federico, Gabriele, Diego e Marco. Affinché si possa affermare con certezza che Sara è la secondogenita, si dovrebbe avere tra le alternative quella che afferma che questa sia più giovane di Paolo ma più anziana di Federico. In realtà questa alternativa manca e quindi la soluzione al quesito è rappresentata dall'alternativa **D**.

---

9   **Sulla base delle sole prime tre informazioni (1, 2 e 3), quale delle seguenti affermazioni è possibile dedurre con certezza?**
- I) Gabriele è più giovane di Paolo
- II) Diego è più giovane di Federico
- III) Marco è più giovane di Gabriele
- **A** La I)
- **B** La I), la II) e la III)
- **C** La II) e la III)
- **D** La II)

Se non si considera l'ultima affermazione, si può solo dire che Marco è il più piccolo dei cinque fratelli maschi e che Diego è quello immediatamente più grande di lui. Si può con certezza affermare che Marco è quindi più giovane di Gabriele e che Diego è più giovane di Federico, mentre non è deducibile nulla riguardo all'ordine di età tra Gabriele e Paolo. La soluzione al quesito è quindi l'alternativa **C**.

10 Alberto ha tre figlie, Katia, Elisabetta e Marina, due delle quali sono bionde e una mora. Se Katia è bionda, allora lo è anche Elisabetta; se Elisabetta è bionda, allora lo è anche Marina.

In base a queste informazioni, quale delle seguenti è sicuramente vera?

- **A** Elisabetta è mora e Katia è bionda
- **B** Katia è mora e Marina è bionda
- **C** Marina e Elisabetta sono more
- **D** Katia è bionda e Marina è mora
- **E** Katia e Elisabetta sono bionde

Schematizzando le informazioni riportate dal testo dell'esercizio, ci si accorge che la mora non può che essere Katia.

Infatti, seguendo quanto detto dal quesito si ha che se:

- Katia bionda ⇒ Elisabetta bionda;
- Elisabetta bionda ⇒ Marina bionda;

quindi, se Katia fosse bionda lo sarebbero anche Elisabetta e Marina, il che contraddirebbe il fatto che una delle tre deve essere mora (e questa non potrà che essere quindi Katia). Le altre due: Elisabetta e Marina saranno allora bionde (l'esercizio affermava che una delle tre era mora e due erano bionde). L'unica alternativa coerente con questa ripartizione è la **B** la soluzione del quesito.

11 Nell'ufficio di Silvia ci sono diversi scaffali con libri di storia e di matematica. Negli scaffali dove ci sono almeno due libri ce ne è almeno uno di matematica.

Se la precedente affermazione è vera, allora è vero che:

- **A** se in uno scaffale c'è un solo libro questo è di matematica
- **B** uno scaffale che contiene tre libri ne ha sempre due di storia
- **C** il numero dei libri di storia in uno scaffale è sempre inferiore o pari al numero di libri di matematica
- **D** in uno scaffale che contiene due libri potrebbero non esserci libri di storia
- **E** uno scaffale non può contenere un solo libro

Affermare che, se ci sono due o più libri in uno scaffale, almeno uno è di matematica, significa dire che negli scaffali dove ci sono due o più libri sicuramente uno è di matematica. Quindi, in teoria, in uno scaffale con due libri si potrebbero trovare due libri di matematica (si è sicuri che ce ne è almeno uno, ma potrebbero essere entrambi) e, dunque, nessun libro di storia (la **D** fornisce la soluzione dell'esercizio). Si faccia attenzione alle alternative **A** ed **E**: il testo dell'esercizio non tratta il caso di scaffali contenenti un solo libro; in questo caso, quindi, non è possibile fare alcuna deduzione logica.

12 Se l'affermazione "non esiste città senza chiesa" è falsa, allora quale delle seguenti è certamente vera?

- **A** Esiste almeno una città senza chiesa
- **B** In una città ci sono due chiese
- **C** Ad ogni chiesa corrisponde una città
- **D** Ci sono tante chiese quante città
- **E** Esistono diverse città senza chiesa

La frase "non esiste città senza chiesa" significa che ogni città ha almeno una chiesa. Se questo è falso, come vuole il testo dell'esercizio, l'unica conclusione che si può trarre con certezza è che almeno una città è senza chiesa, come correttamente affermato dall'alternativa **A**. Si noti che anche quanto affermato dall'alternativa **E** potrebbe essere vero ma non lo si può stabilire con certezza.

Suggerimenti

- Leggendo le relazioni, è importante **non fare ulteriori infondate supposizioni**. Se, per esempio, è stabilita una relazione di peso e di altezza tra i componenti di una squadra, non bisogna supporre che chi è più pesante di un altro debba, per questo, essere più alto. Analogamente, non bisogna basarsi sulle proprie conoscenze per rispondere alle domande, ma attenersi unicamente al testo dell'esercizio.
- **Le domande di una serie sono indipendenti tra loro**. La risposta a una domanda non è condizione per rispondere a un'altra domanda della stessa serie.
- È fondamentale tracciare uno **schema che riproduca graficamente le informazioni fornite** dalle relazioni date e consenta così di dedurre le relazioni mancanti. Il tipo di schema dipende naturalmente dal tipo di relazioni presentate. Il ricorso a un *diagramma* (schema, tabella ecc.) è tuttavia il metodo più efficace per la risoluzione di questi esercizi. Tale schema, una volta compilato, consente infatti di rispondere a tutte le domande senza dover tornare a esaminare le relazioni.
- Spesso conviene **limitarsi a trascrivere unicamente le iniziali** e non interamente i nomi di persone, animali, luoghi ecc., risparmiando così del tempo utile per la risoluzione. Per questo scopo, molto spesso gli esercizi di questo tipo riportano nomi con iniziali differenti.
- Gli enunciati che definiscono le relazioni **non devono essere necessariamente analizzati nell'ordine presentato.** A volte può essere utile saltare da uno all'altro, a seconda delle informazioni che si riescono progressivamente a raccogliere e collegare.
- Occorre prestare **molta attenzione alla fase di lettura** degli enunciati che definiscono le relazioni. La maggior parte del tempo deve essere, infatti, dedicata a un'analisi delle relazioni presentate, finalizzata a tracciare lo

schema o il diagramma che consente poi di rispondere in modo abbastanza rapido ai quesiti. Per questo motivo, il tempo concesso per rispondere alle domande risulta generalmente appena sufficiente.

- Occorre prestare attenzione alle **espressioni che descrivono o limitano le relazioni**, come: *soltanto, esattamente, mai, sempre, deve essere*, e così via.

10.2 Deduzioni logiche

Questi esercizi intendono valutare le capacità deduttive e di ragionamento del candidato. Viene richiesto di analizzare attentamente il testo degli esercizi, individuare le conclusioni da esso deducibili in modo logico e identificare così le risposte giuste alle domande che seguono. È molto importante saper individuare correttamente le relazioni logiche, in particolare quella di *causalità*, che collegano fra loro più argomentazioni.

10.2.1 Condizione necessaria e condizione sufficiente

Un primo esempio è quello in cui il candidato deve saper distinguere una *condizione necessaria* da una *condizione sufficiente*. Un semplice esempio introduttivo può risultare utile per la comprensione dei meccanismi che sono alla base di questa tipologia di esercizi.

Esempi

1 "Se lasciassi cadere il vaso di porcellana, questo si romperebbe".
Se l'argomentazione precedente è corretta, quale delle seguenti è certamente vera?

   A Se il vaso di porcellana è intatto, ciò vuol dire che non l'ho lasciato cadere

   B Se non lascerò cadere il vaso di porcellana, questo non si romperà

   C Se il vaso di porcellana è rotto, questo indica che l'ho lasciato cadere

   D Se il vaso di porcellana è intatto, non vuol dire che non l'ho fatto cadere

Questo esercizio si fonda sulla relazione causa-effetto che lega due eventi. In particolare, si vuole verificare la capacità del candidato di saper distinguere le relazioni legate da un rapporto di "sufficienza" rispetto a quelle legate da un rapporto di "necessità". Nel caso in esame, l'atto di far cadere il vaso risulta essere una condizione *sufficiente* affinché il vaso di porcellana si rompa, ma non *necessaria*. Infatti, il vaso di porcellana potrebbe anche rompersi per altre cause. La risposta esatta è pertanto la A. Le risposte B, C e D sarebbero corrette se l'affermazione iniziale fosse: "il vaso di porcellana potrebbe rompersi solo se lo lasciassi cadere"; in questo caso, infatti, il rapporto tra i due eventi sarebbe di *necessità* e non più di *sufficienza*.

Gli esercizi di deduzione e i sillogismi vertono prevalentemente sull'interpretazione di meccanismi logici come quello descritto. Occorre dunque **dedicare assoluta attenzione al significato di ogni singola affermazione, evitando di effettuare infondate supposizioni o di trarre erronee e affrettate conclusioni**.

2 "Soltanto se la mia automobile ha benzina nel serbatoio può funzionare".

Se quanto affermato sopra è vero, allora quale delle seguenti affermazioni è vera?
   a) Se la mia automobile ha benzina nel serbatoio, allora funziona
   b) Se la mia automobile non funziona, allora non ha benzina nel serbatoio
   c) Se la mia automobile funziona, allora ha benzina nel serbatoio

- **A** a)
- **B** b)
- **C** c)
- **D** a) e b)
- **E** b) e c)

La risposta corretta è la **C**. Questo esercizio presenta il tipico caso della *condizione necessaria ma non sufficiente*. In altre parole, il fatto di avere benzina è condizione necessaria, ma non sufficiente, per il funzionamento dell'automobile. Dunque, la a) e la b) sono entrambe errate: la a) in quanto, essendo la presenza di benzina unicamente condizione necessaria, l'automobile potrebbe non funzionare per altri motivi; la b) in quanto l'automobile potrebbe non funzionare per motivi diversi dall'assenza di benzina. È possibile osservare che l'affermazione alla base di questo esercizio è del tipo: *soltanto se è vera X, allora è vera Y* (cioè: soltanto se nel serbatoio c'è benzina, allora l'auto può funzionare). Ne segue anche che è valida: *se è vera Y, allora è vera X* (cioè: se l'automobile funziona, allora ha benzina). Non è invece valida in questo caso: *se non è vera Y, allora non è vera X* (se l'automobile non funziona, allora non ha benzina), così come non è valida: *se è vera X, allora è vera Y* (se ha benzina, allora funziona).

---

3 "Se Andrea non legge non è contento".

Se quanto affermato è vero, quale delle seguenti affermazioni è vera?

- **A** Solo se Andrea legge allora è contento
- **B** Se Andrea non è contento significa che non ha letto
- **C** Se Andrea è contento significa che ha letto
- **D** Leggere è l'attività preferita da Andrea

La frase proposta dal testo dell'esercizio è del tipo *se A allora B* e fa, quindi, riferimento alla regola della condizione sufficiente. In questo caso l'unica cosa che può sempre essere dedotta con certezza è che *se non B allora non A*. Nel caso specifico la parte A della frase è "Andrea non legge" e la B "non è contento". L'unica cosa che si può dedurre è allora che "se Andrea è contento allora ha letto" e la soluzione è fornita dall'alternativa **C**.

Condizione necessaria e condizione sufficiente.

Condizione sufficiente:
se A allora B.
L'unica cosa che è possibile dedurre con certezza è che:
se non B allora non A.

Condizione necessaria:
solo se A allora B.
Le uniche cose che è possibile dedurre con certezza sono che:
se B allora A;
se non A allora non B.

Condizione necessaria e sufficiente:
Se e solo se A allora B.
Le cose che è possibile dedurre con certezza sono che:
se non B allora non A;
se B allora A;
se non A allora non B.

4 "Non si può essere allegri quando non si è sereni, equilibrati e spensierati".

"Non si può essere sereni, equilibrati e spensierati senza essere allegri".

Se le precedenti affermazioni sono vere, quale delle seguenti conclusioni è errata?

- **A** Se si è sereni, spensierati ed equilibrati, allora si è allegri
- **B** Essere sereni, equilibrati e spensierati è condizione necessaria per essere allegri
- **C** Chi non è allegro non può essere sereno, equilibrato e spensierato
- **D** Chi è allegro non può non essere sereno, equilibrato e spensierato
- **E** Essere sereni, equilibrati e spensierati è condizione necessaria, ma non sufficiente per essere allegri

Le due affermazioni del testo possono essere trasformate nel seguente modo:
- solo se si è sereni, equilibrati e spensierati si è allegri;
- se si è sereni, equilibrati e spensierati, allora si è allegri.

Dunque l'essere sereni, equilibrati e spensierati è condizione sia sufficiente, sia necessaria per essere allegri.
Ricordando che nel caso di una frase del tipo "se e solo se A allora B" (condizione necessaria e sufficiente) è possibile dedurre con certezza che:
- se non B allora non A;
- se B allora A;
- se non A allora non B.

Le alternative **A**, **B**, **C** e **D** sono tutte deducibili da una delle due affermazioni, mentre la **E** risulta errata ed è quindi la soluzione del quesito.

10.2.2 Problemi con relazioni logiche

Una variante dei problemi di deduzione logica è costituita da esercizi che nella loro formulazione richiamano i sillogismi. Si tratta di esercizi in cui vengono presentate alcune affermazioni (generalmente tre, ma a volte in numero maggiore) esplicitanti relazioni tra soggetti diversi, dalle quali si possono trarre conclusioni riguardanti altre relazioni. L'esercizio chiede di identificare tra le alternative proposte quella in cui compare un'affermazione deducibile logicamente da quelle iniziali.

Esempi

1 "Tutti gli avvocati sono prolissi; Giorgio ama la montagna; tutte le persone che amano la montagna sono prolisse".
Se le affermazioni sopra riportate sono vere, quale delle seguenti è necessariamente vera?

- A Giorgio è un avvocato
- B Tutte le persone prolisse sono avvocati
- C Tutti gli avvocati amano la montagna
- D Giorgio è prolisso
- E Giorgio avrebbe voluto essere un avvocato

La risposta esatta è la D. Infatti, se Giorgio ama la montagna e tutti coloro i quali amano la montagna sono prolissi, anche Giorgio è prolisso.
L'alternativa A è errata in quanto Giorgio, amando la montagna, è necessariamente prolisso, ma ciò non implica che sia avvocato. Il fatto che tutti gli avvocati siano prolissi non implica necessariamente che tutte le persone prolisse siano avvocati. Per lo stesso motivo è dunque errata anche l'alternativa B.
L'alternativa C è errata in quanto l'unica informazione certa sugli avvocati è che essi sono prolissi e il fatto che anche le persone che amano la montagna siano prolisse non consente di dedurre che tutti gli avvocati amano la montagna. La E è palesemente errata e non necessita di spiegazione. Alla soluzione si sarebbe potuti giungere anche utilizzando uno schema "grafico", che a molti risulta particolarmente utile ed efficace. Le tre affermazioni iniziali possono infatti essere graficamente riportate come segue:

$$\text{avvocati} \Rightarrow \text{persone prolisse}$$
$$\Uparrow$$
$$\text{Giorgio} \Rightarrow \text{persone che amano la montagna}$$

Seguendo le frecce che riproducono le tre affermazioni è possibile giungere dall'insieme *Giorgio* all'insieme *persone prolisse*. Non è invece possibile giungere dall'insieme *Giorgio* all'insieme *avvocati*. Per far ciò sarebbe stata necessaria una freccia dall'insieme *persone prolisse* all'insieme *avvocati*. In altre parole, sarebbe stato necessario sapere che tutte le persone prolisse sono avvocati. Mancando tale informazione, ne segue che le alternative A e B sono errate.

Analogamente, per poter collegare l'insieme *avvocati* con l'insieme *persone che amano la montagna*, ossia per poter affermare che tutti gli avvocati amano la montagna, sarebbe stato necessario avere una freccia che conduce dall'insieme *persone prolisse* all'insieme *persone che amano la montagna*. In altre parole, sarebbe stato necessario sapere che tutte le persone prolisse amano la montagna. Mancando tale informazione, ne segue che l'alternativa **C** è errata.

---

2 "Tutti i dipendenti della società Alber sono svogliati; Luca gioca a golf; tutte le persone che giocano a golf sono svogliate".
Se le tre affermazioni che precedono sono vere, quale delle seguenti è vera?
A Tutti i dipendenti della società Alber giocano a golf
B Luca è una persona svogliata
C Tutte le persone svogliate giocano a golf
D Luca è un dipendente della società Alber

L'alternativa **D** è errata: Luca, essendo un giocatore di golf, è svogliato ma ciò non implica che lavori nella società Alber. Il fatto che tutti i dipendenti della società Alber siano svogliati non implica necessariamente che tutte le persone svogliate siano dipendenti della società Alber. Analogamente, affermare che tutte le persone che giocano a golf sono svogliate non implica che tutte le persone svogliate giochino a golf: anche le risposte **C** e **A** sono dunque errate. In conclusione, la risposta esatta è la **B**: infatti, se è vero che tutte le persone che giocano a golf sono svogliate e che Luca gioca a golf, si può facilmente concludere che Luca è una persona svogliata.

Leggere il testo del seguente problema e rispondere alle relative domande.
I)   Maria Grazia è laureata in Scienze della Comunicazione
II)   Tutti coloro che vogliono sostenere l'esame da giornalista si iscrivono alla facoltà di Scienze della Comunicazione
III) Chi si laurea in Scienze della Comunicazione trova impiego entro due anni

3 **Se le tre affermazioni sopra riportate sono vere, quale delle seguenti è vera?**
A Maria Grazia lavora
B Maria Grazia è giornalista
C Tutti i giornalisti si sono laureati in Scienze della Comunicazione
D Nessuna delle precedenti alternative è corretta

L'esercizio si risolve stabilendo le relazioni logiche tra le tre affermazioni date.
- Maria Grazia $\Rightarrow$ laureata in Scienze della Comunicazione;
- chi sostiene esame da giornalista $\Rightarrow$ iscritto a Scienze della Comunicazione;
- laureati in Scienze della Comunicazione $\Rightarrow$ trovano un impiego entro due anni.

Preso atto di queste relazioni non è possibile affermare che Maria Grazia lavori (poiché non si sa da quanto sia laureata), né che Maria Grazia sia una giornalista

(non è detto che abbia sostenuto e superato l'esame da giornalista: chi sostiene l'esame è iscritto a Scienze della Comunicazione, ma non tutti gli iscritti sostengono tale esame), né tanto meno (per lo stesso motivo) che tutti i giornalisti sono laureati in Scienze della Comunicazione.
La risposta corretta è dunque la **D**.

---

4 **Se le tre affermazioni sopra riportate sono vere, quale delle seguenti è certamente falsa?**

A A tre anni dal conseguimento della laurea in Scienze della Comunicazione, Maria Grazia non ha ancora trovato un impiego

B A Scienze della Comunicazione si iscrivono tutti coloro che vogliono diventare giornalisti

C Chi ha conseguito la laurea in Scienze della Comunicazione da più di due anni ha trovato almeno un impiego

D È possibile che Maria Grazia non abbia ancora trovato un impiego

Tra le alternative del quesito l'unica che risulta sicuramente falsa è la **A**, che è dunque la soluzione dell'esercizio: poiché infatti si assume per vero, come ipotesi iniziale, che "Chi si laurea in Scienze della Comunicazione trova impiego entro due anni" e che "Maria Grazia è laureata in Scienze della Comunicazione", risulta evidente che a distanza di tre anni dalla laurea Maria Grazia ha certamente trovato un'occupazione.

---

5 **Quale delle seguenti affermazioni aggiuntive consente di concludere che Maria Grazia è giornalista?**

I) **Tutti i giornalisti sono laureati in Scienze della Comunicazione**

II) **Tutti coloro che si laureano in Scienze della Comunicazione sono giornalisti**

III) **Maria Grazia ama il giornalismo**

A La I)

B La II)

C La I) e la II)

D La I), la II) e la III)

L'unica affermazione aggiuntiva che consente di concludere che Maria Grazia è una giornalista è la II). Infatti se questa è vera, allora c'è una coincidenza tra chi si laurea in Scienze della Comunicazione (tra cui Maria Grazia) e chi esercita la professione di giornalista. La soluzione al quesito è dunque fornita dalla risposta **B**.

6 Tutti i calciatori sono sportivi; Marco è sportivo; tutti gli sportivi sono educati e gioviali; tutte le persone che amano gli scacchi sono gioviali.
Se le precedenti affermazioni sono vere, quale delle seguenti non è possibile dedurre con certezza?

    A Marco è educato
    B I calciatori sono gioviali
    C Marco è gioviale
    D Marco ama gli scacchi
    E I calciatori sono educati

Anche in questo caso, per risolvere rapidamente l'esercizio è utile rappresentare le informazioni contenute nel testo del quesito in modo schematico:

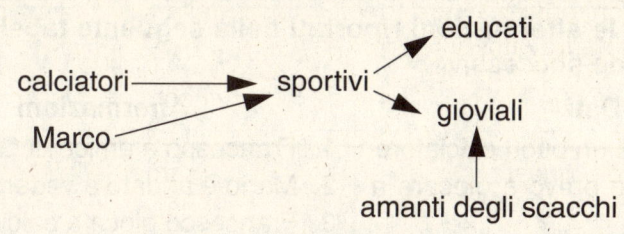

```
                              educati
                           ↗
calciatori ──→ sportivi
           ↗               ↘
Marco                         gioviali
                              ↑
                        amanti degli scacchi
```

Da questo schema si può facilmente dedurre che Marco è educato e gioviale (A e C vere) e che i calciatori sono gioviali ed educati (B ed E vere). Ciò che non è possibile affermare con certezza è che Marco ami gli scacchi (non è infatti detto che tutte le persone gioviali amino gli scacchi). La soluzione al quesito è quindi fornita dall'alternativa D.

---

7 Date le seguenti affermazioni, individuare l'alternativa sicuramente falsa:

- le biciclette urlano e scricchiolano;
- i tricicli fischiano e scricchiolano;
- ciò che scricchiola è lucente;
- le biciclette corrono;
- ciò che corre urla;
- ciò che corre o fischia vola a destra o a sinistra.

    A I tricicli volano a sinistra e non urlano
    B Le biciclette corrono e fischiano
    C I tricicli e le biciclette sono lucenti
    D I tricicli volano a destra e scricchiolano

Per risolvere questo esercizio, tipico delle prove di ammissione alla **Terza Università di Roma**, è molto utile tracciare graficamente le relazioni individuate dalle affermazioni presentate.

Si può ottenere il seguente schema:

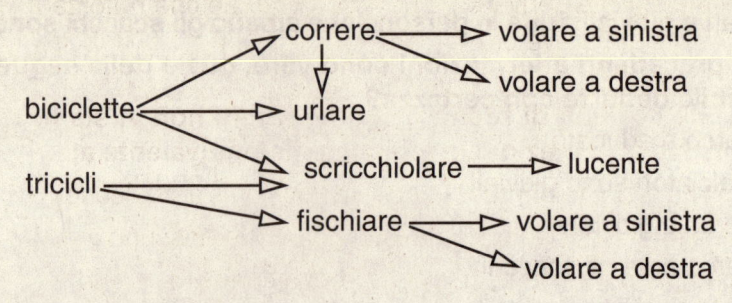

```
                        correre ────▷ volare a sinistra
                       ╱   │      ╲
                      ╱    ▽       ╲▷ volare a destra
        biciclette ◁────▷ urlare
                  ╲
        tricicli ──╲─▷ scricchiolare ────▷ lucente
                    ╲
                     ▷ fischiare ◁──▷ volare a sinistra
                                  ╲
                                   ▷ volare a destra
```

Seguendo lo schema si ha che l'unica affermazione falsa è quella presentata dall'alternativa **B**. Infatti le biciclette corrono, urlano e scricchiolano, ma non fischiano.

Leggere i dati e le affermazioni riportati nella seguente tabella e rispondere alle domande successive.

Dati	Affermazioni
• Guglielmo è un buon calciatore • Mario non è bravo a giocare a calcio • Francesco è andato a vedere la partita allo stadio • Tutti quelli che sono andati a vedere la partita giocano a calcio	1. Francesco è amico di Guglielmo 2. Mario è andato a vedere la partita 3. Francesco gioca a calcio 4. Guglielmo è andato allo stadio a vedere la partita

8 In base ai precedenti dati, quali affermazioni sono necessariamente vere?

- A La 1 e la 2
- B Solo la 4
- C Solo la 2
- D La 3 e la 4
- E Solo la 3

L'unica affermazione che può essere dedotta con certezza è la 3: Francesco è andato a vedere la partita allo stadio; tutti quelli che sono andati a vedere la partita giocano a calcio e quindi Francesco gioca a calcio. La soluzione dell'esercizio è quindi la **E**. Questa tipologia di esercizi è stata più volte proposta nelle prove di ammissione ai corsi di laurea della **Terza Università di Roma**.

10.2.3 Negazioni e ipotesi

Gli esercizi sulle *negazioni* propongono frasi in cui un concetto è espresso mediante continue negazioni che spesso si annullano tra loro. Lo scopo del candidato è scoprire tra le alternative proposte quella che esprime il corretto significato della frase proposta. Negli esercizi sulle *ipotesi*, invece, si chiede al candidato di trovare la tesi che ne deriva oppure l'affermazione che rafforza o indebolisce quanto riportato in un breve brano proposto.

---

1 **"Non vi è ragione di ritenere che in ufficio non vi sia nessuno". La precedente affermazione è logicamente equivalente a:**

  A non vi è ragione di ritenere che in ufficio vi sia qualcuno
  B è il caso di pensare che in ufficio non vi sia nessuno
  C si può pensare che in ufficio vi sia qualcuno
  D si può pensare che in ufficio non vi sia nessuno

Il testo contiene una doppia negazione: "Non vi è ragione di ritenere..." che "...non vi sia nessuno". La doppia negazione equivale a un'affermazione, per cui la frase può essere svolta sotto forma di affermazione, del tipo: "Si può ritenere che...", "vi sia *qualcuno*" (si ricordi che i pronomi indefiniti negativi "niente", "nulla", "nessuno" quando seguono il verbo esigono la negazione. In questo caso non si tratta perciò di doppia negazione, ma di un'unica negazione che va a elidersi con quella della proposizione principale). La risposta esatta è quindi la C, perché esprime il medesimo concetto contenuto nel testo.

---

2 **"Alcune recenti ricerche hanno respinto l'impossibilità della non veridicità della tesi secondo la quale non esiste una correlazione negativa tra età media delle persone e quantità media di sigarette che tali persone hanno fumato".**

  Se quanto sopra riportato è vero, quale delle seguenti affermazioni è vera?

  A Il fumo accorcia la vita media delle persone
  B Non vi è correlazione negativa tra quantità di sigarette fumate e vita media delle persone
  C Il fumo allunga la vita media delle persone
  D È impossibile che vi sia una correlazione negativa tra quantità di sigarette fumate e vita media delle persone
  E È possibile che vi sia una correlazione negativa tra quantità di sigarette fumate e vita media delle persone

È questo un esempio di quella tipologia di esercizi in cui bisogna tradurre e interpretare il significato di un'affermazione espressa in una forma tutt'altro che immediatamente comprensibile. La risposta esatta è la E. È possibile arrivare alla soluzione procedendo in modo sequenziale:

- alcune recenti ricerche hanno respinto l'impossibilità... ⇒ *è possibile*;
- è possibile la non veridicità della tesi secondo la quale non esiste ⇒ *è possibile che esista*...

3 La frase "Non c'è un giorno senza discussione" è equivalente a:

A non tutti i giorni sono tranquilli
B ogni giorno c'è almeno una discussione
C ogni giorno si fanno molte discussioni
D qualche giorno si riesce a stare tranquilli senza discutere

Il senso della frase è che ogni giorno avviene almeno una discussione. Non è detto che ve ne sia più di una, ma almeno una. La risposta corretta è fornita dall'alternativa **B**.

4 "La criminalità nelle strade ha ormai raggiunto livelli preoccupanti. Gran parte della responsabilità di questa situazione è da attribuire ai giudici, che hanno severamente limitato l'azione della nostra polizia. La criminalità non sarà eliminata fino a quando alla polizia sarà impedito di intraprendere le azioni che quest'ultima ritiene necessarie per individuare i colpevoli dei reati".

Se le affermazioni sopra riportate sono vere, ne segue che:

a) la criminalità sarà eliminata quando saranno rimossi i limiti imposti alla polizia;
b) i giudici non hanno alcun diritto di limitare le azioni della polizia;
c) i giudici non si preoccupano del diritto dei cittadini di essere difesi dalla criminalità.

A a)
B b)
C a) e b)
D b) e c)
E Né a), né b), né c)

Per rispondere alla domanda occorre prestare particolare attenzione a quanto viene esplicitamente affermato nel testo e non a quanto viene invece suggerito. La risposta corretta è la **E**: nessuna delle tre affermazioni può essere univocamente dedotta dal testo. Infatti l'affermazione a) non può considerarsi certa, in quanto l'autore afferma semplicemente che "la criminalità non sarà eliminata fino a quando alla polizia sarà impedito di intraprendere le azioni che quest'ultima ritiene necessarie". Ciò non implica necessariamente che, una volta rimossi i limiti alle azioni della polizia, la criminalità sarà certamente eliminata: la rimozione dei limiti imposti alla polizia è dunque *condizione necessaria ma non sufficiente* per l'eliminazione della criminalità.

L'affermazione b) non può essere dedotta, in quanto l'autore ha parlato degli effetti di alcuni provvedimenti dei giudici e non del diritto dei giudici di adottare tali provvedimenti. L'affermazione c) è anch'essa slegata dall'argomentazione: nessuna informazione viene fornita circa le intenzioni o le motivazioni alla base del comportamento dei giudici.

5   "Gli studenti delle scuole statunitensi hanno proposto di poter scegliere da soli il proprio curriculum di studi. Consentire ciò sarebbe tanto disastroso quanto permettere ai bambini di tre anni di decidere da soli la propria dieta. Gli studenti in questione non hanno né la maturità né l'esperienza per poter sostituire i professionisti che attualmente svolgono questa funzione".

Quale delle seguenti affermazioni rafforzerebbe l'argomentazione sopra riportata?

A Gli studenti statunitensi hanno un livello di istruzione inferiore a quello dei professionisti che attualmente delineano i curricula

B I bambini di tre anni non sono in grado di scegliere da soli diete sane ed equilibrate

C Gli studenti statunitensi sono meno intelligenti della media dei loro coetanei di altri Paesi

D I curricula individuali sono meglio di quelli standardizzati

E La capacità di scegliere in modo appropriato un buon curriculum di studi si sviluppa solo dopo anni di esperienza nelle istituzioni scolastiche e dopo essere diventati adulti

Il modo migliore per rafforzare una certa argomentazione è quello di rafforzare l'ipotesi centrale della stessa argomentazione.

L'argomentazione iniziale può essere suddivisa in tre componenti:

- **l'evidenza o fatto:** gli studenti statunitensi hanno proposto di poter scegliere da soli il proprio curriculum di studi;
- **la conclusione:** gli studenti statunitensi non hanno né la maturità né l'esperienza per sostituire i professionisti che attualmente svolgono tale funzione;
- **l'ipotesi implicita:** deve essere l'elemento che collega l'evidenza alla conclusione.

Nell'esempio, l'ipotesi implicita è quella riportata dall'alternativa E. Infatti, andando per esclusione, l'alternativa A non rafforza l'argomentazione, trattandosi di un'informazione già nota. L'alternativa B, per quanto inerente a una metafora utilizzata dall'autore dell'argomentazione, è estranea alla conclusione e soprattutto non serve a collegare l'evidenza con la conclusione. Le alternative C e D sono anch'esse irrilevanti ai fini dell'argomentazione e comunque incapaci di collegare i due elementi noti. L'alternativa E, invece, fornisce proprio quell'elemento che collega logicamente l'evidenza con la conclusione: sapendo infatti che la capacità di scegliere accuratamente i curricula si sviluppa solo con l'esperienza, è evidente che gli studenti stessi non sono in grado di svolgere tale funzione, o quantomeno lo sono in misura inferiore rispetto ai professionisti che attualmente la svolgono. L'argomentazione, cioè la connessione logica che lega gli elementi che la compongono, risulta dunque rafforzata.

Suggerimenti

Per un'efficace e veloce risoluzione degli esercizi di questa tipologia è opportuno ricordare quanto segue.

- Per rispondere alle domande occorre basarsi **unicamente sulle informazioni** fornite dagli esercizi e non sulle proprie eventuali conoscenze relative all'argomento trattato.

- È utile cercare di suddividere mentalmente ogni argomentazione nelle sue tre componenti fondamentali: **evidenza** o **fatto**, **conclusione** e **ipotesi** esplicita o implicita. Ciò consente di individuare più facilmente eventuali errori logici, ipotesi implicite, affermazioni che rafforzano o indeboliscono.

- Per gli esercizi che richiedono di individuare le affermazioni che rafforzano o indeboliscono una certa argomentazione, occorre individuare le affermazioni che indeboliscono o rafforzano l'ipotesi centrale, esplicita o implicita, della stessa argomentazione.

- Occorre prestare particolare attenzione al **tipo di relazione** esistente tra due eventi, senza confondere una semplice **associazione** con una relazione di **causa-effetto**. Così, per esempio, se si afferma che *una percentuale elevata di persone che contraggono tumori ai polmoni sono fumatori*, ciò non implica necessariamente che tutti i fumatori contraggano tumori ai polmoni, né che il tumore ai polmoni sia contratto solo dai fumatori.

- Allo stesso modo occorre non confondere la **necessità** di una condizione con la sua **sufficienza**. Se si afferma che *solo i fumatori contraggono tumori ai polmoni*, ciò non implica che tutti i fumatori contraggono tumori ai polmoni. Il fatto di essere fumatore sarebbe cioè condizione necessaria ma non sufficiente per contrarre un tumore ai polmoni.

- Per rispondere alle domande è importante analizzare l'argomentazione di base, facendo attenzione non solo alle **deduzioni logiche** che da essa si possono ricavare, ma anche alle **ipotesi implicite** sulle quali essa si basa. Spesso infatti, a un esame attento, il processo logico e l'argomentazione conseguente mancano di un anello che viene dato per scontato. Le domande proposte possono chiedere di identificare proprio questo anello mancante, con il quesito: *qual è l'ipotesi alla base dell'argomentazione?* Per esempio, se si afferma che *Giorgio dovrebbe nuotare più spesso perché la sua forma fisica è piuttosto scadente*, è implicitamente assunto che il nuoto contribuisce a migliorare la forma fisica.

- È utile, una volta individuata la risposta esatta, controllarla tornando al testo dell'esercizio e verificando che l'alternativa scelta rispetti tutte le condizioni poste dal testo.
- Per gli esercizi di tipo enigmistico, nei quali affermazioni e negazioni si alternano, è opportuno procedere in modo sequenziale, quasi algebricamente, con dei + e dei –, ricordando che due negazioni danno come risultato un'affermazione. Così l'affermazione *Luca ha negato di non volerle bene* equivale a *Luca ha affermato di volerle bene*.

11 QUESITI DI ANALISI DOCUMENTALE

Questa tipologia di esercizi intende valutare l'attitudine del candidato a riconoscere le conclusioni che si possono trarre da alcune situazioni presentate mediante testi e/o documenti.

A differenza delle altre tipologie di esercizi, la maggior parte di questi quesiti prevede solo 3 alternative tra cui scegliere. Ogni alternativa si ripete identica, per ogni domanda: bisogna cioè individuare se l'affermazione proposta dal quesito sia direttamente deducibile dal testo/documento, sia contraddica oppure se non sia possibile valutarne la veridicità.

Tutti gli esercizi fanno riferimento a una situazione iniziale. Viene fornita una scheda di informazioni separata allegata al questionario in cui vengono presentate tutte le informazioni riguardanti una certa situazione su cui si fondano poi le domande.

Bocconi	tipologia **non** presente negli anni passati
LUISS	tipologia presente negli ultimi anni
Economia, Giurisprudenza e **Scienze politiche**	tipologia **non** presente negli ultimi anni
LIUC	tipologia **non** presente negli ultimi anni

Questa tipologia di esercizi è stata proposta in passato nei soli test di ammissione all'università LUISS di Roma in cui veniva fornita una **scheda separata riassuntiva di una serie di informazioni** a cui facevano riferimento diversi quesiti sparsi nel test.

11.1 PROVE DI ANALISI

Leggere quanto segue, osservare il documento riportato e rispondere alle domande proposte.

Ognuna delle domande relative al testo e al documento informativo consiste in una affermazione per valutare la quale si deve scegliere:
- **A**: se l'affermazione è deducibile o si ricava direttamente da quanto riportato nel documento;
- **B**: se l'affermazione contraddice quanto riportato nel documento;
- **C**: se non si è in grado, in base al documento, di dire se l'affermazione sia vera o falsa.

Guido e Francesco sono stati appena assunti dalla società D'Antonio s.r.l., un'azienda vinicola specializzata nella trasformazione di uva e nella produzione di vini di alta qualità. Viene fornito il seguente documento.

Regole per il personale		
Stabilimento	dalle 8 alle 15	
Cantina/Magazzino	dalle 8,30 alle 16	
Uffici amministrativi	dalle 8,30 alle 17	dal lunedì al venerdì
Reception	dalle 8,30 alle 17	

Orari di pausa oltre alla pausa per il pranzo prevista per tutti alle 12,30:	
Stabilimento:	30 minuti tra le 10 e le 11 previo accordo con il responsabile della produzione
Cantina/Magazzino:	40 minuti tra le 10 e le 11.20 previo accordo con il responsabile
Uffici amministrativi:	30 minuti tra le 10 e le 11 previo accordo con il responsabile
Reception:	10 minuti tra le 10 e le 10.30 previo accordo con il responsabile

Ferie e Permessi:
Ogni lavoratore ha diritto a 2 giorni di ferie al mese con possibilità di accumulare i giorni e goderli quando vuole negli anni.
Ogni lavoratore ha diritto a 4 ore di permesso al mese. Se durante un mese queste ore non vengono utilizzate si perdono.

1 Dopo un mese di lavoro Guido avrà 64 giorni di ferie in meno del direttore amministrativo che lavora alla D'Antonio da 3 anni esatti e ha usufruito di 8 giorni di ferie in tutto.
   A
   B
   C

L'affermazione contraddice quanto riportato dal documento. Infatti, se il direttore amministrativo lavora alla D'Antonio da 3 anni avrà accumulato in tutto 72 giorni di ferie (2 giorni al mese per 36 mensilità). Se di queste ne ha utilizzate 8, significa che ha ancora un monte ferie pari a 64 giorni. Dopo un mese di lavoro Guido ha maturato 2 giorni, per cui avrà 62 giorni di ferie in meno del direttore amministrativo. La soluzione al quesito è rappresentata dall'alternativa B.

2 Francesco viene assegnato al magazzino, e Guido alla reception. Il venerdì Francesco esce dal lavoro sempre prima di Guido.
   A
   B
   C

Gli orari per chi lavora al magazzino prevedono l'uscita dal lavoro alle 16 tutti i giorni, mentre per chi lavora alla reception alle 17. Dunque è deducibile che il venerdì Francesco esca dal lavoro prima di Guido. La soluzione al quesito è rappresentata dall'alternativa A.

3 I lavoratori dell'ufficio amministrativo sfruttano i loro 20 minuti di pausa mattutina prima di quelli dello stabilimento.
   A
   B
   C

Il documento prevede che chi lavora nello stabilimento goda la pausa mattutina di 30 minuti entro l'intervallo di tempo che va dalle 10 alle 11. La stessa regola è prevista per i lavoratori degli uffici amministrativi. In realtà nulla si sa su quali lavoratori facciano prima la pausa all'interno di questo intervallo, per cui la soluzione al quesito è fornita dall'alternativa C, non essendo quanto affermato né sicuramente vero né palesemente falso.

4 Dopo il primo mese di lavoro Francesco non ha utilizzato neanche una delle 4 ore di permesso. Alla fine del prossimo mese potrà usufruire di 8 ore di permesso totali.
   A
   B
   C

L'affermazione contraddice quanto riportato dallo schema (B soluzione del quesito); infatti, le ore di permesso di cui i dipendenti non usufruiscono durante un mese non si accumulano (al contrario dei giorni di ferie) ma vengono perse. Ciò significa che se dopo il primo mese Francesco non ha usufruito di alcuna delle 4 ore, le perde tutte e il secondo mese avrà diritto di nuovo a 4 ore di permesso.

La tabella seguente mostra la quantità di bottiglie vendute in un anno in ciascuno dei 4 Paesi serviti dalla D'Antonio per i 4 tipi di vino commercializzati. Rispondere alle domande facendo riferimento a tale tabella.

Paese	Tipo A	Tipo B	Tipo C	Tipo D
Italia	20.000	30.000	15.000	5.000
Francia	2.000	4.000	8.000	2.000
Germania	8.000	12.000	8.000	2.000
Austria	4.000	4.000	3.000	1.000

5 Qual è la percentuale di vino del tipo B venduta annualmente in Italia rispetto al totale del vino B venduto dalla società D'Antonio?

A 30%

B 50%

C 20%

D 40%

E 60%

In Italia sono vendute 30.000 bottiglie del vino di tipo B su un totale di 50.000 (30.000 + 4.000 + 12.000 + 4.000) bottiglie di questo vino vendute nei 4 Paesi in cui la società D'Antonio commercializza. In termini percentuali il numero di bottiglie del vino B vendute in Italia corrisponde al 60% del totale di tale vino venduto e quindi la risposta corretta è fornita dall'alternativa E.

6 In quale Paese si registra percentualmente la maggiore produzione di vino di tipo A rispetto alla produzione totale dello stesso vino?

A Italia

B Francia

C Germania

D Austria

E Non è possibile rispondere al quesito sulla base delle informazioni possedute

Leggendo con attenzione il testo della domanda ci si accorge che l'unica risposta possibile è quella fornita dall'alternativa E. Infatti, il testo dell'esercizio parla di "produzione" di vino di cui nulla si sa dai dati della tabella che invece fanno riferimento a quantità di bottiglie di vino commercializzate. Non è, quindi, possibile rispondere alla domanda in base alle informazioni possedute.

7 In quale Paese la vendita di bottiglie di vino C da parte della società D'Antonio costituisce nell'anno la percentuale più alta della vendita complessiva di vino da parte della D'Antonio in quello stesso Paese?

A Italia

B Francia

C Germania

D Austria

E Non è possibile rispondere al quesito in base alle informazioni possedute

Per risolvere l'esercizio è necessario calcolare per ogni Paese la quantità totale di vino venduto in un anno dalla società D'Antonio. Sommando le diverse quantità si ha che:

Paese	Totale bottiglie di vino vendute all'anno dalla D'Antonio in quel Paese
Italia	70.000
Francia	16.000
Germania	30.000
Austria	12.000

A questo punto è necessario confrontare questi valori con il numero di bottiglie di vino di tipo C vendute nei singoli Paesi. Si vede immediatamente a occhio che il rapporto più elevato si ha in Francia, dove il vino di tipo C rappresenta il 50% del totale del vino venduto dalla società D'Antonio in quel Paese. La risposta corretta è fornita dall'alternativa **B**.

11.2 Esercizi di valutazione

In questa tipologia di esercizi viee presentata una serie di situazioni che sono date come vere. Viene poi fornita un'ulteriore informazione della quale lo studente deve valutare l'impatto sull'assunto iniziale. Lo studente deve quindi scegliere tra tre alternative:

- **A**: se la nuova informazione conferma l'assunto iniziale;
- **B**: se la nuova informazione contrasta con l'assunto iniziale;
- **C**: la nuova informazione non ha alcuna influenza sull'assunto iniziale.

Questa tipologia di esercizi è stata **molto utilizzata** nelle ultime prove d'ammissione alla LUISS.

Francesco è convinto che per tappare le bottiglie del vino più pregiato venga utilizzata la macchina più nuova dell'azienda.

1   Facendo il giro dello stabilimento Francesco nota che le bottiglie di vino meno pregiato vengono tappate dalla macchina più nuova dell'azienda.

   Ⓐ
   Ⓑ
   Ⓒ

Il fatto che la macchina più nuova venga utilizzata per tappare le bottiglie di vino meno pregiato non contraddice la convinzione di Francesco. Infatti, non è detto che oltre a quelle meno pregiate essa non sia utilizzata anche per quelle più pregiate come lui ritiene. Se fosse utilizzata su entrambe le tipologie di vino questo confermerebbe quanto crede Francesco. Il fatto che quindi in quel momento stia lavorando sulle bottiglie meno pregiate non contraddice la sua convinzione. Diverso sarebbe il caso in cui lui vedesse le bottiglie pregiate tappate da una macchina vecchia. In questo caso quello che vede andrebbe contro la sua convinzione. La soluzione al quesito è fornita dall'alternativa Ⓒ.

Guido è convinto che per la fermentazione delle uve sia necessaria almeno una giornata.

2   Guido osserva che le uve utilizzate dalla D'Antonio rimangono a fermentare per 36 ore nelle apposite macchine.

   Ⓐ
   Ⓑ
   Ⓒ

La risposta in questo caso è facilmente individuabile nell'alternativa Ⓐ. Il fatto che le uve utilizzate dalla D'Antonio necessitino di una fermentazione di 36 ore non può che confermare l'opinione di Guido, che ritiene necessaria almeno una giornata (24 ore quindi). Anche se non si è sicuri che tutte le uve impieghino almeno una giornata a fermentare, il fatto di vedere che quelle della D'Antonio impiegano 36 ore è un elemento a conferma della sua convinzione.

Guido è convinto che se non si usa molto zucchero allora il vino è buono.

3   Il responsabile dello stabilimento dice a Guido che se un vino non è buono allora è stato usato molto zucchero.

   Ⓐ
   Ⓑ
   Ⓒ

L'affermazione del responsabile non può che confermare quanto pensato da Guido, ovvero per ottenere un vino buono non si debba usare molto zucchero. Il responsabile gli dice che effettivamente un vino cattivo (non buono) è quello che contiene molto zucchero.
La risposta corretta è fornita dall'alternativa **A**.

Francesco pensa che per ottenere del vino barricato è necessario e sufficiente affinarlo in bottiglia per almeno un mese.

---

4   Per la produzione del vino barricato è necessario l'affinamento dello stesso in serbatoi d'acciaio per almeno due mesi.
   A
   B
   C

L'affermazione contraddice quanto creduto da Francesco. L'affinamento in bottiglia, infatti, potrebbe anche essere necessario, ma sicuramente non sufficiente, in quanto è comunque necessario un affinamento in serbatoi d'acciaio. La soluzione al quesito è fornita dall'alternativa **B**.

SUGGERIMENTI
Per capire se un'affermazione conferma o non influenza una informazione, ci si deve chiedere se questa affermazione aggiunge qualcosa in più (inerente) a quanto già detto oppure è del tutto avulsa o è già contenuta nell'informazione principale.
Altre volte è capitato di trovare questa tipologia di esercizi in una versione stilistica leggermente diversa, come quella dell'esempio che segue. Si fa notare come nulla cambia dal punto di vista sostanziale.

Stefania crede che tutte le persone con gli occhi neri siano buone di carattere.

Simona ha gli occhi azzurri ed è buona di carattere.

---

5   L'affermazione precedente:
   A conferma la sua convinzione
   B va contro la sua convinzione
   C non influenza la sua convinzione

L'alternativa **C** è soluzione del quesito. Infatti, il fatto che Simona, che ha gli occhi azzurri, sia buona di carattere, non conferma, né va contro la convinzione di Stefania relativa alle sole persone con gli occhi neri. L'affermazione dunque non influenza la convinzione di Stefania.

12 ESERCIZI DI ATTENZIONE

In questo capitolo vengono presentati alcuni esercizi per la cui risoluzione non è necessaria la conoscenza di particolari nozioni né l'applicazione di procedimenti logici. La somministrazione è fatta allo scopo di valutare la capacità di concentrazione e di precisione del candidato.

Bocconi	• riproduzione di frasi e copie conformi all'originale: presente negli ultimi due anni • elementi da contare: non presente nell'ultimo anno ma presente negli anni passati
LUISS	tipologia **non** presente negli ultimi anni
LUIC	tipologia **non** presente negli ultimi anni
Economia, Giurisprudenza e Scienze politiche	tipologia **non** presente negli ultimi anni

12.1 RIPRODUZIONE DI FRASI

Nelle "riproduzioni di frasi" vengono riportati alcuni nominativi con indicazioni di vario tipo (indirizzi, numeri ecc.) seguiti dalla ripetizione delle stesse informazioni contenente però alcuni errori. Lo scopo è quello di scegliere, tra le alternative proposte, quella che individua l'esatto numero di inesattezze presenti nella ripetizione.

ESEMPI

1. Sig. Tartoviello Daniele, via Dibernardi 12, tel. 02/6307254
   Sig. Tartavielo Danele, via Dibearnardi 12, tel. 02/3670245
   A) 11 B) 9 C) 10 D) 12 E) 13

In questo esercizio la risposta esatta è la C. Gli errori sono infatti 10 e più precisamente la "a" al posto della "o" e la mancanza di una "l" nel cognome, la mancanza di una "i" nel nome, una "a" di troppo nel nome della via e 6 numeri su 7 cambiati di posizione. In totale, quindi, 10 errori.

2. Dott.ssa Elena Maria Vittari, Viale Colombo 36, Roma. Fax: 06/5845624
   Dott.ssa Elna Maria Vittori, Vialle Colombo 63, Roma. Fax: 06/5845246
   A) 11 B) 9 C) 10 D) 8 E) 12

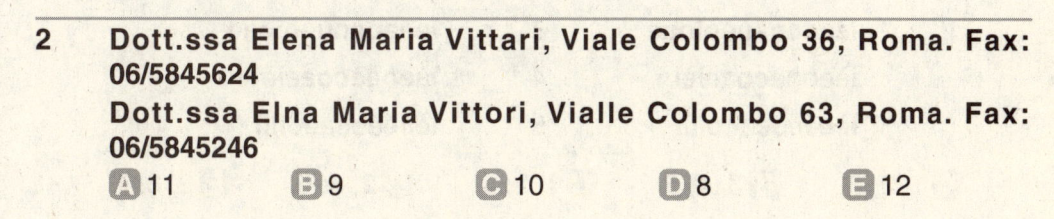

Sono 8 gli errori presenti nell'esercizio. Infatti manca la "e" in Elena, c'è una "o" al posto di una "a" nel cognome, una "l" di troppo nell'indirizzo che contiene anche due errori nel numero civico (le cifre sono invertite), nel numero di telefono infine le ultime tre cifre sono invertite (tre errori). La soluzione al quesito è quindi, fornita dall'alternativa **D**.

3 **Mr. Sweden, Cambridge Street, London RIF. 124256987**
Mr. Swiden, Cembrigde Striet, London RIF. 122265798

A 10   **B** 13   **C** 6   **D** 12   **E** 11

Sono 11 gli errori presenti nell'esercizio e la soluzione al quesito viene quindi fornita dall'alternativa **E**. Infatti nel cognome c'è una "i" al posto di una "e", nel nome della via c'è una "e" al posto di una "a" e la "g" e la "d" sono invertite; anche la parola Street contiene un errore ("ie" in luogo di "ee") e tra i numeri, infine, si notano un 2 al posto di un 4 (terza cifra) e le ultime 5 cifre invertite.

4 **Sig.ra Linzani Stefania, via Bartecci 19, tel. 06/8103296**
Sig.ra Lanzini Stafania, via Bertacci 91, tel. 02/8103166

A 9   **B** 10   **C** 11   **D** 12   **E** 13

Nella ripetizione del testo dell'esercizio sono presenti 10 errori. Il cognome infatti presenta due errori (la "a" e la "i" sono invertite), il nome uno (una "a" al posto della "e"), il nome della via nuovamente due errori (la "a" e la "e" sono invertite), come il numero civico (cifre invertite), mentre il numero di telefono ha tre errori (il 6 al posto del 2 nel prefisso, l'1 e il 6 al posto del 2 e del 9 nel numero). La soluzione al quesito viene quindi fornita dall'alternativa **B**.

12.2 COPIE CONFORMI ALL'ORIGINALE

In questi esercizi vengono proposte una serie di combinazioni di lettere o simboli in versione originale e le relative copie. Alcune di esse, però, nelle ripetizioni risultano non conformi all'originale. Compito del candidato che affronta il test è quello di individuare tali copie.

1 Quale copia risulta diversa dall'originale?

ORIGINALE		COPIA
èàçoeoìééçoeèà	1	èàçoeoìééçoeèà
ùeoìçáaeioééàò	2	ùeoìçáaeioééào
ìeèaocàùeòioae	3	ìeèaoàcùeòioae
ìàeoàècoaeìeùi	4	ìàeoàècoaeìeùi
ìèeéééèéàeoìììi	5	ìèeéééèéàeoìììi

A 1, 2, 3   **B** 3, 4, 5   **C** 1, 3, 4   **D** 2, 3, 5   **E** 2, 3, 4

Per risolvere l'esercizio è necessario controllare una a una le copie delle serie, rispetto agli originali, cercando di concentrare l'attenzione sull'effettiva corrispondenza e alternanza delle lettere. In questo esercizio, in particolare, è necessario fare attenzione alla presenza o assenza di accenti. Ci si accorge, allora, che nella ripetizione della 2 le "o" non sono più accentate, nella 3 la seconda e terza lettera sono invertite, mentre nelle ultime quattro lettere della 5 le "ì" accentate e le "i" non accentate sono tra loro invertite. Le copie della 1 e della 4, invece, sono conformi all'originale. La soluzione al quesito è, quindi, fornita dall'alternativa **D**.

2   Quale copia risulta diversa dall'originale?

ORIGINALE		COPIA
§§&&%@§§££$$?	1	§§&&%@§§££$$?
?!(&%§§&%$££??	2	?!(&%§§&%$££??
+§§S&%S$£§§£%	3	+§§S&S%$£§§£%
££$&><§§?%&!!?	4	££$&<>§§?%&!!?
+>?&%$§+>&%%!	5	+>?&%$§+>&%%!

A 2, 3, 4
B 1, 5
C 3, 4
D 3, 5
E 2, 4

Osservando le diverse copie degli originali, ci si accorge che la 1, la 2 e la 5 sono perfettamente uguali, mentre la 3 presenta il simbolo di percentuale (sesto simbolo) e la lettera "S" seguente invertite. Nella 4, invece, sono invertiti i simboli di maggiore e minore. La soluzione al quesito è, quindi, quella riportata dall'alternativa **C**.

SUGGERIMENTI

- Prestare molta attenzione alla **corrispondenza letterale** delle parole, analizzando lettera per lettera ogni singola parola corrispondente.
- Ricordarsi che due cifre o lettere che si invertono di posizione danno luogo a due errori e non a un unico errore.
- **Segnalare con la matita** sopra ogni parola o numero incontrato il numero di errori riscontrati in modo da poterli visualizzare al termine dell'esercizio con maggiore facilità.

12.3   ELEMENTI DA CONTARE

Questa tipologia di esercizi presenta alcune figure geometriche (triangoli, quadrati, cerchi ecc.) che si intersecano tra loro e che contengono un certo numero di elementi comuni (puntini, asterischi, stelline ecc.).

Al candidato viene richiesto di contare il numero di elementi contenuti nelle parti di intersezione tra le figure. Seppur apparentemente semplice e privo di difficoltà logiche, questo tipo di esercizi viene utilizzato allo scopo di verificare qualità importanti richieste al candidato e cioè la cura e la precisione nello svolgere un compito. Si propongono alcuni esempi per chiarire il concetto.

Esempi

1 Individuare il numero di puntini comuni al quadrato e al rettangolo ma non condivisi con il cerchio e il triangolo.

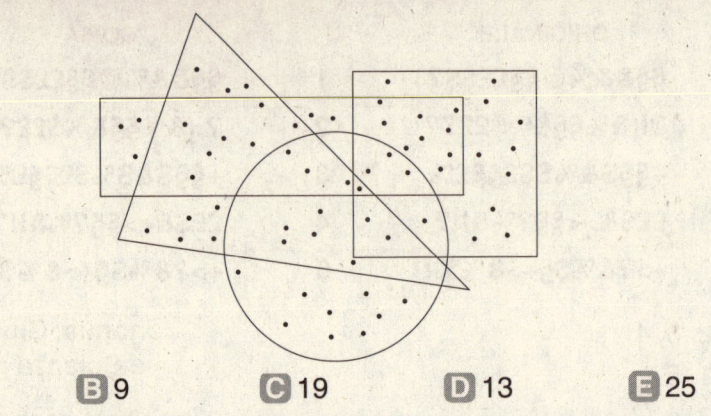

A 10   **B** 9   **C** 19   **D** 13   **E** 25

L'intersezione tra il quadrato e il rettangolo contiene complessivamente 13 puntini. Tuttavia 3 puntini appartengono anche al cerchio e 1 puntino appartiene anche al triangolo. Pertanto il numero di puntini richiesto è pari a 9 (risposta **B**).

2 Individuare il numero di asterischi comuni all'ellisse e all'esagono ma non condivisi con il quadrato e il trapezio.

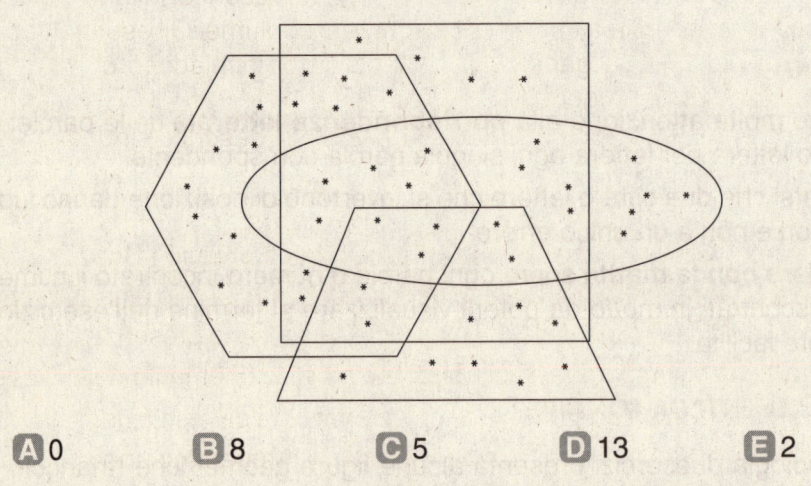

A 0   **B** 8   **C** 5   **D** 13   **E** 2

Il numero di asterischi comuni all'ellisse e all'esagono ma non presenti nel quadrato e nel trapezio è pari a 0. La risposta corretta è dunque la **A**.

13 PERCORSI LOGICI

Bocconi	LUISS – LIUC	Economia, Giurisprudenza e Scienze politiche
sequenza di azioni	tipologie non presenti negli ultimi anni	sequenza di azioni
analisi di processo		analisi di processo

Si tratta di esercizi che tipicamente fanno parte dei test attitudinali, ma che soltanto negli ultimi anni sono stati introdotti nelle prove di selezione per l'ammissione alle università italiane. Negli anni passati (ma non negli ultimi) venivano utilizzati nelle prove per l'ammissione alla LUISS di Roma, mentre sono diventati recentemente oggetto della prova di selezione alla Bocconi di Milano oltre che in generale nelle altre facoltà a cui è rivolto il presente volume. Gli esercizi sono ancora una volta di carattere generale o astratto e non richiedono conoscenze o nozioni specifiche di alcun genere.
Vengono presentate due tipologie distinte di esercizi, descritte singolarmente.

13.1 Analisi di processo

La seguente tipologia di esercizi è tipica della selezione **presso l'Università Bocconi di Milano**. L'analisi per flussi viene utilizzata per studiare le dinamiche aziendali anche nelle società di consulenza quando è necessario presentare e studiare in modo analitico i diversi processi su cui si basa il funzionamento della stessa.

L'esercizio presenta il funzionamento di un'azienda e le diverse azioni alternative in risposta al verificarsi di alcuni fatti. Viene, quindi, presentato uno schema che riproduce un possibile andamento dei fatti. Il candidato deve capire quali sono le misure che devono essere adottate in risposta al verificarsi di tali fatti.

PROBLEMA

Una casa editrice distribuisce i propri libri attraverso una libreria che vende i libri sia direttamente sia ricevendo ordini telefonici e inviando i libri attraverso corriere il giorno successivo. La casa editrice programma la propria libreria in modo da avere sempre un numero di libri, per ogni titolo, adeguato alle esigenze della clientela.

Il numero minimo di volumi in giacenza per ogni titolo viene stabilito in 15 copie. Quando il numero dei libri in giacenza per titoli è pari a 8 il responsabile della libreria invia un ordine di reintegro al magazzino con una procedura ordinaria.

Se il numero dei libri in giacenza è, invece, inferiore a 8 unità per titolo, l'ordine al magazzino è inviato con procedura d'urgenza. Questa procedura viene utilizzata anche nel caso in cui la libreria abbia ricevuto ordini telefonici per almeno 5 unità di un titolo da evadere il giorno seguente.

Alla chiusura serale della libreria il responsabile decide se fare degli ordini di reintegro e quale procedura utilizzare.

Nello schema che segue, a ogni cerchio corrisponde un'azione che il responsabile della libreria intraprende e che deve essere individuata scegliendo tra le cinque alternative proposte.

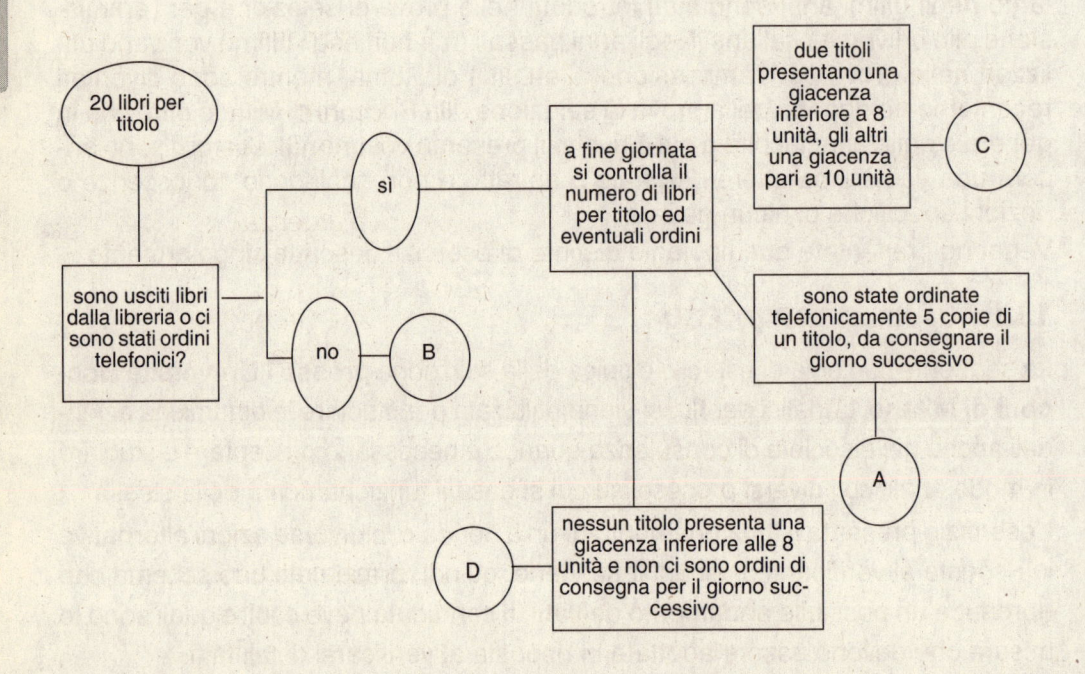

[Schema di flusso:

- 20 libri per titolo
- sono usciti libri dalla libreria o ci sono stati ordini telefonici?
  - sì → a fine giornata si controlla il numero di libri per titolo ed eventuali ordini
    - due titoli presentano una giacenza inferiore a 8 unità, gli altri una giacenza pari a 10 unità → C
    - sono state ordinate telefonicamente 5 copie di un titolo, da consegnare il giorno successivo → A
    - nessun titolo presenta una giacenza inferiore alle 8 unità e non ci sono ordini di consegna per il giorno successivo → D
  - no → B]

1 **Risposte cerchietto A:**
- **A** deve essere fatto un ordine con procedura ordinaria
- **B** non è necessario fare alcun ordine
- **C** è necessario fare un ordine con procedura straordinaria solo se per quel titolo sono state vendute durante la giornata almeno altre tre copie
- **D** deve essere effettuato un ordine con procedura d'urgenza
- **E** non si può sapere cosa deve fare il responsabile della libreria

Nel testo si afferma che quando viene ricevuto un ordine di consegna per il giorno successivo di almeno 5 copie di un libro, deve essere fatto un ordine di reintegro con procedura d'urgenza. La soluzione al quesito è quindi fornita dall'alternativa **D**.

2 **Risposte cerchietto D:**
- **A** deve essere fatto un ordine con procedura ordinaria
- **B** non è necessario fare alcun ordine
- **C** è necessario fare un ordine con procedura straordinaria solo se per qualche titolo sono state vendute durante la giornata almeno altre tre copie
- **D** deve essere effettuato un ordine con procedura d'urgenza
- **E** non si può sapere cosa deve fare il responsabile della libreria

Seguendo quanto affermato nel testo, in questo caso, non è necessario fare alcun ordine, né con procedura ordinaria, né con procedura straordinaria. La **B** è, quindi, la soluzione al quesito.

3 **Risposte cerchietto C:**
- **A** devono essere fatti due ordini con procedura ordinaria
- **B** non è necessario fare alcun ordine
- **C** è necessario fare due ordini con procedura straordinaria solo se per quei titoli sono state commissionate telefonicamente altre 3 copie da consegnare il giorno successivo
- **D** devono essere fatti due ordini con procedura d'urgenza
- **E** non si può sapere cosa deve fare il responsabile della libreria

La risposta corretta è la **D**. Quando un titolo presenta una giacenza inferiore alle 8 unità, deve essere effettuato un ordine procedura d'urgenza.

4 **Risposte cerchietto B:**
- **A** deve essere fatto un ordine con procedura ordinaria
- **B** non è necessario fare alcun ordine
- **C** è necessario fare un ordine con procedura straordinaria solo se per quel titolo sono state vendute durante la giornata almeno altre tre copie
- **D** deve essere effettuato un ordine con procedura d'urgenza
- **E** non si può sapere cosa deve fare il responsabile della libreria

La risposta corretta è la **B**. Non essendo uscito alcun libro dalla libreria e non essendo stata commissionata nessuna consegna per il giorno successivo, non è necessario fare alcun ordine integrativo.

13.2 SEQUENZE DI AZIONI

Questa tipologia di esercizi, recentemente introdotta in alcuni test di ammissione per i corsi universitari a cui il libro si rivolge, ha l'obiettivo di verificare le capacità logico-organizzative dei candidati. Gli esercizi richiedono di ordinare alcune azioni elementari, numerate in modo casuale, in modo da comporre un'azione complessa. Tra le alternative proposte occorre individuare quella che riporta una successione di numeri corrispondente all'ordine corretto con cui svolgere le singole azioni per compiere l'azione complessa.

ESEMPI

1 Indicare la corretta sequenza di azioni per preparare una tesi di laurea.

1	RACCOGLIERE LE INFORMAZIONI NECESSARIE PER LA SCRITTURA DELLA TESI	2	DISCUTERE LA TESI CON LA COMMISSIONE DI LAUREA	3	SCRIVERE LA TESI AL COMPUTER
4	ELABORARE LE INFORMAZIONI RACCOLTE	5	DEFINIRE L'OGGETTO DELLA TESI	6	IMPAGINARE E STAMPARE LA TESI

A 2, 5, 1, 4, 3, 6
B 5, 1, 4, 3, 6, 2
C 5, 1, 3, 4, 6, 2
D 5, 3, 1, 4, 2, 6

Le sei azioni elementari proposte dal testo dell'esercizio sono tutte necessarie per preparare una tesi di laurea: occorre individuare l'ordine cronologico relativo con cui queste azioni devono essere svolte.
Per eseguire il compito richiesto, occorre:
1) definire l'argomento oggetto della tesi (azione numero 5);
2) raccogliere le informazioni sull'argomento stabilito (azione numero 1);
3) elaborare le informazioni raccolte (azione numero 4);
4) scrivere la tesi (azione numero 3);
5) impaginare e stampare la tesi (azione numero 6);
6) discutere la tesi (azione numero 2).
L'alternativa corretta è dunque la **B**. Si osservi che l'alternativa **A** è facilmente eliminabile in quanto propone come prima azione la discussione della tesi con la commissione di laurea che, ovviamente, ha come prerequisito la scrittura della tesi.

Suggerimenti

- *Codifica delle fasi di un'azione*: è opportuno considerare l'azione da codificare come composta unicamente dalle fasi indicate dal testo dell'esercizio, evitando di pensarne altre. Ciò porterebbe infatti a una corrispondente rappresentazione schematica scorretta.
- *Sequenze di azioni*: si consiglia di procedere considerando parallelamente tutte le alternative, eliminando man mano quelle che propongono lo svolgimento di un'azione che ha come prerequisito un'azione non ancora svolta, piuttosto che analizzare dall'inizio alla fine ogni singola alternativa.

13.2.1 Codifica delle fasi di un'azione

Questo tipo di esercizi richiede di codificare le fasi di un'azione composta, utilizzando alcuni simboli di cui viene indicato il significato.

---

1   Sapendo che il simbolo ☐ indica un'azione compiuta con una sola possibilità di sviluppo e che il simbolo ◇ indica un'azione con due o più possibilità di sviluppo, rappresentare schematicamente mediante i due simboli l'attività *telefonare*, composta dalle seguenti fasi:

- alzare la cornetta;
- comporre il numero;
- ascoltare: la linea è libera o occupata;
- parlare oppure riagganciare e ripetere l'operazione dalla prima fase.

Alzare la cornetta è un'azione che prevede una sola possibilità di sviluppo, cioè quella di comporre il numero e sarà dunque codificata con un quadrato.

Lo stesso vale per la successiva fase di cui l'azione telefonare è composta, ma non per la terza. Questa, infatti, prevede due possibilità di sviluppo: la linea può essere libera o occupata. Nel primo caso lo sviluppo è parlare, nel secondo riagganciare, per poi riprendere l'operazione. L'intero processo *telefonare* è dunque correttamente codificato nella figura seguente.

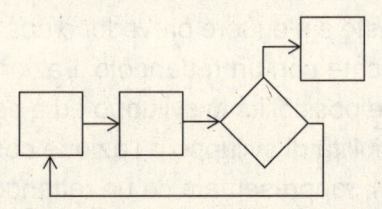

Anche questi esercizi si presentano nella forma di *multiple choice*: il candidato deve quindi scegliere, tra le alternative proposte, lo schema corretto.

2 Sapendo che un rettangolo indica un'azione compiuta con una sola possibilità di sviluppo e che un rombo indica un'azione con due o più possibilità di sviluppo, rappresentare schematicamente, mediante i due simboli, l'attività di *scrivere una lettera*, composta dalle seguenti fasi:

- digitare il testo;
- rileggere;
- verificare se vi sono errori;
- correggere l'errore e tornare alla seconda azione oppure stampare la lettera.

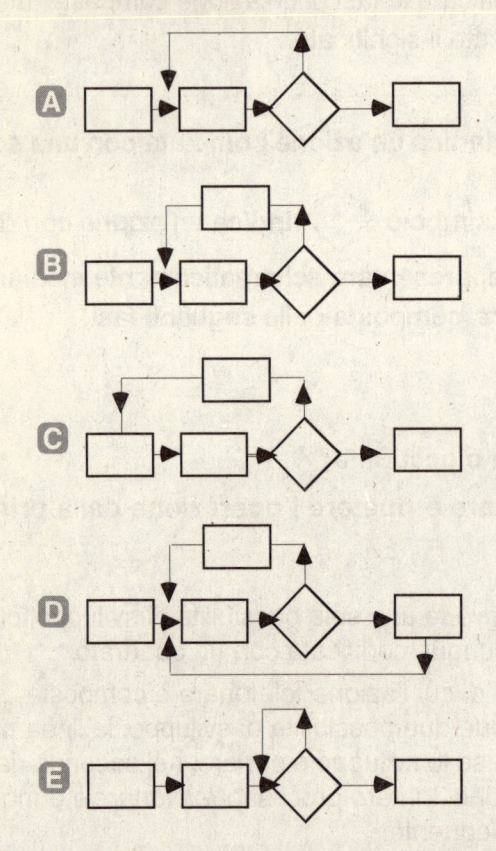

Le due azioni digitare il testo e rileggere prevedono una sola possibilità di sviluppo, e sono dunque codificate con un rettangolo. L'azione successiva (verificare errori) prevede invece due possibilità di sviluppo ed è pertanto rappresentata da un rombo. La prima possibilità di sviluppo è l'azione correggere (seguita da tornare alla seconda azione), rappresentata da un rettangolo, mentre la seconda è stampare la lettera, anch'essa codificata per mezzo di un rettangolo. Ne segue che la risposta corretta è quella indicata nell'alternativa **B**.

parte sesta
LOGICA NUMERICA E SPAZIALE

14 SUCCESSIONI DI NUMERI E LETTERE

Le *successioni di numeri e lettere* rappresentano un tipo di esercizi da tempo diffuso nell'ambito dei test attitudinali. Si tratta di quesiti che intendono **valutare la capacità del candidato di scoprire con rapidità il criterio in base al quale numeri e lettere sono disposti all'interno di una successione data.**

Non è richiesta, come si vedrà, alcuna nozione matematica né linguistica particolare, se non la capacità di effettuare elementari operazioni aritmetiche e, in alcuni casi, la conoscenza dell'alfabeto inglese.

Data una successione incompleta di numeri o lettere, il candidato deve completarla scegliendo, tra le alternative proposte, il numero o la lettera che soddisfa la logica della successione. Sebbene i principi su cui si basano le diverse successioni siano sostanzialmente i medesimi, nell'analisi degli esercizi di questo capitolo vengono trattate separatamente le *successioni di numeri*, quelle di *lettere* e quelle *miste* (di numeri e lettere).

Bocconi – LIUC	tipologia presente negli ultimi anni
LUISS	tipologia non presente negli ultimi anni ma utilizzata in passato
Economia, Giurisprudenza e Scienze politiche	tipologia presente negli ultimi anni

14.1 SUCCESSIONI DI NUMERI

Come già accennato, si tratta di successioni nelle quali compare un'incognita che il candidato deve sostituire scegliendo, tra le alternative proposte, un numero che soddisfi il criterio logico che governa l'intera successione. Vengono analizzati di seguito alcuni esempi che mostrano i principali criteri logici alla base delle successioni di numeri.

ESEMPI

1 11, 17, 23, 29, 35, …?
   A 45   B 41   C 48   D 49   E 52

Si tratta di una *successione aritmetica additiva*, in cui ogni numero è ottenuto sommando un valore costante al numero precedente. Nell'esercizio proposto la costante è pari a 6 e quindi l'incognita è uguale al numero che si ottiene sommando 6 a 35, cioè 41 (alternativa B). Esistono anche esercizi in cui un valore costante viene sottratto passando da un numero al seguente della successione.

2   5, 20, 80, …?
     A 160   B 240   C 320   D 100   E 140

Questo esercizio mostra una *successione geometrica*, in cui cioè ciascun elemento è uguale al precedente moltiplicato per un numero costante (nell'esempio pari a 4). Il numero mancante è quindi 320, che si ottiene moltiplicando 80 · 4 (alternativa C). In altri casi, i numeri della successione possono essere divisi, anziché moltiplicati, per un numero costante.

3   3, 9, 81, …?
     A 729   B 2187   C 90   D 272   E 6561

In questo esercizio ogni numero è dato dal precedente *elevato a un esponente costante*: nell'esempio l'esponente è pari a 2 e il numero mancante è $81^2 = 6561$ (risposta E).

4   4, 11, 32, 95, …?
     A 116   B 284   C 141   D 1181   E 127

La risposta esatta è la B. La logica che guida la successione è "· 3 − 1". Ogni numero è cioè ottenuto moltiplicando per tre quello precedente e sottraendo uno.

5   3, 4, 7, 11, 18, 29, …?
     A 47   B 51   C 33   D 75   E 38

In questa tipologia non è utilizzato alcun numero costante da sommare, sottrarre o moltiplicare, ma *ogni elemento della successione è ottenuto sommando i due numeri che lo precedono*: 3 + 4 = 7; 4 + 7 = 11; 7 + 11 = 18; 11 + 18 = 29; 18 + 29 = 47. Il numero mancante è dunque 47 (alternativa A).

6   5, 10, 8, 12, 11, 14, 14, …?
     A 24   B 11   C 14   D 12   E 16

In questo caso, *si alternano due serie di numeri,* che occupano una le posizioni dispari e l'altra quelle pari della successione data e che presentano due logiche indipendenti tra loro. Nell'esempio si hanno due serie, entrambe di tipo additivo: la prima è composta dai numeri 5, 8, 11, 14 (si aggiunge 3 passando da un elemento al successivo); la seconda è 10, 12, 14 … (si aggiunge 2 passando da un elemento al successivo). L'elemento incognito occupa una posizione pari e quindi appartiene alla seconda delle due serie che si alternano. Il suo valore è perciò dato da: 14 + 2 = 16 (risposta E).

7 2, 5, 4, 50, 6, 500, …?
   Ⓐ 506 Ⓑ 100 Ⓒ 10 Ⓓ 5000 Ⓔ 8

In questo caso, nell'esercizio sono presenti due distinte serie di numeri, la prima delle quali segue la logica "+ 2" e la seconda "· 10". I numeri delle due serie sono alternati tra loro, occorre quindi prestare attenzione a quale delle due deve essere completata. Il numero mancante è quello della serie che progredisce di due in due, per cui è 8. La risposta esatta è la Ⓔ.

8 16, 3, 8, 6, 4, 12, 2, …?
   Ⓐ 1 Ⓑ 10 Ⓒ 14 Ⓓ 24 Ⓔ 12

Si alternano tra loro una serie di numeri che sono progressivamente divisi per due (16, 8, 4) e una di numeri che sono moltiplicati per 2 (3, 6, 12). Quest'ultima è la serie da completare e il numero mancante è 24. La risposta esatta è così la Ⓓ.

9 2, 4, 7, 6, 12, 15, 14, 28, 31, …?
   Ⓐ 29 Ⓑ 30 Ⓒ 27 Ⓓ 62 Ⓔ 34

In questa successione compaiono più *operazioni aritmetiche che si ripetono ciclicamente*; l'ordine delle operazioni è il seguente: moltiplicare per due (· 2), aggiungere tre (+ 3), sottrarre uno (– 1). Osservando la successione data, si nota il seguente andamento: 2 · 2 = 4; 4 + 3 = 7; 7 – 1 = 6; 6 · 2 = 12; 12 + 3 = 15; 15 – 1 = 14; 14 · 2 = 28; 28 + 3 = 31; 31 – 1. Il numero mancante è perciò uguale a 30 (alternativa Ⓑ).

10 Individuare il numero mancante.

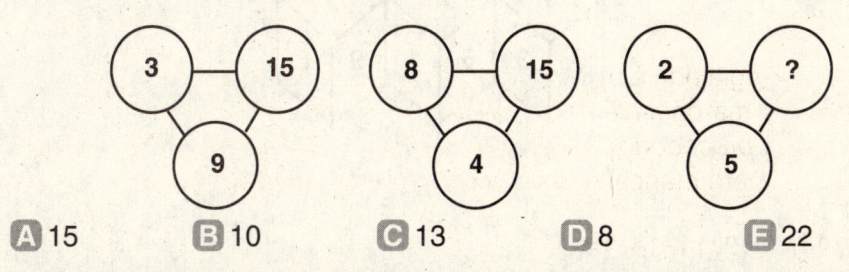

Ⓐ 15 Ⓑ 10 Ⓒ 13 Ⓓ 8 Ⓔ 22

In questo caso ci sono *tre successioni di numeri* (ciascuna delle quali è disposta a *triangolo*) che rispondono allo stesso criterio logico. Per comprendere tale criterio e individuare il numero mancante occorre analizzare le due terne di numeri interamente note.

Nell'esempio, all'interno di ciascuna successione, il numero in alto a destra è ottenuto aggiungendo 3 alla somma degli altri due: nelle prime due successioni si ha infatti: 3 + 9 + 3 = 15 e 8 + 4 + 3 = 15.

Allo stesso modo, nella terza successione il numero mancante deve essere uguale a: 2 + 5 + 3 = 10 (alternativa Ⓑ).

11

1	4	9	16	Y
1	8	27	X	125

- **A** X = 25; Y = 64
- **B** X = 26; Y = 35
- **C** X = 64; Y = 25
- **D** X = 8; Y = 25
- **E** X = 38; Y = 26

Per risolvere l'esercizio è necessario considerare separatamente le parti superiori e inferiori delle tessere. La parte superiore propone una serie di quadrati di numeri, infatti 1, 4, 9 e 16 non sono altro che il risultato di: 1^2, 2^2, 3^2 4^2. Il numero mancante Y sarà quindi $25 = 5^2$. La parti inferiori delle tessere, propongono, invece, i cubi degli stessi numeri $1^3 = 1$, $2^3 = 8$, $3^3 = 27$, $5^3 = 125$; il numero mancante sarà, quindi, $64 = 4^3$. La soluzione al quesito è fornita dall'alternativa **C**. Si presti attenzione all'alternativa **A** che è errata in quanto X e Y risultano invertiti.

12

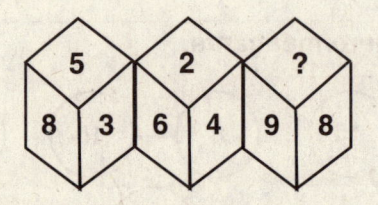

- **A** 7
- **B** 11
- **C** 1
- **D** 4
- **E** 12

La forma in cui viene presentata questa successione di numeri è stata proposta, negli anni passati, negli esercizi dei test di ammissione alla LUISS di Roma e nell'ultimo anno anche alla Bocconi di Milano. Per risolvere l'esercizio è necessario considerare ogni blocco separatamente. Così facendo ci si accorge che il numero che si trova nella faccia superiore è dato dalla differenza dei numeri posti sulle facce laterali dei cubi. La soluzione al quesito è quindi fornita dall'alternativa **C**.

13

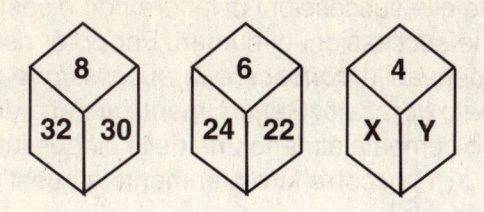

8   6   4
32 | 30   24 | 22   X | Y

A X = 26; Y = 24

B X = 16; Y = 14

C X = 8; Y = 6

D X = 24; Y = 26

E X = 14; Y = 16

Osservando i tre cubi, ci si accorge che le tre facce superiori presentano una serie discendente formata dai numeri 8, 6 e 4. Nelle parti inferiori di ogni gruppo il numero di destra è ottenuto sottraendo una quantità pari a 2 a quello di sinistra. Le alternative **A**, **B** e **C** rispettano tutte e tre questa condizione. Ci deve essere, quindi un ulteriore criterio per individuare l'unica corretta. Con un po' di attenzione ci si accorge che il termine in basso a sinistra (la X) è sempre ottenuta moltiplicando per 4 il numero nella faccia superiore: così nel primo cubo 32 = 8 x 4 e nel secondo 24 = 6 x 4. Nel terzo cubo, quindi, il numero in baso a sinistra (la X) dovrà essere pari a 4 x 4 = 16 e quindi quello a destra (la Y) dovrà essere pari a: 16 – 2 = 14. La soluzione al quesito è, dunque, fornita dall'alternativa **B**.

Alla stessa soluzione si poteva arrivare considerando i numeri posti sulle facce inferiori come del tutto indipendenti da quelli posti nelle facce superiori dei cubi. Infatti, la serie 32, 30, 24, 22, 16 e 14 rispetta il seguente criterio logico: – 2 ... – 6 ... – 2 ... – 6 ... –2.

14

6 2   8 2   10 2
4 7   2 6   3 ?

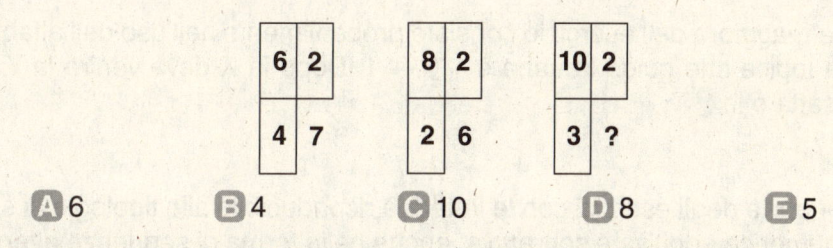

A 6   **B** 4   **C** 10   **D** 8   **E** 5

Ogni gruppo di numeri segue la stessa logica e cioè che il numero in basso a destra, fuori dai riquadri, è ricavato dal risultato della divisione dei primi due termini in alto a cui si aggiunge il termine in basso a sinistra. Così 7 = (6 : 2) + 4 e 6 = (8 : 2) + 2. Il termine mancante viene allora ricavato da (10 : 2) + 3 = 8. La soluzione al quesito è fornita dall'alternativa **D**.

14.2 Successioni di lettere

La logica che sottende alle successioni di lettere non è sostanzialmente diversa da quella che regola le successioni di numeri. Per poter risolvere questo tipo di esercizi è però indispensabile *conoscere la successione ordinata e completa delle lettere dell'alfabeto utilizzato*. Generalmente si tratta di quello italiano; qualora però nell'esercizio compaia almeno una delle cinque lettere tipiche dell'alfabeto inglese (J, K, W, X, Y) occorre fare riferimento a quest'ultimo, memorizzandolo nell'ordine corretto, cioè:

A B C D E F G H I J K L M N O P Q R S T U V W X Y Z

Esempi

1 C, F, I, N, Q, ...?
   Ⓐ T   Ⓑ O   Ⓒ R   Ⓓ Z   Ⓔ S

Si tratta di una sequenza alfabetica il cui ordine va dalla A alla Z, ma in cui, tra un elemento e il successivo, manca un gruppo di due lettere. In sostanza, è una successione del tutto simile a quella numerica additiva (aggiunge 3 passando da un elemento all'altro). La lettera incognita è dunque T (risposta Ⓐ) che è situata a 3 posizioni dalla Q.

2 Z, A, Y, B, X, ...?
   Ⓐ W   Ⓑ U   Ⓒ C   Ⓓ D   Ⓔ I

Le successioni di lettere sono due. La prima procede dal fondo dell'alfabeto (inglese) con un "passo" pari a uno, la seconda procede dall'inizio con lo stesso passo. L'incognita figura in questa seconda serie e quindi, dopo la B, dovrà venire la C. La risposta esatta è dunque la Ⓒ.

3 D, J, K, Q, R, X, ...?
   Ⓐ Z   Ⓑ V   Ⓒ S   Ⓓ Y   Ⓔ E

La difficoltà maggiore dell'esercizio consiste probabilmente nell'uso dell'alfabeto inglese. La logica che guida la serie è + 6, + 1. Dopo la X deve venire la Y. La risposta esatta è la Ⓓ.

Osservazioni

La maggior parte degli esercizi con le lettere è riconducibile alle tipologie di successione numerica additiva e sottrattiva, anche nella forma di sequenze alternate o composte.

Una **successione additiva composta** potrebbe essere: A, C, G, I, O, ..., che corrisponde a: + 2, + 4 + 2, + 4, + ... In questo caso l'elemento mancante è la lettera Q.

Una **serie alternata** potrebbe essere: A, B, B, D, C, F, ..., dove le lettere in posizione dispari (A, B, C, ...) si susseguono senza intervalli secondo l'ordine alfabetico, mentre quelle in posizione pari (B, D, F, ...) si susseguono saltando una lettera su due: la lettera che completa la successione è dunque la lettera D.

Sono rari i casi in cui **le lettere sottendono un preciso significato**, come nel caso di una sequenza data dalle iniziali dei giorni della settimana L, M, M, G, V, S, ... (lettera mancante: D per Domenica).

14.3 Successioni combinate di numeri e lettere

In questi esercizi, la sequenza di numeri e quella di lettere si trovano combinate in un'unica successione, ma ciascuna segue una propria logica.

Esempi

1 Z, 2, U, 4, S, 16, Q, 256 ..., ...?

　Ⓐ O; 65536

　Ⓑ Q; 272

　Ⓒ 23; O

　Ⓓ S; 4096

　Ⓔ V; 128

Per risolvere l'esercizio, la successione va sdoppiata in una *successione di lettere* (Z, U, S, Q), in cui ogni elemento è ottenuto procedendo a ritroso di due posizioni rispetto al precedente, e in una *successione di numeri* (2, 4, 16, 256), in cui ogni elemento è ottenuto elevando al quadrato il precedente; la risposta esatta è quindi la Ⓐ. Si noti che la soluzione esatta deve presentare nell'ordine corretto i due elementi (in questo caso prima la lettera e poi il numero). Per questa ragione, l'alternativa Ⓒ è immediatamente riconoscibile come errata.

2 Utilizzando le lettere dell'alfabeto inglese, si completi la seguente serie:
　3, S, 6, M, 12, G, 24, ...?
　Ⓐ A　　Ⓑ B　　Ⓒ C　　Ⓓ 48　　Ⓔ 12

In questo caso, compare una successione combinata di numeri e lettere o, per essere più precisi, compaiono due successioni indipendenti l'una dall'altra, ma alternate. La successione numerica raddoppia semplicemente i suoi numeri. Quella letterale, invece, ha le lettere che retrocedono nell'alfabeto inglese di sei posizioni alla volta. La serie da completare è quest'ultima e la lettera che occorre è la A. La risposta esatta è la Ⓐ.

3 L, 2, O, 6, R, 5, U, 15, X, ...?

- **A** A
- **B** 14
- **C** Z
- **D** 10
- **E** 45

La successione letterale ha una logica che è facile da individuare: si avanza di tre passi nell'alfabeto inglese. Meno facile è la logica della serie numerica, che è: "· 3, – 1". Il numero successivo dovrà quindi essere 14. La risposta esatta è la **B**.

OSSERVAZIONI

Anche nel caso delle successioni combinate di numeri e lettere, la disposizione spaziale può assumere una configurazione particolare, come illustrano gli esempi seguenti.

4 Individuare l'elemento mancante.

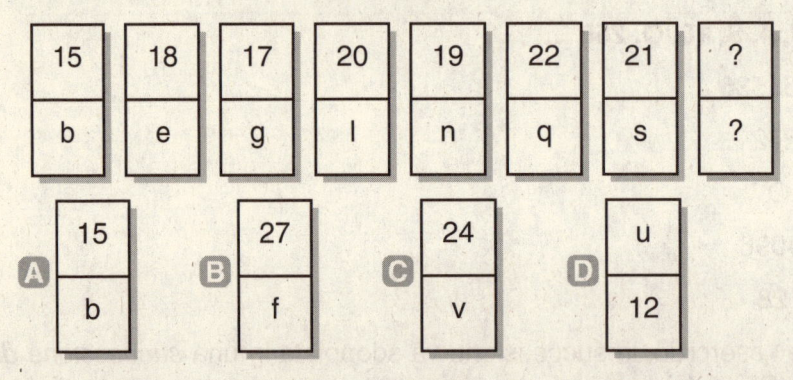

15	18	17	20	19	22	21	?
b	e	g	l	n	q	s	?

- **A** 15 / b
- **B** 27 / f
- **C** 24 / v
- **D** u / 12

I numeri e le lettere sono contenute in figure rettangolari, ma, anche in questo caso, *la sequenza dei numeri e quella delle lettere sono indipendenti*, nel senso che seguono ciascuna una logica differente.

Per quanto riguarda la *sequenza dei numeri*, si passa dal primo al secondo aggiungendo 3, dal secondo al terzo sottraendo 1, dal terzo al quarto aggiungendo 3, dal quarto al quinto sottraendo 1, e così via (la sequenza di operazioni è quindi: + 3; – 1). Il numero mancante è perciò 24.

Per ciò che riguarda la *sequenza di lettere*, bisogna innanzitutto considerare che, non comparendo nessuna lettera esclusiva dell'alfabeto inglese, è probabile che l'alfabeto a cui l'esercizio fa riferimento sia quello italiano. In effetti, secondo quest'ultimo, le lettere dell'esercizio sono determinate in base alla regola seguente: si passa dalla prima lettera alla seconda avanzando di tre posizioni nell'alfabeto, dalla seconda alla terza avanzando di altre due e così via. Procedendo quindi con intervalli +3, +2, +3, +2 si scopre che la lettera mancante è la *v*.

La soluzione dell'esercizio è pertanto l'alternativa **C**. Si noti che l'alternativa **D** è palesemente sbagliata in quanto le posizioni del numero e della lettera risultano tra loro invertite.

5 Individuare l'elemento mancante.

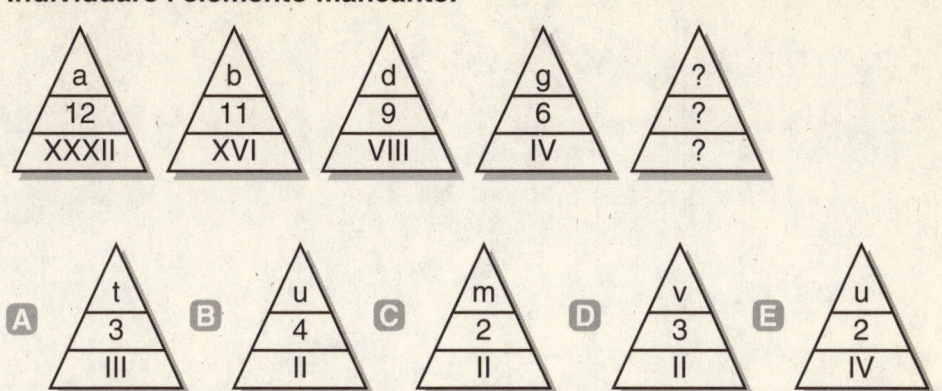

a	b	d	g	?
12	11	9	6	?
XXXII	XVI	VIII	IV	?

A
t
3
III

B
u
4
II

C
m
2
II

D
v
3
II

E
u
2
IV

In questo esercizio sono presenti tre successioni differenti: una di lettere, una di numeri arabi e una di numeri romani. Per quanto riguarda la prima, poiché non compare alcuna lettera dell'alfabeto inglese, è opportuno ragionare utilizzando l'alfabeto italiano.

La logica alla base della successione è la seguente: per passare dalla prima lettera (*a*) alla seconda (*b*) si avanza di una posizione; dalla seconda alla terza di due; dalla terza alla quarta di tre. La logica è quindi: + 1, + 2, + 3; la lettera mancante è dunque *g* + 4, ossia *m*. Per quanto riguarda i numeri arabi, la logica è – 1, – 2, – 3 e quindi il numero mancante è dato da 6 – 4 = 2. Infine, nella successione dei numeri romani ogni elemento è ottenuto dividendo per due il numero precedente; quindi la cifra mancante è IV diviso 2 = II. La risposta corretta è dunque la **C**. Si noti che, come spesso accade in questi esercizi, per giungere alla soluzione esatta non era necessario individuare i criteri logici di tutte e tre le successioni.

Suggerimenti

- Per quanto riguarda le *successioni numeriche*, è conveniente analizzare la sequenza dapprima nel suo insieme per cercare di capire l'andamento che questa presenta (crescente, decrescente o composto). Successivamente, è opportuno **cercare tra gli elementi adiacenti l'operazione aritmetica più semplice** (addizione, sottrazione, moltiplicazione ecc.) che li lega. Nel caso non si riesca a individuare un criterio logico che governi l'intera successione, occorre provare a **scindere la stessa in due sequenze alternate** e ripetere il procedimento per ciascuna di esse.

- Per le *successioni di lettere* valgono gli stessi suggerimenti relativi alle sequenze numeriche. È inoltre molto utile **scrivere l'intero alfabeto ordinato**, in modo da averlo sempre sott'occhio per capire velocemente la relazione tra le lettere adiacenti della successione. Tale suggerimento risulta tanto più utile quanto più numerosi sono gli esercizi di successioni di lettere presenti nel test. Per capire, inoltre, qualora non sia stato specificato, qual è l'alfabeto a cui gli esercizi fanno riferimento, è sufficiente osservare che, **se nelle successioni compaiono le lettere J, K, W, X o Y, si è sicuramente in presenza dell'alfabeto inglese**.

15 SUCCESSIONI DI FIGURE

Anche le *successioni di figure* sono quesiti di carattere attitudinale e, in particolare, intendono valutare la **capacità logico-spaziale,** intesa come *capacità di ragionamento che conduce alla scoperta dei rapporti quantitativi, qualitativi e spaziali esistenti tra più oggetti o figure astratte.*

Bocconi	tipologia presente negli ultimi anni (poco nel 2008)
LUISS	tipologia presente negli ultimi anni
Economia, **Giurisprudenza** e **Scienze politiche**	tipologia presente negli ultimi anni
LIUC	tipologia non presente negli ultimi anni

I quesiti *si differenziano tra loro a seconda del tipo di figure utilizzate e della disposizione spaziale delle stesse.* È possibile distinguere le seguenti tipologie di esercizi:
- figura da scartare;
- sequenze di figure;
- figura negativa;
- figura speculare;
- analogie tra figure;
- matrici di Raven;
- ragionamento astratto;
- test del domino;
- successioni di figure;
- rotazioni;
- carte da gioco.

15.1 Figura da scartare

In questo tipo di esercizi viene presentata una sequenza di figure (generalmente quattro o cinque) tra le quali il candidato deve indicare quella da scartare perché estranea alle altre. Occorre quindi individuare la logica che accomuna tutte le figure date a eccezione di una.

Si considerino i seguenti esempi.

---

1 Individuare la figura da scartare.

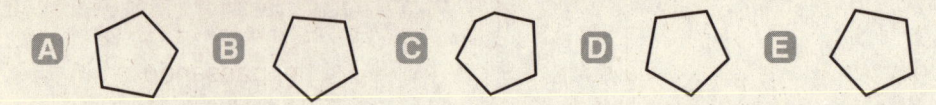

Si noti che tutte le figure rappresentano un pentagono (poligono con cinque lati), a eccezione della terza in cui il poligono ne ha sei; la figura da scartare è dunque la **C**.

---

2 Individuare la figura da scartare.

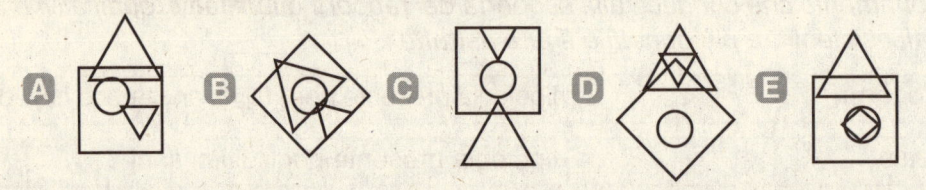

Le prime quattro rappresentazioni grafiche sono composte dalle stesse figure geometriche: due triangoli, un quadrato e un cerchio. La figura da scartare è quindi quella individuata dall'alternativa **E**, nella quale, al posto del triangolo piccolo, compare un quadrato.

---

3 Individuare la figura da scartare.

In questo caso non si tratta di figure astratte ma di raffigurazioni di oggetti reali (animali). In particolare, tutti gli animali raffigurati sono mammiferi a eccezione del serpente (alternativa **B**), che è dunque la risposta corretta.

15.2 Sequenze di figure

Tali esercizi richiedono di scoprire con rapidità il criterio in base al quale le figure sono disposte all'interno di una sequenza data. In questi esercizi viene fornita una serie incompleta di figure nella quale compare un'incognita che il candidato deve sostituire scegliendo, tra le alternative proposte, la figura che soddisfa il criterio logico che governa l'intera sequenza. Vengono analizzati di seguito alcuni esempi che mostrano i più utilizzati criteri logici alla base di questa tipologia di esercizi.

1 Individuare la figura che completa correttamente la seguente serie.

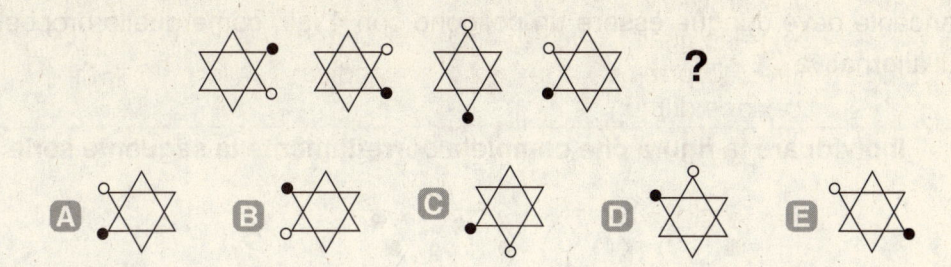

Analizzando le figure della sequenza, si osserva che, passando da una figura alla successiva, il cerchio bianco si sposta sui vertici della stella in senso antiorario mentre il cerchio nero si muove in senso opposto. La risposta corretta è dunque la B.

2 Individuare la figura che completa correttamente la seguente serie.

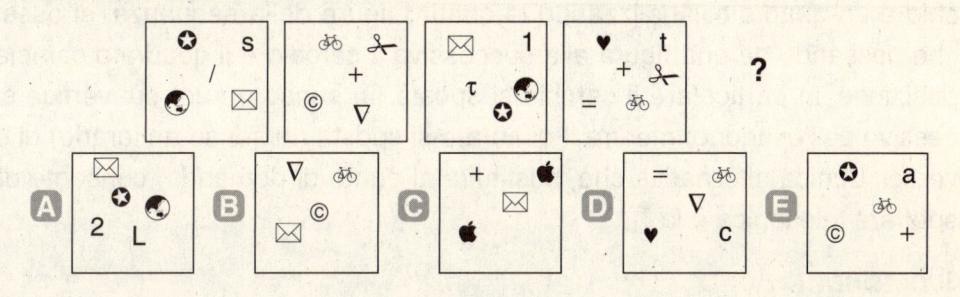

Ogni riquadro comprende una serie di elementi. Si può notare che il primo e il terzo hanno in comune tre elementi, la stella, la busta da lettere e il mondo. La stessa cosa accade al secondo e al quarto che hanno in comune la bicicletta, le forbici e il simbolo "+". La figura mancante deve avere, di nuovo, gli stessi tre elementi in comune con la prima e la terza. La soluzione al quesito è, quindi, rappresentata dall'alternativa A.

3 Individuare la figura che completa correttamente la seguente serie.

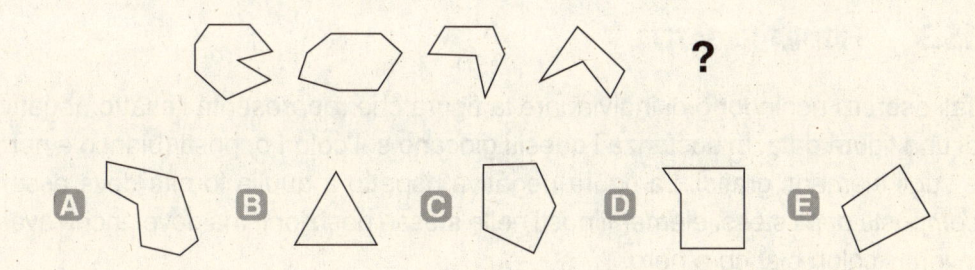

La serie data è costituita da poligoni irregolari aventi un numero di lati decrescente: il primo poligono ha 8 lati, il successivo ne ha 7 e così via. La figura mancante deve dunque essere un poligono con 4 lati, come quello proposto dall'alternativa E.

4 Individuare la figura che completa correttamente la seguente serie.

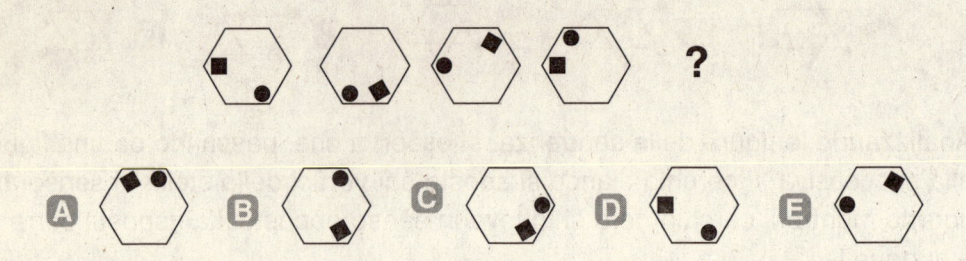

In questo esempio, ogni figura è costituita da un esagono contenente un cerchio e un quadrato. Analizzando le quattro figure della sequenza, si osserva che passando da una figura alla successiva il cerchio e il quadrato cambiano posizione: in particolare il cerchio si sposta (in senso orario) sul vertice successivo dell'esagono, mentre il quadrato si sposta (in senso antiorario) di due vertici. L'unica alternativa che, sostituita al punto di domanda, consente di rispettare tale logica è la B.

Suggerimenti

È consigliabile osservare con attenzione le figure e analizzare la **relazione esistente tra gli elementi adiacenti**, verificando ciò che avviene passando da una figura alla successiva. Nei test selettivi gli esercizi sulle *sequenze di figure* sono presenti in numero elevato. Poiché il tempo a disposizione per la loro risoluzione è estremamente breve, si consiglia di **acquisire una buona familiarità con gli esempi descritti** in questo capitolo, in modo da ridurre al minimo, durante la prova ufficiale, il tempo necessario alla comprensione dei quesiti.

15.3 Figura negativa

Tali esercizi richiedono di individuare la figura che rappresenta l'esatto negativo di una figura data. In sostanza i quesiti giocano sui colori opposti (bianco e nero) e sugli elementi grafici. La figura negativa rispetto a quella fornita deve essere composta dagli stessi elementi posti nelle stesse posizioni, ma deve anche avere invertiti i colori bianco e nero.

1 Individuare la versione in negativo della figura data.

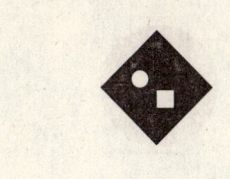

La figura di partenza è un quadrato nero che include elementi bianchi, quindi il suo negativo deve invertire i colori, mantenendo le posizioni degli elementi. Tra quelle proposte, la figura che soddisfa tali condizioni è quella dell'alternativa **E**, che rappresenta la soluzione al quesito. Si consideri l'alternativa **D**. La figura da questa proposta soddisfa la condizione della negatività del colore, ma gli elementi grafici all'interno del quadrato sono invertiti di posizione.

2 Individuare la versione in negativo della figura data.

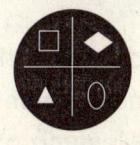

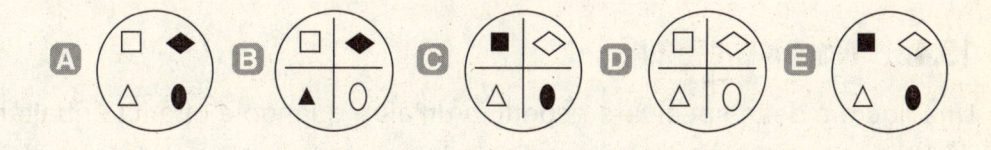

La soluzione al quesito è fornita dall'alternativa **B**. Infatti, questa figura ha tutti gli elementi caratterizzati da un colore opposto e collocati nelle stesse posizioni di quelli della figura proposta. Si presti attenzione all'alternativa **E**, che risulta errata, in quanto mancano i due segmenti a croce all'interno del cerchio, e all'alternativa **C**, anch'essa errata in quanto i colori degli elementi interni sono uguali e non negativi rispetto a quelli della figura proposta.

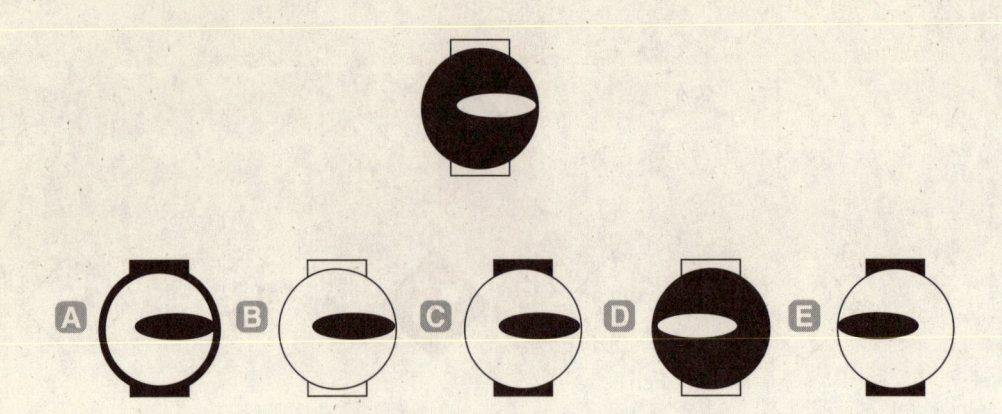

3 Individuare la versione in negativo della figura data.

La figura negativa rispetto a quella proposta è quella presentata dall'alternativa **C**, che è la soluzione del quesito. In tale figura, infatti, tutti gli elementi si trovano nelle stesse posizioni e con colori al negativo rispetto alla figura data. Si presti attenzione all'alternativa **A**, errata in quanto il contorno del cerchio risulta troppo marcato, e all'alternativa **E**, anch'essa errata in quanto è l'elemento grafico all'interno della circonferenza spostato rispetto allo stesso elemento della figura proposta (pur soddisfacendo in pieno la condizione della negatività dei colori).

Suggerimenti

Prima di esaminare la negatività dei colori rispetto a quelli proposti conviene guardare la disposizione degli elementi geometrici. Le alternative che presentano differenze con la figura data dall'esercizio si possono infatti scartare subito. Successivamente si può passare all'analisi dei colori.

15.4 Figura speculare

Una figura è detta speculare rispetto a un'altra quando è ottenuta ribaltando lungo l'asse orizzontale o verticale la figura data. Non si deve confondere il concetto di specularità con quello di sovrapponibilità. Se sovrapposte così come sono, due figure speculari non sempre risultano coincidenti. Per farle coincidere è necessario a volte rovesciarne una verticalmente oppure orizzontalmente.

Per fare un esempio, i palmi delle proprie mani risultano speculari rispetto a un asse verticale, cioè essi si sovrappongono mediante rovesciamento orizzontale.

1 Quale, tra le cinque figure seguenti, è speculare rispetto a quella proposta?

La soluzione al quesito è fornita dall'alternativa **D**. In effetti, la figura proposta da questa alternativa è speculare a quella dell'esercizio sia rispetto all'asse verticale sia rispetto a quello orizzontale. Rovesciando, cioè, orizzontalmente o verticalmente la figura del quesito si ottiene quella proposta dall'alternativa **D**. Si presti attenzione all'alternativa **A**, errata in quanto propone non una figura speculare, ma una figura ottenuta dalla rotazione di 90 gradi di quella dell'esercizio.

2 Quale, tra le cinque figure seguenti, è speculare rispetto a quella proposta?

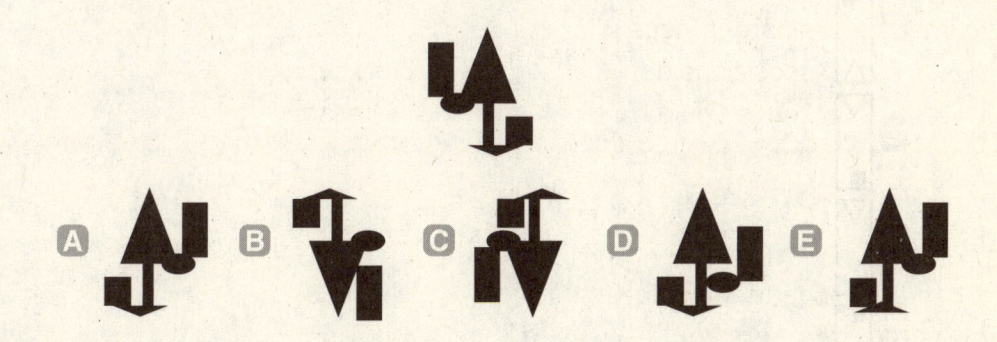

La soluzione al quesito è fornita dall'alternativa **A**. La figura proposta da questa alternativa è infatti speculare a quella dell'esercizio rispetto all'asse verticale. Rovesciando, cioè, orizzontalmente la figura del quesito si ottiene proprio la figura dell'alternativa **A**. Si deve fare attenzione all'alternativa **E**, errata in quanto propone una figura quasi completamente speculare a quella dell'esercizio tranne che per il triangolo alla base, che risulta capovolto rispetto a come invece dovrebbe essere.

SUGGERIMENTI

La difficoltà dell'esercizio risiede nella doppia possibilità di rendere speculare le figure, ovvero o rispetto all'asse verticale (con un rovesciamento orizzontale della stessa figura), o rispetto all'asse orizzontale (con un rovesciamento verticale della stessa figura). Per aiutarsi nella risoluzione di tali quesiti si può provare a capovolgere il foglio e osservarlo dall'alto verso il basso o da un lato all'altro per riconoscere, tra quelle proposte, la figura ottenuta con il rovesciamento verticale di quella data.

15.5 ANALOGIE TRA FIGURE

Si tratta di esercizi costituiti da una *proporzione* i cui *termini* sono rappresentati da figure. Uno dei quattro termini è naturalmente incognito e va individuato scegliendo l'alternativa corretta tra quelle proposte. Trattandosi di una proporzione, la condizione da rispettare (e che deve guidare il candidato nella scelta della risposta) è *l'equivalenza* tra la relazione esistente tra le due figure del *primo membro* e la relazione esistente tra le due figure del *secondo membro*.

1 Individuare la figura mancante.

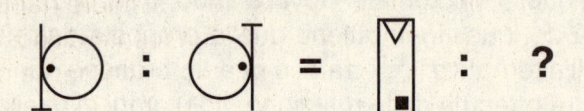

Si osservi la relazione tra le figure del *primo membro*: la seconda è uguale alla prima ma è stata rovesciata sia verticalmente che orizzontalmente. Affinché la stessa relazione venga mantenuta anche al *secondo membro*, è necessario ripetere le stesse operazioni sul rettangolo che contiene il quadratino nero e il triangolo. La risposta corretta è dunque la **E**.

2 Individuare la figura mancante.

Il primo membro della proporzione è composto da due figure: la prima "in positivo" e la seconda corrispondente "al negativo" della prima. Applicando la stessa logica al secondo membro della proporzione si ottiene la soluzione al quesito (risposta C).

15.6 MATRICI DI RAVEN

Questo tipo di esercizio si presenta come una serie di figure (rappresentanti *motivi astratti, geometrici* o *soggetti stilizzati*), generalmente disposte su più righe, in cui un elemento è incognito e va individuato tra le alternative proposte.

1 Individuare la figura mancante.

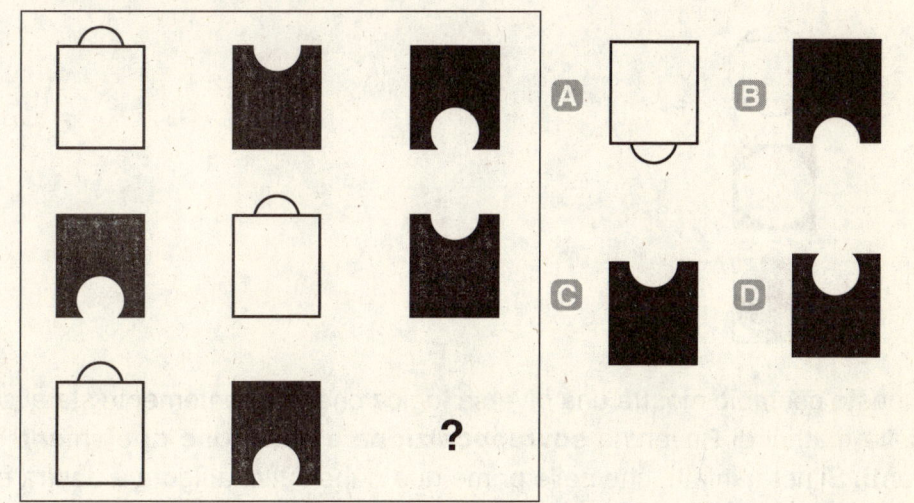

Osservando le figure dell'esercizio, si nota che nelle tre righe si ha una **ripetizione di elementi identici in ordine differente**. In altre parole, la successione è composta solamente da tre figure, che si ritrovano nella prima e nella seconda riga, rappresentate ciascuna una sola volta, in ordine differente. Nella riga inferiore, l'unica figura mancante è quella rappresentata dall'alternativa C.

2 Individuare la figura mancante.

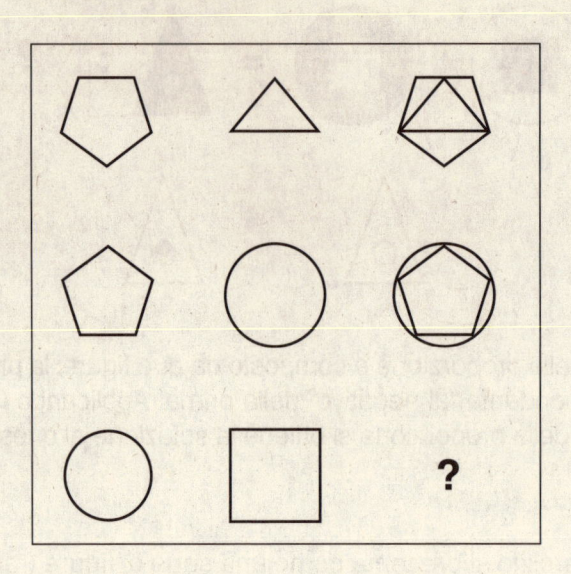

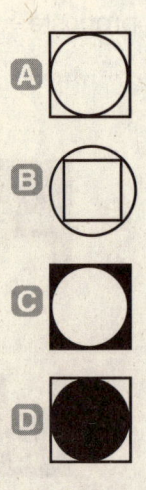

Questo esempio mostra una diversa logica che frequentemente sta alla base delle matrici di Raven: la **sovrapposizione e addizione di elementi differenti**. Si nota, infatti, che nelle prime due righe l'ultima figura a destra è ottenuta mediante la sovrapposizione delle due figure che la precedono sulla stessa riga. Lo stesso criterio deve essere rispettato nella terza riga, quindi l'alternativa corretta è la **A**. Le alternative **C** e **D**, seppur corrette per ciò che attiene la forma e la posizione del quadrato e del cerchio, sono da scartare poiché prevedono una colorazione degli elementi che non compare nelle altre figure della matrice.

3   Individuare la figura mancante.

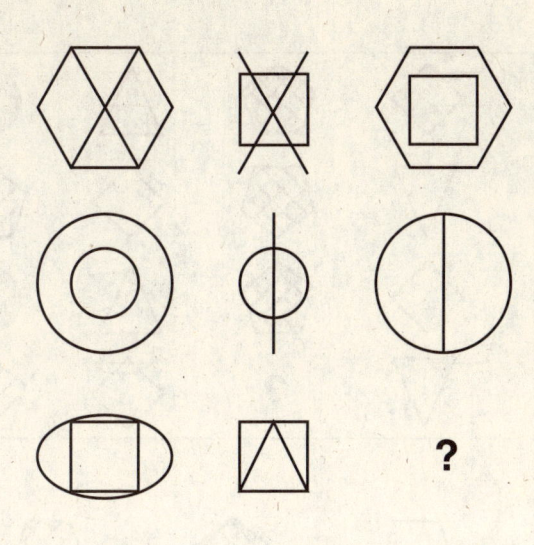

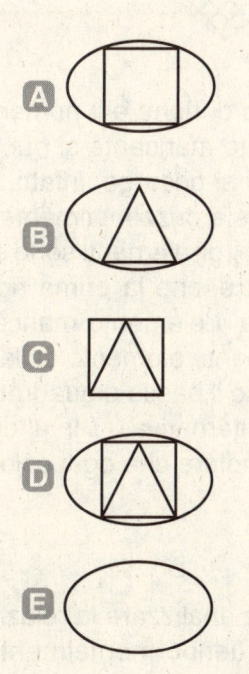

Questo esempio prevede, come criterio logico, **la sovrapposizione con eliminazione degli elementi comuni.** Nelle prime due righe, infatti, la figura più a destra è ottenuta sovrapponendo le due figure che la precedono e contemporaneamente eliminando gli elementi grafici che esse hanno in comune. Allo stesso modo, la figura da sostituire al punto di domanda si ottiene sovrapponendo l'ellisse al triangolo ed eliminando il quadrato che le due figure hanno in comune. La risposta corretta è quindi la **B**.

4 Individuare la figura mancante.

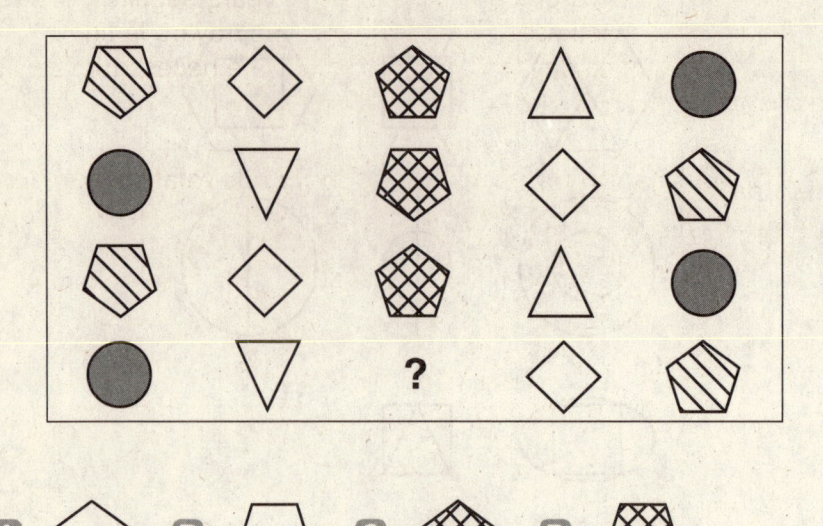

In questo esempio la matrice non è quadrata, il numero di righe e il numero di colonne non sono cioè coincidenti. Per trovare l'elemento mancante si può osservare cosa accade passando da una riga all'altra. Ci si accorge, infatti, che ogni riga è ottenuta rovesciando quella che la precede sia orizzontalmente (gli elementi sono cioè invertiti di posizione) sia verticalmente (gli elementi sono speculari rispetto all'asse orizzontale). Ci si accorge, inoltre, che la prima riga è uguale alla terza e che la seconda è uguale alla quarta. L'elemento mancante nell'ultima riga deve, quindi, essere uguale al corrispondente elemento della seconda riga e sarà un pentagono con la punta rivolta verso il basso e quadrettato all'interno. La soluzione al quesito è rappresentata dall'alternativa **D**. In alternativa, osservando le righe anziché le colonne, si poteva notare che ogni colonna è costituita dagli stessi due elementi tra di loro alternati.

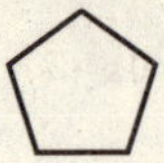

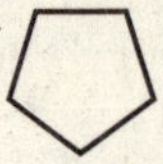

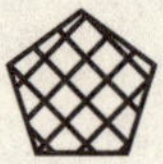

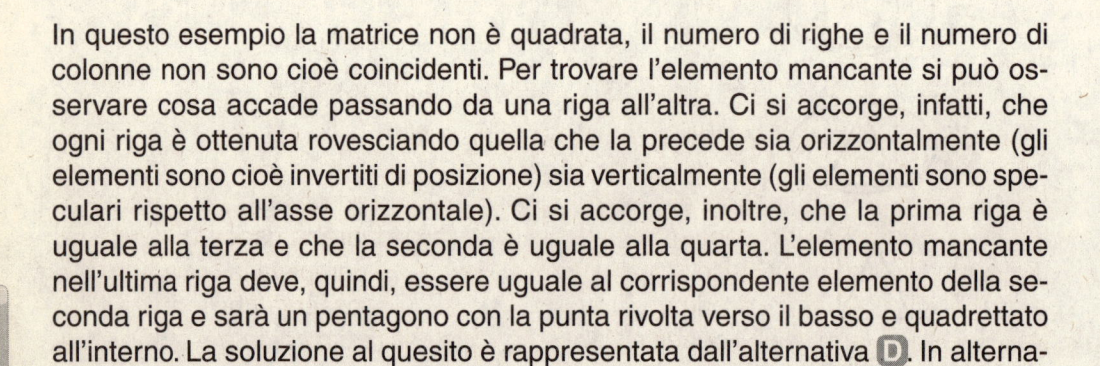

Suggerimenti

- È consigliabile **osservare con attenzione le figure** e analizzare la relazione esistente tra gli elementi di una stessa riga, ricostruendo mentalmente la figura mancante piuttosto che cercare la soluzione per esclusione, partendo dall'analisi delle alternative proposte.

- Gli esercizi sulle *matrici di Raven,* quando somministrati in un test selettivo, sono presenti in quantità elevata. Poiché il tempo a disposizione per la loro risoluzione è estremamente breve, si consiglia di **acquisire una buona familiarità con gli esempi descritti** in questo capitolo, a cui sono riconducibili i quesiti delle prove ufficiali.

15.7 Ragionamento astratto

Questa tipologia di esercizi presenta una serie di figure seguite da alcune domande. Per risolvere questi esercizi non si deve solo trovare la figura che completa la proporzione o che deve essere scartata, ma è necessario fare un ulteriore ragionamento.

Osservare le figure sotto riportate e rispondere alle relative domande.

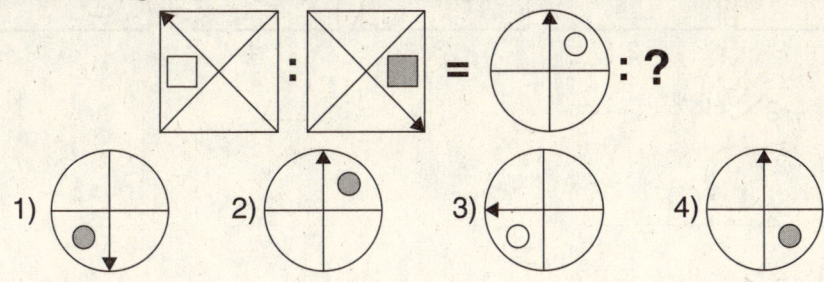

1 In base alle figure sopra riportate, quale delle seguenti affermazioni è esatta?

    A La figura che completa la proporzione è la 3)
    B La figura 1) non può fornire la soluzione all'esercizio
    C La figura 2) non è quella che completa la proporzione
    D La figura che completa la proporzione è la 4)

Per risolvere questa tipologia di esercizi è necessario, in primo luogo, individuare la figura che completa la proporzione e in seguito individuare la risposta corretta al quesito posto. In questo caso si nota come la figura che completa la proporzione è la 1). Infatti, passando dal primo quadrato al secondo si osserva che il verso della freccia è cambiato e che il quadratino interno è stato invertito come posizione e come colore. Applicando la stessa logica al secondo membro della proporzione si giunge alla soluzione dell'esercizio (figura 1). A questo punto diventa facile rispondere all'esercizio individuando nella **C** la soluzione al quesito.

2 In base alle figure sopra riportate, quale delle seguenti affermazioni è falsa?

    A La figura che completa la proporzione è la 2)
    B La figura 3) non può fornire la soluzione all'esercizio
    C La figura 4) non è quella che completa la proporzione
    D La figura che completa la proporzione è la 1)

Seguendo il ragionamento fatto per rispondere alla domanda precedente si può affermare che la soluzione al quesito è la **A**.

3 Trovare le operazioni di somma o sottrazione dei quadrati 1, 2, 3 e 4 che portano alla soluzione del quadrato 5.

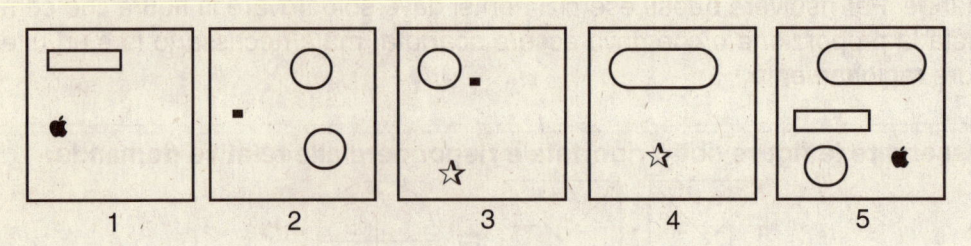

A 1 + 2 + 3 + 4

B 1 - 2 + 3

C 1 + 2 - 4

D 1 - 2 - 3 + 4

E 1 + 2 + 4 - 3

Per risolvere il quesito conviene partire dal risultato, cioè dalla figura 5, cercando di capire quali delle altre quattro figure servono per reperire tutti e soli gli elementi in essa contenuti. Si osserva così che sommando alla 1 la 2 e la 4 e sottraendo la 3 per eliminare gli elementi di troppo (una circonferenza e la stellina), si ottiene proprio la figura 5. La soluzione al quesito è, quindi, fornita dall'alternativa **E**.

15.7.1 Logica insiemistica

Questo tipo di esercizio di ragionamento astratto chiede al candidato, data una certa figura, di comprendere a quale gruppo questa appartiene o a quale altra figura proposta è simile per logica seguita.

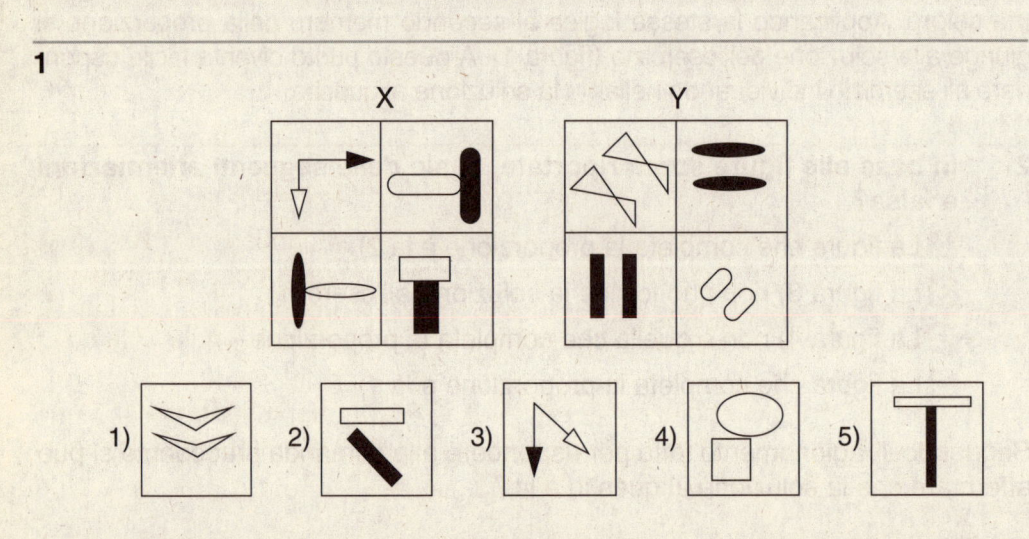

1

Osservando tali figure, quale delle successive affermazioni è vera?

A La figura 4) appartiene all'insieme Y

B La figura 3) appartiene all'insieme Y

C La figura 2) appartiene all'insieme X e la figura 3) all'insieme Y

D La figura 3) appartiene all'insieme X e la figura 5) all'insieme Y

E La figura 1) appartiene all'insieme Y e la figura 5) all'insieme X

Tutte le figure appartenenti all'insieme X presentano due elementi con la stessa forma e dimensioni, ma con colori opposti (uno bianco e uno nero), posizionati perpendicolarmente l'uno rispetto all'altro. Tutte le figure appartenenti all'insieme Y, invece, presentano due elementi uguali in tutto e posti paralleli l'uno all'altro. Osservando le figure da 1) e 5) ci si accorge che la 1) segue la logica dell'insieme Y, mentre la 5) quella dell'insieme X. La soluzione al quesito è, dunque, fornita dall'alternativa E.

---

2 In base alle figure sotto riportate, quale delle successive affermazioni è vera?

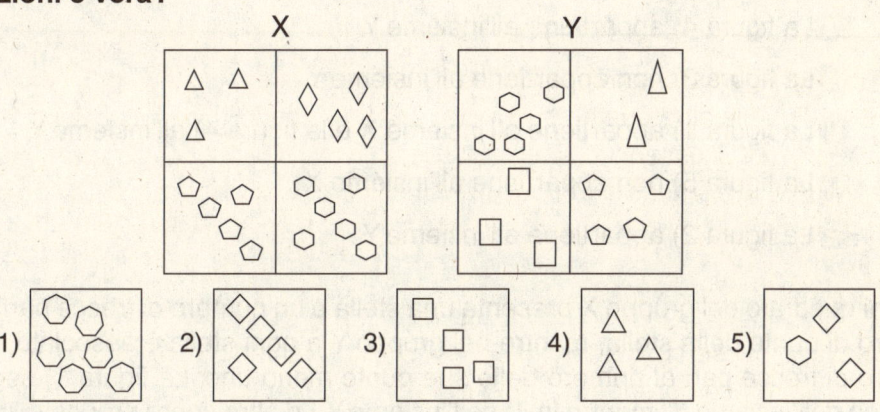

A La figura 1) appartiene all'insieme X

B La figura 2) appartiene all'insieme Y

C La figura 1) appartiene all'insieme Y e la figura 3) all'insieme X

D La figura 3) appartiene all'insieme Y e la figura 5) all'insieme X

E La figura 1) appartiene all'insieme X e la figura 4) all'insieme Y

Per risolvere l'esercizio è necessario capire qual è il criterio logico che lega le figure all'interno dei due gruppi X e Y. Osservando il gruppo X ci si accorge che ogni figura geometrica è ripetuta in numero uguale al proprio numero di lati. Si hanno così 3 triangoli, 4 quadrati, 5 pentagoni e 6 esagoni. Nel gruppo Y, invece, le figure vengono ripetute in un numero pari al numero di lati meno uno (2 triangoli, 3 quadrati ecc.). La soluzione al quesito è, allora, rappresentata dall'alternativa C, infatti la 1) ha 6 figure geometriche con sette lati (criterio Y), mentre la figura 3) ne ha 4 con quattro lati (criterio X).

3

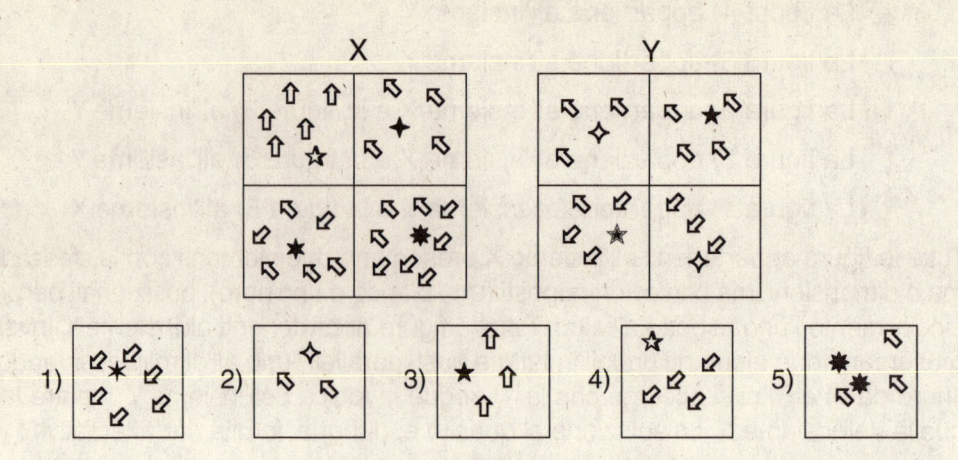

Osservando le figure sopra riportate, quale delle seguenti affermazioni è falsa?

A La figura 4) appartiene all'insieme Y

B La figura 3) non appartiene all'insieme Y

C La figura 1) appartiene all'insieme X e la figura 4) all'insieme Y

D La figura 5) non appartiene all'insieme X

E La figura 2) appartiene all'insieme Y

Ogni quadrato del gruppo X presenta una stella e un numero di frecce pari al numero di punte della stella, mentre nel gruppo Y a ogni stella è associato un numero di frecce pari al numero delle sue punte meno uno. La figura 1) segue la logica dell'insieme X, mentre la 4) dell'insieme Y. Le altre figure proposte, invece, non soddisfano né l'uno, né l'altro criterio. Ciò significa che l'affermazione falsa, e quindi la soluzione del quesito, è l'alternativa **E**.

4 Osservando le figure sopra riportate, la figura 4):

A appartiene all'insieme X

B appartiene all'insieme Y

C appartiene allo stesso insieme a cui appartiene la figura 3)

D appartiene allo stesso insieme a cui appartiene la figura 5)

E appartiene allo stesso insieme a cui appartiene la figura 1)

La figura 4), contenente una stella con cinque punte e quattro elementi, appartiene all'insieme Y. La soluzione al quesito è, quindi, fornita dall'alternativa **B**.

5

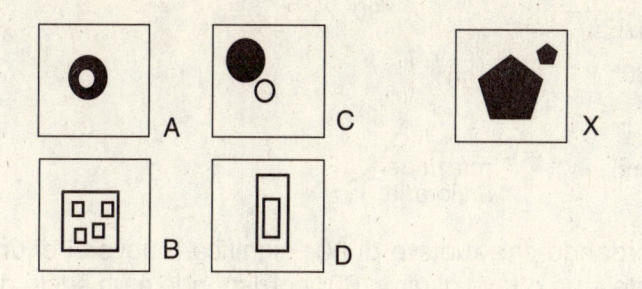

Osservando le figure sopra riportate, quale delle seguenti affermazioni è falsa?

A La figura X non appartiene allo stesso insieme della figura A

B La figura X non appartiene allo stesso insieme della figura C

C La figura X appartiene allo stesso insieme della figura B

D La figura X non appartiene allo stesso insieme della figura D

E Una sola delle altre alternative è falsa

Il criterio A mostra due figure della stessa forma, con colori opposti una dentro l'altra; il criterio B, invece, mostra una figura che contiene un numero di figure al suo interno dello stesso colore della figura grande e in numero pari al numero dei suoi lati; il criterio C mostra due figure della stessa forma separate e dai colori opposti e infine il criterio D propone due figure della stessa forma e dello stesso colore una dentro l'altra. La figura X non segue alcuno dei quattro criteri, prevedendo, infatti, due figure separate con la stessa forma ma anche dello stesso colore (nel criterio C il colore era diversa). La soluzione al quesito è, quindi, l'alternativa **C**, l'unica falsa.

15.8 Rotazioni

Si tratta di esercizi che chiedono al candidato di individuare quale, tra le figure proposte è ottenuta ruotando di un certo angolo una figura data.

Al fine di risolvere questi esercizi è importante conoscere alcune rotazioni che possono essere facilmente ricordate e che risultano utili per trovarne altre con gradazioni leggermente differenti. Per esempio, affermare che una figura ruota di 360° significa dire che la figura in questione torna nella stessa posizione di partenza. Rotazioni di 45, 90 e 180 gradi seguono, invece le seguenti modalità:

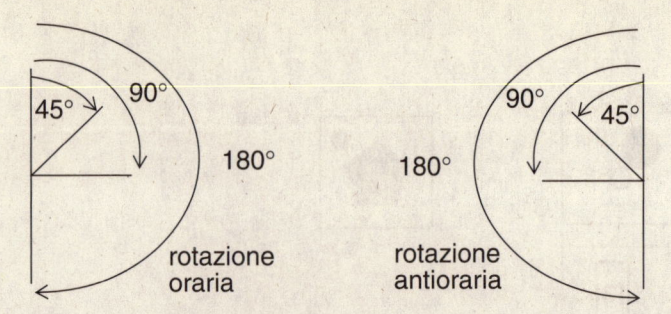

Ci si può aiutare anche ricordando che ruotare di 90° significa muoversi di un quarto di giro, 45° corrisponde a un ottavo di giro, 60° corrisponde a un sesto di giro, 180° corrisponde a mezzo giro ecc.

1 Quale tra le figure a destra è uguale a quella di sinistra ruotata di 300°?

Se un giro completo corrisponde a 360°, allora una figura che ruota 300° in un senso è come se lo facesse di 60° nel senso opposto. Osservando le alternative, l'unica figura che compie un sesto di giro ed è, quindi, ruotata di 60° in senso orario (e quindi 300 in senso antiorario) è la **C**, che rappresenta, dunque, la soluzione del quesito.

2 Quale tra le figure a destra è uguale a quella di sinistra ruotata di 200°?

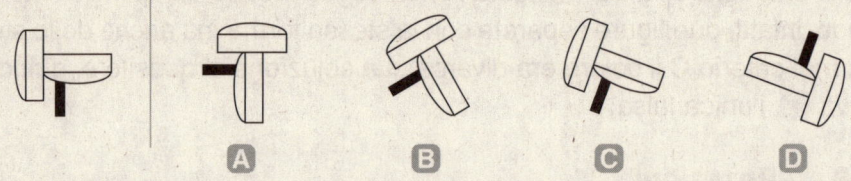

Una rotazione di 200° equivale a poco più di mezzo giro (180° equivale, infatti, a metà giro), cosa che si osserva nella figura proposta dall'alternativa **D**, soluzione del quesito.

15.9 Test del domino

Il nome di questa tipologia dipende dal fatto che le figure utilizzate in questi esercizi rappresentano *tessere di domino*, cioè rettangoli divisi in due parti uguali. All'interno di ogni parte compare un numero di punti variabile, compreso tra 0 e 6. Le due parti della tessera di domino possono avere lo stesso valore oppure valori differenti. Negli esercizi vengono presentate più tessere in successione, secondo disposizioni spaziali differenti (*croce*, *linea*, *corona*, *rettangolo* e così via), ma sempre rispondenti a un preciso ordine logico. I valori di una delle tessere della serie sono sconosciuti e vanno individuati tra le alternative proposte. Si propongono ora alcuni esempi. Si osservi che nel test del domino anche lo zero (corrispondente all'assenza di punti) occupa, nella successione dei numeri, una posizione ben precisa, compresa tra 6 e 1.

1   **Individuare la tessera mancante.**

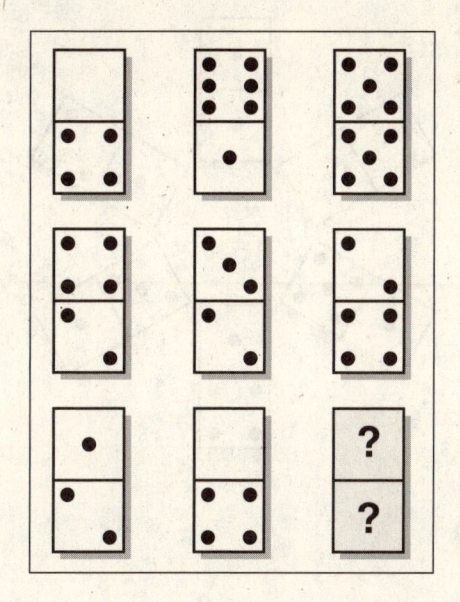

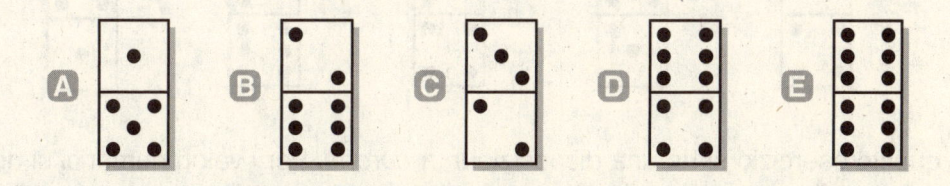

In questo caso le tessere sono disposte su 3 righe orizzontali. Per capire la logica della successione si analizzano le righe di tessere interamente note e si osserva che i valori delle metà superiori delle tessere sono in *ordine decrescente* (con differenza pari a 1) e che nelle metà inferiori *la somma dei primi due valori è pari al terzo* (4 + 1 = 5; 2 + 2 = 4).

Affinché la stessa logica venga rispettata nella terza riga, la tessera incognita deve essere rappresentata dai valori 6 (superiore) e 6 (inferiore) e quindi l'alternativa corretta è la **E**.

È importante osservare che si tratta di una combinazione di due leggi differenti: una per la parte superiore e una per la parte inferiore. D'altronde, senza considerare tra loro indipendenti la parte superiore e la parte inferiore delle tessere, non si sarebbe giunti ad alcuna logica soluzione dell'esercizio.

2   Individuare la tessera mancante.

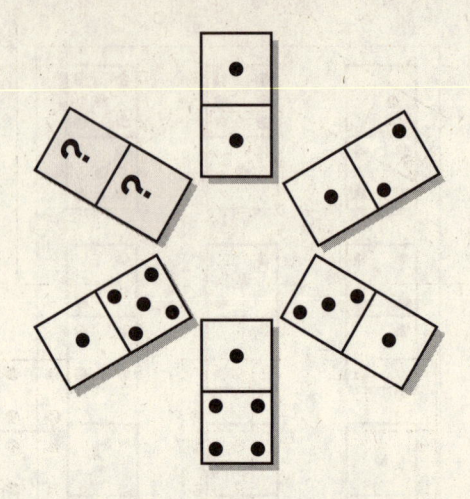

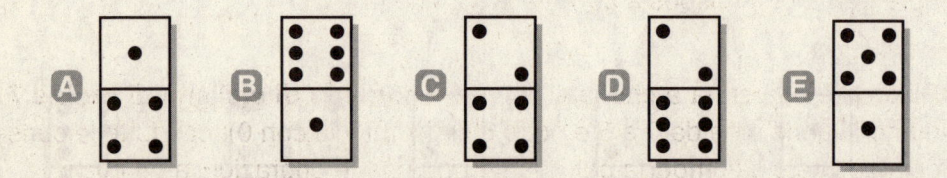

In questo esercizio si ha una disposizione a *corona*. Per i valori numerici si noti che, fatta salva la tessera di "partenza", il valore 1 appare in ogni tessera, alternativamente nella parte interna e nella parte esterna della corona.

Nelle restanti parti si ha una legge di successione (1, 2, 3, 4, 5, leggendo in senso orario) che chiaramente risulta alternata tra parti interne ed esterne. La tessera incognita è dunque quella indicata dalla risposta **B**.

In alternativa, sommando i valori superiore e inferiore di ogni tessera, ci si accorge che si ottiene un numero crescente di una unità (1 + 1 = 2; 1 + 2 = 3 ecc.) giungendo così ugualmente alla soluzione **B**, l'unica in cui la somma risulta pari a 7.

3 Individuare la tessera mancante.

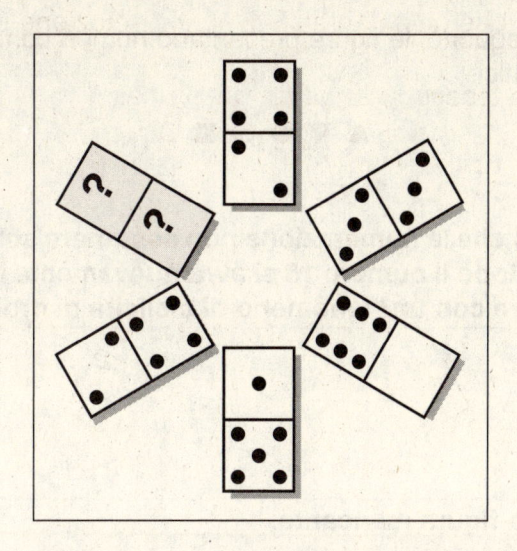

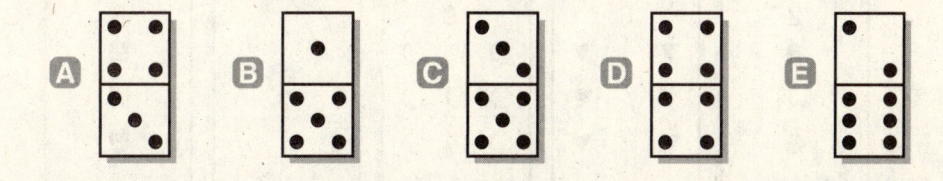

In questo caso si osserva che in ogni tessera la somma dei numeri presenti è sempre pari a 6. La risposta corretta è dunque la **B**.

SUGGERIMENTI

- Ricordare che si ha a che fare con un **fenomeno di ciclicità di ordine 7** (i numeri vanno cioè da 0 a 6 e dopo 6 si ricomincia con 0), con tutte le conseguenze che ciò comporta per quanto riguarda le operazioni aritmetiche.
- **La conoscenza delle regole del gioco del domino non è di alcuna utilità al fine della risoluzione degli esercizi,** che sono formulati con tessere di domino per la sola ragione che il domino presenta una numerazione diversa da quella decimale e che, esistendo due parti per ogni tessera, al fattore aritmetico si associa anche un fattore spaziale (interno-esterno, destra-sinistra, sopra-sotto ecc.).

15.10 SUCCESSIONI DI FIGURE

In questo paragrafo vengono presentati esercizi in cui le figure sono caratterizzate da un *numero* e da un *simbolo grafico* ripetuto una o più volte. Nel corso della successione si trovano una o più figure incognite il cui valore numerico e grafico va individuato tra le alternative proposte. Ciò è possibile in quanto, come già visto, *vi è un preciso criterio logico in base al quale le figure sono ordinate* e in base al quale l'incognita può assumere una sola identità.

Negli esempi che seguono, le figure presentano numeri compresi fra 1 e 15 e i seguenti simboli grafici:

▲ ▼ ● ○ ■ □

Dal momento che la numerazione può assumere solo valori compresi tra 1 e 15, dopo il numero 15 si avrà nuovamente il numero 1: si ha cioè a che fare con un "fenomeno di ciclicità di ordine 15".

Esempi

1 Individuare la figura mancante.

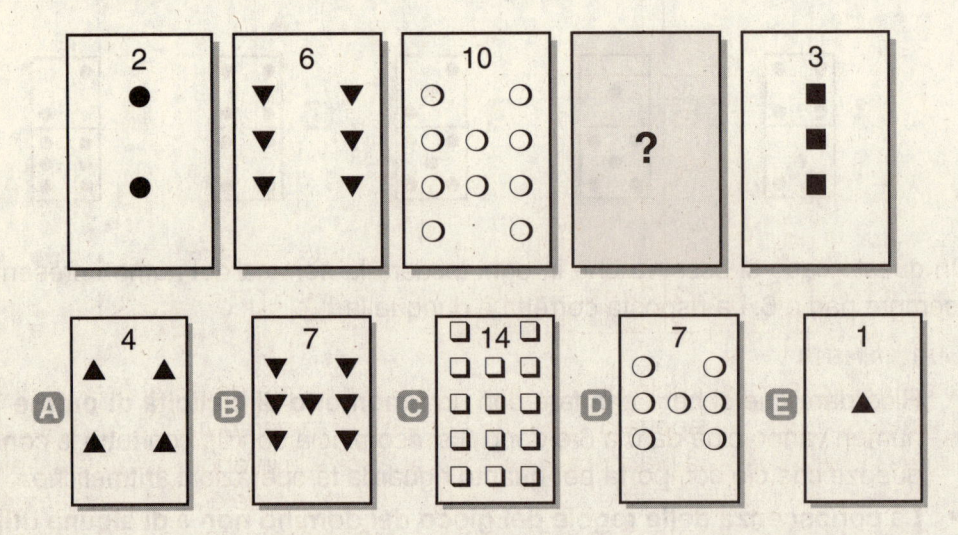

In questo esempio è facile notare come ci sia un incremento numerico pari a 4 tra ciascuna figura e la successiva (2, 6, 10). La figura mancante, essendo preceduta dal valore 10, sarà dunque uguale a 14 (alternativa C). Anche il simbolo grafico della risposta C rispetta la logica della successione: ciascuna figura presenta un simbolo diverso dalle altre e il simbolo □ è effettivamente mancante.

Nell'esempio considerato, il valore numerico dell'ultima figura è infatti 3 anziché 18, come ci si potrebbe aspettare aggiungendo 4 al valore dell'incognita (14). Poiché i numeri possono assumere solo i valori compresi tra 1 e 15, il numero 18 è equivalente a 15 + 3 ossia a 3.

Il fenomeno di ciclicità di ordine 15 deve essere tenuto a mente per svolgere anche le operazioni di sottrazione, moltiplicazione e divisione che dovessero comparire negli esercizi.

2 Individuare la figura mancante.

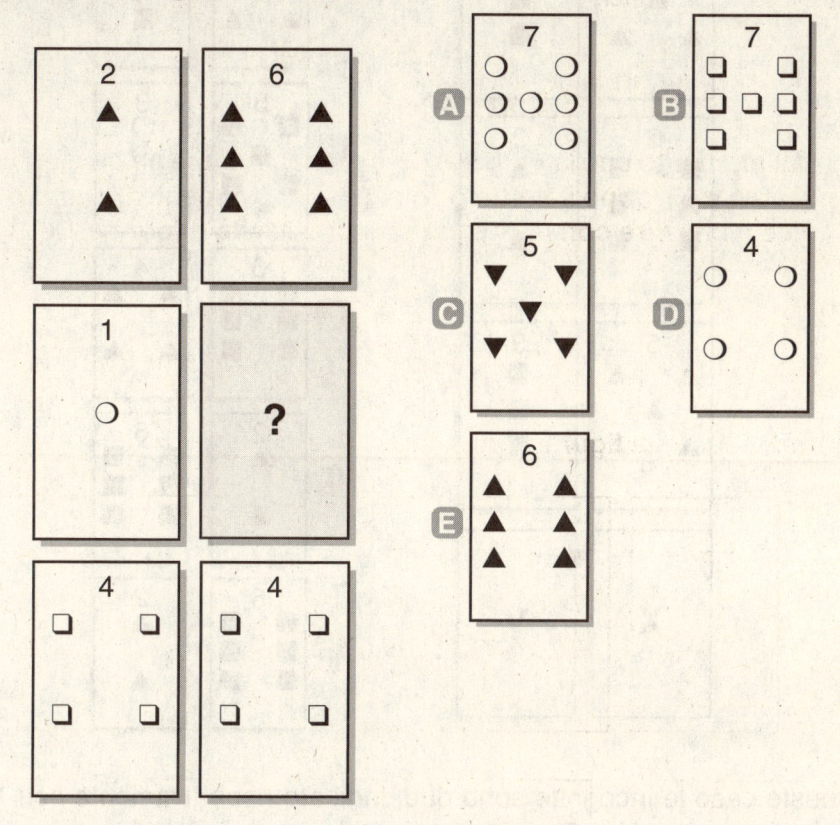

In questo caso, il simbolo grafico della figura mancante deve essere ○: solo in tal modo, infatti, è rispettato il criterio dell'*accoppiamento tra figure di simbolo uguale* che appare sia nella riga superiore sia in quella inferiore. Quanto al valore numerico, la scelta del 7 soddisfa il criterio secondo il quale *tutte e tre le coppie di figure* (superiore, intermedia e inferiore) *danno come somma* 8. La risposta esatta è dunque la **A**.

Come si è visto, tanto i numeri quanto i simboli seguono logiche ben precise, tra loro indipendenti.

Da questi primi due esempi si deduce che talvolta sono i *valori numerici* a indirizzare, almeno in via preliminare, verso la risposta esatta (esempio 1); talvolta, invece, è l'analisi dei *simboli* che permette di escludere in prima istanza alcune alternative (esempio 2). È quindi opportuno osservare quale dei due caratteri (numerico o simbolico) appare più indicativo ai fini della individuazione della risposta esatta.

3   Individuare le figure mancanti.

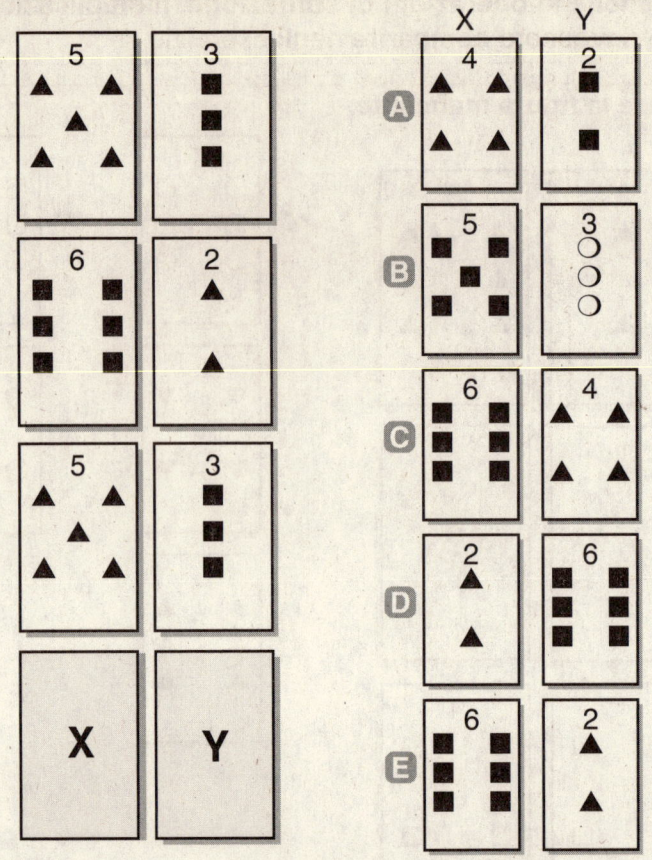

In questo caso le incognite sono due, indicate rispettivamente con X e Y. Le risposte proposte indicano i valori sia per la X sia per la Y.

Lo schema è divisibile in due colonne verticali, in ciascuna delle quali gli incrementi (differenze tra un numero e il precedente) si alternano secondo la successione + 1, − 1, + 1; anche i simboli grafici, soltanto di due tipi, si alternano tra loro: l'alternativa **E** soddisfa entrambe le condizioni per entrambe le colonne e quindi rappresenta la soluzione dell'esercizio. Si potrebbe anche osservare che ogni coppia di figure disposte sulla stessa riga dà come somma 8. Tuttavia, anche secondo questo criterio, l'unica risposta esatta rimane la **E**, dal momento che sia la **B** sia la **D** non soddisfano la logica dei simboli. Occorre fare molta attenzione ai valori della X e della Y nelle risposte: tra le alternative ce ne può essere una (la **D** dell'esempio considerato) che è sbagliata soltanto perché le soluzioni sono invertite.

Si consideri ora il caso in cui, oltre ai numeri e ai simboli grafici, sia presente una terza variabile costituita da un *numero premesso ai simboli di ciascuna figura*. Si osservi l'esempio seguente, in cui le figure contengono da numeri da 1 a 15 e i simboli grafici possibili sono: ■ ● ▼ ◆ ♥ ✚

4 Individuare la figura mancante.

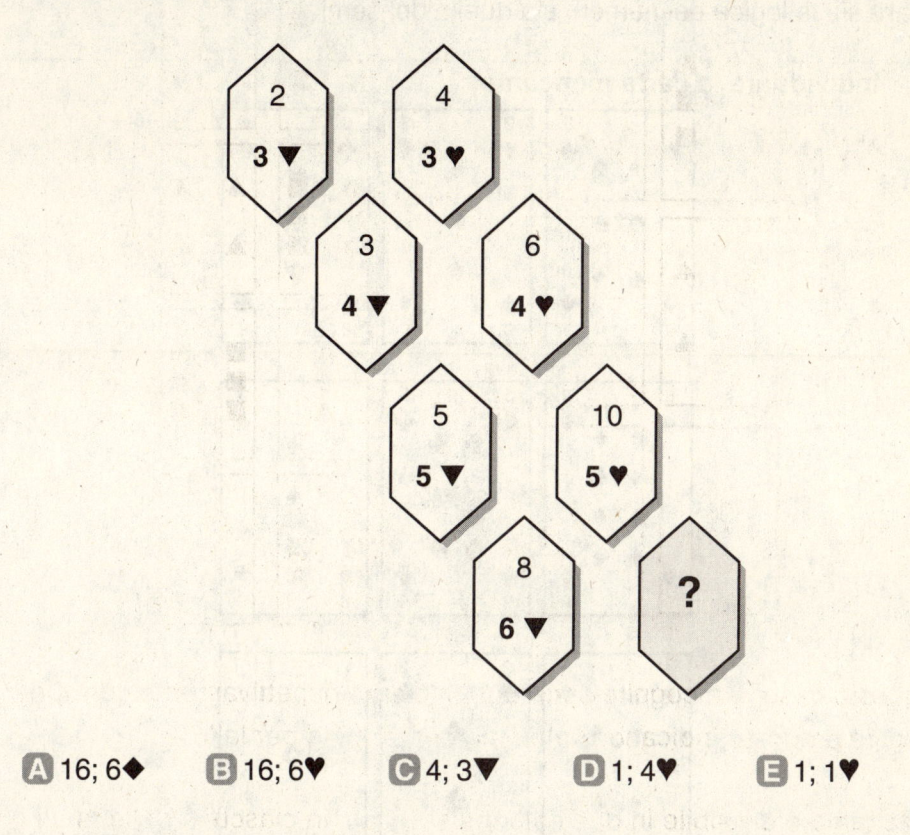

Figure con esagoni:
- 2 / 3▼
- 4 / 3♥
- 3 / 4▼
- 6 / 4♥
- 5 / 5▼
- 10 / 5♥
- 8 / 6▼
- ?

A 16; 6◆ **B** 16; 6♥ **C** 4; 3▼ **D** 1; 4♥ **E** 1; 1♥

I simboli grafici sono affiancati da un numero che ne indica la quantità: anche tali numeri seguono una logica ben precisa che va considerata per individuare la figura incognita. Naturalmente, anche ciascuna delle alternative indica un numero premesso ai simboli, oltre al tipo di simbolo e al valore numerico della figura. La *logica dei numeri* è: 2 · 2 = 4; 3 · 2 = 6; 5 · 2 = 10, da cui 8 · 2 = 16. In base alla sequenza dei simboli, il *simbolo* mancante è certamente ♥.

Le risposte possibili sono dunque la **B**, la **D** e la **E**. Per determinare la risposta esatta si noti che il *numero dei simboli* aumenta di 1 procedendo dall'alto verso il basso: l'alternativa **B** è quindi l'unica che soddisfa tutti i criteri logici che governano la serie di figure in esame.

15.11 Carte da gioco

Anche in questo caso si tratta di successioni di figure caratterizzate da un *valore numerico* e da un *simbolo grafico*, disposte in sequenza secondo diverse leggi che, una volta comprese, permettono di individuare la figura incognita.

Più precisamente, le figure presentano, come accade nel gioco delle carte, una *numerazione* che va da 1 - *Asso* a 13 - *Re* (fenomeno di ciclicità di ordine 13) e una *simbologia* grafica data da *cuori, quadri, fiori, picche*. La soluzione deve soddisfare sia la logica dei numeri, sia quella dei semi.

1   **Individuare la carta mancante.**

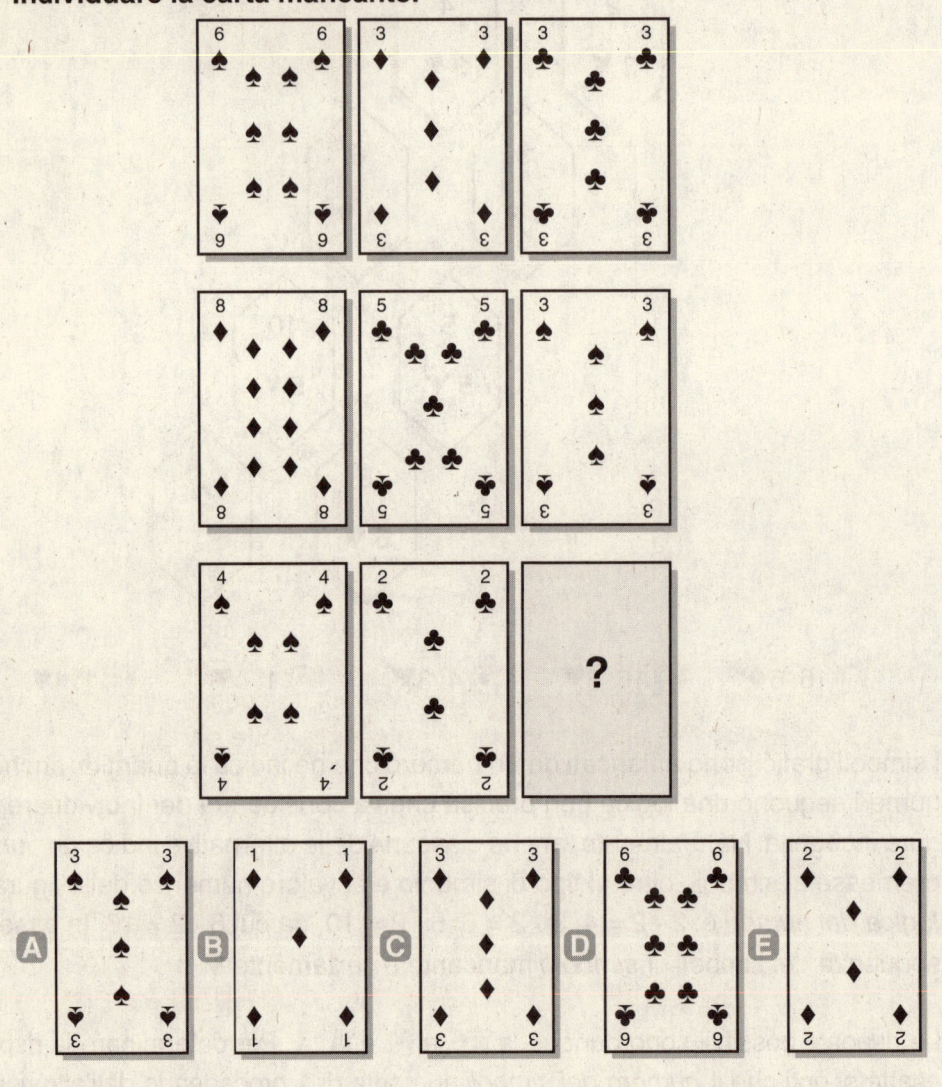

In questo caso, nella riga superiore e in quella intermedia la carta di sinistra è ottenuta *sommando i valori numerici delle altre due carte della stessa riga*; inol-

tre in ogni riga *si ripetono i tre stessi semi*, anche se in ordine diverso.
Entrambe queste caratteristiche devono essere soddisfatte anche nella terza riga e ciò si verifica sostituendo la carta incognita con il 2 di quadri (alternativa E).

2 Individuare la carta mancante.

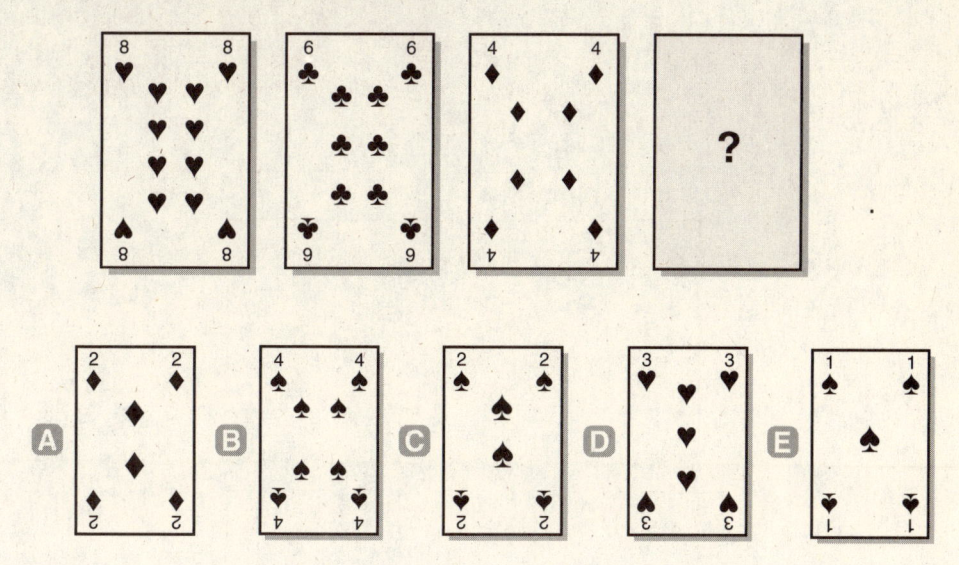

In questo primo esempio, i numeri sono ordinati in modo *decrescente* (8, 6, 4, ...): ogni valore è ottenuto *sottraendo* 2 *al valore precedente*.
Per quanto riguarda il *seme* della carta mancante, esso viene individuato come l'unico che non compare nelle tre carte date (picche).
La risposta esatta è dunque la C.

SUGGERIMENTI

- Ricordare che si ha a che fare con un **fenomeno di ciclicità di ordine 13** (i numeri vanno cioè da 1 a 13 e dopo il 13 si ricomincia con 1), con tutte le conseguenze che ciò comporta per quanto riguarda le operazioni aritmetiche.
- Prestare attenzione alla **disposizione spaziale delle carte**.
- Ricercare sempre, come primo approccio, il **criterio che lega tra loro le figure** (seme o numero) e che consente di giungere più rapidamente alla soluzione.

parte settima
CULTURA GENERALE

DESCRIZIONE DEGLI ESERCIZI

Gli esercizi di cultura generale sono gli unici quesiti somministrati nei test per l'ammissione ai corsi di laurea oggetto di questo volume a essere basati esclusivamente sulle conoscenze di carattere nozionistico di ogni candidato. Non si tratta dunque di esercizi di tipo attitudinale, volti a saggiare le capacità logiche, linguistiche, numeriche o di ragionamento, ma piuttosto di quesiti volti a *valutare* il grado di cultura generale dei candidati. L'**utilizzo di tali quesiti** nell'ambito dei test di ammissione alle università italiane è **in crescita** e per questo essi non vanno assolutamente trascurati. Occorre invece esaminare più nel dettaglio le materie che sono generalmente oggetto dei quesiti e prepararsi adeguatamente ripassando le nozioni fondamentali.

Il termine *cultura generale* è piuttosto ambiguo, essendo teoricamente relativo a tutto il sapere umano, ma di fatto si limita a coprire un arco specifico di conoscenze. In Italia, per qualche remoto motivo che ha a che fare con la rilevanza storica degli studi di tipo classico, si è soliti identificare la *cultura generale* con le conoscenze di carattere umanistico: filosofia, storia, letteratura, lingua italiana ecc. Minore importanza è invece generalmente attribuita alle materie scientifiche, delle quali uno studente diplomato di scuola media superiore dovrebbe comunque avere una preparazione di base: fisica, matematica, biologia e chimica. Lo stesso tipo di identificazione vige generalmente anche per i test di ammissione alle università a numero chiuso. In altre parole, i quesiti della parte di *cultura generale* sono generalmente di natura umanistica.

Questa sezione è dunque dedicata all'esame delle tipologie di quesiti che più frequentemente vengono incluse nella parte di *cultura generale*.

Gli esercizi di questa parte si presentano, come sempre, sotto forma di quesiti a risposta multipla e vertono generalmente sulle seguenti materie:
- storia;
- geografia;
- educazione civica;
- letteratura italiana;
- attualità;
- conoscenze informatiche.

Occorre anzitutto sottolineare che la vastità dei programmi e delle nozioni su cui vertono i quesiti di cultura generale rende scarsamente praticabile il ripasso dettagliato di tutte le materie per le quali il candidato non possieda una buona memoria di quanto studiato nella scuola media superiore.

La pratica migliore risulta spesso quella di esercitarsi con il maggior numero possibile di quesiti, in modo da comprendere appieno la tipologia, la natura e gli argomenti trattati dalle domande.

È tuttavia bene precisare che, rispetto alle domande prive di alternative in cui il candidato deve ricordare ogni nozione (per esempio date, nomi ecc.), i quesiti a risposta multipla offrono la possibilità di ragionare sulle diverse alternative e spesso consentono di procedere per esclusione, eliminando quelle palesemente errate. Anche un ripasso superficiale potrebbe dunque risultare utile per identificare quantomeno le risposte manifestamente infondate e per evitare di commettere errori grossolani.

Bocconi	tipologia **non** presente l'ultimo anno, ma presente negli anni precedenti
LUISS – LIUC	tipologia presente negli ultimi anni
Economia, Giurisprudenza e Scienze politiche	tipologia **non** presente negli ultimi anni

Nei capitoli seguenti vengono analizzate, mediante il ricorso a numerosi esempi, le principali tipologie di quesiti delle materie oggetto degli esercizi di cultura generale.
A chi desidera approfondire la propria preparazione, si segnalano i due titoli di Alpha Test MANUALE ED ESERCIZIARIO PER I TEST DI CULTURA GENERALE appartenenti alla collana PASSEPARTOUT: attraverso ampie parti teoriche e centinaia di esercizi risolti e commentati, i due volumi si propongono come uno strumento completo per la preparazione ai test selettivi di cultura generale.

16 STORIA

I quesiti di storia fanno generalmente riferimento ai periodi relativamente più recenti, ossia al programma studio dell'ultimo anno di scuola media superiore. Le domande più comuni si basano su date, periodi storici, personaggi, eventi ecc. Alcune delle formulazioni tipiche sono le seguenti:
- In quale anno/periodo si è tenuta la conferenza/battaglia/il congresso…?
- Chi era il Comandante/Presidente/Re/Primo Ministro di … durante la …?
- Il trattato di … ha sancito la pace fra …
- Quale Stato/Impero ha dichiarato guerra a …?
- Quali Capi di Governo hanno firmato il trattato di …?

Dalla formulazione dei quesiti appare evidente che essi verificano prevalentemente la conoscenza di specifiche nozioni e non di interpretazioni storiografiche che spesso formano la vera sostanza dello studio della storia. La natura stessa delle domande a risposta multipla rende infatti impossibile esaminare la conoscenza dei candidati dei fattori economici, sociali e politici che costituiscono il cuore degli eventi storici. In un caso simile, infatti, si rischierebbero valutazioni spesso non oggettive e analisi troppo lunghe per una domanda a risposta multipla.

La vastità degli argomenti coperti dai quesiti di storia rende senza dubbio difficoltoso il ripasso generalizzato della materia; tuttavia, vi sono casi in cui è possibile individuare la risposta corretta in modo indiretto, ossia procedendo per eliminazione e scartando le risposte non corrette. Vi sono esercizi in cui alcune delle alternative proposte possono essere scartate a priori, anche con una conoscenza superficiale dell'argomento oggetto del quesito, come nell'esempio riportato qui di seguito. Ciò permette di ridurre il numero di alternative tra cui individuare la risposta corretta e quindi aumentare la probabilità di successo.

---

1   In quali anni ha avuto luogo la guerra di Crimea?
- A 1914-1918
- B 1445-1485
- C 1853-1856
- D 1939-1945

Anche senza conoscere nei dettagli la storia degli ultimi due secoli, si è in grado di rispondere al quesito ragionando sulle alternative proposte. Infatti le alternative A e D propongono due date molto note (rispettivamente quelle della prima guerra mondiale e della seconda guerra mondiale), entrambe errate, mentre l'alternativa B propone le date di una guerra combattuta nel secolo XV. La risposta esatta, quindi, è la C.

16.1 CRONOLOGIA

La cronologia che proponiamo al ripasso dei lettori è incentrata sui secoli XIX e XX e privilegia gli eventi storici italiani ed europei. I due secoli in questione sono stati definiti in modi molto diversi, a seconda degli aspetti che gli studiosi volevano evidenziare; tra le espressioni più comunemente usate per indicare l'Ottocento vi è quella di "secolo della borghesia" (Hobsbawn) mentre per il Novecento è stata recentemente proposta e si va affermando quella di "secolo delle tenebre" (Todorov). Ricordiamo queste due definizioni ormai di larga diffusione perché, pur nella loro laconicità, hanno una valenza autoesplicativa che può essere di utile riferimento per il lettore.

Accanto ai più rilevanti avvenimenti geo-politici della scena internazionale, in questa cronologia vengono anche segnalati alcuni eventi scientifici o manifestazioni artistico-culturali particolarmente significative, che hanno lasciato la loro impronta nella cultura e nella società occidentale.

L'età della Restaurazione

1815

Sconfitta di Napoleone a Waterloo (18 giugno).

Il Congresso di Vienna sancisce l'egemonia austriaca sull'Italia.

Austria, Prussia e Russia firmano il trattato della Santa Alleanza (settembre).

A.J. Fresnel espone all'Accademia delle Scienze di Parigi (15 ottobre) la sua teoria sulla natura ondulatoria della luce (sarà confutata solo da Einstein, che dimostrerà l'esistenza dei fotoni).

1816

In tutti gli Stati della penisola italiana vengono abrogati i codici napoleonici.

I Regni di Napoli e di Sicilia sono unificati nel Regno delle Due Sicilie (dicembre).

Prima rappresentazione a Roma del *Barbiere di Siviglia* di Rossini.

1817

Esce la prima edizione dei *Principi di politica economica e tassazione* di David Ricardo, fondamentale opera della scuola economica classica. Non meno importante l'uscita in dispense di *L'industrie*, di Saint-Simon.

1819

Strage di manifestanti a Manchester; il governo inglese emana i restrittivi *Six Acts*.

La nave a vapore *Savannah* collega per la prima volta Liverpool a New York.

Schopenhauer pubblica *Il mondo come volontà e rappresentazione*; Walter Scott pubblica *Ivanhoe*.

1820

Rivolte e moti costituzionali, guidati dai carbonari, in Italia, Spagna e Portogallo.

Coloni inglesi si insediano nella Colonia del Capo (Sudafrica).

1821
Inizia la guerra d'indipendenza della Grecia contro l'Impero ottomano.
Muore a Sant'Elena Napoleone Bonaparte.
Varo in Gran Bretagna della prima nave a vapore interamente in ferro.
1824
Carlo X, nuovo re di Francia, cerca di riproporre l'assolutismo monarchico.
In Gran Bretagna vengono legalizzate le *Trade Unions* (associazioni operaie).
Prima esecuzione della *Nona Sinfonia* di Beethoven.
1829
Al termine di otto anni di guerra, la Grecia ottiene l'indipendenza dall'Impero ottomano.
In Gran Bretagna e USA si perfezionano le locomotive a vapore.
1830
Rivoluzione di luglio in Francia: Luigi Filippo d'Orléans è il primo re "borghese". Inizio della colonizzazione francese dell'Algeria.
Il Belgio conquista l'indipendenza dai Paesi Bassi. Tentativi rivoluzionari in Prussia, Polonia e in alcuni stati tedeschi.
Stendhal pubblica *Il rosso e il nero*.
1831
Mazzini fonda la *Giovine Italia*. Falliscono i moti liberali nell'Italia centrale.
Carlo Alberto di Savoia-Carignano sale al trono del Regno di Sardegna.
Giacomo Leopardi pubblica *I Canti*.
1834
Mazzini fonda in Svizzera la *Giovine Europa*.
Costituzione dell'unione doganale tedesca (*Zollverein*).
Louis Braille mette a punto un sistema di scrittura e lettura col tatto per i ciechi.
1839
La *Carta del popolo* dei cartisti inglesi viene respinta dal Parlamento.
Scoppia la guerra dell'oppio tra Gran Bretagna e Cina.
Inaugurata la Napoli-Portici, prima tratta ferroviaria italiana.
Il francese Daguerre presenta il suo procedimento fotografico (dagherrotipo).
1843
Dura repressione di un moto insurrezionale in Romagna.
Samuel Morse inventa il telegrafo.
Vincenzo Gioberti pubblica *Del primato morale e civile degli italiani*.
1847
Grave carestia agricola in tutta Europa.
Garibaldi lascia il Sudamerica, dove combatteva fin dal 1835, e torna in Italia.
Primo insediamento di mormoni nello stato americano dello Utah.
In Gran Bretagna primi esperimenti pubblici di illuminazione elettrica.

Insurrezioni, Rivoluzioni, Stati nazionali

1848
Moti rivoluzionari in tutta Europa. Riforme costituzionali nel Regno delle due Sicilie, nel Granducato di Toscana, nel Regno di Sardegna (concessione dello Statuto albertino) e nello Stato pontificio.
Insurrezione in Francia: abdicazione di Luigi Filippo e proclamazione della Repubblica.

Insurrezioni a Vienna, Budapest, Berlino, Venezia, Milano.

Prima guerra di indipendenza italiana.

Assemblee nazionali in Austria e in Germania; rivolta e repressione a Praga.

Rivolta operaia a Parigi; Luigi Napoleone Bonaparte è presidente della Repubblica francese.

Karl Marx e Friedrich Engels pubblicano il *Manifesto del Partito Comunista*; John Stuart Mill pubblica i *Principi di economia politica*.

1849

Governo provvisorio in Toscana. Proclamata la Repubblica romana.

L'Ungheria si dichiara indipendente dall'Austria, ma viene soggiogata dagli austro-russi. Ripresa delle ostilità tra Austria e Piemonte, battaglia di Novara e abdicazione di Carlo Alberto. Vittorio Emanuele II è re di Sardegna.

Repressione degli austriaci in Ungheria e a Venezia, dei francesi a Roma.

1850

Leggi Siccardi in Piemonte. Cavour ministro dell'agricoltura e del commercio nel governo D'Azeglio. A Londra Mazzini fonda il *Comitato nazionale italiano*.

In Francia svolta reazionaria di Luigi Napoleone.

Abolizione della schiavitù negli Stati dell'America latina, con l'eccezione di Cuba e del Brasile.

1851

In Francia colpo di Stato di Luigi Bonaparte.

Fondazione dell'agenzia giornalistica tedesca Reuter.

I.M. Singer brevetta la prima macchina per cucire.

Prima esposizione universale a Londra.

1852

Cavour è capo del governo sardo. A Belfiore sono impiccati patrioti mazziniani.

Luigi Bonaparte diviene imperatore dei francesi con il nome di Napoleone III.

1853

Fallimento del moto mazziniano a Milano. Mazzini fonda a Ginevra il *Partito d'azione*.

Guerra tra Russia e Impero ottomano.

A teatro vengono rappresentati *Il trovatore* e *La traviata* di Giuseppe Verdi.

1854

Guerra di Crimea: dichiarazione ufficiale (già dall'anno prima erano iniziati i combattimenti), Francia, Gran Bretagna e Impero ottomano contro Russia.

Epidemia di colera in Italia.

In USA nasce il Partito repubblicano.

È inaugurata la linea ferroviaria Vienna-Trieste.

1855

Truppe piemontesi partecipano alla guerra di Crimea; sconfitta russa a Sebastopoli.

Concordato tra Austria e Santa Sede.

Esposizione universale a Parigi.

1856

Congresso di Parigi: il Mar Nero è dichiarato neutrale.

Seconda guerra dell'oppio.

Henry Bessemer perfeziona il processo di produzione dell'acciaio.

1857

Nasce la *Società Nazionale Italiana* favorevole all'unificazione.

Fallimento della spedizione a Sapri del patriota Carlo Pisacane.

In India inizia la rivolta *sepoys* contro la Gran Bretagna.

In Cina scoppia la seconda guerra dell'oppio.

Charles Baudelaire pubblica *I fiori del male* e Gustave Flaubert *Madame Bovary*.

Antonio Meucci costruisce il primo telefono.

1858

Accordi di Plombières tra Cavour e Napoleone III.

I principati di Moldavia e di Valacchia si unificano in uno Stato che nel 1862 prenderà il nome di Romania.

In Egitto si costituisce la Compagnia del Canale di Suez.

Ippolito Nievo termina *Le confessioni di un italiano*.

1859

Seconda guerra di indipendenza italiana. L'Austria è sconfitta dai franco-piemontesi a Solferino e a San Martino. Armistizio di Villafranca e dimissioni di Cavour.

Legge Casati sull'istruzione pubblica.

Charles Darwin pubblica *Origine delle specie*, Karl Marx *Per la critica dell'economia politica* e John Stuart Mill *Saggio sulla libertà*.

Antonio Pacinotti costruisce una macchina dinamoelettrica.

1860

Ritorno di Cavour al governo.

Toscana, Ducati emiliani e Legazioni pontificie sono annessi al Regno di Sardegna. Savoia e Nizza sono cedute alla Francia. Spedizione dei Mille: Garibaldi occupa il Regno delle due Sicilie. Marche e Umbria sono annesse al Regno sardo.

Abraham Lincoln è presidente degli USA.

Henry Bessemer realizza il primo convertitore mobile per la produzione dell'acciaio.

1861

Proclamazione del Regno d'Italia (17 marzo) sotto Vittorio Emanuele II. Morte di Cavour (giugno).

Guglielmo I diviene re di Prussia.

Alessandro II abolisce in Russia la servitù della gleba.

In USA inizia la guerra di secessione.

1862

In Aspromonte i garibaldini si scontrano con le truppe regolari italiane. Bismarck diventa cancelliere di Prussia.

Abraham Lincoln decreta l'emancipazione degli schiavi.

Ivan Turgenev pubblica *Padri e figli* e Victor Hugo *I miserabili*.

1863

Legge Pica per la repressione del brigantaggio in Italia.

Rivolta polacca contro i russi.

A Londra è inaugurata la prima metropolitana del mondo.

Édouard Manet dipinge *Déjeuner sur l'herbe*.

Johann Gregor Mendel enuncia le leggi dell'ereditarietà.

1864

Guerra di Austria e Prussia contro Danimarca.

Convenzione di Settembre tra Francia e Italia: Roma resta dominio del papa.

È fondata la Prima Internazionale dei lavoratori. Pio IX pubblica il *Sillabo*.

Abraham Lincoln è rieletto presidente.

James Clerk Maxwell pubblica *Teoria dinamica del campo elettromagnetico*.

1865

Unificazione amministrativa e giudiziaria dell'Italia: la capitale è spostata a Firenze; alleanza con la Prussia.

Fine della guerra di secessione con la vittoria dell'Unione; il XIII; emendamento della costituzione abolisce la schiavitù negli USA. Assassinio di Lincoln; nuovo presidente è Andrew Johnson.

Massacro dei cheyenne a Sand Creek.

Lev Tolstoij inizia a pubblicare *Guerra e pace*.

A Philadelphia è inaugurata la prima rotativa a nastro per la stampa dei giornali.

1866

Guerra austro-prussiana.

Terza guerra di indipendenza italiana.

Nasce la Confederazione della Germania del Nord sotto l'egemonia prussiana.

L'Italia ottiene il Veneto (trattato di Vienna).

Fëdor Dostoevskij pubblica *Delitto e castigo*.

1867

Tentativo insurrezionale dei patrioti romani. Battaglia di Mentana.

L'Impero asburgico si trasforma in monarchia austro-ungarica.

Riforma elettorale in Gran Bretagna.

Gli USA acquistano l'Alaska dalla Russia.

In Messico l'imperatore Massimiliano è fucilato; Benito Juarez torna al potere.

Karl Marx pubblica il libro I del *Capitale*.

1868

In Italia è introdotta l'imposta sul macinato.

Rivoluzione in Spagna: Isabella II, ultima dei Borbone, abdica.

A Cuba inizia la guerra di indipendenza dalla Spagna che fallirà (1878).

A Chicago sorge l'industria della carne in scatola.

1869

Governo Lanza-Sella in Italia.

In Germania nasce il Partito operaio socialdemocratico, di ispirazione marxista.

Tokyo diventa capitale dell'impero del Giappone.

In USA Ulysses Grant è eletto presidente.

In Egitto è aperto il Canale di Suez.

Dimitrij Ivanovic Mendeleev pubblica il sistema periodico per la classificazione degli elementi chimici.

Si apre il Concilio Vaticano I che proclama il dogma dell'infallibilità del papa.

1870

Guerra franco-prussiana: cade l'Impero di Napoleone III e in Francia è ricostituita la Repubblica.

Gli italiani occupano Roma.

In USA il XV° emendamento alla costituzione riconosce libertà di voto senza distinzione di razza o colore della pelle.

Francesco De Sanctis pubblica la *Storia della letteratura italiana*.

1871

In Italia Legge delle guarentigie. Trasferimento della capitale a Roma.

A Versailles è proclamato l'Impero tedesco (Il Reich) sotto Guglielmo I.

A Parigi si proclama la Comune rivoluzionaria, soffocata dal governo di Thiers. La Francia cede alla Germania Alsazia e Lorena (pace di Francoforte).

La Gran Bretagna si annette la regione diamantifera del Sud Africa.

1872

Germania, Austria e Russia firmano il Patto dei tre imperatori. Muore Giuseppe Mazzini.

Si inaugura la prima linea ferroviaria Tokyo-Yokohama.

In USA Ulysses Grant è rieletto presidente.

Fëdor Dostoevskij pubblica *I demoni*.

I fratelli Solvay iniziano la produzione della soda a partire dal cloruro di sodio e dal bicarbonato d'ammonio.

1873

Crisi finanziaria internazionale.

In Spagna è proclamata la Repubblica.

Negli USA inizia la produzione in serie delle macchine per scrivere.

1874

Non expedit di Pio IX. Nasce a Venezia l'Opera dei Congressi.

Disraeli è primo ministro in Gran Bretagna.

Con il trattato di Saigon la Francia si afferma nel Vietnam.

Vengono brevettati i blue jeans da J.W. Davies e C. Levi-Strauss.

1875

In Francia si costituisce la III Repubblica.

Legge sulla sanità pubblica in Gran Bretagna.

1876

In Italia il governo Minghetti ottiene il pareggio del bilancio; la Sinistra va al governo con Agostino Depretis (maggio).

In Cina inizia la repressione della rivolta nello Xinjang.

La regina Vittoria è proclamata imperatrice delle Indie.

Scioglimento della Prima Internazionale.

Battaglia di Little Big Horn: i sioux distruggono il reparto di G.A. Custer.

Viene fondato il «Corriere della Sera».

Karl von Linde inventa la macchina frigorifera ad ammoniaca. Graham Bell realizza il telefono elettrico.

1877

In Italia legge Coppino sull'istruzione elementare. Stefano Jacini inizia la grande inchiesta agraria.

Guerra russo-turca; sconfitta dell'Impero ottomano.

Edison mette a punto il fonografo a cilindro.

Nikolaus Otto collauda il primo motore a combustione interna.

1878

Congresso di Berlino: contenimento della Russia nei Balcani; l'Austria occupa Erzegovina e Bosnia; Cipro va alla Gran Bretagna.

Morte di Vittorio Emanuele II (gli succede Umberto I) e di Pio IX (gli succede Leone XIII).

Truppe britanniche invadono l'Afghanistan.

Fëdor Dostoevskij inizia a pubblicare *I fratelli Karamazov*.

A New Haven è inaugurato il primo centralino del mondo.

K.W. von Siemens realizza i primi forni elettrici per produrre l'acciaio.

1879

Inizia una crisi agraria europea.

Alleanza tra Austria e Germania in funzione antirussa.

Guerra del Pacifico (1879-1883) vinta dal Cile contro Perù e Bolivia.

Edison costruisce la prima lampadina elettrica a incandescenza.

K.W. von Siemens presenta a Berlino la prima locomotiva elettrica.

1880

Gran Bretagna: legge per l'indennizzo in caso di infortunio sul lavoro.

L'età dell'Imperialismo

1881

Alessandro II, zar dell'Impero russo dal 1855, viene assassinato.

La Francia acquisisce il protettorato sulla Tunisia.

Giovanni Verga pubblica il romanzo verista *I Malavoglia*.

Louis Pasteur sviluppa la vaccinazione antirabbica.

Negli USA viene costruito il primo impianto idroelettrico del mondo.

1882

Germania, Italia e Austria-Ungheria stipulano la Triplice Alleanza.

L'Italia acquista la baia di Assab sul Mar Rosso (Africa orientale) e vara una riforma elettorale che allarga il suffragio. A Milano nasce il Partito operaio italiano.

La Gran Bretagna controlla militarmente L'Egitto.

Richard Wagner ultima il melodramma *Parsifal*.

Robert Koch scopre il bacillo della tubercolosi.

1883

In Germania viene approvata la legge sull'assicurazione contro le malattie.

In Asia, il protettorato francese si estende sul Tonchino (Cina) e sull'Annam (Vietnam).

A Milano viene costruita la prima centrale elettrica italiana.

Fine delle guerre con gli indios in Argentina e in Cile.

Rivolta del Transvaal contro l'Impero britannico.

Louis Pasteur scopre lo streptococco; K.J. Eberth, G.Th.A. Gaffky e R. Koch scoprono i bacilli del tifo.

Robert Koch scopre il vibrione del colera.

Gottlieb Daimler brevetta il primo motore a scoppio.

1884

A Berlino si svolge una conferenza internazionale sulla spartizione coloniale dell'Africa.

In Francia vengono legalizzati i sindacati operai e reintrodotto il divorzio.

In Gran Bretagna nasce la Fabian Society, di ispirazione socialista.

Nascita delle acciaierie di Terni.

Fondazione del laboratorio di ricerca Bayer.

Nicolaier scopre il bacillo del tetano.

1885

Accordo anglo-russo sulle sfere di influenza in Asia centrale.

Leopoldo II del Belgio diviene re dello Stato libero del Congo.

Truppe italiane occupano Massaua (Somalia). Palermo è colpita dal colera, per reprimere i disordini sociali che ne seguono interviene l'esercito.

A Bombay si svolge la prima sessione del Congresso nazionale indiano.

Galileo Ferraris realizza i primi prototipi di motore asincrono e Carl Friedrich Benz la prima automobile.

Friedrich Nietzsche conclude *Così parlò Zarathustra*.

1886
La Birmania viene annessa all'Impero britannico, che boccia il progetto sull'autonomia irlandese (*Home Rule*).
In Italia viene approvata la legge che regolamenta il lavoro minorile.
Gottlieb Daimler costruisce la prima motocicletta.

1887
I protettorati francesi del sud-est asiatico vengono accorpati nell'Unione indocinese.
In Italia il primo governo Crispi vara una tariffa protezionistica. Sconfitta di Dogali.
Heinrich Rudolph Hertz inizia le ricerche sulle onde elettromagnetiche.
Prima rappresentazione dell'*Otello* di Giuseppe Verdi.

1888
Guglielmo II Imperatore di Germania.
Emancipazione degli schiavi in Brasile.
George Eastman mette in commercio la prima macchina fotografica Kodak.
John Boyd Dunlup brevetta i primi pneumatici.
Un farmacista di Atlanta avvia la produzione della Coca-Cola.

1889
A Parigi nasce la Seconda Internazionale dei lavoratori e, in occasione dell'esposizione universale, viene costruita la Tour Eiffel.
Trattato italo-etiopico di Uccialli; Menelik imperatore d'Etiopia.
L'imperatore Mutsuhito, artefice dell'era Meiji, concede una Costituzione ai giapponesi.
D'Annunzio pubblica *Il piacere*, romanzo-manifesto del decadentismo.

1890
Viene celebrata per la prima volta la festa del Primo Maggio, con manifestazioni di lavoratori che chiedono la fissazione della giornata lavorativa a otto ore.
Dimissioni del Cancelliere tedesco Bismarck, al potere da venti anni.
L'Italia fonda la Colonia Eritrea.
A Chicago viene eretto un grattacielo con lo scheletro completamente in acciaio.

1891
Fondata a Milano la prima Camera del Lavoro italiana. Leone XIII emana l'enciclica *Rerum Novarum*, che espone la dottrina sociale della Chiesa cattolica.
In Russia cominciano i lavori di costruzione della ferrovia Transiberiana.
Negli USA nasce la General Electric.

1892
Primo governo Giolitti e nascita a Genova del partito dei lavoratori italiani (dal 1895 partito socialista).
Rudolf Diesel brevetta il motore a combustione interna ad accensione spontanea.

1893
In Gran Bretagna nasce l'*Indipendent Labour Party*.
In Italia, dopo lo scandalo politico-finanziario della Banca Romana, viene fondata la Banca d'Italia.

1894
In Francia viene assassinato il Presidente della Repubblica; arrestato e condannato per spionaggio e alto tradimento Alfred Dreyfus, unico ufficiale ebreo dello Stato maggiore.
Nicola II diviene zar di Russia.

Comincia la guerra cino-giapponese, che si concluderà dopo un anno con la sconfitta cinese.

Yersin e Kitasato scoprono, lavorando separatamente, il bacillo della peste.

1895

In Francia nasce la *Confederazione Generale del Lavoro*, di ispirazione anarco-sindacalista; viene creata l'Africa occidentale francese.

Guglielmo Marconi compie i primi esperimenti di radiotelegrafia.

I fratelli Lumière organizzano la prima proiezione pubblica cinematografica.

Wilhelm Conrad Röntgen scopre i raggi X.

1896

Theodor Hertzl pubblica *Lo Stato ebraico* e fonda il movimento sionista.

In seguito alla disfatta militare di Adua si dimette il governo Crispi.

Henri Becquerel scopre il fenomeno della radioattività.

Atene ospita la prima Olimpiade dell'era moderna.

Prima rappresentazione dell'opera *La Bohème* di Giacomo Puccini.

1897

In Russia misure antisemite e accentuazione del controllo diretto ("russificazione") su Polonia e Paesi baltici.

Ivan Pavlov pubblica i primi risultati dei suoi esperimenti sui riflessi condizionati.

1898

Guerra ispano-americana che porta gli USA a controllare Cuba e le Filippine.

L'incidente di Fashoda (Sudan) mette in crisi le relazioni anglo-francesi.

In Russia nasce il partito operaio socialdemocratico.

Proteste operaie contro il carovita represse nel sangue a Milano.

Pierre e Marie Curie scoprono il radio e il polonio.

1899

In Francia Alfred Dreyfus viene amnistiato.

Scoppia la guerra anglo-boera in Sudafrica.

Guerra civile in Bolivia, Colombia e Venezuela.

Eduard Bernstein pubblica *I presupposti del socialismo e i compiti della socialdemocrazia*.

Nasce la FIAT, Fabbrica Italiana Automobili Torino.

1900

I nazionalisti cinesi (Boxers) assediano le legazioni delle potenze occidentali a Pechino.

A Monza l'anarchico Gaetano Bresci assassina Umberto I.

Brandenberger inventa il cellophane.

Ferdinand von Zeppelin collauda il primo dirigibile a scheletro rigido.

Max Planck espone i fondamenti della teoria dei quanti.

Sigmund Freud pubblica *L'interpretazione dei sogni*.

1901

Il Presidente USA Mc Kinley viene assassinato: gli succede Theodore Roosevelt.

Nasce la *Federazione italiana dei lavoratori della terra* (Federterra).

Guglielmo Marconi stabilisce il primo contatto radio transatlantico.

Anthon Cechov pubblica la commedia *Le tre sorelle*.

A cinque anni dalla morte di Alfred Nobel è istituito il premio Nobel.

1902

I boeri, sconfitti, accettano formalmente la sovranità inglese. La Gran Bretagna stipula un accordo di alleanza con il Giappone.

In Italia vengono regolamentati per legge il lavoro femminile e quello minorile.

Il Parlamento australiano concede il diritto di voto alle donne.

Bayliss e Starling scoprono gli ormoni.

Lenin pubblica il saggio politico *Che fare?*

1903

In Russia si attuano *pogrom* contro gli ebrei; il partito operaio socialdemocratico, fondato nel 1898, si divide nelle correnti bolscevica e menscevica.

I fratelli Wright compiono il primo volo su un biplano a elica con motore a benzina.

L'olandese Willem Einthoven inventa l'elettrocardiogramma.

1904

In Francia viene vietato l'insegnamento alle congregazioni religiose.

Firma dell'*Entente cordiale* (Intesa cordiale) tra Francia e Gran Bretagna.

Guerra russo-giapponese per il controllo di Manciuria e Corea.

In Italia si svolge il primo sciopero generale su scala nazionale.

Ernest Rutheford e Frederick Soddy formulano la teoria generale della radioattività.

1905

In Russia, al termine della sconfitta subita dal Giappone, si verifica un tentativo rivoluzionario.

In Francia, il Parlamento sancisce la completa separazione tra Stato e Chiesa.

Prima crisi franco-tedesca per il controllo del Marocco.

Negli USA nasce l'*International Workers of the World* (IWW), organizzazione del sindacalismo rivoluzionario.

In Italia vengono statalizzate le ferrovie.

Albert Einstein espone per la prima volta la teoria della relatività.

1906

In Francia viene definitivamente riabilitato Alfred Dreyfus.

In Russia lo zar convoca il primo parlamento elettivo (*Duma*) e il primo ministro Stolypin promuove una riforma agraria.

In Italia nasce la *Confederazione Generale del Lavoro* (CGdL).

1907

Firma dell'accordo anglo-russo sulle sfere di influenza in Asia centrale alla base, insieme a due precedenti trattati, della *Triplice Intesa* (Francia, Gran Bretagna, Russia).

La Norvegia concede il voto alle donne.

Pio X, papa dal 1903, condanna ufficialmente il *modernismo*.

Henry Bergson pubblica il saggio filosofico *Evoluzione creatrice*.

Pablo Picasso dipinge *Les Demoiselles d'Avignon*.

1908

Nelle miniere inglesi entra in vigore la giornata lavorativa di otto ore.

L'Impero austro-ungarico annette la Bosnia-Erzegovina.

Carlo I, re del Portogallo, viene assassinato.

La rivolta dei Giovani turchi costringe il sultano dell'Impero ottomano a concedere la Costituzione.

Un terremoto distrugge completamente Messina e Reggio Calabria causando almeno 85.000 vittime.

Georges Sorel pubblica il saggio *Riflessioni sulla violenza*.

1909

Filippo Tommaso Marinetti pubblica il *Manifesto del futurismo*.

Robert Edwin Peary raggiunge il Polo Nord.

Luis Blériot compie la prima trasvolata della Manica in aeroplano.

1910

In Portogallo viene proclamata la Repubblica.

In Messico rivolta popolare contro il dittatore Porfirio Diaz.

A Torino viene fondata la *Confederazione italiana dell'industria* (Confindustria).

Negli USA Henry Ford inizia la produzione in serie di automobili.

Russell e Withehead danno avvio alla pubblicazione dei *Principia Mathematica*.

1911

Seconda crisi franco-tedesca per il Marocco: nuova sconfitta diplomatica del Reich.

Guerra italo-turca per il possesso della Libia.

Roal Engelbert Amundsen raggiunge il Polo Sud.

Frederick Winslow Taylor pubblica i *Principi di organizzazione scientifica del lavoro*.

1912

L'Italia acquisisce il controllo della Libia e delle isole del Dodecaneso. Concessione del suffragio universale maschile.

Prima guerra balcanica contro il dominio dell'Impero ottomano.

In Russia i bolscevichi lasciano il partito socialdemocratico.

In Cina abdica l'imperatore Pu Yi, viene proclamata la Repubblica e nasce il *Kuomintang* (partito nazionale del popolo) di Sun Yat-sen che si scontra con i "signori della guerra".

Il musicista Arnold Schönberg lavora alla musica dodecafonica.

1913

In Italia il *Patto Gentiloni* sancisce definitivamente l'ingresso dei cattolici in politica.

Seconda guerra balcanica, che termina con la sconfitta della Bulgaria e nuove riduzioni territoriali per l'Impero ottomano.

Prima rappresentazione della *Sagra della primavera* di Igor Stravinskij.

Marcel Proust pubblica *Dalla parte di Swann*, primo romanzo del ciclo *La Ricerca del tempo perduto*.

La prima guerra mondiale

1914
Il Parlamento britannico approva la concessione dell'*Home Rule* (autogoverno) all'Irlanda.

In Italia, scioperi e agitazioni antimilitariste della *Settimana rossa*.

Apertura del Canale di Panama che collega Oceano Atlantico e Pacifico.

Il 28 giugno a Sarajevo viene assassinato l'arciduca Francesco Ferdinando d'Asburgo, erede dell'Impero austro-ungarico: è l'attentato che innesca la prima guerra mondiale.

1915
Il 26 aprile l'Italia firma con le potenze dell'Intesa il *Patto di Londra*; il 24 maggio entra nel conflitto dichiarando guerra all'Austria-Ungheria; prime quattro battaglie dell'Isonzo.

Offensiva tedesca in Polonia, austriaca in Galizia e in Serbia. La Bulgaria si allea con la Germania.

Conferenza internazionale socialista a Zimmerwald per decidere un'azione comune contro il proseguimento della guerra.

Hugo Junkers collauda il primo aeroplano interamente metallico.

1916
Battaglia di Verdun. Portogallo e Romania si alleano con le potenze dell'Intesa.

Offensiva austriaca (*Strafexpedition*) sull'altopiano di Asiago: sesta battaglia dell'Isonzo e presa di Gorizia.

Offensiva anglo-francese sulla Somme (primo impiego dei carri armati).

Negli Stati Uniti Woodrow Wilson è rieletto presidente.

Francesco Giuseppe d'Austria muore; gli succede il pronipote Carlo I.

Vilfredo Pareto pubblica il *Trattato di sociologia generale*.

Tristan Tzara dà vita al movimento d'avanguardia del *dadaismo*.

1917
A Pietroburgo scoppia la *Rivoluzione di febbraio*: lo zar Nicola II abdica e si costituisce un governo provvisorio. Lenin, alla guida del partito bolscevico, con la pubblicazione delle *Tesi di Aprile* provoca scompiglio tra i rivoluzionari. Con la *Rivoluzione d'ottobre* (6-7 novembre) i bolscevichi abbattono il governo provvisorio e proclamano la Repubblica federativa dei soviet: Lenin avvia negoziati di pace.

Offensiva inglese in Medio Oriente. Guerriglia delle popolazioni arabe contro il dominio turco.

La Grecia si allea all'Intesa.

Il fronte italiano è sfondato a Caporetto: gli austriaci penetrano fino al Piave. Diaz sostituisce Cadorna; governo Orlando (ottobre-novembre).

Gli Stati Uniti intervengono nel conflitto: il 6 aprile dichiarano guerra alla Germania e il 7 dicembre all'Austria-Ungheria.

Lenin pubblica *L'imperialismo fase suprema del capitalismo*.

Il giornalista statunitense Joseph Pulitzer istituisce l'omonimo premio letterario.

1918
Il presidente Wilson formula un programma di pace in quattordici punti.

Pace di Brest-Litovsk tra la Russia e gli Imperi centrali: guerra civile tra i bolscevichi e i controrivoluzionari sostenuti dagli Alleati.

Offensiva tedesca sul fronte occidentale. Controffensiva alleata nelle Argonne e nei Balcani; Bulgaria e Turchia chiedono l'armistizio.

Secessione dell'Ungheria; indipendenza di Cecoslovacchia e Polonia; nascita del Regno dei serbi, croati e sloveni (futura Iugoslavia).

Battaglia di Vittorio Veneto: armistizio tra Austria e Italia (3 novembre).

Il 9 novembre a Berlino scoppia la rivoluzione: l'imperatore Guglielmo II abdica; è proclamata la Repubblica. Armistizio di Rethondes tra Germania e Alleati (11 novembre).

In Russia è adottato il calendario gregoriano.

Escono i film *Vita da cani* e *Charlot soldato* con Charlie Chaplin.

L'età dei totalitarismi

1919
Conferenza di pace a Parigi: il Trattato di Versailles sancisce la sconfitta tedesca, priva la Germania di colonie e territori, la smilitarizza e impone ingenti riparazioni di guerra.

In Germania nasce la Repubblica di Weimar. Walter Gropius fonda la *Bauhaus*, scuola di architettura e arti applicate.

In Italia, Mussolini fonda il movimento dei Fasci di combattimento e Gramsci la rivista comunista «Ordine nuovo». In autunno occupazione delle fabbriche e impresa di Fiume di D'Annunzio.

A Mosca nasce la Terza Internazionale comunista, nota come Comintern.

Negli USA una legge vieta il commercio degli alcolici: è l'inizio del proibizionismo.

In India, una pacifica campagna di disobbedienza civile organizzata da Gandhi viene repressa nel sangue dagli inglesi.

Lo scienziato Ernest Rutheford spezza per la prima volta un nucleo atomico.

1920
Entra in vigore lo statuto della Società delle Nazioni, nata l'anno prima, senza gli USA.

Continuano la guerra russo-polacca e quella turco-greca.

L'Italia rinuncia alla Dalmazia con il Trattato di Rapallo (novembre): D'Annunzio, attaccato dall'esercito e dalla marina italiane, abbandona Fiume (dicembre).

Negli USA le donne ottengono il diritto di voto; iniziano regolari trasmissioni radio.

1921
A Mosca, Lenin annuncia l'adozione della Nuova Politica Economica.

Italia: nascono il Partito Nazionale Fascista e il Partito Comunista d'Italia.

In Palestina violenti scontri tra arabi e coloni ebrei.

Realizzato il primo frigorifero elettrico.

Prima rappresentazione di *Sei personaggi in cerca d'autore* di Pirandello.

1922
Fondazione dell'Unione delle Repubbliche Socialiste Sovietiche (URSS).

Nasce lo Stato libero d'Irlanda e finisce il protettorato inglese sull'Egitto.

In Turchia Mustafà Kemal abolisce il sultanato: l'anno seguente viene proclamata la Repubblica.

Dopo la marcia su Roma, il re nomina Mussolini Presidente del Consiglio.

1923

Colpo di Stato e governi dittatoriali in Bulgaria e Spagna. Fallisce a Monaco di Baviera un tentativo di *golpe* capeggiato da Hitler.

In Gran Bretagna Mac Donald guida il primo governo laburista.

Cina: alleanza tra il partito comunista e il Kuomintang contro "i signori della guerra".

Italo Svevo pubblica *La coscienza di Zeno*.

1924

Nuova Costituzione in URSS, morte di Lenin, Stalin lotta per conquistare il potere.

Piano Dawes per ratealizzare le riparazioni di guerra imposte alla Germania.

Italia: assassinio del deputato Matteotti e secessione dell'Aventino delle opposizioni.

Si svolgono le prime Olimpiadi dedicate agli sport invernali.

1925

Italia: svolta autoritaria di Mussolini (discorso "del bivacco" del 3 gennaio).

Conferenza internazionale di Locarno per sancire i confini stabiliti dalla Conferenza di pace di Parigi e successivi trattati.

A Cuba inizia la dittatura del generale Machado.

Il regista russo Ejzenstein gira *La corazzata Potëmkin*.

Pubblicazione del *Processo* di Franz Kafka e di *Ossi di seppia* di Eugenio Montale.

1926

Colpo di Stato e governi dittatoriali in Portogallo e Polonia.

Giappone: Hirohito imperatore.

Italia: "leggi fascistissime", istituzione dei Podestà e del Ministero delle corporazioni.

A Londra Baird effettua il primo esperimento di trasmissione televisiva.

L'italiano Nobile sorvola il Polo Nord in dirigibile; lo statunitense Byrd lo trasvola in aereoplano (nel 1929 ripeterà l'impresa al Polo Sud).

1927

Trotzkij e la sua corrente vengono espulsi dal PCUS.

USA: giustiziati gli anarchici italiani Sacco e Vanzetti.

Italia: emanazione della "Carta del lavoro" e nascita dell'Ente Italiano Audizioni Radiofoniche.

Il cantante di jazz è il primo film sonoro della storia del cinema.

Charles Lindbergh attraversa l'Atlantico senza scalo volando da New York a Parigi.

1928

Il patto Briand-Kellogg, sottoscritto da 15 nazioni, auspica la rinuncia alla guerra per risolvere controversie internazionali.

Varo del primo piano quinquennale per l'economia in URSS.

In Cina guerra civile tra comunisti (Mao Tse-tung) e nazionalisti (Chang Kai-shek).

Walt Disney crea il personaggio di Mickey Mouse (Topolino).

1929

URSS: dopo aver liquidato anche Bucharin, Stalin dà avvio a una dittatura; collettivizzazione forzata dell'agricoltura.

Italia e Santa Sede firmano i Patti lateranensi (febbraio), che concludono il lungo scontro tra lo Stato e la Chiesa cattolica.

A Parigi i fratelli Rosselli fondano il gruppo antifascista "Giustizia e libertà".

Nasce il regno di Iugoslavia che riunisce sotto la stessa corona serbi, croati e sloveni.

Nell'ultima settimana di ottobre crolla la Borsa di New York: si apre una crisi economica e finanziaria che interessa tutto il pianeta.

William Faulkner pubblica il romanzo *L'urlo e il furore*.

Il fisiologo Alexander Fleming scopre l'azione antibatterica della penicillina.

1930

In coincidenza con l'aggravarsi della crisi economica, in Germania i nazionalsocialisti (NSDAP, 1920) si affermano alle elezioni, alla pari con i comunisti (107 seggi).

Getullio Vargas prende il potere in Brasile; Haillé Selassié diviene Imperatore d'Etiopia.

Ho Chi-Minh fonda il partito comunista vietnamita.

Il filosofo spagnolo Ortega y Gasset pubblica *La ribellione delle masse*.

1931

Dopo la vittoria elettorale delle sinistre Alfonso XIII lascia la Spagna: proclamazione della Repubblica.

In Italia entra in vigore il codice penale Rocco, che ripristina la pena di morte.

L'Unione sudafricana ottiene l'indipendenza (statuti di Westminster).

Il Giappone invade la Manciuria.

La Bell organizza il primo servizio di telescriventi.

Il francese Piccard effettua il primo volo stratosferico.

1932

A Losanna viene condonato il debito di guerra tedesco.

USA: i disoccupati salgono a 12 milioni; il democratico Franklyn Delano Roosevelt viene eletto Presidente.

Hindenburg viene rieletto Presidente della Repubblica di Weimar.

Portogallo: Salazar diviene primo ministro e inaugura la sua trentennale dittatura.

Vengono scoperti il neutrone e il positrone e Ruska realizza il primo microscopio elettronico.

In Gran Bretagna viene costruita la prima calcolatrice elettronica.

1933

Germania: Hitler, in seguito al grande successo elettorale, viene nominato Cancelliere. Abolizione dello stato federale e nascita del Reich unitario; creazione della polizia segreta (Gestapo); firma del Concordato con la Santa Sede; uscita dalla Società delle Nazioni.

In Spagna nasce il movimento fascista "La Falange"; in Romania si diffonde quello paramilitare delle "Guardie di ferro".

Il Giappone estende i suoi domini cinesi ed esce dalla Società delle Nazioni.

A Cuba la dittatura di Fulgencio Battista segue a quella di Machado.

USA: con il varo del "National Industrial Recovery Act" Roosevelt lancia il *New Deal*.

1934

Assassinato il Cancelliere austriaco Dollfuss e il re di Iugoslavia Alessandro I.

L'URSS entra nella Società delle Nazioni; inizia il periodo delle "grandi purghe" staliniane; ufficializzato il "realismo socialista".

Hitler assume la Presidenza dello Stato; le SS fanno strage delle SA ("notte dei lunghi coltelli").

In Italia entra in vigore l'ordinamento corporativo.

Cina: i comunisti, per sfuggire all'accerchiamento dei nazionalisti, cominciano la "lunga marcia".

Il nuovo Presidente messicano, Cardenas, rilancia la riforma agraria.

1935

La Germania riottiene la Saar; Hitler introduce la coscrizione obbligatoria e vara le "leggi di Norimberga" che discriminano gli ebrei.

La Conferenza internazionale di Stresa condanna il riarmo della Germania.

Truppe italiane invadono l'Etiopia.

URSS: trattato di alleanza con la Francia e di mutua assistenza con la Cecoslovacchia.

USA: Roosevelt vara leggi sull'assistenza sociale e amplia i diritti sindacali.

Al VII Congresso della Terza Internazionale viene approvata la tattica dei "fronti popolari".

Watson-Watt realizza la prima apparecchiatura radar.

1936

Germania: rimilitarizzazione della Renania; firma del patto anticomintern con il Giappone e dell'Asse Roma-Berlino.

Vittorio Emanuele III diviene Imperatore d'Etiopia.

Vittoria elettorale del "Fronte popolare" in Francia e in Spagna. Qui il successo delle sinistre scatena una ribellione militare che dà inizio (luglio) alla guerra civile spagnola.

Fallisce il colpo di Stato in Giappone; dittatura di Metaxas in Grecia e di Somoza in Nicaragua.

La Gran Bretagna ritira le sue truppe dall'Egitto ma continua a controllare militarmente il Canale di Suez. Rivolta antibritannica in Palestina.

Charlie Chaplin gira *Tempi moderni*.

La BBC inglese inizia regolari trasmissioni televisive.

1937

L'Italia aderisce al patto anticomintern ed esce dalla Società delle Nazioni. La polizia segreta fascista fa assassinare a Parigi i fratelli Rosselli.

In Brasile, Vargas vara la Costituzione dell'*Estado novo*.

Inizia la guerra cino-giapponese. A Shanghai i giapponesi fanno strage di civili.

In Germania viene fondata la Volkswagen.

Pablo Picasso dipinge *Guernica* per ricordare il bombardamento a tappeto della città basca. Jean Renoir filma *La grande illusione*.

1938

Germania: annessione dell'Austria (*Anschluss*) e del territorio cecoslovacco dei Sudeti (Conferenza di Monaco) e "Notte dei cristalli" contro gli ebrei.
Italia: varata la legislazione antisemita.
Dittatura di Carlo II in Romania.
USA: inizio della produzione industriale del nylon e dello sfruttamento dei giacimenti di petrolio sottomarino.
I fratelli Biro inventano la penna a sfera.
Ernest Hemingway pubblica *I 49 racconti* e Marcel Carné gira *Il porto delle nebbie*.

La seconda guerra mondiale

1939

Eugenio Pacelli sale al soglio pontificio con il nome di Pio XII.
Con la conquista di Madrid da parte delle truppe di Franco (marzo), si conclude la guerra civile spagnola.
Italia: varo della Camera dei fasci e delle corporazioni; invasione e annessione dell'Albania; firma del "Patto d'acciaio" con la Germania (maggio).
URSS: firma del patto di non aggressione con la Germania (Molotov-Ribbentropp).
Truppe naziste occupano Praga (marzo) e invadono la Polonia (settembre): è l'inizio della seconda guerra mondiale.
Vengono prodotti i primi aeroplani a reazione.
Victor Fleming gira *Via col vento*.

1940

La Germania invade e conquista Danimarca, Norvegia, Belgio e Francia ma fallisce l'attacco aereo alla Gran Bretagna (battaglia d'Inghilterra). L'URSS occupa i Paesi baltici e la Polonia a est.
L'Italia entra in guerra al fianco della Germania (10 giugno).
Roosevelt rieletto per la terza volta presidente USA.
Charlie Chaplin gira *Il grande dittatore*.

1941

La Germania interviene nei Balcani e in Africa a sostegno dell'Italia e invade l'URSS.
Roosevelt e Churchill firmano la "Carta atlantica" (agosto).
Il Giappone attacca la base navale di Pearl Harbor (7 dicembre), in risposta all'aggressione gli USA entrano nel conflitto.
Orson Welles gira *Citizen Kane* (*Quarto potere*).

1942

A Washington viene sottoscritto il patto istitutivo delle Nazioni Unite.
Massima espansione tedesca in Europa e giapponese in Asia.
Assedio di Stalingrado, battaglie di El-Alamein in Africa e delle Midway nel Pacifico.
Lo scienziato Enrico Fermi realizza negli USA la prima reazione a catena controllata nella pila atomica.
Albert Camus pubblica il romanzo *Lo straniero*, esce il film *Casablanca* di Micheal Curtiz.

1943

Le truppe dell'Asse si arrendono in Russia (febbraio) e in Africa settentrionale (maggio).

Sbarco anglo-americano in Sicilia e caduta del fascismo (luglio); l'Italia firma l'armistizio con gli alleati e si schiera contro la Germania (settembre): il Paese è occupato, diviso in due (Regno del Sud, governo Badoglio, e Repubblica di Salò, nazifascista) e lacerato da una guerra civile (nascita delle prime formazioni partigiane).

Conferenze di Casablanca e di Teheran (dicembre, con Roosevelt, Churchill e Stalin).

Attivazione negli USA del primo reattore nucleare per la produzione di plutonio.

1944

L'Asse perde terreno su tutti i fronti: sbarco anglo-americano in Normandia (giugno) e liberazione di Parigi. Offensiva dell'URSS in Europa orientale, vittorie americane nel Pacifico. Fallisce la controffensiva tedesca nelle Ardenne.

Liberazione di Roma e costituzione dei primi governi di unità nazionale.

Conferenza di Bretton Woods sul futuro assetto monetario internazionale (luglio).

1945

Conferenza di Jalta sul futuro assetto internazionale e le "sfere d'influenza" delle grandi potenze (febbraio, con Roosevelt, Churchill e Stalin).

Insurrezione generale nell'Italia settentrionale e ritirata tedesca (aprile). Mussolini viene fucilato mentre tenta di fuggire in Svizzera. Primo governo De Gasperi (dicembre).

Anglo-americani e russi si ricongiungono sul fiume Elba e occupano Berlino. Suicidio di Hitler, resa incondizionata della Germania (maggio).

Con il bombardamento atomico su Hiroshima e Nagasaki e la resa incondizionata del Giappone (settembre) si chiude la seconda guerra mondiale.

A Norimberga, apertura del processo ai criminali di guerra nazisti (novembre).

Fondazione dell'ONU (San Francisco, giugno).

Con *Roma città aperta* di Roberto Rossellini si inaugura la stagione del neorealismo cinematografico.

La Guerra fredda

1946

Conferenza di pace a Parigi.

In Italia Vittorio Emanuele III abdica; referendum istituzionale (2 giugno): proclamazione della Repubblica ed elezione di un'Assemblea Costituente.

In Gran Bretagna è creato il *Welfare State*.

È proclamata la Repubblica in Ungheria, Bulgaria e Albania. In Cecoslovacchia il comunismo ottiene il successo elettorale.

Restaurazione della monarchia e guerra civile in Grecia.

Ho Chi Minh è presidente della Repubblica del Vietnam; guerra d'indipendenza contro la Francia.

Gli USA concedono l'indipendenza alle Filippine.

Juan Domingo Perón è presidente dell'Argentina.

Negli USA è realizzato il primo calcolatore elettronico automatico.

Alfred Hitchcock gira *Notorius* e Roberto Rossellini *Paisà*.

1947

Le nazioni europee sconfitte, eccetto la Germania, firmano a Parigi i trattati di pace.

A Mosca è discusso dai rappresentanti dei quattro Paesi vincitori il problema della Germania.

In Italia nasce il Partito socialista dei lavoratori italiani; i socialisti e i comunisti sono esclusi dal governo.

È ratificata l'unione doganale tra Belgio, Olanda e Lussemburgo (Benelux).

In Polonia il Fronte nazionale capeggiato dai comunisti ottiene il successo elettorale; i comunisti conquistano il potere anche in Bulgaria, in Ungheria e in Romania. Nasce il Cominform.

L'Assemblea generale dell'ONU vota un progetto di spartizione della Palestina fra arabi ed ebrei.

Indipendenza dell'India e del Pakistan.

Nuova costituzione in Giappone.

Enunciazione della "dottrina Truman": comincia la Guerra fredda.

Albert Camus pubblica il romanzo *La peste*.

1948

Il 1° gennaio entra in vigore la Costituzione della Repubblica Italiana; successo elettorale della Democrazia Cristiana; Luigi Einaudi è presidente della Repubblica.

Con un colpo di Stato i comunisti prendono il potere in Cecoslovacchia. La Iugoslavia è espulsa dal Cominform.

I sovietici attuano il blocco di Berlino.

Proclamazione dello Stato di Israele; prima guerra arabo-israeliana.

Assassinio di Gandhi.

Nasce la repubblica di Corea a Seul; il Nord si stacca e costituisce la Repubblica democratica di Corea.

Il Congresso degli Stati Uniti approva il piano Marshall.

In Sudafrica vince il partito nazionalista; attuazione del regime di segregazione razziale (*apartheid*).

L'ONU adotta la *Dichiarazione universale dei diritti dell'uomo*.

Vittorio De Sica gira *Ladri di biciclette* e Luchino Visconti *La terra trema*.

1949

Nasce il Comecon per iniziativa dei Paesi comunisti dell'Europa orientale.

A Washington è stipulato il Patto Atlantico; nasce la NATO.

In Ungheria vittoria elettorale comunista.

Nascono la Repubblica federale tedesca e la Repubblica democratica tedesca.

In Cina vittoria elettorale dei comunisti: Mao Tse-tung fonda la Repubblica popolare cinese.

Indipendenza dell'Indonesia.

Lo scrittore Orwell pubblica il romanzo *1984*; Philip Showalter Hench scopre il cortisone.

1950

In Italia nascono la Cisl e la Uil. Viene istituita la Cassa per il Mezzogiorno; legge di riforma agraria.

Scoppia la *guerra di Corea*. La Cina occupa il Tibet.

Cesare Pavese pubblica il romanzo *La luna e i falò*.

1951

A Parigi è istituita la CECA (Comunità europea del carbone e dell'acciaio), che entrerà in vigore due anni dopo.

Vittoria elettorale dei conservatori in Gran Bretagna, di comunisti e gollisti in Francia.

Agitazioni indipendentiste in Marocco e in Tunisia. La Libia ottiene l'indipendenza; diviene re Idris al-Sanusi.

Prima edizione del Festival della canzone italiana di San Remo.

Negli USA è prodotta l'elettricità con l'energia atomica.

1952

Grecia e Turchia sono ammesse nella NATO.

Epurazioni in Ungheria e in Cecoslovacchia.

Guerriglia antifrancese in Tunisia.

Colpo di Stato militare in Egitto.

Nuove sconfitte francesi in Vietnam.

In Giappone termina l'occupazione alleata.

Hussein diventa re di Giordania.

Dwight Eisenhower è presidente degli Stati Uniti.

Gli USA fanno esplodere la prima bomba termonucleare (bomba H).

Il regista Fred Zinnemann gira *Mezzogiorno di fuoco*.

1953

In Italia è istituito l'Eni (Ente nazionale idrocarburi).

In URSS muore Stalin; Kruscëv è segretario del PCUS.

Corea: è firmato l'armistizio che divide il territorio in due Stati al 38° parallelo.

Negli USA esecuzione dei coniugi Rosenberg, accusati di spionaggio a favore dell'URSS.

In Egitto è proclamata la Repubblica.

Il Sudan ottiene l'indipendenza.

È scoperta la struttura a doppia elica del DNA.

1954

Accordo italo-iugoslavo sul territorio di Trieste.

Conferenza di Parigi: nascita dell'UEO (Unione dell'Europa Occidentale), alleanza difensiva dei Paesi europei.

In Vietnam: grave sconfitta francese a Dien Bien Phu.

Colpo di Stato in Siria.

In Egitto Gamal A. Nasser prende il potere.

In Algeria inizia la guerra di liberazione contro il dominio coloniale francese.

A Puerto Rico è sperimentata la prima pillola anticoncezionale femminile.

Federico Fellini gira *La strada*. Jonas Edward Salk scopre il primo vaccino antipoliomielitico. In Italia iniziano le trasmissioni televisive. Akira Kurosawa gira *I sette samurai*.

1955

In Italia Giovanni Gronchi è presidente della Repubblica; piano Vanoni per lo sviluppo economico; ammissione all'ONU. La Germania federale entra nella NATO.

È siglato il Patto di Varsavia: alleanza militare dei Paesi comunisti europei (Albania, Bulgaria, Cecoslovacchia, Germania Orientale, Polonia, Romania, Ungheria, URSS) sotto la direzione sovietica.

Conferenza afroasiatica di Bandung a cui partecipano 29 Paesi non allineati.

In Argentina un colpo di stato provoca la caduta di Peron.

Accordo di cooperazione economico-militare tra Egitto e Paesi comunisti.

La FIAT presenta la "600".

1956

Istituita in Italia la Corte costituzionale; istituito il ministero delle Partecipazioni statali.

XX° congresso del PCUS; "rapporto Kruscëv" e inizio della destalinizzazione. Scioglimento del Cominform.

Marocco e Tunisia ottengono l'indipendenza dalla Francia.

La Gran Bretagna pone termine all'occupazione del Canale di Suez. Nasser ne decreta la nazionalizzazione. Crisi internazionale in seguito all'intervento armato di Gran Bretagna e Francia. Seconda guerra arabo-israeliana (ottobre-novembre).

Agitazioni e riforme economiche in Polonia. Rivolta di Budapest e intervento sovietico (ottobre-novembre).

Eisenhower è rieletto presidente.

Fidel Castro sbarca a Cuba e inizia la guerriglia.

Ingmar Bergman gira *Il settimo sigillo*. Negli USA sono costruiti i primi videotelefoni e videoregistratori. Sabin scopre un nuovo vaccino antipoliomielitico. In Gran Bretagna è costruita la prima centrale atomica di grandi dimensioni. G. Pincus prepara la pillola antifecondativa.

1957

A Roma sono istituiti il Mercato comune europeo e l'Euratom.

Battaglia di Algeri: destabilizzazione della politica in Francia.

In URSS Kruscëv annuncia l'adozione di sistemi più elastici di programmazione economica.

Nel Vietnam del Sud inizia la guerriglia dei Vietcong.

Il Ghana (ex Costa d'Oro) e la Federazione della Malesia diventano indipendenti.

Gravi incidenti razziali negli Stati Uniti.

Sono pubblicati i romanzi *Il dottor Zivago* di Pasternak e il *Pasticciaccio* di Gadda.

L'URSS mette in orbita il primo satellite artificiale, Sputnik I.

Jack Kerouac pubblica *Sulla strada*.

1958

Morte di papa Pio XII: gli succede Giovanni XXIII.

Crisi della IV Repubblica in Francia: la nuova costituzione istituisce una Repubblica presidenziale; De Gaulle è eletto Presidente.

In Tunisia si costituisce il Governo rivoluzionario provvisorio algerino.

Egitto e Siria danno vita alla Repubblica Araba Unita (Rau), a cui aderirà lo Yemen.

Colpo di stato e proclamazione della repubblica in Iraq.

Accordo cino-sovietico di collaborazione economica. In Cina viene lanciata la campagna per il "grande balzo in avanti" in economia; istituzione delle "comuni popolari".

Negli USA è creato l'ente spaziale NASA.

Negli USA sono realizzati i primi giradischi stereofonici e i circuiti integrati; il primo satellite artificiale USA è in orbita.

Pubblicato postumo *Il Gattopardo* di Giuseppe Tomasi di Lampedusa.

1959

Papa Giovanni XXIII annuncia la convocazione del Concilio ecumenico Vaticano II.

Al congresso di Firenze la DC lancia la linea dell'accordo con i socialisti.

In Germania i socialdemocratici abbandonano il marxismo.

La Francia riconosce il diritto all'autodeterminazione del popolo algerino.

Successo della rivolta di Castro a Cuba; gli USA riconoscono il nuovo regime.

Lo scienziato Emilio Segrè e il letterato Salvatore Quasimodo vincono il Nobel.

1960

In Italia manifestazioni antifasciste travolgono il governo Tambroni; governo Fanfani con astensione del PSI.

Nasce l'EFTA (Associazione europea di libero scambio).

In URSS Breznev è eletto presidente; sospensione di ogni forma di assistenza alla Cina.

Nasce l'OPEC, accordo tra Paesi produttori di petrolio (Iran, Iraq, Kuwait, Arabia Saudita, Venezuela). Rottura tra Cina e URSS.

Negli Stati Uniti è eletto presidente il democratico J.F. Kennedy.

Numerosi Paesi africani ottengono l'indipendenza. Guerra civile nel Congo.

Escono i film *L'avventura* di Michelangelo Antonioni, *La dolce vita* di Federico Fellini e *Rocco e i suoi fratelli* di Luchino Visconti. Nasce la *Pop Art* di Andy Warhol. T.H. Maiman realizza il laser.

1961

A Milano, Genova e Firenze sono costituite le prime giunte di centrosinistra.

Il governo della Germania Est chiude il confine tra i due settori di Berlino (muro di Berlino).

Conferenza dei Paesi "non allineati" a Belgrado.

L'Unione Sudafricana rompe i rapporti con il Commonwealth e si trasforma in Repubblica Sudafricana. Indipendenza di Sierra Leone e Tanganika.

Gli USA rompono le relazioni diplomatiche con Cuba; fallisce lo sbarco di esuli anticastristi nella Baia dei Porci.

Giovanni XXIII pubblica l'enciclica *Mater et Magistra*.

Yuri Gagarin compie il primo volo umano nello spazio a bordo della capsula Vostok I.

1962

In Italia Fanfani costituisce un governo di centrosinistra con l'appoggio dei socialisti. Nazionalizzazione dell'industria elettrica e istituzione della scuola media unica. Antonio Segni è presidente della Repubblica. Inaugurato il Concilio ecumenico Vaticano II.

La Cina sconfigge l'India nel conflitto in Tibet.

Confronto USA-URSS in seguito all'installazione di basi missilistiche sovietiche nell'isola di Cuba. In Argentina i militari prendono il potere.

Indipendenza dell'Algeria (accordi di Evian). Proseguono le ribellioni di province africane e la guerra civile nel Congo. Annessione dell'Eritrea all'Etiopia.

Prime trasmissioni televisive via satellite. Albert Bruce Sabin scopre un nuovo vaccino antipoliomielitico orale. Muore l'attrice Marilyn Monroe.

1963

A Mosca è firmato un accordo per il divieto di esperimenti nucleari nell'atmosfera (Francia e Cina non aderiscono).

Iran: proteste di attivisti islamici contro lo Scià.

Iraq: colpo di stato di Aref.

Negli USA scoppiano disordini razziali e manifestazioni per i diritti civili; a Dallas è assassinato il presidente John Fitzgerald Kennedy.

Ad Addis Abeba nasce l'OUA (Organizzazione dell'Unità Africana): ne fanno parte Paesi indipendenti. Indipendenza del Kenya.

Esce il film *Otto e mezzo* di Fellini. Giovanni XXIII pubblica l'enciclica *Pacem in terris*; alla sua morte gli succede Giovanni Battista Montini con il nome di Paolo VI.

1964

In Italia muore Togliatti; Giovanni Saragat è presidente della Repubblica.

Vittoria elettorale dei laburisti in Gran Bretagna.

In URSS Kruscëv è rimosso da tutte le cariche; Breznev è il nuovo segretario del PCUS.

L'Egitto inaugura la diga di Assuan.

Nasce l'*Organizzazione per la liberazione della Palestina* (OLP).

La Cina fa esplodere la sua prima bomba atomica.

Negli USA è approvata la legge sui diritti civili. L.B. Johnson è eletto presidente.

Importante accordo commerciale tra Cuba e URSS.

Colpo di Stato militare in Brasile.

Zanzibar e Tanganika formano la Tanzania. Malawi e Zambia diventano indipendenti.

Martin Luter King ottiene il premio Nobel per la pace. Esce il film *Deserto rosso* di Antonioni.

1965

In Gran Bretagna muore Winston Churchill.

Si chiude il Concilio Vaticano II.

In Cina ha inizio la rivoluzione culturale.

Conflitto tra India e Pakistan per il Kashmir.

Gli USA bombardano il Vietnam del Nord. In USA il leader nero Malcom X è assassinato; gravi disordini razziali; prime manifestazioni di protesta contro l'intervento in Vietnam.

Astronauti sovietici e americani "passeggiano" nello spazio. Mary Quant lancia la minigonna.

1966

La Francia ritira le sue truppe dalla NATO; smantellate le basi militari statunitensi in Francia.

In Germania governo di "grande coalizione" fra democristiani e socialdemocratici.

Indira Gandhi diventa Primo ministro in India.

Nuovo colpo di Stato militare in Argentina.

Conferenza all'Avana dei popoli latinoamericani, asiatici e africani.

È introdotto il linguaggio di programmazione Basic.

1967

Enciclica *Populorum progressio* di Paolo VI sulla questione dello sviluppo dei popoli.

Colpo di stato militare in Grecia; instaurata una dittatura militare; re Costantino fugge. In Italia inizia la protesta studentesca.

Terza guerra arabo-israeliana ("guerra dei sei giorni"); Israele annette il settore arabo di Gerusalemme e Cisgiordania. Nuovo esodo dei palestinesi.

In Bolivia è ucciso il rivoluzionario Ernesto Che Guevara.

In Nigeria secessione della provincia del Biafra e guerra civile.

Il chirurgo Barnard compie il primo trapianto cardiaco umano. Negli USA si mettono a punto i missili MIRV a testata multipla. G. Garcia Marquez pubblica *Cent'anni di solitudine*.

1968

Il movimento di protesta studentesco dilaga in tutti i Paesi occidentali.

In Cecoslovacchia l'intervento delle truppe del Patto di Varsavia pone fine all'esperimento riformatore di Alexander Dubcek.

Grande offensiva Vietcong nel Vietnam del Sud.

Gli USA sospendono i bombardamenti sul Vietnam del Nord.

Negli USA sono assassinati il leader nero Martin Luter King e il senatore Robert Kennedy; Richard Nixon è il nuovo presidente degli USA.

Tre astronauti americani compiono la prima circumnavigazione della Luna. Esce il film *2001: Odissea nello spazio* di Stanley Kubrick.

1969

In Irlanda del Nord gravi incidenti tra cattolici e protestanti; azioni violente dell'IRA (Esercito repubblicano irlandese).

In Francia si dimette De Gaulle, sostituito da Georges Pompidou.

Successo elettorale dei socialdemocratici in Germania federale. A Helsinki primi colloqui USA-URSS per la limitazione degli armamenti strategici.

Italia vaste agitazioni sociali (*autunno caldo*); il 12 dicembre a Milano avviene la strage di piazza Fontana.

Yasser Arafat diviene presidente dell'OLP.

Incidenti tra Cina e URSS sul fiume Ussuri. In Cina Lin Piao succede a Mao.

Guerriglia dei *tupamaros* in Uruguay e dei *montoneros* in Argentina.

Colpo di Stato militare in Libia: il colonnello Muhammar Gheddafi sale al potere.

Gli astronauti Armstrong ed Aldrin il 21 luglio scendono sulla Luna.

Dennis Hopper gira *Easy Rider*.

1970

In Italia si verificano le prime elezioni regionali; approvati lo Statuto dei lavoratori e la legge sul divorzio.

In Gran Bretagna i conservatori ottengono il successo; scontri nell'Ulster.

In Polonia scoppiano tumulti contro il carovita.

Germania federale e URSS riconoscono l'inviolabilità delle frontiere tra le due Germanie.

Cambogia: colpo di Stato filostatunitense; inizia la guerriglia dei khmer.

In Siria Assad sale al potere.

USA: grande manifestazione contro la guerra in Vietnam.

In Cile il socialista Salvador Allende diventa presidente.

In Egitto muore Nasser: gli succede Sadat.

In Somalia prende il potere Siad Barre, che instaura un regime filosovietico.

L'IBM realizza il primo *floppy-disk*; la Boeing costruisce il Jumbo Jet 747.

1971

In Italia Giovanni Leone è eletto presidente della Repubblica.

In Francia nasce il Partito Socialista Unitario guidato da François Mitterand.

Nasce il Bangladesh.

Ammissione della Cina comunista all'ONU ed espulsione di Formosa.

In USA è sospesa la convertibilità del dollaro in oro.

Costruiti il primo microprocessore e il primo orologio elettrico digitale.

1972

In Italia si afferma il governo Andreotti di "centralità democratica"; Enrico Berlinguer nuovo segretario del PCI. Nasce la Federazione Cgil-Cisl-Uil.

Alle Olimpiadi di Monaco di Baviera terroristi palestinesi assassinano alcuni atleti israeliani.

In Vietnam violenti bombardamenti su Hanoi.

In USA scoppia lo scandalo Watergate; Nixon è di nuovo presidente.

In Egitto Sadat chiede il ritiro di tecnici e consiglieri militari sovietici.

Si tiene a Stoccolma la prima conferenza internazionale di ecologia.

Produzione delle prime fibre ottiche.

Bernardo Bertolucci gira *Ultimo tango a Parigi*.

1973

Crisi economica europea in seguito alla guerra arabo-israeliana e al rincaro del petrolio.

In Italia strage all'aeroporto di Fiumicino.

A Helsinki si inaugura la conferenza sulla sicurezza e la cooperazione in Europa (CSCE).

Gran Bretagna, Irlanda e Danimarca entrano nella CEE.

Ammissione della Repubblica federale tedesca e della Repubblica democratica tedesca all'ONU.

Guerra del Yom Kippur tra Israele ed Egitto.

Cile: colpo di Stato militare; assassinio di Allende e dittatura di Pinochet.

Perón è presidente dell'Argentina.

Muore Pablo Picasso. Fellini gira *Amarcord*.

1974

In Gran Bretagna scioperi dei minatori, elezioni anticipate e vittoria laburista.

Nuovo presidente della Repubblica francese è Valéry Giscard d'Estaing.

In Portogallo un colpo di Stato militare ripristina la democrazia.

In Italia si aggrava la crisi economica; le Brigate Rosse rapiscono il giudice Sossi; strage di Piazza della Loggia a Brescia e del treno Italicus.

Cade la dittatura militare in Grecia: libere elezioni.

Gli israeliani si ritirano dalla zona del canale di Suez.

Negli USA Nixon si dimette; Gerald Ford è il nuovo presidente. Accordo USA-URSS sulla limitazione degli armamenti.

In Argentina, alla morte di Perón la moglie Isabella diviene presidente della Repubblica.

Rivoluzione militare in Etiopia: deposto l'imperatore Hailé Selassié.

1975

In Italia: riforma del diritto di famiglia (parità dei coniugi) e fissazione della maggiore età a 18 anni. Successo del PCI alle elezioni comunali.

In Spagna muore Francisco Franco: sale al trono il re Juan Carlos I di Borbone.

In Grecia è approvata la costituzione repubblicana.

Finisce la guerra del Vietnam: occupazione vietcong di Saigon.

In Egitto, riapertura del canale di Suez.

Indipendenza dell'Angola e del Mozambico dal Portogallo.

1976

Italia: terremoto in Friuli; le Brigate Rosse assassinano il giudice Coco; elezioni politiche e governo Andreotti; Bettino Craxi diventa segretario del Partito Socialista.

Accordo dei Paesi CEE per eleggere a suffragio universale diretto il Parlamento europeo.

Guerra civile in Libano.

Dittatura di Pol Pot in Cambogia.

Nascita della Repubblica Socialista del Vietnam.

Negli USA il democratico James Carter è eletto presidente.

La sonda Viking si posa su Marte. La Apple presenta il primo personal computer.

1977

In Italia e in Germania federale si verifica un'ondata di atti terroristici di estrema sinistra. Firmata a Madrid dai partiti comunisti italiano, francese e spagnolo la "carta dell'eurocomunismo".

Il presidente statunitense Carter denuncia le violazioni dei diritti umani in URSS.

La RAI inizia le trasmissioni televisive a colori in Italia. Muore la star Elvis Presley.

1978

In Italia le Brigate Rosse rapiscono e uccidono il presidente della DC Aldo Moro; legge sulla depenalizzazione dell'aborto; Sandro Pertini è presidente della Repubblica dopo le dimissioni di Leone.

I Paesi della CEE approvano lo SME (Sistema monetario europeo).

Muore papa Paolo VI: gli succede per breve tempo Giovanni Paolo I (dal 26 agosto al 28 settembre) e quindi il cardinale polacco Karol Wojtyla con il nome di Giovanni Paolo II.

In Afghanistan colpo di stato filosovietico.

La Cina di Deng Xiaoping stabilisce con gli USA normali relazioni diplomatiche.

Il Vietnam invade la Cambogia.

In USA si sottoscrivono gli accordi di pace a Camp David tra Egitto e Israele.

In Gran Bretagna nasce la prima bambina "in provetta".

Ermanno Olmi gira *L'albero degli zoccoli*, Coppola *Apocalypse Now*.

1979

Eletto il primo Parlamento europeo.

In Gran Bretagna vittoria dei conservatori e governo di Margaret Thatcher.

In Iran rivoluzione islamica di Khomeini.

Afghanistan: nuovo colpo di Stato e invasione sovietica.

In Iraq Saddam Hussein è presidente della Repubblica.

Entrano in commercio i primi *compact disc*. La sonda Voyager 2 sorvola Giove.

1980

In Italia la mafia assassina il presidente della Regione Sicilia; nuova ondata di terrorismo (attentati delle BR, strage della stazione di Bologna); terremoto in Campania e Basilicata (circa 6000 morti).

In Jugoslavia muore Tito.

In Polonia scioperi guidati dal libero sindacato Solidarnosc.

Scoppia la guerra Iran-Iraq.

In India vittoria elettorale di Indira Gandhi, che diventa capo del governo.

Gerusalemme è proclamata capitale di Israele.

Negli USA Ronald Reagan è eletto presidente.

Il vaiolo viene definitivamente debellato nel mondo.

1981

In Italia scoppia lo scandalo della loggia massonica P2.

In Francia il socialista François Mitterand è eletto presidente.

Attentato a Giovanni Paolo II.

Ammissione della Grecia nella CEE.

In Polonia il generale Wojciech Jaruzelski attua un colpo di Stato e dichiara fuorilegge *Solidarnosc*.

In Egitto è assassinato Sadat; Muhammad Mubarak è il nuovo presidente.

Negli Stati Uniti viene lanciata la prima navetta spaziale Shuttle. Primi casi di AIDS.

1982

In Italia assassinati dalla mafia P. La Torre e Carlo Alberto Dalla Chiesa.

Il democristiano Helmut Kohl è il nuovo cancelliere tedesco-federale.

In URSS muore Breznev; Yurij Andropov è il nuovo segretario del PCUS.

Israele invade il Libano del sud.

Guerra delle Falkland (Malvine): l'Argentina è sconfitta dalla Gran Bretagna.

Negli Stati Uniti è realizzato il primo innesto permanente di un cuore artificiale su un paziente.

1983

In Italia: elezioni anticipate e sconfitta della DC; governo del socialista Bettino Craxi.

Vittoria elettorale dei democristiani in Germania Federale, dei conservatori in Gran Bretagna.

L'OLP è costretta ad abbandonare il Libano.

In Argentina crolla la dittatura militare e il radicale Raúl Alfonsín ottiene il successo elettorale.

Viene identificato il virus dell'AIDS.

1984

In URSS muore Andropov e Konstantin Cernienko è il nuovo segretario del PCUS.

In Italia è siglato un Nuovo Concordato con la Santa Sede; strage sul treno rapido 904.

In India viene assassinata Indira Gandhi; le succede il figlio Rajiv.

Accordo anglo-cinese per la restituzione di Hong Kong.

In USA rielezione di Reagan.

In Nicaragua i sandinisti salgono al potere con Daniel Ortega.

Cessate il fuoco tra Repubblica Sudafricana e Angola.

In Australia nasce un bambino da un embrione già congelato.

1985
In Italia le elezioni regionali segnano un calo del PCI. Francesco Cossiga è il nuovo presidente della Repubblica.

Spagna e Portogallo entrano nella CEE.

In URSS muore Cernienko; Michail Gorbaciov è eletto segretario del PCUS.

A Ginevra primi incontri tra Reagan e Gorbaciov.

Israele si ritira dal Libano. Riprende la guerra Iran-Iraq dopo una breve tregua.

Abrogata in Sudafrica la legge contro i matrimoni interrazziali.

1986
A Reykjavik nuovo vertice Reagan-Gorbaciov: dissenso sullo "scudo spaziale" di difesa statunitense.

In URSS si afferma la linea di riforme (*perestrojka*) di Gorbaciov.

Nelle Filippine il dittatore Marcos fugge da Manila: Aquino diviene presidente.

Negli USA Reagan è sotto inchiesta per vendita di armi all'Iran (scandalo *Irangate*).

In Libia gli statunitensi bombardano Tripoli.

Esplode in volo lo shuttle Challenger.

In URSS si verifica il grave incidente nucleare di Cernobyl.

Sorge negli USA la Microsoft, produttrice di software.

1987
In Italia dimissioni del governo Craxi ed elezioni anticipate.

Vittoria di Kohl in Germania e di Margaret Thatcher in Gran Bretagna.

Inizia l'*Intifada* palestinese nei territori occupati da Israele.

A Washington vertice Reagan-Gorbaciov: accordo sul disarmo.

Prodotta la prima pillola abortiva.

Bernardo Bertolucci gira *L'ultimo imperatore*.

1988
In Italia si afferma il governo pentapartito De Mita.

In Francia Mitterand è rieletto presidente.

A Mosca quarto vertice Reagan-Gorbaciov. Gorbaciov è presidente del Soviet Supremo.

Cessate il fuoco tra Iran e Iraq.

I sovietici si ritirano dall'Afghanistan.

L'OLP accetta l'esistenza di Israele.

In USA George Bush è eletto presidente.

In Sudafrica per la prima volta votano i neri.

I cosmonauti russi Titov e Manarov restano nello spazio 366 giorni.

1989
In Polonia libere elezioni: vittoria di *Solidarnosc*.

Caduta dei regimi comunisti in Ungheria, Cecoslovacchia, Bulgaria e Germania Orientale (crollo del muro di Berlino e riunificazione della città, 9 novembre).

In Romania è giustiziato il dittatore comunista Nicolae Ceausescu.

In Cina, a Pechino, grande manifestazione studentesca nella piazza Tien An Men, repressa sanguinosamente dal governo.

In Iran muore Khomeini.

La sonda Voyager 2 sorvola Nettuno.

1990

Gorbaciov è eletto presidente dell'URSS, Eltsin della Repubblica russa.

Rivolte popolari e crisi politica in Albania.

Prime elezioni libere in Slovenia e Croazia; dure reazioni della Serbia.

Lech Walesa è presidente della Polonia; Václav Havel è presidente della Cecoslovacchia.

Il 3 ottobre le due Germanie si riunificano.

L'Iraq di Saddam Hussein invade il Kuwait: l'ONU vota sanzioni economiche contro l'Iraq.

In Sudafrica è liberato Nelson Mandela.

1991

In Italia il PCI si trasforma in PDS; nasce Rifondazione Comunista.

Indipendenza dei Paesi baltici (Estonia, Lettonia e Lituania), di Slovenia e Croazia.

Inizia la guerra civile serbo-croata.

Scioglimento del Comecon e del Patto di Varsavia.

Fallito colpo di stato comunista e dissoluzione dell'URSS, dimissioni di Gorbaciov: nasce la Comunità di Stati Indipendenti (CSI, 21 dicembre).

Trattato di Maastricht.

Nella guerra del Golfo le forze dell'ONU guidate dagli USA sconfiggono l'Iraq; il Kuwait è liberato; Saddam Husseim resta al potere. Pace tra le due Coree.

In Somalia cade il regime di Siad Barre; guerra civile.

In Sudafrica abolizione dell'*apartheid*.

L'Unione europea e la globalizzazione

1992

Guerra civile in Bosnia-Erzegovina.

Il democratico Bill Clinton è il nuovo Presidente USA.

Intervento ONU in Somalia e conferenza ONU su ambiente e sviluppo a Rio de Janeiro.

In Italia grave crisi politica e stragi mafiose contro i giudici Falcone e Borsellino.

1993

Nasce l'Unione europea (12 i Paesi membri).

USA e Russia firmano il trattato START II sul disarmo delle testate nucleari.

Italia: introduzione del maggioritario e nuove stragi mafiose a Firenze e Roma.

Steven Spielberg è il regista dei due successi cinematografici dell'anno: *Jurassic Park* e *Schindler's list*.

1994

Italia: vittoria del centrodestra (Polo delle libertà) alle elezioni politiche e varo del primo governo Berlusconi.

Autogoverno dell'Autorità nazionale palestinese nei territori di Gaza e di Gerico.

Austria, Finlandia e Svezia entrano nell'Unione europea.

Fallisce la missione ONU in Somalia, prime elezioni libere multirazziali in Sudafrica; il Ruanda viene sconvolto dalla guerra civile tra le etnie *hutu* e *tutsi*.

La Russia invade la Cecenia.

In Messico, rivolta degli indios del Chiapas.

Varo dell'*Eurotunnel* sottomarino che collega Francia e Gran Bretagna.

1995

Attentato terroristico di matrice neonazista a Oklahoma City: 225 morti.

Jacques Chirac, per 18 anni sindaco di Parigi, è il nuovo Presidente della Repubblica.

Italia: la disoccupazione si attesta al 12%, il saldo nascite/morti è negativo.

1996

Si diffonde in Gran Bretagna l'encefalopatia spongiforme bovina (morbo della "mucca pazza").

Secondo mandato presidenziale per Bill Clinton. Madeleine Albraith è la prima donna a ricoprire la carica di Segretario di Stato USA.

Italia: vittoria del centro sinistra (Ulivo) alle elezioni politiche e varo del governo Prodi.

1997

Il laburista Tony Blair è il nuovo premier della Gran Bretagna.

L'Italia guida la missione ONU *Alba*, volta a riportare condizioni di stabilità in Albania.

A Kyoto, la Conferenza dell'ONU su ambiente e sviluppo decide la riduzione dell'emissione dei gas responsabili dell'aumento dell'effetto serra.

L'attore e autore teatrale Dario Fo viene insignito del Nobel per la letteratura.

1998

Storica visita di Giovanni Paolo II a Cuba.

La Corea del Nord è flagellata da una terribile carestia; almeno un milione le vittime.

Autobombe esplodono nei pressi di due ambasciate USA in Africa: 260 morti.

India e Pakistan effettuano esperimenti nucleari nella zona di confine che si contendono.

1999

Gli USA restituiscono il Canale alla sovranità di Panama; il Portogallo restituisce Macao alla Cina.

Guerra in Kosovo tra forze NATO e Serbia per la tutela della minoranza albanese.

Coprifuoco a Seattle a causa delle violente manifestazioni contro la globalizzazione.

Boris Eltsin, Presidente russo in carica dal 1991, si dimette l'ultimo giorno dell'anno.

2000

Alberto Fujimori, Presidente del Perù dal 1990, travolto dagli scandali sulla corruzione scappa in Giappone. Muore il Presidente siriano Hassad, al potere dal 1970.

Dopo mezzo secolo, storico ravvicinamento tra Corea del Nord e Corea del Sud.

Chiuso definitivamente l'ultimo reattore ancora attivo nella centrale nucleare ucraina di Cernobyl.

Il repubblicano George Bush jr. è il nuovo presidente USA.

2001

L'ex presidente serbo Milosevic viene processato dal Tribunale penale internazionale dell'Aja per crimini contro l'umanità.

Italia: vittoria della Casa delle Libertà alle elezioni politiche e secondo governo Berlusconi.

Gravi incidenti e un morto per le proteste antiglobalizzazione durante il G-8 a Genova.

Triplice attacco suicida di terroristi fondamentalisti islamici agli USA: la strage delle Twin Towers di New York (11 settembre) provoca più di 3500 vittime. La guerra ai gruppi terroristici che fanno capo a Osama Bin Laden e all'organizzazione *Al-Qaeda* (La base), denominata operazione *Enduring Freedom*, comincia con un attacco missilistico a basi militari e terroristiche in Afghanistan (7 ottobre). Il 13 novembre la caduta di Kabul segna la fine del regime dei talebani, il 22 dicembre entra in carica un nuovo governo di transizione afghano.

2002

Dodici Paesi dell'Unione europea, tra cui l'Italia, adottano l'euro come moneta in sostituzione delle divise nazionali.

La Russia di Putin firma un accordo di partnership con la Nato.

Gravissima crisi economico-finanziaria in Argentina con la disoccupazione che supera il tetto del 20%.

Israele inizia la costruzione di un muro in Cisgiordania intorno al territorio controllato dall'Autorità Nazionale Palestinese.

Storica visita di Giovanni Paolo II al Parlamento italiano.

2003

Muore la pecora Dolly, il primo animale clonato dall'uomo nel 1996.

Le truppe anglo-americane attaccano e invadono l'Iraq di Saddam Hussein.

L'epidemia della Sars (Sindrome respiratoria acuta grave) causa molti morti in Cina.

India e Cina firmano un importante accordo commerciale.

Ondata di caldo africano su tutta l'Europa: migliaia di vittime tra gli anziani.

Diciannove soldati italiani impegnati nella missione di pace Onu in Iraq muoiono nell'attentato a Nassirya.

2004

L'influenza aviaria colpisce l'Asia e si diffonde anche nel resto del mondo.

Il dittatore haitiano Aristide lascia l'isola dopo una rivolta popolare.

Allargamento dell'Unione europea a dieci nuovi Stati: salgono a 25 i membri. In primavera viene firmata a Roma la Costituzione europea.

A Beslan, nell'Ossenzia del Nord, finisce in strage (più di 400 morti) il rapimento di una scolaresca compiuto da indipendentisti ceceni ostili a Mosca.

Hu Jintao succede a Jiang Zemin ai vertici del partito comunista, della Repubblica e dell'esercito cinese.

Muore il leader palestinese Yasser Arafat, fondatore della Olp e primo presidente dell'Autorità Nazionale Palestinese.

Un disastroso maremoto (tsunami) devasta il Sudest asiatico e l'Indonesia e provoca oltre 200000 morti.

2005

Muore Giovanni Paolo II, papa dal 1978. Al suo posto viene eletto Benedetto XVI, il tedesco Joseph Ratzinger.

Storica visita del presidente russo Putin in Israele.

Londra: tre attentati terroristici di al Qaeda causano più di 50 morti.

L'ultraconservatore Mahmud Ahmadinejad è il nuovo Presidente della Repubblica islamica iraniana.

Il devastante uragano Katrina devasta la Luisiana e sommerge New Orleans.

In Francia, novembre nero con coprifuoco e gravi scontri di strada nelle periferie delle grandi città tra polizia e giovani insorti, perlopiù disoccupati e immigrati.

2006

Scontro Russia-Ucraina per il controllo dei gasdotti che riforniscono l'Europa occidentale.

Catturato Bernardo Provenzano, latitante dal 1963, considerato il capo di Cosa Nostra.

Giorgio Napolitano è il nuovo Presidente della Repubblica italiana.

Il Montenegro si separa dalla Serbia, completando la dissoluzione della federazione jugoslava iniziata nel 1991.

Guerra di confine tra Libano e Israele, che per la prima volta nella sua storia non sbaraglia nettamente gli avversari.

Plutone viene declassato a pianeta minore.

Impiccato l'ex dittatore iracheno Saddam Hussein.

ESEMPI

1   **Quali furono gli Stati che parteciparono alla guerra di Crimea?**
    A   Spagna, Portogallo, Francia, Russia, Inghilterra
    B   Inghilterra, Austria, Francia, Italia, Russia
    C   Russia, Prussia, Bulgaria, Grecia, Turchia
    D   Francia, Inghilterra, Turchia, Regno di Sardegna, Russia
    E   Inghilterra, Francia, Regno di Sardegna, Turchia, Russia, Austria

La guerra di Crimea (1853-1856) venne combattuta dall'Inghilterra e dalla Francia contro la Russia, in difesa della Turchia. Il Regno di Sardegna di Cavour aderì alla lega anti-russa per il desiderio di ottenere contropartite, sul piano internazionale, dalle altre due grandi potenze impegnate. La risposta esatta è dunque la E. Si noti che occorre prestare particolare attenzione alla distinzione tra Regno di Sardegna e Italia (il Regno d'Italia fu proclamato nel 1861).

2   **Chi era il Capo del Governo collaborazionista francese durante la seconda guerra mondiale?**
    A   De Gaulle
    B   Pétain
    C   Pompidou
    D   Joffre
    E   Napoleone III

La risposta E è palesemente assurda poiché Napoleone III è stato Imperatore dei Francesi dal 1852 al 1870. La risposta D è da scartare, perché Joffre era un generale attivo nella prima guerra mondiale. De Gaulle era il Capo del

Governo francese in esilio durante la seconda guerra mondiale e quindi era avversario dei nazisti invasori (la risposta A è da scartare). Pompidou fu il principale collaboratore di De Gaulle e il suo successore alla presidenza dello Stato (la risposta C è per le stesse ragioni da scartare). L'alternativa esatta è la B. Il generale Pétain fu a capo della Francia collaborazionista, arresasi ai tedeschi, di Vichy dal 1940 al 1944.

3   Il Trattato di Versailles è stato stipulato:
A alla fine della seconda guerra mondiale
B a Londra
C da Germania, Francia e Gran Bretagna
D nel 1919
E alla fine delle guerre napoleoniche

Il Trattato di Versailles è l'accordo di pace stipulato alla fine della prima guerra mondiale, nel 1919, tra la Germania e le potenze vincitrici. I primi 26 articoli del Trattato riportavano lo statuto della Società delle Nazioni, mentre gli altri articoli fissavano i nuovi confini della Germania. La Germania dovette inoltre pagare un'enorme somma e a titolo di indennizzo fu smilitarizzata. La risposta esatta è la dunque la D.

4   L'operazione *Overlord* è il nome in codice:
A dello sbarco in Sicilia delle truppe alleate nel luglio del 1943
B dell'assedio che avrebbe dovuto portare alla caduta di Stalingrado
C dello sbarco in Normandia iniziato il 6 giugno del 1944
D dell'invasione della Polonia
E del massiccio bombardamento alleato del territorio tedesco nel 1944

La risposta esatta è la C. *Overlord* è, infatti, il nome in codice dello sbarco in Normandia da parte delle forze alleate. L'operazione iniziata all'alba del 6 giugno del 1944, che portò allo sbarco sulle coste francesi di un milione e mezzo di uomini, si concluse con lo sfondamento delle linee tedesche dopo circa due mesi di combattimenti.

5   In quale anno fu proclamato il Regno d'Italia?
A Nel 1784
B Nel 1643
C Nel 1861
D Nel 1893
E Nel 1902

Il Regno d'Italia è stato proclamato dal Parlamento italiano, riunito per la prima volta a Torino, il 18 febbraio 1861. Il Capo dello Stato era all'epoca re Vittorio Emanuele II, che restò in carica fino al 1878, mentre il primo Governo fu guidato da Cavour, ed entrò in carica il 23 marzo 1861. La risposta esatta è quindi la C.

6 Nel secondo dopoguerra, Pietro Nenni e Alcide De Gasperi erano i leader rispettivamente dei partiti:
- **A** Socialista e Comunista
- **B** Socialista e Liberale
- **C** Democristiano e Repubblicano
- **D** Socialista e Democristiano
- **E** Liberale e Democristiano

Pietro Nenni (1891-1980), socialista dal 1921, fu direttore dell'«Avanti» e più volte segretario del PSI; De Gasperi (1881-1954) fu uno dei fondatori della Democrazia Cristiana e suo segretario; guidò la DC alla vittoria elettorale del 18 aprile 1948, ottenendo la maggioranza assoluta. La risposta esatta è dunque la **D**.

7 Chi era il Presidente degli Stati Uniti d'America durante la prima guerra mondiale?
- **A** Churchill
- **B** Eisenhower
- **C** Roosevelt
- **D** Kennedy
- **E** Wilson

La risposta esatta è la **E**. Woodrow Wilson fu eletto Presidente nel 1912 e restò in carica fino al 1920. Churchill fu un importante Primo Ministro britannico in carica durante la seconda guerra mondiale. Eisenhower partecipò alla seconda guerra mondiale come comandante delle truppe statunitensi in Europa e solo successivamente divenne Presidente degli Stati Uniti (1953 e 1957). Roosevelt è il cognome di due presidenti USA: Franklin Delano, presidente dal 1932 al 1945 e promotore del New Deal, e Theodore, Presidente dal 1901 al 1909. Infine, John Fitzgerald Kennedy fu Presidente degli Stati Uniti dal 1960 al 1963; fu assassinato a Dallas nel 1963.

8 Con *età giolittiana* si intende il periodo:
- **A** 1880-1890
- **B** 1895-1905
- **C** 1901-1914
- **D** 1915-1918
- **E** 1812-1820

La risposta esatta è la **C**: Giolitti è stato Presidente del Consiglio anche dal 1892 al 1893 e dal 1920 al 1921, ma sono stati gli altri suoi tre governi (dal 1903 al 1905, dal 1906 al 1909 e dal 1911 al 1914) che hanno caratterizzato il primo decennio del secolo. L'età giolittiana viene positivamente ricordata per le importanti riforme sociali e per il grande sviluppo del sistema economico; nel campo industriale vi fu un notevole incremento, in particolare nella produzione meccanica, metallurgica, manifatturiera e dell'energia elettrica. Furono inoltre emanate leggi a tutela della vecchiaia, dell'invalidità, del lavoro minorile e delle donne e sugli infortuni sul lavoro; fu introdotto il suffragio universale maschile.

9 Durante la prima guerra mondiale, gli Stati Uniti d'America:

   A rimasero neutrali pur sostenendo economicamente la Triplice Intesa

   B rimasero neutrali, coerentemente con la dottrina politica dell'isolazionismo

   C intervennero militarmente solo a partire dal 1915

   D intervennero militarmente solo a partire dal 1917

   E furono tra le prime nazioni coinvolte, a causa della competizione navale per il dominio dei mari

Nel 1917 gli USA intervennero nel conflitto al fianco della Triplice Intesa contro la Germania (risposte **A**, **B** e **C** errate); molto importante fu il contributo della marina statunitense (risposta **E** errata), ma soprattutto sul piano economico e psicologico l'intervento americano rappresentò un contributo determinante alla soluzione del conflitto. La risposta esatta è pertanto la **D**.

10 La prima circumnavigazione della Terra fu compiuta nel 1519 da una spedizione guidata da:

   A Vasco de Gama

   B Magellano

   C Cristoforo Colombo

   D Pedro Cabral

   E Giovanni Caboto

Magellano, navigatore portoghese, guidò la spedizione voluta da Carlo V di Spagna e morì durante il viaggio. I suoi uomini, decimati, portarono a termine l'impresa (risposta **B**).

Suggerimenti

Al fine di ottimizzare il punteggio nelle domande di storia risultano utili i seguenti suggerimenti.

- Il **ripasso** deve essere prevalentemente basato sugli aspetti forse meno interessanti della storia, ossia sulle **singole nozioni**: eventi, personaggi, date ecc.

- Nel caso in cui non si conosca la risposta esatta e si abbia una conoscenza superficiale dell'argomento oggetto del quesito, **procedere per eliminazione** delle alternative palesemente errate, in modo da ridurre il numero di risposte tra cui si è incerti e aumentare così la probabilità di individuare la risposta corretta scegliendo casualmente.

17 GEOGRAFIA

I quesiti di geografia fanno generalmente riferimento a nozioni di geografia fisica (estensione geografica, fiumi, monti ecc.) e a nozioni di tipo geopolitico (capitali, province, confini, popolazioni, religioni ecc.). Sul finire del Novecento le spinte secessioniste verificatesi in numerosi Paesi (Cecoslovacchia, Unione Sovietica, Iugoslavia ecc.) hanno radicalmente trasformato la configurazione geopolitica del mondo; è dunque consigliabile consultare un atlante geografico aggiornato per rispondere correttamente anche alle domande più insidiose.

Le tipologie di quesiti di geografia più frequenti sono:
- Quale dei seguenti Paesi/regioni ha la maggiore estensione geografica?
- Quale dei seguenti Paesi si affaccia/non si affaccia sul mare?
- Qual è la capitale del …?
- Qual è il principale fiume/monte/lago del …?
- Dove sfocia il fiume …?
- Quale delle seguenti città/regioni/Paesi è maggiormente popolata?
- Dove si trova il fiume/monte/lago/città …?

Restano valide le considerazioni riportate nel capitolo di storia: il ripasso generalizzato è estremamente dispendioso; è possibile sfruttare conoscenze superficiali per risolvere i quesiti a risposta multipla procedendo per esclusione.

Di seguito vengono analizzate, mediante il ricorso ad alcuni esempi commentati, le principali tipologie di quesiti di geografia.

17.1 L'Italia

L'Italia è sempre uno degli argomenti principali nelle domande dedicate alla geografia.

17.1.1 Territorio, posizione geografica, confini

Lo Stato italiano ha una superficie di 301.323 km^2. I suoi punti estremi sono a nord la Testa Gemella Occidentale nelle Alpi Cozie, a sud lo scoglio Xutu Iz-Zghir, a ovest il Monte Chardonnet nelle Alpi Cozie, a est il Capo d'Otranto.

Lo Stato italiano non coincide con la regione fisica italiana, che è più ampia (324 000 km^2): parte di essa appartiene infatti ad altri Stati (Francia, Principato di Monaco, Malta, San Marino, Città del Vaticano, Svizzera, Slovenia, Croazia). Lo Stato italiano comprende però anche alcuni limitati territori al di fuori della regione fisica (in Alto Adige, nella provincia di Sondrio, in Friuli e le isole Pelagie). L'Italia è situata nell'Europa meridionale, ed è costituita da una parte continentale, una lunga penisola che si protende nel Mediterraneo, due grandi isole (Sicilia, Sardegna) e alcune isole minori.

Gli Stati confinanti con l'Italia sono San Marino, Città del Vaticano, Francia, Austria, Svizzera, Slovenia.

I mari italiani sono l'Adriatico, il Mar Ligure, lo Ionio, il Tirreno, tutti parte del Mediterraneo. Le catene montuose principali sono le Alpi e gli Appennini e la pianura più vasta è quella Padana, a nord. Fatta eccezione per alcune altre pianure costiere, il territorio è per lo più irregolare e montuoso.

17.1.2 Ordinamento

- Capitale: Roma (oltre 2.700.000 abitanti)
- Lingua ufficiale: italiano (minoranze: francese, tedesco, sloveno, sardo, ladino)
- Popolazione: 57.000.000
- Densità: 190,8 abitanti al km^2
- Religione: non esiste una confessione di Stato; la più diffusa è la cattolica (98% della popolazione)
- Forma istituzionale: repubblica parlamentare
- Capo dello Stato: Giorgio Napolitano
- Capo del Governo: Silvio Berlusconi
- Divisione amministrativa: 20 Regioni, 110 Province (inclusa Monza e Brianza attiva dal 2009)

Lo Stato italiano si è costituito ufficialmente nel 1861 nella forma di una monarchia ereditaria retta dalla piemontese Casa Savoia. All'indomani della seconda guerra mondiale, un referendum (referendum istituzionale), che si tenne il 2 giugno 1946, sancì la trasformazione dello Stato monarchico in repubblicano.

Al termine dei lavori dell'Assemblea Costituente, nel gennaio 1948 entrò in vigore la Costituzione italiana, che divenne la legge fondamentale della nuova Repubblica italiana.

L'ordinamento costituzionale prevede un Parlamento bicamerale, costituito dal Senato della Repubblica e dalla Camera dei Deputati, a cui spetta essenzialmente il potere legislativo.

Il Governo è sottoposto al controllo del Parlamento (per questo si distingue la repubblica parlamentare da quella presidenziale), di cui esprime una maggioranza politica, ed esercita il potere esecutivo. Suoi organi sono il Presidente del Consiglio dei ministri e i ministri.

Esiste infine la Corte Costituzionale, cui compete il controllo della legittimità costituzionale delle leggi.

17.1.3 Le Regioni italiane

La tabella seguente riporta la divisione amministrativa (Regioni e Province) dello Stato italiano.

Denominazione	Capoluoghi di Regione e di Provincia	Popolazione 2007
Abruzzo	**L'Aquila**, Chieti, Pescara, Teramo	1.323.987
Basilicata	**Potenza**, Matera	591.001
Calabria	**Catanzaro**, Cosenza, Crotone, Reggio Calabria, Vibo Valentia	2.007.707
Campania	**Napoli**, Avellino, Benevento, Caserta, Salerno	5.811.390
Emilia Romagna	**Bologna**, Ferrara, Forlì-Cesena, Modena, Parma, Piacenza, Ravenna, Reggio Emilia, Rimini	4.275.843
Friuli-Venezia Giulia	**Trieste**, Gorizia, Pordenone, Udine	1.222.061
Lazio	**Roma**, Frosinone, Latina, Rieti, Viterbo	5.550.724
Liguria	**Genova**, Imperia, La Spezia, Savona	1.609.552
Lombardia	**Milano**, Bergamo, Brescia, Como, Cremona, Lecco, Lodi, Mantova, Monza e Brianza, Pavia, Sondrio, Varese	9.642.406
Marche	**Ancona**, Ascoli Piceno, Fermo, Macerata, Pesaro e Urbino	1.542.106
Molise	**Campobasso**, Isernia	320.838
Piemonte	**Torino**, Alessandria, Asti, Biella, Cuneo, Novara, Verbania-Cusio-Ossola, Vercelli	4.401.266

Denominazione	Capoluoghi di Regione e di Provincia	Popolazione 2007
Puglia	**Bari**, Barletta-Andria-Trani, Brindisi, Foggia, Lecce, Taranto	4.076.546
Sardegna	**Cagliari**, Carbonia-Iglesias, Medio Campidano, Nuoro, Ogliastra, Olbia-Tempio, Oristano, Sassari	1.662.758
Sicilia	**Palermo**, Agrigento, Caltanissetta, Catania, Enna, Messina, Ragusa, Siracusa, Trapani	5.029.683
Toscana	**Firenze**, Arezzo, Grosseto, Livorno, Lucca, Massa-Carrara, Pisa, Pistoia, Prato, Siena	3.638.211
Trentino-Alto Adige	**Trento**, Bolzano	994.703
Umbria	**Perugia**, Terni	872.967
Valle d'Aosta	Aosta	125.979
Veneto	**Venezia**, Belluno, Padova, Rovigo, Treviso, Verona, Vicenza	4.832.340

Le Regioni a Statuto speciale sono cinque: Sicilia, Sardegna, Friuli-Venezia Giulia, Trentino Alto Adige e Valle d'Aosta (articolo 116 della Costituzione). La specialità dello Statuto attribuisce ad esse "forme e condizioni particolari" di autonomia.

17.1.4 Particolarità geografiche

I fiumi più lunghi

Denominazione	Foce o confluenza	Lunghezza
Po	Mar Adriatico	652 km
Adige	Mar Adriatico	410 km
Tevere	Mar Tirreno	405 km
Adda	Po	313 km
Oglio	Po	280 km
Tanaro	Po	276 km
Ticino	Po	248 km
Arno	Mar Tirreno	241 km
Piave	Mar Adriatico	220 km
Reno	Mar Adriatico	211 km

Le isole maggiori

Denominazione	Provincia di appartenenza	Superficie in km²
Sicilia	–	25707
Sardegna	–	24090
Elba	Livorno	223
Sant'Antioco	Cagliari	108
Pantelleria	Trapani	83
San Pietro	Cagliari	51
Asinara	Sassari	50
Ischia	Napoli	46
Lipari	Messina	37
Salina	Messina	26

I laghi principali

Denominazione	Profondità massima in m	Superficie in km²
Garda	346	370
Maggiore	372	212
Como	410	145
Trasimeno	6	128
Bolsena	146	114
Iseo	251	65
Varano	6	60
Bracciano	160	57
Lesina	2	51
Lugano	288	50

I monti più alti

Denominazione	Catena montuosa	Altezza in metri
Monte Bianco	Alpi Graie	4810
Monte Rosa	Alpi Pennine	4634
Cervino	Alpi Pennine	4478
Pizzo Bernina	Alpi Retiche	4050
Monviso	Alpi Cozie	3841
Grossglockner	Alpi Noriche	3797
Monte Leone	Alpi Lepontine	3552
Marmolada	Dolomiti	3342
Argentera	Alpi Marittime	3297
Pizzo di Coca	Prealpi Lombarde	3052

17.2 L'Europa

Descrizione fisica

Non è facile definire i confini dell'Europa, anche perché bisognerebbe rispondere preventivamente alla domanda: l'Europa è un continente? Secondo l'impostazione tradizionale, ancora radicata, l'Europa sarebbe un continente a sé stante e si estenderebbe dall'Atlantico agli Urali.

Un'altra teoria, certamente più precisa ma che trova ancora alcune resistenze a imporsi, soprattutto nelle scuole, considera l'Europa dal punto di vista fisico una propaggine dell'Asia (al pari di altre espressioni geografiche come l'India e l'Indocina, per esempio). In questo senso, sarebbe giustificato parlare di *continente euroasiatico* e di *subcontinente europeo*.

Esiste poi una terza teoria, secondo la quale l'Europa è un continente costituito da una grossa penisola delimitata da una linea che, congiungendo il Mar Bianco e il Mar Nero, coincide in pratica con il corso del fiume Don. Il lettore troverà tuttavia rappresentata nei quesiti unicamente la prima teoria esposta, che continua (abbastanza acriticamente) a imperare.

Si considera quindi l'Europa come un continente. I suoi mari principali sono: Oceano Atlantico, Mar Glaciale Artico e Mar Mediterraneo (questi due ultimi sono in realtà a loro volta parti dell'Atlantico).

Altri mari importanti, per l'economia e la storia, sono il Mare del Nord, il Baltico, il Mar Nero e il Mar Caspio, il quale pur non essendo collegato all'Oceano è spesso considerato un mare interno (benché sia più esatto definirlo un lago salato). Le catene montuose maggiori sono le Alpi, i Carpazi, i Balcani, i Sudeti, i Pirenei, gli Urali, il Massiccio Centrale francese, i Giura, la Selva Boema, le Alpi Transilvaniche. I fiumi più lunghi sono il Volga e il Danubio, cui si aggiungono per importanza: Loira, Mosa, Duero, Tago, Reno, Elba, Peciora e Dvina. I laghi sono localizzati in tutta Europa, ma non hanno grandi estensioni; i maggiori sono il Ladoga, l'Onega, il Lago di Costanza, il Lago di Ginevra, il Balaton, il Lago di Garda. Le pianure sono estese soprattutto ad Est: il Bassopiano Sarmatico e il Bassopiano Tedesco. Figurano però tra le maggiori del mondo anche il Bassopiano Francese e la Pianura Padana. L'Europa è uno dei continenti con la minore altitudine media.

Le penisole più importanti sono quelle scandinava, iberica, italiana e balcanica. Le isole maggiori sono quelle britanniche, cui si aggiungono Islanda, Sicilia, Sardegna, Corsica, Creta e una serie di arcipelaghi (Baleari, Shetland, Malta, Cicladi, Sporadi, isole dello Ionio).

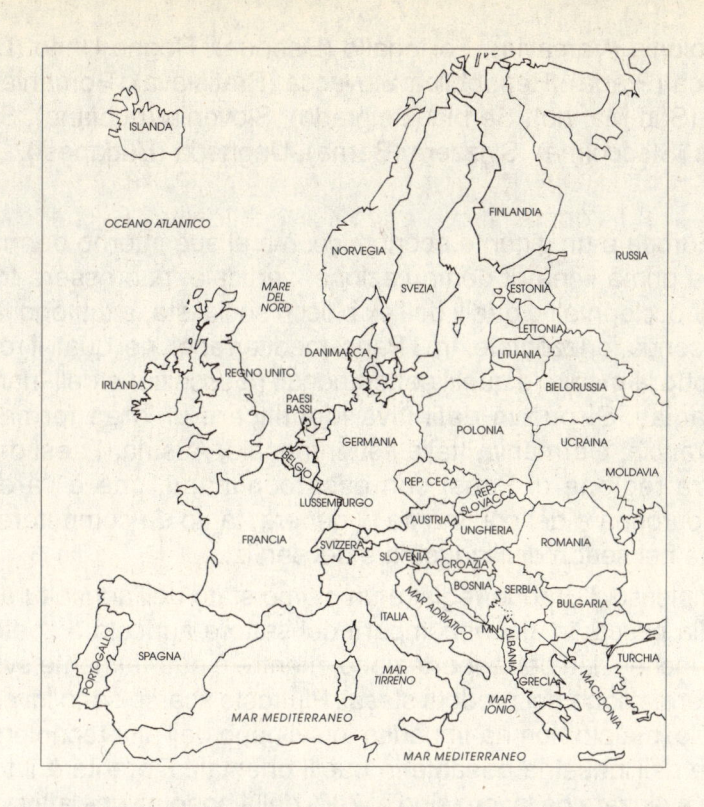

Il clima è mediterraneo in Italia, Grecia, Dalmazia, parte della Francia e della Spagna; atlantico nelle parti rimanenti di Spagna e Francia e nel Belgio, in Gran Bretagna e parte della Norvegia; continentale in Russia, Finlandia, Polonia e freddo nelle estreme regioni del Nord, oltre che sulle catene montuose più elevate.

La vegetazione consiste in una fascia di tundra alle estreme regioni settentrionali, a cui succedono boschi di conifere e aghifoglie e foreste di latifoglie man mano che si procede verso sud, per passare quindi alla vegetazione mediterranea nelle corrispondenti regioni. In Russia, ma anche in Spagna e nella regione del Danubio, è presente la steppa. Attorno al Caspio e in Spagna esistono anche zone desertiche. La fauna europea è stata drasticamente ridotta dall'uomo: restano pochi esemplari di orsi (bruni e bianchi oltre il circolo polare artico), camosci, daini, mufloni, cinghiali, cervi, caprioli e lupi. In Polonia sopravvivono gli ultimi esemplari di bisonte europeo. Le foche abitano ancora i litorali del Nord, mentre le otarie sono praticamente estinte nel Mediterraneo.

GLI STATI D'EUROPA E LE LORO CAPITALI

Albania (Tirana), Andorra (Andorra), Austria (Vienna), Belgio (Bruxelles), Bosnia (Sarajevo), Bulgaria (Sofia), Città del Vaticano (Città del Vaticano), Croazia (Zagabria), Danimarca (Copenaghen), Estonia (Tallin), Finlandia (Helsinki), Francia (Parigi), Germania (Berlino), Grecia (Atene), Irlanda (Dublino), Islanda (Reykjavik), Italia (Roma), Lettonia (Riga), Liechtenstein (Vaduz), Lituania (Vilnius), Lussemburgo (Lussemburgo), Macedonia (Skopje), Malta (Valletta), Montenegro (Podgorica), Principato di Monaco (Monaco), Norvegia (Oslo), Paesi Bassi (Amsterdam), Polonia (Varsavia), Portogallo (Lisbona), Regno Unito (Londra), Repubblica Ceca (Praga), Repubblica Slovacca (Bratislava), Romania (Bucarest), San Marino (San Marino), Serbia (Belgrado), Slovenia (Lubjana), Spagna (Madrid), Svezia (Stoccolma), Svizzera (Berna), Ungheria (Budapest).

L'ECONOMIA

La piccola Europa è un gigante economico, ma al suo interno permangono forti squilibri. Una prima linea di demarcazione, verticale, può essere tracciata tra i Paesi "ricchi" occidentali e quelli dell'ex blocco socialista, a tutt'oggi ancora arretrati. Una seconda, orizzontale, tra i Paesi mediterranei, nei quali il reddito è quasi sempre sotto la media, e quelli settentrionali (a eccezione dell'Irlanda) decisamente più agiati. Si può in definitiva identificare un'area formata da Gran Bretagna, Francia, Germania, Italia settentrionale, Austria, Paesi del Benelux e qualche altra regione di Paesi con essa confinanti, che è l'area trainante dell'Unione europea e del continente in genere, tanto da competere con gli USA e il Giappone nei settori dell'industria e dei servizi.

Nel suo complesso, l'Europa registra un ottimo stato dell'agricoltura, dell'allevamento e della pesca: in alcuni comparti del settore agricolo e zootecnico sono significativi anche i dati dell'esportazione, mentre è naturalmente sviluppata l'attività di trasformazione dei prodotti stessi. Piuttosto scarse sono invece le risorse del sottosuolo, ma ciò non ha impedito lo sviluppo dell'alta tecnologia nei Paesi occidentali e dell'industria pesante in quelli orientali. Fiorente è il terziario, che nell'area più avanzata dà lavoro sino al 70% della popolazione attiva, mentre tale percentuale scende anche al di sotto del 45% nelle rimanenti zone.

I trasporti sono all'avanguardia. I principali poli aeroportuali sono Londra, Parigi, Milano e Francoforte. A partire dagli anni '80 alcuni Paesi si sono dotati anche di un sistema ferroviario ad alta velocità. Da non trascurare la navigazione fluviale, oltre a quella marittima, che ha il suo asse portante sul Reno. Fittissimi sono i flussi commerciali interni ed esteri. Si stima che l'Europa contribuisca da sola a quasi un quarto dell'intero commercio mondiale.

CENNI STORICI

Una prima coesione venne fornita all'Europa dall'Impero romano. A differenza di altre aree (Africa, Asia), dove, dopo il crollo dell'Impero nel 476 d.C., erano ormai sopravvissute solo poche tracce di romanità, l'Europa era invece destinata a conservare in maniera indelebile l'eredità spirituale di questa civiltà, che si coniugò con quella delle popolazioni "barbare" e diede vita ai cosiddetti regni romano-barbarici, il più forte dei quali, quello dei Franchi, nell'800 ricostituì un Impero, con il significativo titolo di Sacro Romano Impero. Trasformatosi in Sacro Romano Impero Germanico nel X secolo, esso sopravvisse, almeno nominalmente, fino al 1806.

L'Impero e il Papato di Roma contribuirono a plasmare un carattere unitario della cultura europea, in un certo senso accentuato dallo scisma religioso ortodosso (1054) e rafforzato dalle esigenze di difesa contro l'aggressione di nuovi popoli extra-europei (Arabi, Ungari) o comunque ancora barbari. Lentamente ma incessantemente proseguiva intanto la cristianizzazione di popoli situati nelle aree settentrionali o orientali (Slavi, Scandinavi, Bulgari). A partire dall'XI secolo, questi popoli iniziarono ad abbandonare le loro strutture tribali e a dar vita a monarchie, mentre l'Italia conosceva la fioritura della civiltà comunale e alcuni Paesi dell'area occidentale (Spagna, Francia, Inghilterra) consolidavano le proprie monarchie nazionali.

Gli eventi del 1453 (caduta dell'Impero bizantino ad opera dei Turchi) e del 1492 (scoperta dell'America), oltre a determinare la fine del Medioevo e l'inizio dell'Età moderna, contribuirono a rafforzare negli europei l'autocoscienza della propria identità. Nel corso del XVI secolo il fiorire delle arti e degli studi umanistici diede l'avvio al Rinascimento, di matrice italiana, ma si assistette anche a un nuovo scisma religioso: quello tra cattolici e protestanti, che iniziò con la diffusione delle tesi di Lutero e portò a successive sanguinose guerre di religione.

Il XVI e il XVII secolo furono caratterizzati dell'egemonia politico-militare della Spagna, ormai padrona di immensi territori del nuovo continente americano e in grado di controllare, talvolta, anche il Sacro Romano Impero. Sul fronte "esterno" la Spagna lottò a lungo con i Turchi e su quello "interno" combatté contro la Francia. Verso la fine del '600, però, l'egemonia spagnola iniziò a declinare per lasciare il terreno a quella francese, che culminò con il regno di Luigi XIV. Intanto, acquistava importanza sulla scena politica internazionale anche l'Impero Russo, mentre l'Inghilterra sviluppava progressivamente la propria potenza navale e commerciale.

Nel XVIII secolo, la Francia seppur ridimensionata, dette l'avvio al fenomeno culturale dell'Illuminismo, poi diffusosi in tutta Europa. Seguirono la Rivoluzione francese (1789) e la dominazione napoleonica, destinate a sconvolgere l'*Ancien Régime* nel continente e a traghettare l'Europa verso l'Età contemporanea.

Questa iniziò nel 1815 con il Congresso di Vienna: al clima di restaurazione andarono via via contrapponendosi principi liberali e di nazionalità, che portarono alla nascita di nuovi Stati nazionali (per esempio Germania, Grecia e Italia) e alla trasformazione di vecchie monarchie "di diritto divino" in monarchie liberali e costituzionali. Nel corso del secolo, la Gran Bretagna raggiunse una posizione di primato, non solo europeo ma anche mondiale, grazie alla massima estensione del suo impero coloniale e allo sviluppo del commercio e dell'industria. Nel continente, invece, sul piano economico e militare si andò imponendo l'Impero germanico, sorto nel 1871. Attorno a questi due poli nacquero due blocchi contrapposti di alleanze, le cui tensioni reciproche diedero inizio alla prima guerra mondiale (1914-1918). Dei tre Imperi che costituivano uno dei due blocchi, cioè l'Impero germanico, l'Impero austro-ungarico e l'Impero ottomano, gli ultimi due non sopravvissero alla sconfitta. Destino particolare ebbe la Russia, che nel 1917 conobbe la rivoluzione socialista e, ritiratasi dalla guerra, al termine di una sanguinosa guerra civile si trasformò in Unione Sovietica (1922).

L'ascesa al potere di Hitler in Germania (1933) e la nascita di regimi fascisti portò alla seconda guerra mondiale (1939-45), al termine della quale l'Europa si trovò a subire una vera e propria cesura, di cui la Germania, letteralmente divisa in due, fu l'emblema: da un lato le nazioni occidentali, alleate degli Stati Uniti d'America, dall'altra le nazioni orientali, rette da regimi socialisti e sottoposte alla supremazia sovietica. Fu il periodo della cosiddetta "guerra fredda" (1948-1989) tra i due blocchi rivali, destinato a terminare quando le riforme del leader sovitico Gorbaciov unitamente alla gravissima crisi economica dei Paesi dell'Europa orientale, determinarono il crollo dei regimi socialisti. La stessa Unione sovietica cessò di esistere, nel 1991, e molte delle sue repubbliche federate diedero vita a Stati autonomi più o meno grandi.

I Paesi dell'Europa occidentale, che fin dal 1951 erano alla ricerca di un maggiore grado di integrazione economica e politica, costituirono nel 1957 la Comunità economica europea, che nel 1993 evolse nell'Unione europea. Questa organizzazione sovranazionale sembra garantire all'Europa sulla scena mondiale l'importanza e la capacità politica che le è mancata dalla fine della seconda guerra mondiale e che risulta più adeguata al suo ruolo di colosso economico.

Il dopo "guerra fredda" è stato caratterizzato da grandi cambiamenti nel panorama geografico dell'Europa: la riunificazione della Germania è stata un evento di segno opposto rispetto alla disgregazione dell'URSS, della Cecoslovacchia e della Iugoslavia. In più casi il processo di scissione è stato accompagnato da tensioni, violenze e guerra aperta, tra le quali bisogna menzionare quelle in Cecenia (1996 e 1999), in Bosnia-Erzegovina (1991-1995) e in Kosovo (1999).

L'Unione europea (UE)

L'Unione europea non è un'espressione geografica, ma un'organizzazione tra Stati. Informazioni sulla sua storia e sulle sue istituzioni sono contenute nel capitolo sull'educazione civica.

- Stati membri al 31-12-2008: Austria, Belgio, Bulgaria, Cipro, Danimarca, Estonia, Finlandia, Francia, Germania, Gran Bretagna, Grecia, Irlanda, Italia, Lettonia, Lituania, Lussemburgo, Malta, Paesi Bassi, Polonia, Portogallo, Repubblica Ceca, Romania, Slovenia, Spagna, Svezia, Slovacchia, Ungheria.
- superficie: 4 326 253 km^2;
- popolazione: 494.988.486;
- densità: 114 abitanti al km^2;
- Paesi candidati: Croazia, Repubblica di Macedonia, Turchia

17.3 La Terra

La Terra è un pianeta del Sistema Solare, le cui caratteristiche fisiche principali sono le seguenti:

- raggio terrestre (equatoriale): 6.378,38 km;
- circonferenza (equatoriale): 40.076,51 km;
- volume: 1.083.319.780.000 km^3;
- superficie totale: 510.000.000 km^2;
- superficie delle terre emerse: 149.450.000 km^2;

- superficie di oceani e mari: 360.650.000 km^2;
- superficie dei ghiacci: 15.300.000 km^2;
- distanza Terra-Sole: 149.509.000 km;
- distanza Terra-Luna: 384.365 km.

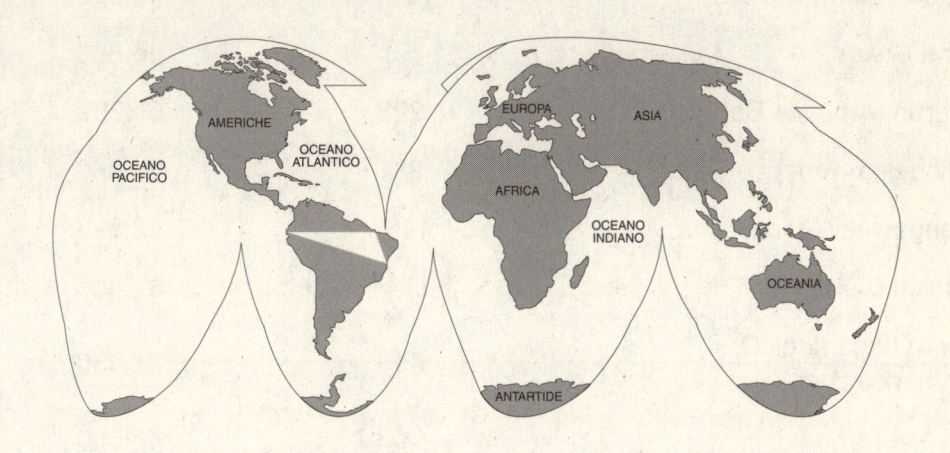

17.3.1 Grandezze geografiche

I mari più estesi della Terra

Denominazione	Superficie (km^2)	Profondità (m)
Oceano Pacifico	179.680.000	4040
Oceano Atlantico	106.463.000	3330
Oceano Indiano	79.920.000	3900
Mar Glaciale Artico	14.090.000	1205
Mar Cinese Meridionale	3.447.000	1900
Mar Mediterraneo	2.966.000	1430
Mare di Bering	2.261.060	1491
Mar dei Caraibi	1.870.000	2200
Golfo del Messico	1.560.000	1440
Mar di Ohotsk	1.528.000	840

I LAGHI PIÙ ESTESI DELLA TERRA

Denominazione e continente	Profondità (m)	Superficie (km^2)
Mar Caspio (Asia-Europa)	972	317.000
Lago Superiore (America Sett.)	397	84.131
Lago Vittoria (Africa)	85	68.800
Aral (Asia)	68	66.500
Huron (America Sett.)	228	61.797
Michigan (America Sett.)	281	57.850
Tanganica (Africa)	1435	32.893
Bajkal (Asia)	1741	31.500
Gran Lago degli Orsi (America Sett.)	413	31.080
Nyasa (Africa)	706	30.800

LE PIANURE PIÙ ESTESE DELLA TERRA

Denominazione	Stato	Superficie (km^2)
Bassopiano siberiano	Russia	2.250.000
Pianura amazzonica	Brasile	1.400.000
Gran Chaco-Pampas	Argentina, Paraguay	1.250.000
Grandi Pianure	USA	1.025.000
Bassopiano turanico	Kazakistan	850.000
Bassopiano sarmatico	Russia	750.000
Pianura del Gange	India	600.000
Bassopiano germanico	Germania, Polonia	270.000
Bassopiano francese	Francia	140.000
Pianura Padana	Italia	46.000

I MONTI PIÙ ALTI DELLA TERRA

Denominazione	Stato	Altezza (m)
Everest	Nepal-Tibet	8848[1]
K2	Pakistan-Cina	8816
Kanchenjunga	India-Nepal	8586
Lhotse	Nepal-Tibet	8516
Makalu	Nepal-Tibet	8463
Cho Oyu	Nepal-Tibet	8201
Dhaulagiri	Nepal	8167
Manaslu	Nepal	8163
Nanga Parbat	Pakistan	8125
Annapurna	Nepal	8091

1. Secondo una recente misurazione, l'altezza sarebbe 8850 m.

I MAGGIORI ALTIPIANI DELLA TERRA

Denominazione	Paese	Superficie (km^2)	Altitudine media (m)
Tibet	Cina	1.200.000	5000
Pamir	Cina	100.000	4000
Altiplano	Bolivia	350.000	4000
Puria	Cile, Bolivia, Argentina	400.000	3000
Altopiano etiopico	Etiopia	350.000	2000

I FIUMI PIÙ LUNGHI DELLA TERRA[1]

Denominazione	Foce	Lunghezza (km)
Nilo	Mar Mediterraneo	6671
Rio delle Amazzoni	Oceano Atlantico	6280
Fiume Azzurro	Mar Cinese Orientale	5800
Ob-Irttys	Golfo di Ob	5410
Fiume Giallo (Yangtze)	Mar Giallo	4845
Paranà	Oceano Atlantico	4700
Mekonk	Mar Cinese Orientale	4500
Amur	Mar di Ohotsk	4416
Lena	Mar di Laptev	4400
Mackenzie	Mar Glaciale Artico	4241

1. Il Mississippi è lungo 3778 km, il Missouri 3726. Un tempo erano considerati un fiume unico.

Le isole maggiori della Terra

Denominazione	Mare	Stato	Superficie (km^2)
Groenlandia	Oceano Atlantico	Danimarca	2.175.600
Nuova Guinea	Oceano Pacifico	Nuova Guinea Indonesia	785.000
Borneo	Oceano Pacifico	Indonesia	736.000
Madagascar	Oceano Indiano	Madagascar	587.000
Terra di Baffin	Oceano Atlantico	Canada	476.000
Sumatra	Oceano Pacifico	Indonesia	420.000
Gran Bretagna	Oceano Atlantico	Gran Bretagna	229.885
Honshu	Oceano Pacifico	Giappone	227.414
Ellesmere	Mar Glaciale Artico	Canada	212.687
Celebres	Oceano Pacifico	Indonesia	172.000

Le penisole più grandi della Terra

Denominazione	Mare	Continente o Stato	Superficie (km^2)
Arabia	Mar Rosso, Mare Arabico	Asia	3.250.000
Deccan	Oceano Indiano	India	2.088.000
Alaska	Oceano Pacifico, Mar Glaciale Artico	USA	1.518.000
Labrador	Oceano Atlantico	Canada	1.500.000
Scandinavia	Mar Baltico, Mare di Barents	Europa	770.000
Penisola Iberica	Oceano Atlantico, Mar Mediterraneo	Europa	590.000
Asia Minore	Mar Nero, Mar Mediterraneo	Asia	510.000
Penisola Balcanica	Mar Mediterraneo	Europa	470.000
Kamciatka	Oceano Pacifico	Russia	264.000
Malacca	Oceano Indiano, Oceano Pacifico	Asia	237.000

I deserti più estesi della Terra

Denominazione	Localizzazione	Estensione (km^2)
Sahara	Nordafrica	7.970.000
Deserto del Gobi	Cina, Mongolia	1.096.000
Kalahari	Africa meridionale	520.000
Great Sandy	Australia occidentale	388.000
Chihuahuan	Texas, Arizona, Messico	363.000
Taklimakan	Cina	320.000
Gibson	Australia centrale	311.000
Deserto di Nubia	Sudan, è parte del Sahara	310.000
Deserto Arabico	Egitto	300.000

Aree continentali della Terra

Zona	Superficie terrestre (km^2)	%
Africa	30.313.000	20
America Centro-Sud	17.830.000	12
America del Nord	24.247.000	16
Asia	44.339.000	30
Europa	10.523.000[1]	7
Oceania	7.682.3000	5
Antartide	14.000.000	10

1. Comprende Russia occidentale e parte europea della Turchia.

I Paesi più popolosi della Terra

Paese	Popolazione 2008 (in milioni)	Percentuale sulla popolazione mondiale
Cina	1.322	21,4
India	1.130	17,1
USA	303	4,7
Indonesia	232	3,5
Brasile	191	2,8
Pakistan	155	2,6
Bangladesh	150	2,4
Nigeria	148	2,2
Russia	146	2,1
Giappone	127	2,0

LE CITTÀ PIÙ GRANDI DELLA TERRA

Le stime relative alla popolazione delle città variano a seconda delle definizioni dei confini geografici dell'agglomerato urbano considerate. Si riportano alcune delle città più popolose del mondo.

Città	Paese	Popolazione 2007 (milioni)
Mumbai	India	13,662.885
Karachi	Pakistan	12,991.100
Istanbul	Turchia	11,372.613
Dehli	India	11,325.124
San Paolo	Brasile	10,886.518
Mosca	Russia	10,452.000
Seoul	Corea	10,356.202
Shaghai	Cina	10,231.000
Città del Messico	Messico	8,609.347
Jakarta	Indonesia	8,576.788

17.4 I CONTINENTI

Tradizionalmente si afferma che i continenti sono cinque: Europa, Asia, Africa, America, Oceania. Tuttavia, è bene tenere presente che esistono anche altre classificazioni, cosicché il numero finale dei continenti e l'attribuzione del rango di continente a un'entità geografica non è del tutto univoco. È infatti ormai quasi universalmente accettato che l'Antartide sia un continente a sé, ma alcuni ritengono che l'America dovrebbe essere distinta in America Centro-Settentrionale e America Meridionale; mentre l'Europa potrebbe essere accorpata all'Asia in un unico continente (Eurasia). In definitiva, volendo tener conto di tutte le possibilità, si può accogliere la seguente classificazione.

EUROPA

È uno dei continenti più piccoli, ma è densamente popolata e urbanizzata. Situata tra l'Atlantico e il Mediterraneo, geograficamente costituisce più un'appendice dell'Asia, che un continente a sé. Climaticamente presenta un discreto grado di omogeneità, essendo situata quasi per intero nella fascia temperata. L'Europa presenta, anche a prescindere dal fenomeno migratorio, una grande varietà di etnie e di lingue. L'insediamento umano in Europa è molto antico e, oltre ad aver apportato modificazioni sensibili sul paesaggio, ha prodotto culture di elevato livello già agli albori della storia umana. I Paesi che ne fanno parte sono, dal punto di vista economico, tra i più progrediti e prosperi del mondo.

ASIA

È il continente più esteso in cui vive più della metà della popolazione mondiale. Dal punto di vista fisico, è sede dei monti più alti, delle pianure più estese e di fiumi tra i più lunghi del mondo. Al suo interno si rinviene una grandissima varietà di ambienti e di climi (tundra, taiga, steppa, deserti, foreste pluviali e tropicali). Questa stessa varietà si riflette nelle etnie umane, nelle culture e nelle religioni. Dal punto di vista economico esistono notevoli sperequazioni: si passa da Paesi assai ricchi e protagonisti nel gioco finanziario internazionale (il Giappone e le "tigri del Pacifico") a realtà particolarmente povere e arretrate.

Africa

Terzo continente per estensione, l'Africa è formata da un vasto tavolato sul quale si innestano grandi altipiani e massicci montuosi isolati. Ospita il fiume più lungo del mondo, il Nilo, e il deserto più grande della Terra, il Sahara. Secondo gli studiosi, qui nacque la specie umana; qui si sviluppò una delle più grandi civiltà antiche, quella egizia. Gran parte del territorio si caratterizza per un clima molto caldo e arido o addirittura desertico. Non solo per ragioni geografiche ma anche etniche, si può distinguere un'Africa mediterranea (detta anche bianca) e un'Africa nera: la prima è più legata all'Europa e all'Asia, la seconda è rimasta a lungo nell'isolamento. Economicamente, la grande maggioranza dei Paesi africani rientra tra gli Stati più poveri del mondo.

America settentrionale e centrale

L'America settentrionale è un massiccio corpo continentale, assai frastagliato a nord, e caratterizzato da ampi bacini, deserti (a sud-ovest), catene montuose e canyon. Dal punto di vista etnico prevalgono gli abitanti di origine anglo-sassone, sebbene la società (soprattutto quella statunitense) sia decisamente multietnica. Profondamente diversa è invece l'America Centrale, che è costituita da un istmo tra l'Atlantico e il Pacifico, con deserti, montagne e vulcani. La popolazione è di origine ispanica, con elementi indigeni. Dal punto di vista economico, alla ricchezza dell'America settentrionale si contrappone la povertà di quella centrale.

America meridionale

Di forma vagamente triangolare, l'America meridionale è situata prevalentemente nell'emisfero australe ed è bagnata dall'Oceano Pacifico e dall'Oceano Atlantico. La costa pacifica è fiancheggiata dalla lunga catena montuosa delle Ande, mentre su quella atlantica si aprono enormi territori a bassa altitudine, dove si estende la più grande foresta del mondo, quella amazzonica. Dal punto di vista della popolazione, anche in America meridionale vivono bianchi, di origine prevalentemente ispanica, popolazioni indie e discendenti degli schiavi africani di pelle nera. Il suolo è assai ricco, ma gran parte delle risorse è ancora inutilizzata e la povertà di larghi strati di popolazione sta diventando, come per l'Africa, un problema mondiale.

Oceania

È il più piccolo dei continenti e il meno popolato. È costituito da un insieme di arcipelaghi e isole, tra le quali spicca per dimensioni l'Australia, seguita dalla Nuova Guinea e dalla Nuova Zelanda. Appartengono a questo continente il monolito più grande del mondo, l'Ayers Rock, e la Grande Barriera corallina (2000 km). Dal punto di vista etnico prevale la popolazione bianca, mentre gli Aborigeni costituiscono ormai solo un'esigua minoranza. La popolazione è concentrata sulle isole maggiori, mentre le altre sono scarsamente abitate. Alcune di esse appartengono a Stati europei (Francia, Regno Unito) e americani (USA, Cile).

TERRE POLARI

L'Antartide è un continente esteso e ricco di risorse naturali, ma le temperature proibitive lo rendono quasi inaccessibile all'uomo, tanto che, a eccezione di alcune basi per ricerche scientifiche, esso è completamente disabitato. Le sue terre emerse sono quasi completamente coperte da una coltre di ghiacci perenni, spessa anche migliaia di metri, che si estende per chilometri anche sul mare aperto. Essendo un'area di vitale importanza per l'ecosistema terrestre, è salvaguardata da alcune convenzioni internazionali.

Non è un continente invece l'Artide, che propriamente è solo una regione della superficie marina ricoperta di ghiacci, in tal modo unita ad alcune isole e terre del Nord America e delle estreme propaggini settentrionali dell'Asia e dell'Europa, a loro volta coperte dal ghiaccio per molti mesi l'anno.

ESEMPI

1 Quale delle seguenti città non si trova in Germania?
- A Strasburgo
- B Stoccarda
- C Francoforte
- D Amburgo

A dispetto del nome germanizzante, Strasburgo non si trova in Germania, ma in Francia: la risposta esatta è quindi la A.

2 Le "Colonne d'Ercole" sono:
- A un nome del canale della Manica
- B le isole Canarie
- C le isole Baleari
- D un nome del canale di Sicilia
- E un nome dello stretto di Gibilterra

Secondo la mitologia, le colonne d'Ercole erano il punto estremo raggiungibile dall'uomo sul mare e sarebbero state erette dal semidio greco per avvisare i marinai del pericolo. Le colonne d'Ercole separano il Mediterraneo dall'Oceano Atlantico e quindi coincidono con lo stretto di Gibilterra (risposta E).

3 Quale di queste città non è capitale di uno Stato?
- A Taipei
- B Buenos Aires
- C Washington
- D Reykjavik
- E Maracaibo

Taipei è la capitale di Taiwan, Stato dell'Asia costituito dall'isola di Taiwan (o Formosa), dall'arcipelago delle Pescadores e dalle due isole di Quemoy e Matsu (situate davanti alla costa della Repubblica Popolare Cinese). Buenos Aires è la capitale dell'Argentina; è il principale centro economico e culturale del Paese e una delle maggiori metropoli sudamericane. Washington è la capitale degli USA; fu costruita appositamente per sostenere il ruolo di capitale federale ed è il principale centro politico e amministrativo degli Stati Uniti. Reykjavik è la capitale dell'Islanda; nel 1986 fu la sede del vertice tra Ronald Reagan e Michail Gorbaciov che segnò un'inversione di tendenza nei rapporti tra USA e URSS. Maracaibo è una famosa e importante città del Venezuela, ma la capitale dello Stato è Caracas. Pertanto la risposta esatta è la **E**.

4 Dove sfocia il Rio delle Amazzoni?

A Nell'Oceano Atlantico
B Nell'Oceano Indiano
C Nell'Oceano Pacifico
D Nel Mar Caraibico
E Nel Mar Caspio

Il Rio delle Amazzoni è un fiume dell'America meridionale e sfocia nell'Oceano Atlantico (risposta esatta **A**). È il primo fiume del mondo per ampiezza del bacino (oltre 6 milioni di km^2) e il terzo tra i fiumi della Terra per lunghezza (6280 km), dopo il Nilo e il Mississippi.

5 Il fiume che attraversa Praga è:

A la Moscova
B il Don
C la Neva
D la Vistola
E la Moldava

La Moscova è il fiume che attraversa Mosca, il Don è un fiume russo, la Neva bagna San Pietroburgo, la Vistola è il fiume che attraversa Varsavia. La Moldava è invece il fiume di Praga. Quindi la risposta giusta è la **E**.

6 Il Moncenisio si trova:

A sull'appennino tosco-emiliano
B sulle Alpi Occidentali
C sulle Alpi Dolomitiche
D nel Montenegro
E in provincia di Arezzo

Il Moncenisio è un valico delle Alpi Occidentali, al limite tra le Alpi Cozie e Graie; mette in comunicazione la Val Cenischia (Val di Susa) con la val Moriana (valle dell'Arc), in Savoia. La risposta esatta è dunque la **B**.

7   Cosa si intende per "regione abissale"?
- **A** Una zona marittima caratterizzata da temperature equatoriali
- **B** Una zona marittima di profondità superiore a 500 metri
- **C** Una zona marittima di profondità superiore a 100 metri
- **D** Una zona marittima caratterizzata da una rigogliosa presenza di vita vegetale
- **E** Una zona marittima a ridosso delle "fosse" oceaniche

Viene definita "regione abissale" una zona di profondità superiore a 500 metri, caratterizzata da temperatura costante (0° C circa), pressioni molto elevate, assoluta oscurità e quindi mancanza di vita vegetale. La risposta esatta è dunque la **B**.

8   Quale dei seguenti Paesi non si affaccia sul mare?
- **A** Romania
- **B** Bulgaria
- **C** Slovacchia
- **D** Germania
- **E** Olanda

La Romania e la Bulgaria si affacciano sul Mar Nero; l'Olanda e la Germania si affacciano sul Mare del Nord. La risposta esatta è pertanto la **C**.

9   Quale delle seguenti isole non appartiene alle Eolie?
- **A** Stromboli
- **B** Lipari
- **C** Pantelleria
- **D** Filicudi
- **E** Salina

Le Eolie sono un arcipelago del mar Tirreno formato da sette isole maggiori di origine vulcanica: Lipari (l'isola più estesa), Salina, Vulcano, Panarea, Stromboli, Alicudi e Filicudi. La risposta esatta è dunque la **C**.

10   Quale, tra le seguenti Repubbliche, appartiene alla Federazione Russa?
- **A** Azerbaijan
- **B** Cecenia
- **C** Bielorussia
- **D** Lituania
- **E** Kazakistan

In seguito alla dissoluzione dell'ex Unione sovietica, l'unica Repubblica, tra quelle proposte, che non è diventata indipendente è la Cecenia. La risposta esatta è dunque la **B**.

SUGGERIMENTI

- È vivamente consigliata un'**analisi preventiva di un atlante aggiornato** in modo da evitare di cadere nei "trabocchetti" celati in alcune domande. Sono infatti frequenti i quesiti che, integrando la valutazione di nozioni di geografia con quella degli avvenimenti più recenti, si basano sulla più recente configurazione geografica degli Stati e delle regioni.
- **Leggere attentamente i principali quotidiani** nei mesi che precedono il test, prestando particolare attenzione alle notizie relative alla situazione geopolitica dei Paesi esteri.
- Nel caso in cui non si conosca la risposta esatta e si abbia una conoscenza superficiale dell'argomento oggetto del quesito, **procedere per eliminazione** delle alternative palesemente errate, in modo da ridurre il numero di risposte tra cui si è incerti e aumentare così la probabilità di individuare la risposta corretta scegliendo casualmente.

18 LETTERATURA ITALIANA E STRANIERA

I quesiti di letteratura italiana e straniera vertono principalmente sulla letteratura dell'Ottocento e del Novecento; possono tuttavia capitare anche domande su personaggi o correnti letterarie particolarmente importanti appartenenti a periodi precedenti (per esempio, Dante e la *Divina Commedia*).

Le domande sono generalmente di carattere nozionistico e possono riguardare date di nascita, correnti letterarie, scrittori, poeti ecc.; non sono rari i casi in cui oggetto dei quesiti sono stati anche il contenuto o la trama di romanzi, poemi o opere letterarie in genere. Le domande si presentano in una delle seguenti forme:

- Chi è l'autore di …?
- Quale delle seguenti opere è stata scritta da …?
- A quale delle seguenti correnti letterarie appartiene il poeta/il romanziere …?
- In quale epoca è vissuto il poeta/la scrittrice …?
- Dove è nato il poeta/lo scrittore …?
- Di quale nazionalità è il commediografo/la poetessa …?
- Il romanzo/il racconto/la commedia …narra la storia di …
- Chi è il protagonista del romanzo …?

Lo studio della letteratura italiana e straniera finalizzato al superamento di un test si riduce quindi alla memorizzazione delle nozioni principali che aiutano a inquadrare una corrente o un autore in un determinato periodo storico o letterario; i quesiti non verificano cioè gli aspetti legati all'interpretazione e alla critica di opere e correnti letterarie.

ESEMPI

1   Da quale corrente letteraria è derivato lo Stilnovo?
- A Poesia burlesca
- B Poesia dialettale
- C Poesia didattica
- D Letteratura surrealista
- E Poesia cortese

Lo Stilnovo, o Dolce Stilnovo, è derivato dalla Poesia cortese, con cui condivide l'idea centrale, cioè l'amore. La risposta esatta è così la E.

2 **Dove è nato Alessandro Manzoni?**

- **A** A Milano
- **B** A Como
- **C** A Lecco
- **D** A Monza
- **E** A Firenze

Manzoni nacque nel 1785 a Milano (dove morì nel 1873), ancora oggi è possibile visitare la sua casa (risposta **A**).

3 **Quale dei seguenti autori italiani non ha mai vinto il Premio Nobel per la letteratura?**

- **A** Grazia Deledda
- **B** Giacomo Leopardi
- **C** Giosue Carducci
- **D** Luigi Pirandello
- **E** Salvatore Quasimodo

Il Premio Nobel è stato istituito nel 1901, mentre Leopardi è morto nel 1837; quindi la risposta esatta è la **B**. Gli altri italiani insigniti del Nobel per la letteratura sono, oltre a quelli citati nelle alternative, Eugenio Montale (1975) e Dario Fo (1997).

4 **Il primo vocabolario della lingua italiana fu pubblicato nel:**

- **A** 1612
- **B** 1789
- **C** 1936
- **D** 811
- **E** 1336

Il primo vocabolario della lingua italiana fu opera dell'Accademia della Crusca, emerita istituzione ancor oggi esistente, sia pure tra mille difficoltà economiche. Fu fondata nel 1583 a Firenze, allo scopo di difendere la purezza del fiorentino (poi divenuto italiano) contro altre parlate. Il nome "Crusca" evoca direttamente l'intento di separare il linguaggio "buono" dal "cattivo" (appunto la crusca, rispetto alla farina). Il vocabolario così elaborato comparve nel 1612 (risposta **A**). Anche senza conoscere l'anno esatto, si potevano comunque scartare agevolmente le alternative **C** e **D**, in quanto rispettivamente troppo recente e troppo remota, riducendo quindi l'indecisione a tre alternative.

5 Con quale tra i seguenti scrittori stranieri ebbe rapporti Italo Svevo?
- **A** James Joyce
- **B** Oscar Wilde
- **C** Gustave Flaubert
- **D** Thomas Mann
- **E** Franz Kafka

Joyce insegnò alla Berlitz School di Trieste ed ebbe come allievo Italo Svevo. Con il tempo il rapporto si trasformò in una profonda amicizia. La risposta esatta è quindi la **A**.

6 Chi è l'autore del romanzo *Se questo è un uomo*?
- **A** Kafka
- **B** Hesse
- **C** Mann
- **D** Levi
- **E** Musil

La risposta esatta è la **D**. In quest'opera, scritta nel 1947, Primo Levi narra la sua esperienza di internato nel lager di Auschwitz e della tragica lotta per la conservazione della vita e della dignità.

7 Quale grande letterato fu uno scienziato che contribuì alla revisione del sistema tolemaico?
- **A** Leonardo da Vinci
- **B** Galileo Galilei
- **C** Michelangelo Buonarroti
- **D** Marsilio Ficino
- **E** Lorenzo Valla

La risposta esatta è la **B**. Galileo Galilei, che espose le sue idee soprattutto nelle opere *Dialogo sopra i due massimi sistemi* e *Il saggiatore*, fu per questo motivo costretto all'abiura.

8 Quale movimento si caratterizzò per le sue connotazioni antiromantiche e antiborghesi, per il rifiuto di *engagement* politico e sociale e per venature di anarchismo e *maledettismo*?
- **A** La Scapigliatura
- **B** Il Verismo
- **C** Il Dolce Stil Novo
- **D** L'Illuminismo
- **E** L'Arcadia

La risposta esatta è la **A**: il movimento della Scapigliatura, che si sviluppò nel secondo Ottocento, raggruppava giovani intellettuali animati da volontà di contestazione contro il perbenismo, definito ipocrita, della borghesia.

9 **Quale dei seguenti personaggi non compare nella *Divina Commedia*?**

- **A** Farinata degli Uberti
- **B** Francesca da Rimini
- **C** Piero della Francesca
- **D** Pia De' Tolomei
- **E** Pier delle Vigne

La risposta esatta è la **C**: Piero della Francesca è infatti un pittore vissuto nel XV secolo, ovvero in un'epoca successiva a quella in cui è vissuto Dante.

10 **A chi si riferisce la definizione: *gran traduttor dei traduttor d'Omero*?**

- **A** Carlo Goldoni
- **B** Giovanni Pascoli
- **C** Ugo Foscolo
- **D** Vincenzo Monti
- **E** Nessuno dei precedenti

La risposta esatta è la **D**. Si tratta di un'ironica definizione coniata da Foscolo nei confronti di Monti, che aveva prodotto una famosissima e pregevole traduzione dell'*Iliade*, avendo peraltro una scarsa conoscenza della lingua greca e avendo dovuto, di conseguenza, basarsi soprattutto su traduzioni già esistenti.

Suggerimenti

- Il **ripasso** deve basarsi, da un lato, sugli **aspetti di carattere più nozionistico** (nomi, date, luoghi di nascita, titoli delle opere ecc.), dall'altro, sui **contenuti**, sulle trame e sui personaggi delle opere più importanti.

- Nel caso in cui non si conosca la risposta esatta e si abbia una conoscenza superficiale dell'argomento oggetto del quesito, **procedere per eliminazione** delle alternative palesemente errate, in modo da ridurre il numero di risposte di cui si è incerti e aumentare così la probabilità di individuare la risposta corretta scegliendo casualmente.

19 EDUCAZIONE CIVICA

I quesiti di educazione civica intendono verificare la conoscenza del candidato delle **norme fondamentali** che regolano la vita civile di ogni cittadino. Si tratta in primo luogo delle **norme costituzionali**, che assumono un'importanza fondamentale nell'ambito delle fonti del diritto. Vi è anche una serie di altre norme, che vengono generalmente studiate nelle scuole medie superiori nel corso delle lezioni dedicate all'educazione civica, relative sia ai diritti sia ai doveri di ogni cittadino.

Gli argomenti più frequentemente richiesti sono alcuni articoli fondamentali della Costituzione, alcune leggi recenti o rilevanti (sistemi elettorali, antitrust, privatizzazioni), i compiti connessi a cariche o organi istituzionali (Presidente del Consiglio, Presidente della Repubblica, Corte Costituzionale ecc.), trattati, organismi internazionali ecc.

Le tipologie di domande più comuni sono le seguenti:
- la legge/referendum ... è relativa a ...
- l'articolo ... della Costituzione prevede che ...
- quale organo/istituzione ha il compito di ...
- l'ente ... dipende da ...

ESEMPI

1 Da quanti membri elettivi è composto il Senato della Repubblica Italiana?

    A 620   **B** 240   **C** 360   **D** 140   **E** 315

Il numero di senatori elettivi è pari a 315 (più i senatori a vita), mentre il numero di deputati è pari a 630. Pertanto la risposta corretta è la **E**.

2 Chi esercita le funzioni del Presidente della Repubblica, nel caso in cui egli non possa adempierle?

    A Il presidente della Camera
    B Il presidente del Senato
    C Il presidente della Corte Costituzionale
    D Il vicepresidente della Repubblica
    E Il presidente del Consiglio dei ministri

Per espressa disposizione della Costituzione, tale compito spetta al presidente del Senato (risposta **B**). Da notare che non esiste la carica di vicepresidente della Repubblica e che sarebbe impossibile affidare la supplenza al presidente del Consiglio: questi, infatti, detiene una carica politica, mentre la carica di Presidente della Repubblica deve essere *super partes*.

3 **Gli Stati Uniti d'America sono una repubblica:**

  A presidenziale
  B parlamentare
  C oligarchica
  D regionale

Gli Stati Uniti d'America sono una repubblica presidenziale, e più precisamente una repubblica federale in cui il Capo dello Stato è anche Capo del Governo (risposta **A**).

4 **Il popolo italiano ha il diritto di presentare una proposta di legge?**

  A No, mai
  B Sì, sempre
  C Sì, se la proposta è presentata da cittadini che hanno compiuto 18 anni
  D Sì, se la proposta è presentata da più di 50.000 elettori
  E Sì, se la proposta è presentata da cittadini che hanno compiuto 21 anni

La risposta esatta è la **D**. Infatti l'articolo 71 della Costituzione Italiana afferma che "l'iniziativa delle leggi appartiene al Governo, a ciascun membro delle Camere e agli enti ai quali sia conferita da legge Costituzionale. Il popolo esercita l'iniziativa della legge mediante la proposta da parte di almeno cinquantamila elettori, di un progetto redatto in articoli".

5 **Il diritto alle ferie retribuite è riconosciuto al lavoratore?**

  A No, in nessun caso
  B Sì, sempre
  C Sì, se il lavoratore si impegna a lavorare almeno 10 ore ogni giorno
  D No, è una facoltà del datore di lavoro conferirlo

Il diritto al riposo settimanale e quello alle ferie sono irrinunciabili per espressa previsione costituzionale. La risposta esatta è quindi la **B**.

6 **In linea di principio, il primo articolo della Costituzione Italiana afferma che:**

  A tutti i cittadini sono uguali davanti alla legge
  B tutti coloro che lavorano sono italiani
  C ogni cittadino trova collocazione nella società per mezzo del proprio lavoro
  D sono concessi privilegi agli aristocratici
  E colori della bandiera italiana sono tre

Il primo articolo della Costituzione Italiana afferma che "l'Italia è una repubblica democratica, fondata sul lavoro"; ciò significa, in linea di principio, che non esistono privilegi di alcun tipo (né aristocratici, né economici, né di altro genere) poiché ogni cittadino può collocarsi nel contesto sociale solo grazie al proprio lavoro materiale o intellettuale. La risposta corretta è pertanto la **C**.

7   Da chi viene nominato il Presidente del Consiglio?

- **A** Dai cittadini, per mezzo di un'elezione diretta
- **B** Dal Parlamento
- **C** Dal Senato
- **D** Dal Presidente della Repubblica
- **E** Dai segretari dei partiti di maggioranza

Secondo quanto stabilito dall'articolo 92, secondo comma, della Costituzione, il presidente del Consiglio viene nominato dal Presidente della Repubblica (risposta **D**); una volta nominato deve presentarsi alle Camere per ottenerne la fiducia.

8   Quale tra le seguenti azioni non è di competenza del Presidente della Repubblica?

- **A** Conferire le onorificenze della Repubblica
- **B** Sciogliere le Camere
- **C** Indire il referendum popolare nei casi previsti dalla Costituzione
- **D** Comandare le Forze Armate
- **E** Modificare la Costituzione

La Costituzione italiana può essere modificata solo ed esclusivamente dalle Camere, per mezzo di un procedimento legislativo di revisione costituzionale. La risposta corretta è dunque la **E**.

9   L'Organizzazione delle Nazioni Unite è stata istituita:

- **A** dagli Stati europei
- **B** dagli Stati Uniti d'America
- **C** da USA, Germania e Giappone
- **D** dagli Stati vincitori della seconda guerra mondiale

L'ONU è stata istituita al termine della conferenza di San Francisco, convocata il 25 aprile 1945 dagli Stati vincitori della seconda guerra mondiale (risposta **D**). I fini che l'organizzazione deve perseguire sono molteplici: mantenimento della pace e della sicurezza internazionale, progresso economico, sociale, culturale e umanitario, diffusione della tutela dei diritti e delle libertà fondamentali senza distinzione di razza, sesso, lingua o religione.

10 Con il termine "caschi blu" si intende:

- **A** l'esercito italiano
- **B** le forze armate europee
- **C** i militari che dipendono dall'UE
- **D** le forze armate che dipendono dall'ONU
- **E** nessuna delle precedenti alternative è corretta

Il termine indica la forza militare internazionale costituita dall'ONU nel 1973, con lo scopo di vigilare sui territori neutralizzati e di sedare focolai di guerra (risposta **D**). I caschi blu sono stati insigniti del premio Nobel per la pace nel 1988.

Nei paragrafi seguenti vengono presentati alcuni argomenti che costituiscono un'utile base di studio per affrontare le domande dei test di ammissione inerenti ad argomenti di educazione civica.

19.1 IL DIRITTO ITALIANO

Vi sono due fondamentali categorie di *diritto* (inteso come ordinamento giuridico): il *diritto privato* e il *diritto pubblico*.

DIRITTO PRIVATO

Comprende tutte le leggi che regolano i rapporti tra i soggetti privati (e anche tra privati ed enti pubblici, quando questi ultimi agiscono in veste di privati).

Il diritto privato conosce al suo interno le distinzioni di seguito riportate.

- **Diritto civile**: leggi relative ai diritti della persona (nella vita privata), ai diritti di successione, ai diritti reali, alle obbligazioni.
- **Diritto commerciale**: comprende alcune norme specifiche per l'attività delle imprese commerciali (la cui disciplina è comunque dettata per la maggior parte dal diritto civile).
- **Diritto del lavoro**: norme che disciplinano il rapporto di lavoro subordinato e la legislazione sociale.
- **Diritto agrario**: norme relative ai rapporti attinenti all'agricoltura.
- **Diritto industriale**: norme sui brevetti, modelli, disegni industriali, prodotti e segni distintivi dell'azienda.

DIRITTO PUBBLICO

Comprende le leggi che regolano l'organizzazione dello Stato e i rapporti tra lo Stato e gli enti pubblici, gli enti pubblici e i privati, gli enti pubblici tra di loro.

Il diritto pubblico si articola nelle seguenti distinzioni.

- **Diritto costituzionale**: norme fondamentali dell'ordinamento giuridico, relative alle fonti del diritto, alla struttura e agli organi dello Stato.
- **Diritto amministrativo**: norme organizzative degli uffici della pubblica amministrazione e concernenti i rapporti tra questi uffici e i privati.
- **Diritto penale**: norme che reprimono i fatti illeciti, comminando sanzioni penali.

- **Diritto finanziario**: norme che regolano l'attività finanziaria dello Stato e degli altri enti pubblici.
- **Diritto tributario**: norme che disciplinano i rapporti tra il fisco e i contribuenti.
- **Diritto processuale**: norme che disciplinano i processi (penali e civili).
- **Diritto ecclesiastico**: norme che disciplinano i rapporti dello Stato con le Chiese e le confessioni religiose.
- **Diritto della navigazione**: norme che disciplinano la navigazione marittima e aerea.
- **Diritto pubblico internazionale:** norme che regolano i rapporti tra Stati e tra gli Stati e le organizzazioni internazionali (è un diritto sovra-statale).

19.2 LA STRUTTURA DELLO STATO ITALIANO

L'Italia è una repubblica parlamentare, costituzionale e democratica.

Se si accetta la tradizionale (e per la verità ormai antiquata) teoria della *separazione dei poteri*, si può dire che per lo Stato italiano vale in linea di massima la seguente distinzione.

Potere	Organo a cui compete
Legislativo	Parlamento (Senato, Camera)
Esecutivo	Governo
Giudiziario	Magistratura

In Italia esiste anche un potere "di controllo", che spetta al Presidente della Repubblica e alla Corte Costituzionale.

Di seguito, si propone una rassegna sintetica dei principali organi dello Stato.

Capo dello Stato. È il Presidente della Repubblica, rappresenta l'unità nazionale ed è garante della Costituzione. È eletto dal Parlamento in seduta comune. Dura in carica sette anni.

Consiglio dei Ministri. È un organo formato dal presidente del Consiglio e dai Ministri.

Consiglio Superiore della Magistratura. È un organo di autogoverno e di tutela dell'indipendenza della Magistratura. A esso spetta deliberare assunzioni, trasferimenti e in genere tutti i provvedimenti, anche disciplinari, nei confronti dei magistrati. Ne è Presidente il Capo dello Stato.

Corpo elettorale. È l'insieme dei cittadini che hanno il diritto di voto. A essi spetta di eleggere i propri rappresentanti a livello nazionale e locale e di approvare o respingere i referendum. Si parla di *elettorato attivo* per indicare il possesso dei requisiti che conferiscono il diritto di voto, e di *elettorato passivo* per indicare il possesso dei requisiti che conferiscono la capacità di essere eletti.

Corte Costituzionale. È l'organo che giudica la conformità delle leggi ordinarie alla Costituzione.

Corte dei Conti. È l'organo che esercita in via preventiva il controllo di legittimità sugli atti del Governo e in via successiva il controllo sulla gestione del bilancio dello Stato e di altri enti pubblici.

Governo (presidente del Consiglio, Consiglio dei ministri, ministri). Esercita il potere esecutivo. È espressione della maggioranza parlamentare, di cui gode la fiducia.

Ministri. Sono organi che dirigono le varie branche della Pubblica Amministrazione e partecipano all'esercizio dei poteri del Governo. I ministri possono essere *con portafoglio* (a capo di un Dicastero) o *senza portafoglio*. Il numero dei primi può essere variato solo con legge, mentre per i secondi è sufficiente la nomina del Capo dello Stato, su proposta del presidente del Consiglio.

Parlamento (Camera e Senato). Il Parlamento detiene essenzialmente il potere legislativo, che esercita tramite l'emanazione di leggi ordinarie. Esso si compone di due camere: la Camera dei Deputati (630 membri) e il Senato della Repubblica (315 membri più i senatori a vita).

Presidente del Consiglio. Dirige la politica generale del Governo.

Tribunali, Corti d'Appello, Corte di Cassazione. Sono gli organi che esercitano il potere giudiziario, ripartito a seconda della competenza di ciascuno. Importante è la distinzione: 1) tra giurisdizione *civile* (giudica sul diritto privato), *penale* (giudica sul diritto penale) e *amministrativa* (vedi alla voce TAR); 2) tra giurisdizione di *merito* (giudica la sostanza delle questioni) e di *legittimità* (giudica la regolarità dei processi; è una prerogativa esclusiva della Corte di Cassazione).

TAR. Acronimo che indica i Tribunali Amministrativi Regionali, i quali giudicano i conflitti insorti tra la Pubblica Amministrazione e i privati che si ritengono lesi nei loro interessi da un atto della Pubblica Amministrazione. I TAR giudicano le controversie in primo grado, mentre in appello giudica il Consiglio di Stato; non è previsto in questi casi un giudizio di legittimità.

19.3 L'Unione europea

Unione Europea (UE) è il nome assunto l'1/11/1993 dalla Comunità economica europea (CEE). Quest'ultima fu istituita nel 1957 con il Trattato di Roma, il quale completava alcuni trattati stipulati precedentemente, per ragioni economiche, da un piccolo gruppo di nazioni europee.

La cronologia dell'Unione europea e dei suoi antecedenti si può dunque riassumere così:

1951:	istituzione della CECA, Comunità europea del carbone e dell'acciaio;
1957:	istituzione della CEEA (Comunità europea dell'energia atomica, detta anche Euratom) e della CEE (Comunità economica europea, diretta a favorire la libera circolazione di merci e persone);
1993:	istituzione della UE, la quale, secondo il trattato di Maastricht, "è fondata" sulle Comunità europee. Vi fanno parte 15 Stati: Austria, Belgio, Danimarca, Finlandia, Francia, Germania, Grecia, Regno Unito, Irlanda, Italia, Lussemburgo, Olanda, Portogallo, Spagna, Svezia;

1998: definizione dei Paesi ammessi all'Unione Economica e Monetaria già dalla prima fase;

1999: introduzione dell'euro nelle transazioni bancarie;

2002: l'euro sostituisce le divise nazionali in 12 Paesi dell'Unione;

2004: nascita, il primo maggio, dell'Europa a 25 Stati con l'ingresso di Polonia, Ungheria, Repubblica Ceca, Lituania, Estonia, Lettonia, Slovenia, Slovacchia, Malta e Cipro;

firma a Roma della Costituzione europea;

approvazione del progetto di Costituzione da parte del Consiglio europeo di Bruxelles;

la Croazia entra a far parte dei Paesi candidati all'adesione;

Slovenia, Lituania ed Estonia sono agganciate all'euro secondo l'ERM2;

ratifica del trattato sulla Costituzione europea a Roma;

2007: ingresso di Romania e Bulgaria nell'UE;

la Slovenia adotta euro;

firma del Trattato di Lisbona che rivede la Costituzione europea;

2008: Cipro e Malta adottano l'euro;

2009: la Slovacchia adotta l'euro;

entrata in vigore del Trattato di Lisbona; elezioni del nuovo Parlamento europeo e della nuova Commissione in carica fino al 2013.

L'UE si occupa di tutti i settori economico-sociali degli Stati membri. Attualmente raggruppa 27 Paesi. Gli organi della UE (che sono gli stessi, comuni, delle tre precedenti Comunità), sono:

- la **Commissione**, ha iniziativa legislativa, poteri esecutivi, negozia accordi internazionali;
- il **Consiglio dell'Unione europea**, con funzioni deliberative;
- il **Parlamento europeo**, con funzioni legislative e di controllo;
- la **Corte di Giustizia**, assicura il rispetto e l'interpretazione uniforme del diritto comunitario;
- la **Corte dei Conti**, funzioni analoghe all'omologo organo italiano;
- la **Banca centrale europea** (BCE), definisce e attua la politica monetaria dei Paesi dell'euro;
- la **Banca Europea per gli Investimenti** (BEI), istituzione finanziaria;
- il **Comitato delle Regioni**, organo consultivo per la tutela delle identità;
- il **Comitato economico e sociale**, organo consultivo per la tutela di lavoratori e imprese.

19.4 L'ONU (Organizzazione delle Nazioni Unite)

È stata fondata nel 1945 con lo scopo di mantenere la pace e la sicurezza degli Stati e di promuovere la cooperazione internazionale economica, sociale, culturale, umanitaria. Raggruppa più di 200 Stati.

I suoi organi principali sono:
- l'**Assemblea generale**;
- il **Consiglio di sicurezza**;
- il **Segretariato**;
- il **Consiglio economico e sociale**;
- la **Corte internazionale di giustizia**.

I suoi organi sussidiari sono:
- l'UNCTAD: Conferenza sul commercio e lo sviluppo;
- l'UNPD: Programma per lo sviluppo;
- l'UNICEF: Fondo per l'infanzia;
- l'UNHCR: Alto Commissariato per i rifugiati;
- l'UNITAR: Istituto per l'insegnamento e la ricerca.

Vi sono poi numerose organizzazioni internazionali collegate all'ONU, tra cui:
- FAO: Organizzazione per l'Alimentazione e l'Agricoltura (Roma);
- IAEA: Agenzia Internazionale per l'Energia Atomica (Vienna);
- IBRD: Banca Internazionale per la Ricostruzione e lo Sviluppo o Banca Mondiale (Washington);
- IMF: Fondo Monetario Internazionale (Washington);
- IMO: Organizzazione Intergovernativa Marittima (Londra);
- ITU: Unione Internazionale delle Telecomunicazioni (Ginevra);
- UNESCO: Organizzazione per l'Educazione, la Scienza e la Cultura (Parigi);
- UNIDO: Organizzazione per lo Sviluppo Industriale (Vienna);
- WHO: Organizzazione Mondiale per la Sanità (Ginevra);
- WIPO: Organizzazione Internazionale per la Proprietà Intellettuale (Ginevra);
- WTO: Organizzazione per il Commercio Mondiale (Ginevra).

Suggerimenti

- **Ripassare la Costituzione italiana**, tenendo presente che i quesiti fanno spesso riferimento a specifici dettagli, oltre che ai principi di carattere generale.
- Raccogliere informazioni sulle più importanti **organizzazioni internazionali** (ONU, CEE, NATO ecc.): è importante conoscere il significato delle varie sigle, gli scopi delle diverse organizzazioni, da quali Stati sono costituite, qual è la loro struttura ecc.
- Prestare attenzione a **dichiarazioni, accordi, trattati internazionali**, soprattutto quelli più recenti (per esempio il Trattato di Maastricht, il Trattato di Amsterdam e quello di Copenaghen).

20 ATTUALITÀ

I quesiti di attualità mirano a verificare il grado di aggiornamento del candidato sui principali eventi di carattere politico, economico, di costume e sociale, tanto nazionali quanto internazionali. Gli argomenti possono dunque spaziare dalla situazione economica e politica nazionale a quella dell'Europa comunitaria o dei principali Paesi del mondo, ma anche dalla storia del cinema, alle competizioni sportive ecc.

È evidente che un'enfasi particolare viene generalmente posta sugli eventi (guerre, processi di pace, riforme istituzionali, fenomeni sociali ecc.) che assumono rilevanza nazionale e internazionale e sono dunque oggetto di analisi da parte della stampa.

20.1 Cronologie essenziali degli anni recenti

Nel paragrafo che segue è riportata, anno per anno, la cronologia dei principali avvenimenti occorsi dal 2007 alla data di preparazione di questo volume. Vengono presi in considerazione avvenimenti italiani e stranieri nella gamma di accadimenti ed eventi più ampia possibile, secondo quanto detto in precedenza.

Questo materiale ha lo scopo di:
- presentare una sintesi di facile consultazione di tutte le notizie rilevanti;
- permettere al lettore di colmare eventuali lacune nella preparazione che deve essere compiuta sui quotidiani;
- servire come spunto per approfondire e aggiornare la preparazione (su quotidiani, libri ecc.) anche nei mesi immediatamente precedenti la prova di ammissione.

20.2 Anno 2007

GENNAIO

1 Con l'ingresso di Romania e Bulgaria la UE conta ormai 27 Stati membri e una popolazione prossima al mezzo miliardo.

4 Il quattordicenne inglese Micheal Perham è il più giovane velista ad aver attraversato in solitaria l'Atlantico. Partito da Gibilterra, è approdato ad Antigua dopo sei settimane, dopo aver percorso più di 3500 miglia nautiche.

8 Polonia: nel giorno dell'insediamento si dimette l'arcivescovo di Varsavia Stanislaw Wielgus, in seguito allo scandalo suscitato dalla rivelazione del suo passato di informatore della polizia comunista.

10 Somalia: raid di aerei da guerra statunitensi che bombardano presunte basi di Al Qaeda provocando centinaia di vittime tra i civili. Il governo italiano condanna l'azione unilaterale americana.

11 Ginevra: muore il produttore cinematografico Carlo Ponti (94 anni), marito dell'attrice Sophia Loren. Tra gli oltre cento film che produsse sono da ricordare *La strada* di Fellini, *L'oro di Napoli* di De Sica, *Blow up* di Antonioni e *Il dottor Zivago* di Lean.

15 Iraq: impiccati Al Tikriti e Al Banderm, i due gerarchi di Saddam Hussein condannati a morte insieme al Rais per l'eccidio di curdi del 1982 a Dujail.

16 Messina: è di 4 morti e 90 feriti il bilancio dello scontro nello stretto tra un cargo di Antigua e un aliscafo delle FS.

19 Europa: è di almeno 40 morti il bilancio provvisorio dell'uragano Kyrill che ha devastato diversi Paesi dell'Europa continentale (l'Italia è stata risparmiata grazie alla protezione delle Alpi).

21 Francia: muore l'Abbé Pierre (94 anni), che ha dedicato la propria vita ai poveri e agli emarginati, ordinato sacerdote nel 1938, fondatore nel 1949 della Comunità Emmaus.

Baghdad: due autobombe provocano almeno 80 morti e decine di feriti.

24 Portofino: muore Leopoldo Pirelli (81 anni), fino al 1992 presidente e guida dell'omonima azienda della gomma fondata dal nonno.

Varsavia: muore il giornalista-reporter di guerra Ryszard Kapuscinski (75 anni), autore di una ventina di libri dedicati al Terzo mondo.

29 Genova: muore a 85 anni lo scenografo teatrale, disegnatore e illustratore Emanuele Luzzati.

FEBBRAIO

2 Montecarlo: muore il musicista Giancarlo Menotti (95 anni), noto per essere l'ideatore e l'organizzatore del Festival dei Due Mondi di Spoleto, di cui nell'estate 2007 si sarebbe tenuta la cinquantesima edizione.

3 Catania: Filippo Raciti (38 anni), ispettore capo della Polizia di Stato, viene ucciso durante gli scontri che hanno preceduto il derby Catania-Palermo. Oltre 100 i feriti, sospesi tutti i campionati di calcio.

6 Svezia: l'azzurro Patrick Staudacher (26 anni) conquista l'oro nel superG ai Mondiali di sci alpino di Aare.

10 Roma: muore Adele Faccio (86 anni), storica leader radicale, decisiva nel promuovere le lotte civili per l'approvazione della legge sul divorzio e sull'aborto.

12 Canarie: sei speleologi (tra cui un italiano) muoiono per le esalazioni di gas velenosi durante l'esplorazione, condotta da un gruppo di trenta speleologi provenienti da diversi Paesi europei, di una caverna sotterranea a Tenerife.

17 Berlino: il film *Tuya's Marriage* del regista cinese Wang Quan An vince l'Orso d'oro alla 57ª edizione del Festival cinematografico di Berlino.

19 India: un attentato terroristico sul Samjhauta Express, il treno che dal 2004 collega India e Pakistan, provoca almeno 66 morti e altrettanti feriti.

22 Roma: sconfitto in Senato sulla politica estera, il governo di centro-sinistra presieduto da Romano Prodi si dimette.

26 Los Angeles: Martin Scorsese trionfa alla "notte degli Oscar", conquistando per *The departed*

quattro statuette (miglior film, miglior regia, montaggio e sceneggiatura non originale). Oscar ai costumi per l'italiana Milena Canonero e Oscar alla carriera per il maestro Ennio Morricone.

27 L'Aja: la Corte penale internazionale riconosce che nel 1995 a Srebrenizza l'uccisione di 8000 civili musulmani da parte dei militari serbo-bosniaci ebbe carattere di genocidio ma proclama anche che la Serbia non è legalmente punibile.

MARZO

1 New York: muore a 89 anni Arthur Schlesinger, lo storico liberale che fu il consigliere dell'amministrazione Kennedy ed elaborò la teoria dei cicli trentennali della storia statunitense (alternanza di spinte modernizzatrici e spinte conservatrici).

3 Roma: il governo Prodi riottiene la fiducia di entrambe le Camere e rientra così la crisi di governo iniziata il 22 febbraio.

5 Afghanistan: nella provincia di Nangarhar, i marines statunitensi, in risposta a un attacco suicida, sparano sui civili e uccidono 16 persone.

6 Afghanistan: il giornalista Daniele Mastrogiacomo (52 anni), inviato di «La Repubblica», viene sequestrato da un gruppo militare di talebani, che lo sospetta di essere una spia.

7 Parigi: muore il filosofo e sociologo francese Jean Baudrillard (77 anni), noto per i suoi studi sul postmoderno e sulla società dei consumi.

15 Nigeria: i due tecnici italiani dell'Agip rapiti il 7 dicembre 2006 insieme a due colleghi (liberati in precedenza) da guerriglieri in lotta contro il governo federale di Lagos vengono rilasciati.

19 Afghanistan: il giornalista italiano Mastrogiacomo viene liberato e consegnato dai talebani a Emergency in un ospedale del Sud del Paese.

20 Russia: 63 dei 93 ospiti di un ospizio sul Mar Nero muoiono a causa di un incendio. In Siberia, un'esplosione in una miniera di carbone provoca 78 morti.

22 Australia: ai Mondiali di nuoto di Melbourne, il bolzanino Christopher Sacchin (24 anni) conquista la medaglia di bronzo nei tuffi dal trampolino da un metro.
Gran Bretagna: è di due marinai morti e un ferito il bilancio di un incidente al sottomarino nucleare "Tireless" avvenuto durante un'esercitazione nel mar Glaciale Artico.

23 Mozambico: è di 72 morti e 400 feriti il tragico bilancio dell'esplosione, causata dal caldo, del più grande deposito di armi e munizioni del Paese, situato alla periferia della capitale Maputo.

24 Iran: 15 soldati della Marina inglese, accusati di essere penetrati nelle acque territoriali iraniane mentre pattugliavano quelle irachene, vengono fatti prigionieri dalle autorità di Teheran.

26 Sanremo: lo spagnolo Oscar Freyre (31 anni) vince l'edizione del centenario della classica gara ciclistica in linea d'inizio primavera.
Irlanda del Nord: storico annuncio delle fazioni cattolica (indipendentista) e protestante (unionista), che dal maggio 2007 avrebbero dato vita insieme a una coalizione politica che avrebbe governato il Paese.

30 Melbourne: il pesarese Filippo Magnini si conferma campione del mondo dei 100m stile libero, conquistando l'oro ex equo con il canadese Hayden (entrambi hanno concluso la gara in 48"43').

APRILE

3 Ucraina: il Presidente Jushenko (filo-occidentale) scioglie il Parlamento dopo una serie di divergenze con il Primo ministro Janukovic (filorusso).

5 Iran: liberati dal Presidente Ahmadinejad, "come regalo al popolo britannico", i 15 soldati inglesi prigionieri dal 23 marzo.

6 Roma: muore a 90 anni il regista cinematografico Luigi Comencini. Tra i suoi film vanno ricordati almeno *Pane, amore e fantasia* (1953) e *Lo scopone scientifico* (1972) oltre allo sceneggiato televisivo *Le avventure di Pinocchio* (1972).

10 Iran: il capo dell'agenzia atomica nazionale iraniana annuncia che ormai il Paese è entrato nella fase di "produzione su scala industriale di uranio arricchito".

11 Algeri: tre attentati esplosivi quasi simultanei rivendicati da Al Quaeda provocano 23 morti e oltre 160 feriti.

13 Baghdad: un terrorista kamikaze si fa esplodere all'interno del Parlamento iracheno provocando 8 morti e decine di feriti.

New York: muore lo scrittore Kurt Vonnegut (84 anni), autore di romanzi culto come *Mattatoio n.5* (1969) e *La colazione dei campioni* (1973).

17 USA: al Politecnico di Blacksburn, in Virginia, strage della follia compiuta da un ventenne di origini asiatiche che prima di suicidarsi uccide 32 studenti e ne ferisce 20.

23 Parigi: Sarkozy e Royal escono vincitori dal primo turno delle elezioni presidenziali e disputeranno il ballottaggio per conquistare l'Eliseo e succedere a Chirac.

24 Mosca: muore Boris Eltsin (76 anni), primo Presidente russo dopo la dissoluzione dell'URSS, in carica dal 1991 al 1999.

27 Mosca: nel suo ultimo discorso alla nazione, il presidente russo Putin attacca la NATO sul progetto dello "scudo spaziale" e annuncia una moratoria sul trattato di disarmo delle armi convenzionali in Europa.

Mosca: muore a 80 anni il celebre violoncellista Mstislav Rostropovich.

MAGGIO

1 Nigeria: sei dipendenti della Chevron, tra cui 4 tecnici italiani, vengono rapiti dai guerriglieri del Mend, il movimento per l'emancipazione del Delta del Niger.

Istanbul: i violenti scontri tra polizia e manifestanti alle manifestazioni per la festa dei lavoratori si concludono con decine di feriti e 600 arresti.

3 Egitto: si apre a Sharm el Sheikh la Conferenza internazionale sull'Iraq alla presenza dei ministri di cinquanta Paesi e dei rappresentanti delle principali organizzazioni internazionali.

7 Parigi: Nicolas Sarkozy è il nuovo Presidente della Repubblica francese. Nel ballottaggio che ha visto un'affluenza massiccia (83% degli aventi diritto), il candidato neogollista ha battuto nettamente (53%) la candidata socialista Royal.

10 Londra: Tony Blair annuncia ufficialmente che alla fine del giugno prossimo si dimetterà dalla carica di Primo ministro e dalla guida del partito laburista. È stato il premier britannico degli ultimi dieci anni.

11 Brasile: dopo aver incontrato il Presidente della Repubblica Lula, papa Benedetto XVI prosegue la sua visita pastorale nel più grande

Paese del Sudamerica incontrando centomila giovani nello stadio di San Paolo.

16 Cannes: si apre la 60ª edizione del festival cinematografico ospitato sulla Croisette.

17 Parigi: il neo Presidente Nicolas Sarkozy nomina il nuovo premier francese, il conservatore Francois Fillon, suo compagno di partito.

Colombia: stando alla testimonianza di un sottufficiale di polizia rapito dalla Farc e fuggito ai sequestratori, Ingrid Betancour, l'ex candidata presidenziale rapita nel 2002, è ancora viva.

19 Kazakistan: il Parlamento ha approvato un emendamento costituzionale che, togliendo limitazioni al numero di mandati presidenziali, consente al Presidente Nazarbaev, al potere da 18 anni, di governare a vita. Si tratta di una norma *ad personam*, non valida per i suoi successori.

20 Romania: il referendum sulla destituzione del Presidente Traian Basescu, al potere dal 2005, accusato dall'opposizione di "violazione della Costituzione" e sospeso dalla carica dallo scorso aprile, ha segnato il trionfo dello stesso Basescu (74% dei voti in suo favore).

22 Libano: è di oltre 100 morti il tragico bilancio degli ultimi tre giorni di scontri nel Nord del Paese tra esercito e milizie islamiche del gruppo Fatah al-Islam.

24 Atene: battendo 2 a 1 il Liverpool il Milan conquista la Champion's League.

Ginevra: un incendio doloso distrugge la sinagoga della città svizzera.

28 Cannes: il film *4 months, 3 weeks and 2 days* del romeno Cristian Mungiu si aggiudica la Palma d'oro del 60° festival cinematografico transalpino.

GIUGNO

3 Germania: è di quasi 1000 feriti e 125 arresti il bilancio degli scontri tra manifestanti e polizia avvenuti a Rostock in margine all'annuale vertice G-8.

Cuba: Fidel Castro riappare in TV dopo 4 mesi di assenza dal video.

Milano: l'abruzzese Danilo Di Luca, 31 anni, è il vincitore della novantesima edizione del Giro ciclistico d'Italia.

4 Gaza: 15 blindati israeliani entrano superando il valico di Sufa nella striscia meridionale di Gaza controllata dall'Autorità Nazionale Palestinese, attuando quella che il governo di Tel Aviv definisce "un'operazione per bloccare le minacce terroristiche".

5 Spagna: l'ETA, l'esercito indipendentista basco, annuncia la fine della tregua in vigore dal marzo 2006.

7 Valencia: sconfiggendo 5-0 l'imbarcazione italiana Luna Rossa, New Zeland si aggiudica la Luis Vuitton's Cup e sfiderà Alinghi per l'America's Cup.

10 Albania: George W. Bush è il primo Presidente USA a visitare il "Paese delle aquile", trionfale l'accoglienza riservatagli dalla popolazione e dalle autorità.

11 USA: muore il filosofo Richard Rorty (75 anni), uno dei più noti e discussi pensatori statunitensi del secondo Novecento, autore di *La filosofia e lo specchio della natura* (1979).

12 Roma: il bilancio del doppio turno elettorale delle elezioni amministrative vede la CdL (opposizione di centro-destra) prevalere sull'Unio-

ne (coalizione di governo di centro-sinistra).

Gaza: resa dei conti tra i fondamentalisti palestinesi di Hamas e i moderati di Fatah al governo. Hamas lancia granate sulla casa del presidente dell'Anp e del premier e il numero di morti negli ultimi tre giorni supera la ventina.

13 Israele: Simon Peres (84 anni), già premio Nobel per la pace, viene eletto Presidente dello Stato israeliano.

15 Roma: il film di Giuseppe Tornatore *La sconosciuta* trionfa ai premi David di Donatello, aggiudicandosi cinque statuette, tra cui miglior film, regia, fotografia, colonna sonora e attrice protagonista.

18 Milano: muore lo stilista Gianfranco Ferré (62 anni), uno dei simboli della moda italiana nel mondo.

24 Pakistan: è di 230 morti nella sola capitale Karachi il bilancio delle piogge torrenziali e delle tempeste di vento portate dal monsone.

25 Libano: un'autobomba esplosa nella valle del Khiam, nel Sud del Paese, uccide 6 soldati (3 spagnoli e 3 colombiani) della missione ONU Unifil affidata al comando italiano.

27 Vicenza: muore lo scrittore Luigi Meneghello (85 anni), le cui opere più famose sono i romanzi *Libera nos a Malo* (1963) e *I piccoli maestri* (1964).

29 Londra: entra il carica il governo laburista guidato da Gordon Brown e il ministero degli Interni viene per la prima volta nella storia britannica affidato a una donna (Jacqui Smith).

LUGLIO

1 Londra: stato di massima allerta in Gran Bretagna dopo uno sventato attentato terroristico (due autobombe in centro a Londra) e l'attacco contro il terminal dell'aeroporto di Glasgow (un Suv in fiamme lanciato contro la struttura).

3 Yemen: un attentato terroristico di Al Qaeda ai siti archeologici della zona di Marib provoca 9 morti tra i turisti (7 spagnoli).

Valencia: l'imbarcazione svizzera Alinghi batte New Zeland 5-2 e conquista la 32ª Coppa America.

4 Gaza: liberato dopo quattro mesi di prigionia il reporter della BBC Alan Johnston, sequestrato da un gruppo di estremisti islamici.

6 Roma: con il romanzo *Come Dio comanda* Niccolò Ammaniti vince la LXI edizione del Premio Strega.

8 Wimbledon: lo svizzero Roger Federer vince per la quinta volta consecutiva il più prestigioso torneo sull'erba ed eguaglia il record di Bjorn Borg.

10 Pakistan: è di almeno 60 vittime il bilancio del blitz della polizia nella Moschea Rossa di Islamabad, dove estremisti islamici tenevano prigionieri da una settimana 150 fedeli.

15 Los Angeles: l'arcidiocesi cattolica della città ha accettato di pagare un risarcimento di 660 milioni di dollari alle circa 500 vittime di abusi sessuali commessi da preti pedofili a partire dal secondo dopoguerra.

16 Giappone: un forte terremoto nella regione di Niigata, nel nord-ovest del Paese, causa almeno 9 morti e 1000 feriti, provoca un allarme tsunami e innesca un incendio in un reattore nucleare, che viene chiuso a tempo indeterminato.

18 Brasile: si schianta un Airbus della Tam durante l'atterraggio all'aeroporto di San Paolo, almeno 250 le vittime.

Ucraina: deraglia un treno carico di fosforo liquido nella zona di Leopoli, provocando una nube tossica su un'area di circa 90 km^2.

20 Filippine: liberato padre Giancarlo Bossi, il missionario italiano rapito da guerriglieri antigovernativi il 10 giugno.

India: Pratibha Patil (72 anni), candidata del partito del Congresso, in precedenza governatore dello Stato del Rajasthan, è la prima donna a venire eletta Presidente della Repubblica indiana.

28 Serbia: tragedia della follia nel villaggio di Jabukovac, vicino al confine rumeno, dove un uomo, dopo aver litigato con la moglie, ha imbracciato il fucile e ha ucciso 9 persone e ne ha ferite 2 prima di tentare senza successo di uccidersi.

29 Parigi: lo spagnolo Alberto Contador Velasco vince il Tour de France, anche quest'anno avvelenato da scandali a ripetizione sul doping dei ciclisti.

30 Parigi: muore l'attore cinematografico e teatrale Michel Serrault (79 anni), interprete di 135 film tra cui *Il vizietto*, con Ugo Tognazzi.

Svezia: muore il regista cinematografico Ingmar Bergman (89 anni), autore di oltre 40 film, tre dei quali premiati con l'Oscar.

Iraq: la nazionale di calcio vince per la prima volta la Coppa d'Asia e il popolo iracheno festeggia in strada sfidando coprifuoco e kamikaze.

31 Roma: muore il regista cinematografico Michelangelo Antonioni (94 anni).

AGOSTO

1 New York: il tycoon australiano Rupert Murdoch acquista per 5 miliardi di dollari il prestigioso quotidiano economico «Wall Street Journal».

2 USA: a Minneapolis crolla un ponte sul fiume Mississippi, facendo precipitare in acqua da un'altezza di 20 metri decine di veicoli. Il bilancio parziale è di 10 morti e decine di feriti e dispersi.

Mosca: il batiscafo russo Mir-2 raggiunge il fondale dell'Oceano Artico al Polo Nord a quota -4261 metri.

7 Secondo la rivista americana «Forbes», il tycoon delle telecomunicazioni messicano Carlos Slim Helù (67) con un patrimonio di 59 miliardi di dollari ha superato Bill Gates nella classifica degli uomini più ricchi del mondo.

14 Cina: un ponte a campata unica sul fiume Jiantuo di 320m di lunghezza crolla pochi giorni prima di venire aperto al traffico: il bilancio della sciagura è di almeno 22 morti e 46 dispersi.

16 Germania: sei giovani calabresi, alcuni dei quali coinvolti nella faida di San Luca, vengono uccisi all'esterno di un ristorante di Duisburg.

Perù: un forte terremoto (7,9 Richter) causa almeno 500 morti e più di 1500 feriti nel Paese sudamericano.

24 Roma: muore l'ex sindacalista Bruno Trentin (80 anni), a lungo segretario generale della FIOM (1962-77) e della CGIL (1988-94).

26 Grecia: sale a oltre 60 morti il numero delle vittime degli incendi dolosi nel Peloponneso.

29 Turchia: l'islamico Abdullah Gul, attuale vice premier, viene eletto Presidente della Repubblica. I militari disertano il giuramento d'insediamento.

31 Giappone: prima medaglia azzurra ai mondiali di atletica di Osaka, grazie al secondo posto di Andrew Howe nel salto in lungo con il nuovo primato nazionale (8,47 m).

SETTEMBRE

3 Giappone: dopo Howe anche il marciatore Schawazer (bronzo nella 50 km) e la saltatrice Di Martino (argento nell'alto) salgono sul podio dei Campionati Mondiali d'atletica di Osaka.

5 Roma: muore colpito da infarto il conduttore televisivo e imitatore Gigi Sabani (54 anni).

6 Modena: muore il tenore Luciano Pavarotti (71 anni), da tempo malato di tumore al pancreas.

9 Venezia: il film *Lust, caution* del regista cinese Ang Lee conquista il Leone d'oro alla 64ª Mostra del cinema.

10 Rieti: il velocista giamaicano Asafa Powell migliora il proprio record mondiale sui 100m portandolo a 9,74 sec.

Israele: sgominata una banda di 10 giovani ebrei neonazisti di origine russa.

11 Vienna: muore il tastierista Joe Zawinul (75 anni), fondatore dei Weather Report e padre del jazz-rock.

16 Thailandia: è di 91 morti il bilancio del disastro aereo di Phuket, dove un aereo passeggeri si è spezzato in due durante l'atterraggio.

Grecia: i conservatori guidati da Kostas Karamanlis, attuale premier, sconfiggono i socialisti di Papandreu alle elezioni legislative e si assicurano un nuovo mandato di governo.

20 Libano: sono almeno 9 i morti causati dall'attentato in cui nella parte cristiana di Beirut ha perso la vita il deputato antisiriano Ghanem.

Israele: il governo di Tel Aviv dichiara Gaza "zona ostile" e minaccia di tagliare le forniture di luce e gas pagate dagli aiuti umanitari internazionali.

24 Parigi: muore il grande mimo Marcel Marceau (84 anni).

Myanmar: cresce la protesta pacifista guidata dai monaci buddhisti contro la giunta militare al governo.

30 Stoccarda: ai Mondiali di ciclismo, l'azzurro Paolo Bettini si riconferma a un anno di distanza campione del mondo su strada.

Lussemburgo: le azzurre della pallavolo conquistano il titolo continentale battendo la Serbia 3-0.

OTTOBRE

3 Ucraina: il partito filoccidentale degli arancioni guidato da Yulia Timoshenko vince le elezioni battendo nettamente la formazione del premier filorusso Viktor Yanukovich.

4 Roma: muore il maresciallo Lorenzo D'Auria (33 anni), il sottufficiale del Sismi sequestrato in Afghanistan dai talebani insieme a un collega e all'interprete, in seguito alle gravi ferite riportate nel blitz anglo-italiano del 24 settembre che l'aveva liberato.

Corea: i leader del Nord e del Sud hanno trovato un accordo per proclamare una "zona speciale di pace" sulla costa occidentale della Penisola. Si tratta di una dichiarazione di pacificazione che si propone il definitivo superamento dell'armistizio del 1953.

8 Stoccolma: il premio Nobel per la medicina viene assegnato allo statunitense Smithies, al britannico Evans e all'italo-americano Capecchi per i loro studi sul *gene targeting* sulle cellule embrionali.

10 Stoccolma: il Nobel per la fisica viene assegnato al francese Fert e al tedesco Grueberg per i loro studi sulla "magnetoresistenza gigante", che hanno permesso di immagazzinare grandi quantità di dati sugli hard disk e di sviluppare le nanotecnologie elettroniche.
12 Stoccolma: il premio Nobel per la letteratura viene assegnato a Doris Lessing (88 anni). Quello per la pace è invece andato all'ex vicepresidente statunitense Al Gore e all'Ipcc, il comitato dell'ONU che studia i cambiamenti climatici.
   Parigi: è di 310 arresti il bilancio dell'operazione antipedofilia "Arcobaleno", che ha portato al sequestro di oltre un milione di foto e di circa trentamila video.
16 Iran: storica visita del Presidente russo Putin a Teheran. Si tratta del primo viaggio di un leader russo nella capitale iraniana dai tempi di Stalin.
19 Pakistan: un attentato in occasione del rientro dall'esilio dell'ex premier Benazir Bhutto provoca almeno 140 morti e più di 500 feriti.
   Londra: muore l'attrice Deborah Kerr (86 anni), da tempo malata di Parkinson. Tra i suoi film più famosi *Da qui all'eternità* (1953) e *Il re ed io* (1956).
22 Brasile: vincendo il gran premio di San Paolo, il pilota della Ferrari Kimi Raikkonen conquista il titolo mondiale piloti della F1.
   Turchia: il governo di Ankara fa intervenire l'esercito contro i separatisti curdi del PKK attivi nella zona al confine con l'Iraq.
24 Cape Canaveral: riuscito il lancio dello Shuttle Discovery diretto alla stazione spaziale internazionale. A bordo della navicella anche l'astronauta italiano Paolo Nespoli (50 anni).
   California: per fronteggiare l'emergenza incendi, che ha già provocato 5 morti e decine di migliaia di sfollati, interviene la Guardia Nazionale.
25 Messico: è di 18 morti e una decina di dispersi il bilancio dell'esplosione su una piattaforma petrolifera della compagnia di Stato Pemex.
29 Argentina: Cristina Fernandez de Kirchner (54 anni) vince nettamente le elezioni presidenziali e succede al marito Nestor alla Casa Rosada. È la *primera presidenta* eletta dal popolo argentino.
30 Zurigo: il vertice della Fifa decide all'unanimità di assegnare al Brasile l'edizione 2014 dei campionati mondiali di calcio.

NOVEMBRE

2 Egitto: sei componenti di una famiglia di Senigallia in vacanza a Sharm el Sheikh muoiono in seguito a un incidente stradale.
6 Milano: muore Enzo Biagi (87 anni), una delle più note firme del giornalismo italiano degli ultimi decenni.
8 Finlandia: uno studente diciottenne di un istituto a 60 km da Helsinki uccide otto compagni di scuola prima di togliersi la vita.
9 Las Vegas: Laura Pausini vince il Latin Grammy per il miglior album femminile (*Yo canto*), bissando il successo dell'anno precedente.
   Pakistan: il generale Musharraf proclama lo Stato d'emergenza e mette agli arresti domiciliari la leader dell'opposizione Benazir Bhutto.
11 New York: muore lo scrittore Norman Mailer (84 anni), autore di una trentina di libri tra cui *Il nudo e il morto* (1948) e *Il canto del boia* (1979).

12 Gaza: è di 7 morti e decine di feriti il bilancio dello scontro tra seguaci di Hamas e di al-Fatah durante le manifestazioni per il quarto anniversario della morte di Arafat.

Mar Nero: il quasi simultaneo affondamento dovuto alle cattive condizioni climatiche di una petroliera e di quattro mercantili carichi di sostanze pericolose provoca gravi danni all'ecosistema marino.

15 Bruxelles: L'ammiraglio Giampaolo Di Paola (63 anni), capo di Stato maggiore della Difesa, viene eletto Presidente del Comitato militare della NATO, il massimo organo militare collegiale dell'Alleanza atlantica.

16 New York: la terza Commissione dell'Assemblea generale dell'ONU vota a favore della risoluzione italiana sulla moratoria delle esecuzioni capitali. Il testo sarebbe stato poi votato dall'Assemblea generale.

Giappone: la nazionale femminile di pallavolo vince imbattuta la Word Cup.

18 Bangladesh: supera le 3000 vittime e il milione di senzatetto il primo bilancio provvisorio del passaggio dell'uragano Sidr.

23 Losanna: muore il grande coreografo Maurice Bejart (80 anni), che aveva firmato più di 230 spettacoli.

27 USA: si apre ad Annapolis, sotto buoni auspici, la conferenza di pace tra Anp e Israele e per la pace in Medio Oriente.

29 Pakistan: Musharraf presta giuramento per il suo secondo mandato presidenziale e rinuncia alla guida dell'esercito.

DICEMBRE

3 Russia: il partito del Presidente uscente Putin, Russia unita, trionfa alle elezioni per il rinnovo della Duma. L'accusa e gli osservatori internazionali denunciano brogli e violazioni.

Venezuela: bocciato il referendum sulle riforme costituzionali del Presidente Chavez.

7 Bali: secondo il rapporto presentato alla conferenza internazionale sui mutamenti climatici e le emissioni di gas serra, la Svezia e la Germania sono i Paesi meno inquinanti. L'Italia è al 41° posto, dopo Canada e USA.

8 Berlino: muore il compositore Karlheinz Stockhausen (78 anni), esponente di punta della "musica puntuale" e di quella elettronica e autore di oltre trecento composizioni.

11 Algeri: l'esplosione quasi simultanea di due autobombe provoca oltre 70 morti e un centinaio di feriti. Gli attentati terroristici sono stati rivendicati da Al Qaeda.

17 Giappone: battendo a Yokohama il Boca junior per 4-2, il Milan di Carlo Ancelotti conquista anche la Coppa Intercontinentale per club.

19 New York: l'Assemblea generale dell'ONU dice sì alla proposta italiana di moratoria sulla pena di morte (104 voti a favore, 54 contro, 29 astenuti).

27 Pakistan: Benazir Bhutto, leader dell'opposizione a Musharraf, viene uccisa durante un comizio da un attentatore che poi si suicida.

31 Kenya: è di oltre 120 vittime il bilancio delle violenze seguite alla contestata proclamazione ufficiale della riconferma di Kibili alla Presidenza della Repubblica.

Milano: muore l'architetto e designer Ettore Sottsass (90 anni).

20.3   ANNO 2008

GENNAIO

1 UE: anche Cipro e Malta adottano l'euro come moneta unica, facendo salire a 15 i Paesi dell'Eurozona.

4 USA: comincia in Iowa la corsa per le elezioni presidenziali di novembre. Tra i democratici vince Obama e tra i repubblicani Huckabee.
Il petrolio supera sul mercato di New York la soglia dei 100 dollari il barile.

7 Georgia: al termine di un lungo e incerto scrutinio elettorale, Mikhail Saakashvili è stato riconfermato Presidente della Repubblica con il 52,8% delle preferenze.

11 Londra: muore sir Edmund Hillary (88 anni), che, nel 1953, insieme allo sherpa Tenzing, salì sulla cima dell'Everest.

14 Brescia: una valanga in Val Trompia colpisce un gruppo di 11 escursionisti in motoslitta e provoca 4 morti.

16 Beirut: un attentato antiamericano contro un convoglio dell'ambasciata USA provoca 4 morti.
Roma: Benedetto XVI annulla la visita all'Università La Sapienza, dove doveva svolgere la *lectio magistralis* in occasione dell'apertura dell'anno accademico, in seguito alle proteste di 67 docenti di Fisica e degli studenti.
Roma: si dimette il ministro della Giustizia Clemente Mastella dopo l'arresto della moglie per tentata concussione.

18 Islanda: muore lo scacchista statunitense Bobby Fischer (64 anni), che nel 1972 aveva conquistato il titolo mondiale battendo il russo Spassky in una partita passata alla storia. Da anni aveva ottenuto asilo politico nell'isola.
Roma: muore lo sceneggiatore Ugo Pirro (88 anni), vincitore di due premi Oscar, autore di un centinaio di film e collaboratore di registi come Lizzani e Petri.

20 Treviso: muore Duilio Loi (78 anni), ex campione del mondo di pugilato, da tempo malato di Alzheimer. Aveva un record di 115 vittorie, 8 pareggi e 3 sconfitte.

25 Italia: cade il governo Prodi, entrato in crisi dopo le dimissioni del ministro della Giustizia Mastella e il mancato appoggio dell'Udeur. L'esecutivo di centro-sinistra non ha ottenuto il voto di fiducia al Senato.

28 Indonesia: muore l'ex dittatore Suharto (86 anni), al potere dal 1966 al 1998.
Australia: il serbo Novak Djokovic vince gli Open d'Australia di tennis e conquista il suo primo torneo del Grande Slam.

FEBBRAIO

1 Cina: si attenua l'ondata di gelo e neve che ha flagellato il sud-est del Paese causando 55 morti e lasciando milioni di persone senza acqua e elettricità.
Baghdad: supera i 50 morti e 80 feriti il bilancio del duplice attentato terroristico a mercati cittadini della capitale irachena.

4 USA: battendo 17 a 14 i New England Patriots, fino a quel momento imbattuti, i New York Giants conquistano il Super Bowl di football americano.
Serbia: il nazionalista moderato e filo-europeo Boris Tadic vince nettamente le elezioni e viene riconfermato Presidente della Repubblica.

5   Iran: il presidente Ahmadinejad, aziona personalmente il meccanismo di lancio del primo razzo spaziale della Repubblica islamica, destinato a mettere in orbita un satellite.
    Kenya: secondo il responsabile della locale Croce Rossa è di mille morti e trecentomila sfollati il bilancio degli scontri seguiti alle contestate elezioni presidenziali del dicembre scorso.
9   Turchia: il Parlamento approva in via definitiva gli emendamenti che permettono alle studentesse universitarie di indossare il velo a lezione.
11 USA: muore l'attore Roy Scheider (75 anni), interprete tra l'altro di *Lo squalo* (1975) di Steven Spielberg e *All that Jazz* (1980) di Bob Fosse.
13 Afghanistan: il maresciallo dell'Esercito Giovanni Pezzullo è rimasto ucciso e un altro militare italiano ferito durante uno scontro a fuoco 60 km a nord di Kabul.
    Siria: Imad Mugniyeh, leader di Hezbollah considerato responsabile di molti attentati contro israeliani e occidentali, è stato ucciso da un'autobomba a Damasco.
    Parigi: muore il cantante Henry Salvador (90 anni), icona del soft jazz e della bossa nova.
16 Berlino: il film *Tropa de elite* dell'esordiente brasiliano José Padilha conquista l'Orso d'oro alla 58ª edizione della Berlinale.
18 Kosovo: primo giorno di indipendenza relativamente tranquillo per il nuovo Stato distaccatosi unilateralmente, ma con il sostegno di USA, parte dell'UE e ONU, dalla Serbia.
    Parigi: muore lo scrittore e regista Alain Robbe Grillet (85 anni), padre del *Nouveau roman*.
19 Cuba: Fidel Castro (81 anni), al potere da 49 anni, annuncia ufficialmente le proprie dimissioni da Capo di Stato e Comandante in capo dell'esercito.
20 Pakistan: sconfitta elettorale per il partito del Presidente Musharraf, battuto sia dai popolari guidati dal figlio della Bhutto sia dalla Lega musulmana.
22 Belgrado: oltre duecentomila persone in piazza contro l'indipendenza del Kosovo. Assaltate diverse rappresentanze diplomatiche tra cui quella USA. Un morto e 70 feriti il bilancio degli scontri.
25 Cuba: Raul Castro (76 anni) succede al fratello Fidel nella carica di Presidente.
    Los Angeles: *Non è un paese per vecchi* dei fratelli Coen trionfa nella "notte degli Oscar" conquistando quattro statuette (miglior film, regia, sceneggiatura non originale e attore non protagonista). Daniel Day Lewis premiato come miglior attore protagonista.
29 Gaza: nuovi raid dell'esercito israeliano provocano 12 morti tra civili palestinesi.

MARZO

1   Gaza: una nuova incursione dei soldati israeliani causa almeno 63 morti tra i palestinesi.
2   Russia: Dimitry Medveded (42 anni) è il nuovo presidente russo.
    Armenia: è di 8 morti il bilancio degli scontri di piazza tra esercito e oppositori dopo la dichiarazione dello stato d'emergenza da parte del presidente Kocharian.
4   Milano: muore il tenore Giuseppe Di Stefano (86 anni).
5   Roma: muore Tina Lagostena Bassi (82 anni), "l'avvocato delle donne",

fondatrice di Telefono Rosa e coautrice della legge contro la violenza sessuale.

7 Israele: è di 9 morti e 7 feriti il bilancio dell'attacco terroristico al più importante collegio rabbinico di Gerusalemme.

8 Spagna: alla vigilia delle elezioni politiche nazionali l'ETA uccide un uomo politico del partito socialista.

10 Spagna: il partito socialista del premier Zapatero ottiene il 44% dei consensi e sconfigge i popolari di Rajoi. Zapatero conquista il secondo mandato alla guida del governo iberico.

13 USA: si dimette il governatore democratico di New York Spitzer, coinvolto in uno scandalo sessuale. Lo sostituisce il suo vice Paterson, nero e non vedente.

14 Roma: Emma Marcegaglia è il nuovo presidente di Confindustria. È la prima donna a ricoprire tale incarico.

16 Tibet: è di almeno 30 morti il bilancio delle manifestazioni di protesta anticinese degli ultimi giorni. Il governo in esilio e il Dalai Lama accusano la Cina di "genocidio culturale".

19 Londra: muore il regista Anthony Minghella (54 anni), il cui film *Il paziente inglese* (1997) aveva conquistato 9 premi Oscar.

25 Olimpia: accesa la fiaccola olimpica che arriverà a Pechino in estate. Contestazioni anticinesi per la causa del Tibet.

USA: sale a 4000 il numero dei soldati americani morti durante i cinque anni della guerra in Iraq.

Paesi Bassi: è di 21 medaglie (5 ori, 7 argenti, 9 bronzi) il lusinghiero bilancio italiano agli Europei di nuoto di Eindhoven.

31 USA: muore di tumore Dith Pran (65 anni), il fotografo cambogiano i cui scatti fecero conoscere al mondo l'orrore dei campi della morte dei khmer rossi di Pol Pot.

APRILE

1 Parigi: battendo nettamente Smirne, Milano ottiene l'organizzazione dell'Expo mondiale 2015.

Milano: muore il pubblicitario Marco Mignani (63 anni), autore di slogan di successo come "Dieci piani di morbidezza, (Scottex) e soprattutto "Milano da bere" (Ramazzotti).

6 Los Angeles: muore l'attore Charlton Heston (84 anni), interprete di più di cento film e premio Oscar nel 1959 per *Ben Hur*.

10 Thailandia: un camion frigorifero strapieno di disperati in fuga dalla Birmania viene fermato dalla polizia, che scopre 54 cadaveri e 67 clandestini ancora vivi. La tragedia è causata da un guasto all'impianto di areazione.

Roma: annunciato il varo del progetto, ideato da Jeremy Rifkin, che prevede la costruzione in Puglia di 5 impianti per la produzione di idrometano (70% metano 30% idrogeno), una miscela "pulita" ottenuta da fonti rinnovabili che riduce le emissioni inquinanti.

15 Roma: netta affermazione elettorale della coalizione di centro-destra Il Popolo della Libertà guidata da Silvio Berlusconi, che torna quindi al governo.

19 Roma: *La ragazza del lago* dell'esordiente Andrea Molaioli trionfa ai David di Donatello aggiudicandosi 10 premi, tra cui quelli per miglior film, regia, fotografia, sceneggiatura e attore protagonista (Toni Servillo).

- 21 Paraguay: l'ex vescovo cattolico Fernando Lugo (56 anni), candidato del centrosinistra, è il nuovo Presidente della Repubblica.
- 25 Marocco: è di 55 morti il bilancio di un incendio in una fabbrica di materassi di Casablanca.
- 26 Afghanistan: durante una parata militare, il Presidente Karzai scampa a un attentato dei talebani.
- 28 Cina: nella provincia orientale dello Shandong, lo scontro tra due treni provoca almeno 70 morti e oltre 250 feriti. Si tratta del più grave disastro ferroviario cinese dell'ultimo decennio.
- 30 Roma: con l'elezione dei Presidenti delle Camere (Mario Schifani al Senato e Gianfranco Fini alla Camera) si apre ufficialmente la XVI legislatura repubblicana.

MAGGIO

- 2 Inghilterra: netta sconfitta alle elezioni amministrative per il partito laburista del premier Gordon Brown, che viene battuto sia dai conservatori sia dai liberaldemocratici e diviene così la terza forza politica inglese.
- 5 Myanmar: è di 15.000 vittime e due milioni di senzatetto il primo provvisorio bilancio dei devastanti danni provocati dal ciclone Nargis.
- 8 Roma: varato a tempo di record il quarto governo di centro-destra guidato da Silvio Berlusconi, con 12 ministri con portafoglio e 9 senza.

  Roma: muore a 81 anni lo scrittore e sceneggiatore Luigi Malerba, autore di *Il serpente* (1966) e *Fuoco greco* (1990).
- 9 Libano: è di 10 morti il bilancio provvisorio degli scontri tra miliziani sciiti di Hezbollah e truppe dell'esercito del governo antisiriano di Siniora. Chiusi il porto e l'aeroporto di Beirut.
- 12 Cina: ha provocato alcune migliaia di vittime il terremoto di 7,8 gradi della scala Richter che ha colpito la regione cinese del Sichuan e avvertita da Pechino a Shanghai ma anche a Taiwan e Bangkok.
- 14 India: a Jaipur, capitale del Rajastan, sette esplosioni nei pressi di un tempio hindu provocano almeno 80 morti e centinaia di feriti.

  USA: muore l'artista texano Robert Rauschenberg (82 anni), uno dei padri della Pop Art.
- 20 Napoli: nuova emergenza rifiuti all'ombra del Vesuvio. Secondo alcune stime sarebbero almeno 4000 le tonnellate di rifiuti abbandonati per le strade della metropoli.

  Sudafrica: ha supera le venti vittime la caccia ai profughi immigrati dallo Zimbabwe che devasta per alcuni giorni Johannesburg.
- 23 Kenya: nella città di Nyakeo, a 300 km da Nairobi, la folla inferocita lincia e brucia 11 persone (8 uomini e 3 donne) accusati di essere "muganga" ovvero stregoni.
- 26 Cannes: il film francese di Laurent Cantet *Entre le murs* si aggiudica la Palma d'oro della 61ª edizione del festival. A *Gomorra* di Matteo Garrone va il Gran premio della giuria e al *Divo* di Paolo Sorrentino il Premio della giuria.

  Libano: il generale cristiano maronita Michel Suleiman, attuale capo dell'Esercito, viene eletto dal Parlamento nuovo Presidente della Repubblica.
- 27 La sonda spaziale della NASA Phoenix, dopo un viaggio di dieci mesi, atterra nella zona artica di Marte alla ricerca di tracce di vita.

  Los Angeles: muore il regista e attore cinematografico Sidney Pollack (73 anni), premio Oscar per la regia di *La mia Africa* (1984).

GIUGNO

1 Milano: lo spagnolo Alberto Contador (26 anni) vince la 91ª edizione del Giro ciclistico d'Italia precedendo il modenese Riccardo Riccò (25 anni).

New York: il giamaicano Asain Bolt (21 anni) stabilisce il nuovo record mondiale dei 100m correndo la distanza in 9' 72".

2 Parigi: muore lo stilista d'alta moda Yves Saint Laurent (71 anni), che reinventò l'eleganza femminile nel secondo Novecento.

3 USA: muore stroncato da infarto Do Diddley (79 anni), una delle leggende del rock- and roll delle origini.

5 USA: Barak Obama sconfgge Hillary Clinton e diventa il candidato dei democratici per le presidenziali di novembre. È il primo afroamericano a correre per la Casa Bianca.

8 Roma: muore il regista Dino Risi (91 anni), uno dei padri della commedia all'italiana, autore di *Poveri ma belli* (1958) e *Il sorpasso* (1962).

Tokyo: un giovane folle accoltella i passanti uccidendone 7 e ferendone 17 nel quartiere Akihabara, dedicato ai videogames e all'elettronica.

9 Parigi: lo spagnolo Rafael Nadal vince per la quarta volta consecutiva il torneo del Rolland Garros uguagliando il record di Borg.

12 Catania: sei giovani operai muoiono uccisi dalle esalazioni tossiche mentre effettuano la periodica pulizia di una vasca del depuratore di Mineo.

13 Irlanda: l'isola boccia con un No il trattato di Lisbona già ratificato da altri 18 membri della UE. Al referendum partecipa il 40% degli aventi diritto.

17 Libia: una nave carica di 150 migranti egiziani diretta a Lampedusa fa naufragio in mare aperto. I pochi sopravvissuti vengono trovati aggrappati alle gabbie per i tonni.

Tokyo: giustiziato il serial killer di bambini che ne beveva il sangue per risuscitare il nonno.

18 Asiago: muore lo scrittore Mario Rigoni Stern (86 anni), che nel *Sergente nella neve* (1953) raccontò la ritirata degli Alpini dalla Russia e fu un cantore delle Dolomiti.

20 New York: il Consiglio di Sicurezza dell'ONU approva all'unanimità la risoluzione 1820, che prevede azioni repressive contro quanti useranno in futuro lo stupro ai danni dei civili come arma di guerra.

23 Filippine: il tifone Fengshen provoca l'affondamento nelle acque di Manila di un traghetto di linea con 845 passeggeri. Pochi i superstiti e molte le vittime anche nel resto del Paese.

29 Vienna: battendo 1 a 0 la Germania, la Spagna di Aragones si aggiudica i Campionati europei di calcio.

LUGLIO

3 Colombia: dopo sei anni di prigionia nelle mani dei guerriglieri della Farc, Ingrid Betancour viene liberata dall'esercito del Presidente Uribe.

4 Parigi: lo stilista Giorgio Armani riceve la Legion d'Onore dal Presidente Sarkozy.

Roma: l'esordiente Paolo Giordano vince il Premio letterario Strega con il romanzo *La solitudine dei numeri primi*.

7 Wimbledon: sconfiggendo lo svizzero Federer, vincitore delle ultime cinque edizioni, lo spagnolo Nadal conquista per la prima volta il prestigioso torneo di tennis sull'erba londinese.

12 Roma: la russa Isinbayeva supera quota 5,03 e stabilisce il nuovo primato mondiale nel salto con l'asta.

Milano: muore il presentatore tv Gianfranco Funari (76 anni).

14 L'Aja: il Tribunale penale internazionale chiede l'incriminazione del Presidente del Sudan Al-Bashir per crimini contro l'umanità in Darfur.

15 Ginevra: dopo un divieto di 19 anni, torna in commercio l'avorio per soddisfare una richiesta di 100 tonnellate della Cina. Allarme degli ambientalisti.

18 Parigi: il corridore emiliano Riccardo Riccò (25 anni), vincitore di due tappe del Tour de France in corso, viene trovato positivo all'Epo di terza generazione, il Cera. Squalificato, trascorre una notte in gendarmeria e rischia fino a due anni di carcere.

21 Australia: si conclude, dopo una due giorni tra migliaia di fedeli, la visita pastorale di Benedetto XVI in occasione della Giornata mondiale della gioventù.

22 Serbia: arrestato l'ex leader serbo-bosniaco Radovan Karadzic, latitante da 13 anni, incriminato per genocidio e crimini contro l'umanità per le sue azioni contro le popolazioni bosniache e croate durante le guerre della ex-Jugoslavia.

23 Roma: dopo l'approvazione definitiva del Senato è ormai legge il lodo Alfano, che garantisce l'immunità alle quattro più alte cariche dello Stato.

25 Pakistan: Walter Nones e Simon Kehrer, i due alpinisti italiani rimasti bloccati per dieci giorni su una parete del Nanga Parbat, dove la settimana prima era morto il loro compagno di cordata Karl Unterkircher, vengono portati in salvo al campo base a 5700 metri.

28 Parigi: lo spagnolo Carlos Sastre (23 anni) vince la 95esima edizione del Tour de France.

AGOSTO

2 È di 11 morti e quattro dispersi il bilancio di una valanga che colpisce una spedizione alpinistica internazionale che sta scalando il K2. Salvo l'alpinista italiano Confortola.

3 Russia: muore lo scrittore premio Nobel Aleksander Solgenitsyn (89 anni), dissidente che raccontò l'orrore dei lager staliniani in *Arcipelago gulag* (1973).

4 India: il crollo di una ringhiera in un tempio indù di Naina Devi nello stato dell'Himachal Pradesh provoca almeno 150 morti tra i fedeli, tra cui 30 bambini.

5 Cina: è di 16 morti il bilancio delle vittime di un attacco terroristico di probabile matrice islamica in una caserma dell'esercito nello Xingjang. Paura in tutto il paese per le imminenti Olimpiadi.

6 Somalia: liberati dopo 76 giorni di prigionia Jolanda Occhipinti e Giuliano Paganini, i due cooperanti italiani rapiti forse a scopo di estorsione.

8 Cina: a Pechino cerimonia inaugurale della XXIX edizione dei Giochi olimpici.

Roma: muore Antonio Gava (78 anni), ex potente democristiano, parlamentare di lungo corso e sette volte ministro della Repubblica.

16 Mosca: il governo russo firma dopo quello georgiano il piano della UE per il cessate il fuoco relativo alla crisi dell'Ossezia del Sud, repubblica indipendentista filorussa in territorio georgiano che il governo russo ha

appoggiato schierando l'esercito e occupando parte del territorio della Georgia.
17 Pechino: alle Olimpiadi, il velocista giamaicano Usain Bolt vince i 100m stabilendo il nuovo record mondiale di 9"69', mentre il nuotatore statunitense Micheal Phelps vince otto medaglie d'oro superando il connazionale Spitz ed entrando nella leggenda olimpica.
18 Pakistan: per evitare l'*impeachment* si dimette il generale Pervez Mushrarraf, al potere dal 1999 e Presidente della Repubblica dal 2001.
20 Pechino: Usain Bolt vince anche i 200m abbassando il primato mondiale a 19"30'.
21 Madrid: è di 153 morti il bilancio di un incidente occorso a un aereo della Spanair in fase di decollo.
25 Pechino: si chiudono le Olimpiadi e l'Italia si piazza al nono posto nel medagliere con 28 allori totali, di cui 8 medaglie d'oro (in lieve calo rispetto ad Atene, 32 medaglie, 10 d'oro).
28 Malta: un barcone carico di migranti clandestini naufraga al largo dell'isola. L'incidente provoca 71 morti.
30 Venezia: il romanzo *Rossovermiglio* (Feltrinelli) dell'esordiente Benedetta Cibraro si aggiudica il premio letterario Campiello.

SETTEMBRE

3 USA: presentato Google Chrome, il nuovo browser veloce, efficente e protetto che lancia l'attacco alla Microsoft.
6 Pakistan: Asif Ali Zardari (53 anni), vedovo di Benazir Bhutto, è il nuovo presidente del Pakistan.
7 Venezia: *The Wrestler* di Darren Aronofsky con Mickey Rourke vince il Leone d'oro alla 65ª edizione della Mostra del Cinema.
9 USA: lo svizzero Roger Federer vince per la quinta volta consecutiva gli Us Open di tennis e sale a 13 prove del Grande Slam conquistate in carriera.
10 Ginevra: parte l'ambizioso esperimento del Cern, che con il superacceleratore di particelle (Large Hadron Collider) intende ricostruire le condizioni che seguirono il Big Bang e trovare la "particella di Dio".
15 USA: muore suicida lo scrittore David Foster Wallace (46 anni), autore del capolavoro postmoderno *Infinite Jest* (1996).
16 USA: il fallimento della banca d'affari statunitense Lehman Brothers porta alla perdita di 60.000 posti di lavoro e a forti cali nelle Borse di tutto il mondo.
19 Castelvolturno: sei immigrati africani e un italiano sono rimasti uccisi nel corso di due spedizioni punitive forse legate al locale mercato degli stupefacenti.
21 Pakistan: è di oltre 60 morti il bilancio dei morti per l'attentato all'Hotel Marriott di Islamabad rivendicato da Al Qaeda. L'albergo doveva ospitare una cena di gala in cui era previsto l'intervento del presidente della Repubblica Zardari e del premier Gilano, entrambi sfuggiti ai terroristi.
22 Roma: muoiono l'attore teatrale Leo de Berardinis (68 anni), in coma irreversibile dal 2001, e il regista cinematografico Florestano Vancini (82 anni).
23 Finlandia: strage della follia in una scuola a nord di Tampere, dove uno studente di 22 anni uccide 10 allievi prima di togliersi la vita.
26 USA: muore l'attore Paul Newman (83 anni), interprete di oltre 70 film, tra cui *Lo spaccone* (1961), *La stan-*

gata (1973) e *Il colore dei soldi* (1986), che gli valse l'Oscar come migliore attore.

27 Varese: il trevigiano Alessandro Ballan (28 anni) precede sul traguardo Damiano Cunego e conquista il titolo mondiale del ciclismo su strada.

Giappone: Valentino Rossi vince il gran premio nipponico e conquista il suo ottavo titolo mondiale in Moto GP, dopo un digiuno di due anni.

29 Egitto: dopo dieci giorni di prigionia sono stati liberati con un blitz costato la vita a sei banditi tutti i 19 turisti (di cui 5 italiani) sequestrati a scopo di estorsione da una banda di predoni del deserto.

OTTOBRE

6 Stoccolma: la scoperta del virus HIV e del Papilloma virus è valsa ai francesi Luc Montagnier e Françoise Barré-Sinoussi e al tedesco Harald zur Hausen il premio Nobel per la medicina.

9 Stoccolma: il francese Jean-Marie Gustave Le Clézio (68 anni) vince il premio Nobel per la letteratura.

10 Oslo: il premio Nobel per la pace viene assegnato al diplomatico finlandese Martti Kalevi Ahtisaari (71 anni), già presidente della Repubblica del suo Paese, a lungo negoziatore di pace per i Balcani e commissario ONU per la Namibia.

14 Stoccolma: l'economista statunitense neo-kenyesano Paul Krugman (55 anni) vince il premio Nobel per l'economia.

20 Malaysia: il terzo posto ottenuto dal ventunenne centauro romagnolo Marco Simoncelli, pilota della Gilera, gli assicura il titolo mondiale della classe 250.

Roma: muore Vittorio Foa (98 anni), sindacalista, uomo politico e giornalista italiano, partigiano di Giustizia e Libertà e membro dell'Assemblea Costituente, "voce inquieta" della sinistra italiana.

23 Strasburgo: un elicottero dell'Aeronautica italiana precipita al suolo per un guasto. Morti tutti gli otto militari a bordo.

27 Milano: muore Delfino Borroni (114 anni), l'ultimo reduce italiano della prima guerra mondiale.

30 Roma: diventa legge il contestato decreto Gelmini sulla scuola.

NOVEMBRE

3 Brasile: il britannico Lewis Hamilton (23 anni), a bordo della Mc Laren, conquista il titolo di campione del mondo di F1 precedendo di un punto il ferrarista Felipe Massa.

Congo: è di circa un milione e seicentomila il numero dei profughi in fuga nella giungla senza cibo né acqua a causa della guerra civile riesplosa da poche settimane tra gli eserciti del generale ribelle Nkunda e il Presidente Kabila.

5 Usa: il senatore democratico dell'Illinois Barack Obama (47 anni) sconfigge nettamente il repubblicano Mc Cain e diventa il 44° Presidente Usa. È il primo afroamericano alla Casa Bianca.

6 Los Angeles: muore lo scrittore e regista Michael Crichton (66 anni), autore di numerosi romanzi bestsellers tra i quali spicca *Jurassic Park* (1990).

10 Castel Volturno: dopo essersi esibita al concerto anticamorra di solidarietà verso lo scrittore Roberto Saviano, muore la cantante sudafricana Miriam Makeba (76 anni).

Esempi

1 Nel dicembre 2008 chi era il Presidente della Commissione europea?
- A V. Monti
- B J. B. Fontelles
- C J. M. Barroso
- D H. G. Poettering

José Manuel Barroso è succeduto al termine del 2004 a Prodi come Presidente della Commissione europea (alternativa B soluzione del quesito). H. G. Poettering era a fine 2008 Presidente del Parlamento europeo succeduto a Josep Borrell Fontelles.

2 Come si chiama lo schermidore italiano che ha vinto la medaglia d'oro nella spada individuale maschile ai Giochi olimpici di Pechino 2008?
- A Matteo Tagliariol
- B Aldo Montano
- C Salvatore Sanzo
- D Luigi Tarantino

La risposta esatta è la A. Tagliariol ha vinto la medaglia d'oro alla sua prima partecipazione ad un'Olimpiade. Negli stessi giochi di Pechino, Sanzo ha vinto il bronzo nel fioretto individuale maschile, mentre Montano e Tarantino hanno vinto il bronzo nella sciabola a squadre maschile.

3 Il Fondo Monetario Internazionale ha sede a:
- A Ginevra
- B New York
- C Washington
- D Francoforte
- E Parigi

Nato nel 1945 con lo scopo, tra l'altro, di promuovere la cooperazione monetaria internazionale e di facilitare l'espansione del commercio internazionale, il Fondo Monetario Internazionale conta attualmente 185 Stati e ha sede a Washington. La soluzione al quesito è fornita dall'alternativa C.

4 Il film *Non è un paese per vecchi* dei fratelli Coen, vincitore nel 2008 di quattro premi Oscar, è tratto dall'omonimo romanzo di:
- A Michael Chabon
- B Don DeLillo
- C Cormac Mc Carthy
- D James Ellroy

La risposta esatta è la **C**. Il film di Joel e Ethan Coen premiato come miglior film, migliore regia, migliore sceneggiatura non originale e migliore attore non protagonista (Javier Bardem) è infatti tratto dal romanzo del 2005 di Cormac Mc Carthy *No country for old man*.

5   **Chi era il Governatore della Banca d'Italia nel dicembre 2008?**
- **A** Fazio
- **B** Tremonti
- **C** Draghi
- **D** Siniscalco
- **E** Dini

La risposta esatta è la **C**. Mario Draghi è stato nominato, negli ultimi giorni del 2005, Governatore della Banca d'Italia al posto del dimissionario Antonio Fazio indagato per abuso d'atti d'ufficio nelle vicende legate allo scandalo della Banca Antonveneta. Draghi, già direttore generale del Ministero del Tesoro dal 1991 al 2001, ha iniziato il suo nuovo lavoro alla Banca d'Italia nel 2006.

6   **Quale ruolo ricopriva nel dicembre 2008 Jean-Claude Trichet?**
- **A** Presidente della Corte di Giustizia Europea
- **B** Mediatore Europeo
- **C** Vicepresidente degli Stati Uniti
- **D** Presidente della Banca Centrale Europea

La risposta esatta è la **D**. Dal novembre del 2003, infatti, Jean-Claude Trichet è succeduto all'olandese Wim Duisenberg come Presidente della Banca Centrale Europea. Duisenberg è stato il primo presidente della BCE ed è morto nel luglio del 2005.

7   **La Banca Centrale Europea ha sede a:**
- **A** Strasburgo
- **B** Francoforte
- **C** Parigi
- **D** Bruxelles
- **E** Londra

La Banca Centrale Europea (BCE) è l'autorità monetaria dell'Unione europea. Entrata in vigore nel 1998, ha la propria sede nella città tedesca di Francoforte. A Bruxelles ha, invece, sede la Commissione europea e vi si svolgono le riunioni delle commissioni parlamentari del Parlamento europeo (che si riunisce una volta al mese in seduta plenaria a Strasburgo). A Londra trova, infine, sede la Banca Europea per la Ricostruzione e lo Sviluppo. La soluzione al quesito è fornita dall'alternativa **D**.

Suggerimenti

- Il migliore suggerimento per questo genere di domande è quello di **leggere attentamente i principali quotidiani** nei mesi che precedono la prova di ammissione.
- Anche nel caso delle domande di attualità, è utile ricordare che si tratta di domande a risposta multipla: ciò consente di **procedere per eliminazione**. Nel caso in cui non si conosca la risposta esatta, è bene eliminare le alternative palesemente errate in modo da ridurre il numero di risposte di cui si è incerti e aumentare così la probabilità di individuare la risposta corretta scegliendo casualmente.

21 CONOSCENZE INFORMATICHE

Nell'ultimo decennio l'informatica è penetrata in modo massiccio nella vita professionale, scolastica e privata di gran parte dei cittadini italiani. Il computer è diventato uno strumento utilizzato in ogni attività lavorativa: nelle aziende pubbliche e private, nelle fabbriche, negli studi professionali ecc. Molte università italiane hanno reso obbligatori corsi di informatica di base per i propri studenti e in alcuni atenei sono stati realizzati centri di informatica al servizio della didattica e della ricerca.

Recentemente, alcune università hanno introdotto nel test di ammissione anche domande relative alle tecnologie informatiche con lo scopo di verificare il grado di conoscenza del candidato relativamente ai principali *temi informatici*.

Si tratta generalmente di quesiti che mirano a valutare la dimestichezza con l'uso del computer e più in generale la conoscenza della terminologia.

Le domande più comuni chiedono il significato di termini tecnici, sigle, definizioni, verificano la conoscenza di eventi informatici di attualità ecc. Alcune delle formulazioni tipiche sono le seguenti:

- Che cosa è …?
- Cosa si intende con il termine …?
- Qual è il significato della sigla …?
- Quale società informatica ha prodotto per prima …?

ESEMPI

1   Il PostScript è un:

   A programma di videoscrittura

   B servizio di posta elettronica

   C linguaggio di descrizione della pagina

   D nuovo tipo di processore

Il PostScript è un linguaggio di programmazione realizzato dalla società americana Adobe System utilizzato per descrivere la pagina per la stampa (forma, posizione, dimensioni) dei testi e delle immagini (risposta **C**). È stato adottato da tutte le principali aziende produttrici di stampanti e fotounità.

2 **È possibile recuperare file cancellati dall'hard disk?**
   A Sempre, con l'ausilio di particolari *utility*
   B Mai
   C Solo entro 3 giorni dalla cancellazione
   D Solo se si ricorda il nome del file da recuperare e se l'area di memoria da esso occupata non è stata sovrascritta
   E Solo con *utility* particolari e solo se l'area di memoria da esso occupata non è stata sovrascritta

Per poter recuperare file cancellati dall'hard disk bisogna rispettare alcune condizioni. Si deve disporre di *utility* specifiche per il recupero file cancellati e l'area di memoria occupata dal file non deve essere sovrascritta da altri dati. Il recupero dei file non dipende dal tempo passato dalla cancellazione degli stessi né è fondamentale sapere il nome dei file da recuperare. Tali *utility* visualizzano una lista di tutti i file che è possibile recuperare. La risposta corretta è la **E**.

3 **Stabilire la corrispondenza esatta tra tipologia di programmi e nomi di software:**
   a) **Elaboratore di testi**   1) Excel
   b) **Programma di presentazione**   2) Word
   c) **Foglio elettronico**   3) Oracle
   d) **Database**   4) Visual Basic
   e) **Programmi di sviluppo software**   5) PowerPoint
   A d3, b5, c1, e2, a4
   B e4, c1, b5, d2, a3
   C d3, b5, a2, c4, e1
   D e4, c1, d3, b5, a2
   E e4, c1, b2, d3, a5

La risposta esatta è la **D**. Si noti che Oracle è uno dei più noti database attualmente in commercio mentre Visual Basic è uno dei linguaggi di programmazione (sviluppo software) più usati.

4 **Quale delle seguenti tecniche di accodamento prevede che il valore successivo da richiamare sia quello in coda dal maggior tempo?**
   A RANDOM
   B FIFO
   C LIFO
   D Nessuna delle precedenti alternative è corretta

Ogni volta che un componente eroga un servizio e riceve un numero di richieste (nell'unità di tempo) superiore alla sua capacità di soddisfarle, viene a crearsi una coda. FIFO (First In First Out) e LIFO (Last In First Out) sono due tecniche di gestione delle code: in base alla tecnica FIFO le prime richieste accodate (first in) sono le prime a essere soddisfatte (first out); in base alla tecnica LIFO, al contrario, le ultime richieste accodate (last in) sono le prime a essere evase (first out). Il termine "random" identifica infine una scelta casuale della richiesta da soddisfare. La risposta corretta è dunque la **B**.

5   Quale tra le seguenti reti è più veloce nella trasmissione dati?
   A Rete geografica basata su trasmissione analogica
   B Rete telefonica
   C Rete ISDN
   D Nessuna delle precedenti alternative è corretta

Le risposte **A** e **B** sono sostanzialmente equivalenti, in quanto la rete telefonica consente una trasmissione di tipo analogico. Per la trasmissione dati tramite rete telefonica è necessario un dispositivo (modem) che trasforma l'informazione proveniente da un computer (digitale) in modo che possa essere trasmessa via cavo telefonico (analogica); il computer ricevente deve in questo caso ritrasformare in digitale l'informazione in arrivo. La rete ISDN (Integrated Services Digital Network) è invece una rete digitale per servizi integrati, che consente, con un unico mezzo, la trasmissione di voce e servizi digitali (trasmissione dati, immagini, suoni ecc) a velocità decisamente più elevate. La risposta corretta è dunque la **C**.

6   Che cosa è un *modem*?
   A Un modello matematico che viene solitamente applicato nello studio computerizzato di problemi astronomici
   B Un apparecchio utilizzato per collegare due computer via telefono
   C Una periferica di imput dei personal computer
   D Una periferica di output dei personal computer
   E Un collegamento che consente di muoversi all'interno di un ipertesto

Il modem è un dispositivo utilizzato nelle telecomunicazioni ed è costituito da una coppia modulatore-demodulatore: il modulatore converte i segnali numerici generati da un computer in segnali adatti alla trasmissione sulla rete telefonica (da digitale ad analogico); il demodulatore esegue l'operazione inversa (da analogico a digitale). La risposta esatta è quindi la **B**.

7   In informatica la sigla *PC* significa:
   A power computer
   B personal calculator
   C personal computer
   D portable computer
   E nessuna delle precedenti alternative è corretta

PC è l'acronimo di Personal Computer (risposta C), ossia un elaboratore elettronico di piccole dimensioni e di capacità limitata rispetto ai grandi calcolatori (*host computer*).

8   Un *megabyte* corrisponde a:

- A 100 kilobyte
- B 1.024 kilobyte
- C 1.000 byte
- D 1.000.000 bit
- E 1024 byte

Il megabyte è un'unità di misura utilizzata per quantificare le informazioni memorizzabili e/o elaborabili da un computer. La più piccola unità di informazione che un calcolatore può manipolare è detta bit. L'insieme di 8 bit è detto byte. 1024 byte costituiscono un kilobyte e 1024 kilobyte formano un megabyte (risposta D).

9   Qual è il significato della sigla ROM?

- A Read only man
- B Record on memory
- C Random access memory
- D Random only memory
- E Nessuna delle precedenti alternative è corretta

ROM significa Read Only Memory e identifica la memoria che contiene le informazioni necessarie per l'avvio del computer. Si tratta di una memoria non modificabile dall'utente e per questo motivo è detta di "sola lettura". La soluzione è dunque la E.

10   Quale tra i seguenti non è un linguaggio di programmazione per computer?

- A Pascal
- B Basic
- C Scanner
- D Fortran
- E C

La risposta corretta è la C. Lo scanner è infatti un dispositivo che collegato a un calcolatore permette di "leggere" un'immagine su carta e convertirla in forma digitale, in modo che sia manipolabile per mezzo di un computer. Il Pascal, il Basic, il Fortran e il C sono invece linguaggi di programmazione.

SUGGERIMENTI

- In generale, le domande relative alle conoscenze informatiche presenti nei test di ammissione non sono mirate a valutare le conoscenze tecniche dei candidati, quanto una conoscenza di base della terminologia e dei principali temi informatici. Un utile suggerimento è quello di **tenersi aggiornati**, attraverso i mass media (giornali, televisione ecc.), sulle nuove tecnologie (Internet, CD-ROM, multimedia ecc.).
- Nel caso in cui non si conosca la risposta esatta, **procedere per esclusione** in modo da aumentare la probabilità di individuare la risposta corretta scegliendo casualmente.

parte ottava

I TEST IN INGLESE

22 LINGUA INGLESE

La **Bocconi di Milano** somministra anche una dozzina di quesiti per verificare la conoscenza minima ed elementare della lingua inglese. I test hanno avuto, negli anni passati, come oggetto la grammatica, la cultura generale in inglese, ma anche la logica, attraverso la lettura e l'esame di un brano.

Oltre alle domande previste nel test di selezione, la Bocconi somministra ai candidati anche un test composto da una sessantina di domande in lingua inglese, da fare in 35 minuti. Questo test, che NON concorre a formare la graduatoria, è proposto al termine della prova selettiva e serve per poter orientare gli studenti che vengono ammessi verso i corsi di lingua più adatti a loro.

Solitamente gli esercizi di grammatica prevedono due tipologie principali: frasi del tipo *fill in the blanks*, in cui il candidato deve scegliere, fra le alternative proposte, quella che completa correttamente la frase data; frasi con una parte sottolineata contenente uno o più errori, in cui il candidato deve scegliere, fra le alternative proposte, quella che, sostituita alla parte sottolineata, rende corretta la frase.

Gli argomenti che compaiono più frequentemente sono:

- **tempi verbali**: il candidato deve completare la frase con il tempo corretto. È opportuno leggere attentamente la frase data, prestando attenzione agli *avverbi* presenti (molto spesso forniscono indicazioni precise sul tempo da usare), alla presenza di eventuali *forme interrogative* e al *pronome soggetto*: può infatti capitare che vi sia un'alternativa con il tempo corretto ma la persona sbagliata ecc.

    Gli esercizi possono riguardare l'uso dei seguenti tempi:
    - present simple o present continuous (es: *I go - I'm going*);
    - il presente in frasi con significato futuro;
    - il futuro (*will/to be going/to be + -ing*);
    - present perfect/past simple (es: *I've gone - I went*);
    - past simple/past continuous/past perfect (es: *I went - I was going - I had gone*);
    - il condizionale (es: *I would/could/should* + base form);

- **preposizioni:** il candidato deve scegliere le proposizioni più appropriate. Gli esercizi possono riguardare:
  - preposizioni di tempo (*in, at, on*);
  - preposizioni di spazio (*at, on, in*);
  - preposizioni legate a nomi o aggettivi;
  - preposizioni legate a verbi.

  Per quanto riguarda le preposizioni legate a nomi, aggettivi e verbi, non esistono regole generali: ci sono nomi, aggettivi e verbi particolari che vogliono particolari preposizioni e vanno quindi considerati come *modi di dire*. Per esempio: "al fuoco" si traduce "*on* fire"; "in vacanza" si traduce "*on* holiday"; "essere annoiato per qualcosa" si traduce "to be bored *with*"; "essere arrabbiato per qualcosa" si traduce "to be angry *about*"; "essere arrabbiato con qualcuno" si traduce "to be angry *with*"; "essere interessato in qualcosa" si traduce "to be interested *in*" oppure "to be keen *on*"; "scusarsi con qualcuno per qualcosa" si traduce "to apologize *to* someone *for* something"; "lamentarsi con qualcuno per qualcosa" si traduce "to complain *to* someone *about* something"; ecc.

- **Uso dei modal verbs:** questa tipologia di esercizi riguarda l'uso corretto di verbi come *can, could, be able to, may, might, must, should, have to, need, would* ecc.

- **Aggettivi e pronomi relativi e indefiniti:** il candidato deve completare le frasi utilizzando il pronome o aggettivo indefinito appropriato (*some, a little, a few, any, no, none*) o il pronome o aggettivo relativo appropriato (*who, whom, which, that, whose*).

ESEMPI

Fill in the blanks: ogni frase contiene una o più parole mancanti; il candidato deve scegliere, fra le alternative proposte, quella che completa correttamente la frase.

1. (At a party)
   "I usually ... parties, but I ... this one very much".
   - **A** am enjoying - am not enjoying
   - **B** enjoy - don't enjoy
   - **C** enjoy - am not enjoying
   - **D** am enjoying - don't enjoy
   - **E** enjoyed - don't enjoy

La presenza dell'avverbio *usually* implica l'uso del *present simple* per il verbo che lo accompagna, in quanto si riferisce a un'azione che si ripete nel tempo: le risposte **A**, **D**, **E** sono pertanto da escludere; anche la risposta **B** è da escludere, dal momento che la seconda parte della frase si riferisce a un'azione che si sta svolgendo in quel preciso momento e non a un'azione abituale (l'esercizio specifica infatti che l'azione si sta svolgendo a una festa). La risposta esatta è dunque la **C**.

2 Tom is ... holiday. He wasn't ... work today; he was ... Jack's, who lives ... Edinburgh.

- **A** in - to - at - at
- **B** in - at - to - in
- **C** to - to - at - in
- **D** on - at - at - in
- **E** in - in - in - in

La risposta esatta è la **D**. Se si conosce con certezza l'uso di una sola delle preposizioni (per esempio "at" al penultimo posto), si possono scartare a priori le altre alternative, senza perdere tempo ad analizzarle; in secondo luogo, anche se dovesse permanere l'incertezza tra le alternative rimaste, la scelta casuale avrebbe maggiori probabilità di successo.

3 The company has rejected the workers' demand ... an increase ... pay. ... my opinion, they will go ... strike soon.

- **A** to - for - On - on
- **B** to - in - On - on
- **C** for - in - In - on
- **D** to - in - In - on
- **E** for - of - On - on

La risposta esatta è la **C**. In questo caso tutte le alternative proposte terminano con la preposizione *on*, che è forzatamente giusta. Ci si concentrerà allora solo sulle precedenti.

4 Now I can't go out but tomorrow I ... to come and see you.

- **A** will be able
- **B** will can
- **C** will
- **D** will able
- **E** will succeed

Tomorrow è l'indicatore del tempo futuro della frase, nella quale viene espressa la capacità di fare qualcosa. La capacità o la possibilità vengono espresse da *can*; tuttavia questo verbo modale non ha l'ausiliare *will* al futuro. Per tradurre potere al futuro è necessaria l'espressione *to be able to*, *to manage to* o *to succeed in -ing*: la risposta corretta è la **A**.

5 Look at Jim! I would like … … so lazy!

A her, not to be
B him, not to be
C him, not being
D him, to be
E his, not being

Jim è un nome proprio maschile, quindi ogni pronome a esso riferito sarà maschile: si può escludere la soluzione **A**. Il verbo di volontà (*would like*) introduce una frase oggettiva, in italiano con un verbo al congiuntivo. In inglese si scrive il pronome personale complemento riferito alla persona che dovrebbe agire per volontà del parlante e l'infinito del verbo. Si escludono quindi le risposte **C** ed **E**. Dal momento che essere pigro (*lazy*) non è certo una qualità, il verbo all'infinito dovrà essere alla forma negativa: la risposta corretta è la **B**.

6 They wish they … move to another town, but they haven't saved enough money yet.

A could
B did
C had
D can
E will

Il verbo *wish* è seguito da un verbo al *simple past* o da *could* per esprimere un desiderio irrealizzabile al presente, o dal *past perfect* per un desiderio oramai irrealizzabile. Questa considerazione consente di escludere le risposte **D** ed **E**. Il *present perfect* della seconda frase e l'avverbio *yet* sono indicatori di una condizione presente e la scelta più adeguata è *could*, poiché essi vorrebbero *potersi* trasferire, *esserne in grado*: la risposta **B** sarebbe corretta se non fosse sottinteso questo significato. La risposta esatta è la **A**.

7 Our neighbours complained … us … the noise we made last night. We apologized immediately … them … our behaviour.

A to - about - to - for
B with - for - with - for
C with - about - with - for
D to - about - with - about
E nessuna delle precedenti alternative è corretta

La risposta esatta è la **A**. Se non vi è certezza assoluta nella risposta, l'unica via è procedere per tentativi, cioè provare tutte le possibilità, fino a capire se ve ne può essere una soddisfacente.

8 Jack was an excellent tennis player: he ... beat everybody. Once he had a difficult match against Paul: Paul played very well but in the end Jack ... beat him.

- **A** can - is able to
- **B** could - could
- **C** was able to - was able to
- **D** could - was able to

Per rispondere correttamente basta ricordare che *could* si usa per evidenziare il fatto che qualcuno *era generalmente* in grado di fare qualcosa, mentre t*o be able to* si usa per dire che qualcuno è in grado di fare qualcosa *in una particolare occasione*. Ne consegue che la risposta corretta è la **D**.

9 The doorbell rings. "I wonder who that is. It ... Jim. He said he would come after 7.00 and it's only 6.30 now. He ... still at work."

- **A** can't be - must be
- **B** mustn't be - must be
- **C** can't be - can be
- **D** mustn't be - can be
- **E** couldn't be - must be

Si ricorda che si usa *must* per esprimere un'azione che si è *sicuri che sia vera*, mentre si usa *can't* per esprimere un'azione che si ritiene sia *impossibile*. Nell'esercizio, chi parla sa per certo che Jim non rincaserà prima delle 7:00; pertanto è impossibile che sia lui alla porta (*can't*); Jim è sicuramente (*must*) ancora al lavoro; la risposta esatta è dunque la **A**.

10 A: "What sort of house do you want to buy? Something big?".
B: "Well, it ... be big, that's not important; but it ... have a nice garden, that's essential".

- **A** mustn't - must
- **B** needn't - needs to
- **C** needn't - must
- **D** mustn't - should
- **E** can't - must

Per rispondere a questo esercizio è sufficiente ricordare che *must* si usa con i verbi che esprimono un'azione che si deve svolgere e *needn't* si usa con i verbi che esprimono un'azione che non è necessario che avvenga. Nell'esercizio in esame *non è necessario* che la casa sia grande, ma *è fondamentale* che abbia un bel giardino: la risposta esatta è dunque la **C**.

11 "I have ... I want you to read today; read it carefully and then, if ... has ... questions, I'll be pleased to answer them".

- **A** something - somebody - some
- **B** someone - somebody - any
- **C** something - everybody - some
- **D** something - somebody - every
- **E** something - anybody - any

Per rispondere all'esercizio è sufficiente ricordare che:
- *some* (come i suoi composti *somebody*, *someone*, *something*, *somewhere*) si usa solo in frasi affermative;
- *any* (come i suoi composti *anybody*, *anyone*, *anything*, *anywhere*) si usa sempre nelle frasi interrogative e negative; si usa nelle frasi affermative dopo *if*; oppure con il significato di "qualsiasi" o "qualunque";
- *every* (come i suoi composti *everybody*, *everyone*, *everything*, *everywhere*) significa *ogni* e non *qualche*.

La risposta esatta è pertanto la **E**.

---

12 A: "Who is the girl ... car you borrowed last Sunday?".

B: "Her name is Beth; she's the girl ... I met in London last summer. Beth, ... is a friend of Tom, lives in Aberdeen".

(Il pronome fra parentesi sta a indicare che può anche essere omesso e non deve necessariamente comparire nella frase)

- **A** whose - (who) - who
- **B** which - (that) - that
- **C** whose - which - (who)
- **D** whom - who - who

Si ricordano brevemente le regole principali dell'uso dei pronomi relativi:
- *who*, *that* si usano indifferentemente nelle subordinate relative che specificano di *quale persona* si sta parlando (es: He is the man *who/that* lives next door);
- *that* si usa obbligatoriamente nelle subordinate relative che specificano di *che cosa* si sta parlando (es: Where are the eggs *that* were in the fridge?);
- quando *who* e *that* hanno la funzione di oggetto all'interno della frase possono essere omessi (es: Have you found the keys *(that)* you lost? The girl *(who)* he fell in love *with* is Japanese);

- nelle subordinate relative che aggiungono informazioni supplementari (cioè non indispensabili alla comprensione della frase) si deve usare *who* per le persone e *which* per le cose; in questo caso il pronome non può mai essere omesso (es: The strike at the car factory, *which* lasted ten days, is now over);
- *whose* si usa nelle subordinate relative con significato di pronome possessivo (es: We saw some people *whose* car had broken down).

La risposta esatta all'esercizio è pertanto la **A**.

Le frasi che seguono contengono una parte sottolineata contenente uno o più errori grammaticali. Si individui l'alternativa che, sostituita alla parte sottolineata, completa correttamente la frase.

13 If the Democratic candidate has his way, the <u>most important issue to be debated in this campaign has been</u> the defence budget.

A most important issue debated in this campaign has been

B most important issue debated in this campaign is

C most important issue debated in this campaign will be

D most important issue debated in this campaign would be

E most important issue to be debated in this campaign is

L'esercizio riguarda l'uso corretto dei tempi verbali. Dal momento che il periodo inizia con *if*, esso si riferisce a un evento incerto e dunque futuro: l'intero periodo esprime un'ipotesi di primo tipo, in cui la frase principale è retta da un futuro. La risposta esatta è pertanto la **C**.

---

14 The team streamed into the locker room, donned their uniforms, <u>and, before commencing its first practice, they joined in a brief strategy session</u>.

A and its first practice was preceded by a brief strategy session

B and a brief strategy session preceded its first practice

C and, before commencing their first practice, they joined in a brief strategy session

D and, before commencing their first practice, joined in a brief strategy session

In questo esercizio bisogna fare attenzione al soggetto della frase: il soggetto è *team*, un nome singolare, che può anche avere significato plurale; per mantenere un'impostazione omogenea della frase anche le altre subordinate devono sottintendere un soggetto plurale. Ne segue che le risposte **A**, **B**, **E** sono errate; la risposta più corretta è la **D**, in quanto nella **C** il pronome *they* è superfluo.

15 Why are your children watching television? <u>It's 9.30 pm and they must be in bed; they have to get up early to go to school.</u>

- **A** It's 9.30 pm and they must be at bed; they have to get up early to go to school
- **B** It's 9.30 pm and they should be in bed; they have to get up early to go to school
- **C** It's 9.30 pm and they should be in bed; they should get up early to go to school
- **D** It's 9.30 pm and they must be in bed; they must get up early to go to school
- **E** It's 9.30 pm and they might be in bed; they have to get up early to go to school

L'esercizio si riferisce all'uso dei *modal verbs*: la risposta **A** è pertanto da escludere, in quanto non modifica i verbi e sostituisce l'espressione *in bed* con l'espressione *at bed*, che non è corretta. Si ricorda inoltre che:

- *should* si usa per esprimere che *sarebbe opportuno/sarebbe una buona idea* fare qualcosa, mentre *must* si usa per dire che *è necessario/è indispensabile* fare qualcosa;
- *have to* e *must* molto spesso sono usati indifferentemente, anche se *must* indica qualcosa che, *secondo il pensiero di chi parla*, è necessario fare, mentre *have to* esprime una *necessità oggettiva*.

La soluzione al quesito è fornita dall'alternativa **B**.

Rispondere ai seguenti quesiti.

16 In the flag of the European Union there are:
- **A** 12 stars
- **B** 15 stars
- **C** 20 stars
- **D** 25 stars

La bandiera dell'Unione, nata con il trattato sull'Unione europea firmato nel 1992, è la stessa sin da allora, e conta 12 stelle, tanti quanti i Paesi firmatari del trattato. La risposta esatta è la **A**.

17 The European Investment Bank is based in:
- **A** Brussels
- **B** Luxemburg
- **C** Strasbourg
- **D** Frankfurt

La BEI ha sede a Lussemburgo. La risposta esatta è la **B**. Bruxelles (risposta **A**) è la sede della Commissione e dei Comitati consultivi, Strasburgo (risposta **C**) è la sede principale del Parlamento, mentre Francoforte (risposta **D**) è la sede della BCE.

18 **GMO stands for:**
- A genetic modified organism
- B genetically modified organisms
- C general motors organization
- D genetic microscopic organisms

GMO, in italiano OGM, è l'acronimo che definisce gli organismi geneticamente modificati (*genetically modified organism*), dunque gli organismi transgenici. La risposta corretta è la B.

19 **What cultural movement contributed to the French Revolution?**
- A Classicism
- B Enlightenment
- C Romanticism
- D The Industrial Revolution

La Rivoluzione francese esprime storicamente l'apogeo del movimento illuminista, in quanto i suoi ideali – a partire dalla cieca fiducia nella ragione e nella razionalità – esprimevano nuovi valori e soprattutto una cultura e un'impostazione sociale non più basati su pregiudizi, tradizioni e mantenimento di un ordine anacronistico. L'Illuminismo esprime il cambiamento della società, il suo sviluppo in direzione liberale e borghese, pertanto generò il sentimento per una società democratica, repubblicana, non più impostata secondo i modelli dell'Ancien Régime. La risposta esatta è la B.

20 **What was the Cold War?**
- A The ideological and political confrontation between two military-political alliances (the Western democracies and the Soviet Union)
- B A long period of military conflicts between USA and URSS
- C Just a period of mutual perceptions of hostile intention between the United States and the Soviet Union
- D A war ended with the death of Stalin

L'espressione Guerra fredda non definisce una guerra di tipo militare, bensì uno scontro ideologico-politico che ha caratterizzato la scena internazionale dalla fine degli anni Quaranta alla fine degli anni Ottanta, in un confronto politico e culturale assai teso – con diffuso timore per un possibile esito militare – tra Paesi occidentali di tipo liberale e capitalistico (USA ed Europa) e Paesi comunisti riuniti nel blocco sovietico (URSS e Paesi dell'Europa dell'Est gravitanti attorno all'orbita sovietica). La risposta esatta è la A.

Brano
If there is one thing that people on both sides of the cloning debate agree upon, it's that cloning is an incredibly inefficient process. When it comes to cloning animals, like Dolly and Snuppy, the process produces a healthy animal only a dismal

1-5% of the time. This hit-or-miss dilemma wouldn't matter much if producing identical animals were its only application, but cloning is also the foundation for one of the more promising ways that stem cells might be used to treat human disease with a patient's own cells. At this rate, even cloning's most ardent supporters agree that such a method won't be very reliable – or very realistic. If therapeutic cloning, as it is known, is to become a viable treatment option, then the first thing scientists need to do is boost the cloning technique's efficiency.

Researchers at University of Connecticut may have done just that. A report released in Nature Genetics Sunday by Xiangzhong Yang and Tao Cheng showed that by using a specific type of fully mature adult cell, they could improve the chances that they would produce a cloned embryo. Yang's team relied on the same technique that was used to create both Dolly and Snuppy, but instead of starting with cells that are still capable of dividing – like the mammary cell that created Dolly and the skin cell that became Snuppy – they used blood cells near the end of their life cycles that could no longer divide. It was these older, mature cells that produced more cloned embryos than the younger ones. "To our surprise, the fully differentiated cells were more efficient in producing cloned embryos," says Yang, a director of the University's Center for Regenerative Biology.

21 According to the passage, which of the following statements is true?
- **A** Those who stand for cloning think that it is an inefficient process
- **B** Those who stand for cloning think that it may be an efficient process
- **C** Cloning's supporters think that it is a reliable method
- **D** Cloning's supporters think that it is a realistic method
- **E** No one of the previous statements is true

Dal primo paragrafo, o meglio, dal primo periodo, si evince che entrambe le parti in causa, sostenitori e non della clonazione, concordano che il metodo sia *incredibly inefficient*. Alla fine del paragrafo viene ribadito che i sostenitori concordano che il metodo non potrà essere considerato molto affidabile o realistico così come è allo stato attuale. La risposta esatta è la **A**.

22 According to the author cloning:
- **A** consists only in producing identical animals
- **B** will be used to produce perfect animals
- **C** is already used to clone human beings
- **D** will possibly allow stem cells to be used to treat human desease
- **E** No one of the previous statements is true

Nel brano viene chiaramente detto che la clonazione potrebbe consentire di utilizzare le cellule staminali di un individuo per curarne le malattie: *but cloning is also the foundation for one of the more promising ways that stem cells might be used to treat human disease with a patient's own cells*. La risposta esatta è la **D**.

23 **What did Yang's team use?**
- **A** Cells that can no longer divide
- **B** Cells that are still capable of dividing
- **C** Cells from Dolly
- **D** Cells from Snuppy
- **E** No one of the previous statements is true

La risposta esatta è la **A**: *Yang's team relied on the same technique that was used to create both Dolly and Snuppy, but instead of starting with cells that are still capable of dividing – like the mammary cell that created Dolly and the skin cell that became Snuppy – they used blood cells near the end of their life cycles that could no longer divide*. Le cellule utilizzate nel caso di Dolly e di Snuppy presentavano le caratteristiche opposte a quelle utilizzate dal team di Yang, ovvero erano giovani e in grado ancora di dividersi.

24 **Following the technique used by Yang's team:**
- **A** the mature cells produced more cloned embryos than the younger ones
- **B** the younger cells produced more cloned embryos than the mature ones
- **C** both the younger cells and the mature ones produced the same number of cloned embryos
- **D** neither mature cells nor younger ones produced cloned embryos
- **E** No one of the previous statements is true

La risposta esatta è la **A**. Le cellule impiegate erano adulte, non più in grado di dividersi, e hanno dato migliori risultati delle cellule giovani: *It was these older, mature cells that produced more cloned embryos than the younger ones*.

22.1 Glossario dei termini socio-economici

Account: conto, ciclo borsistico, liquidazione
Advertising: pubblicità
Agent: agente, rappresentante
Agreement: accordo, contratto
Allowance: abbuono, accantonamento, indennità
Assets: attività
Audit: revisione e certificazione di bilancio
Balance: saldo contabile
Bank: banca, istituto di credito
Banking: operazioni di banca, attività bancaria

Bargain: affare contratto
Benefit: sussidio
Bill: effetto, cambiale, conto, parcella, banconota
Board: comitato, consiglio, ministero
Bond: obbligazione, titolo del debito pubblico
Borrowing: indebitamento, prendere a prestito
Breefing: istruzioni date nel corso di una riunione
Broker: intermediario
Budget: bilancio di previsione
Business: affare, impresa, commercio

Capital: capitale
Capitalization: capitalizzazione
Cargo: carico, merce stivata
Carriage: trasporto
Cash: cassa, denaro contante
Catering: approvvigionamento alimentare
Change: cambio
Charge: spesa, conto, prezzo, commissione
Cheep: a buon mercato, di poco valore
Check: controllo, verifica
Cheque: assegno
Commercial: commerciale
Commission: commissione
Commodity: merce, bene
Company: società, compagnia
Compensation: indennizzo, compensazione
Concern: azienda
Consolidated account: bilancio consolidato
Consultant: consulente, esperto
Copyright: diritto di autore
Corporation: società per azioni, società a responsabilità limitata
Covering: copertura, garanzia
Currency: contante, valuta, moneta
Customer: cliente
Customs: dogana
Dealer: commerciante
Dealing: trattativa, contrattazione
Deficit: disavanzo, passivo
Delivery: consegna
Discount: sconto, ribasso
Draft: cambiale tratta
Duty: imposta, dovere
Earner: dipendente, salariato
Earning: utile, guadagno
Economy: economia
Employment: occupazione
Employee: impiegato
Endorse: girare, avvallare
Entepreneur: imprenditore
Exchange: borsa, cambio

Executive: dirigente
Factoring: gestione dei crediti di una azienda da parte di un intermediario
Factory: fabbrica, stabilimento
Fee: onorario, commissione
Firm: azienda, impresa
Fixing: quotazione
Fortune: patrimonio, prosperità, ricchezza
Free lance: libero professionista
Free of income tax: esente da imposta sul reddito
Free on board: franco a bordo
Fringe benefits: componenti addizionali della retribuzione
Futures: contratti a termine su merci e titoli
Gain: guadagno
Gap: divario, carenza
Goods: merci, beni
Goodwill: avviamento di un'azienda
Guarantee: garanzia
Income: entrata, reddito, utile
Insurance: assicurazione
Invoice: fattura, ricevuta
Issue: emissione
Job: lavoro
Joint venture: alleanza industriale
Know how: patrimonio di conoscenze specifiche e tecniche
Labour: lavoro, manodopera
Law: legge
Lease: contratto d'affitto
Leasing: contratto d'affitto con possibilità di riscatto
Liabilities: passività, passivo di bilancio
Loan: prestito
Loan on overdraft: apertura di credito allo scoperto
Lobby: gruppo di pressione, di interesse
Management: dirigenza
Managing director: amministratore delegato
Market: mercato

Equity market: mercato azionario
Exchange market: mercato valutario
Merger: fusione di aziende
Mortgage: mutuo
Partnership: associazione, società di persone
Pawn: pegno
Pay: paga, stipendio
Performance: prestazione, rendimento
Policy: politica, linea di condotta
Pool: cartello (accordo per limitare la concorrenza), alleanza
Pooled fund: fondi comuni di investimento
Pricing: determinazione del prezzo
Product: prodotto
Product mix: gamma di prodotti
Range: campo di variazione, scarto
Rate: aliquota, corso, tasso
Rate of exchange: tasso di scambio
Ratio: rapporto, coefficiente
Real estate: proprietà immobiliare
Risk: rischio
Royalty: diritto d'autore, canone di concessione
Sale: vendita
Sales budget: preventivo delle vendite
Savings: risparmio
Security: obbligazione, titolo
Share: azione, partecipazione
Shareholder: azionista
Software: insieme dei programmi di un calcolatore
Solicitor: avvocato
Stock: titolo, quota, capitale
Stock Exchange: borsa valori
Trade: commercio, scambio, affare
Trader: commerciante
Trade union: sindacato
Turn over: fatturato, volume d'affari
Trust: consorzio, cartello
Underwriter: sottoscrittore
Unemployment: disoccupazione
Venture: impresa
Warehouse: magazzino
Warrant: diritto d'opzione

23 IL SAT

Alcuni atenei italiani stanno considerando di introdurre tra i propri test di ammissione anche il SAT (Scholastic Assessment Test), adottato dai college statunitensi come prova di ingresso. La Bocconi di Milano, per esempio, consente al candidato di sostenere il test preparato dall'università o, in alternativa, consegnare l'esito ufficiale del SAT, conseguito presso le sedi italiane abilitate (si veda 23.4).

Il SAT si suddivide in due tipologie: il SAT1 di Logica e il SAT2 specifico per materia. Il SAT1, oggetto di questo capitolo, è costituito da tre parti fondamentali:
- una di ragionamento (Writing section);
- una di lettura e comprensione (Critical reading section);
- una di matematica (Mathematics section).

Ne segue una quarta cui non è attribuito alcun punteggio e serve all'ateneo per perfezionare la valutazione del candidato.

Queste tre tipologie – ciascuna costituita da 3 sottosezioni sulla base delle tipologie degli esercizi dati – sono tese a valutare le capacità di ragionamento logico del candidato. In particolare, alle università interessano le capacità critiche dello studente e la sua attitudine a risolvere problemi attraverso la comprensione della lingua inglese. È proprio per l'unione di tali aspetti fondamentali (logica e lingua inglese) che università con sedi in Paesi non anglofoni guardano con occhio sempre più favorevole a tale tipologia di esame.

In questo capitolo verrà spiegato in cosa consiste l'esame e le prove che risultano rilevanti ai fini della selezione in Bocconi.

23.1 IN COSA CONSISTE: LE TRE PROVE

1- WRITING SECTION (SCRITTURA)

In questa prima parte dell'esame viene misurata la conoscenza delle regole grammaticali, quindi l'uso della lingua, e la conoscenza del lessico. Il candidato dovrà:
- rispondere a domande a risposta multipla (*multiple-choice*): si tratta di migliorare frasi e paragrafi (*improving sentences and paragraphs*) e di identificare errori di grammatica, sintassi o uso contenuti in una frase (*identifying sentence errors*);
- elaborare un componimento scritto (*short essay*): il candidato deve esporre il proprio punto di vista su un argomento attraverso un ragionamento logico ed esempi tratti dalle esperienze personali. Sono quindi valutate le sue capacità di organizzare ed esprimere idee, argomentarle attraverso l'uso corretto della lingua e trasmettere efficacemente un messaggio.

  Il punteggio assegnato va da 1 a 6.

2- Critical reading section (lettura critica e comprensione)

Nella seconda prova dell'esame si misura la capacità di leggere e comprendere le informazioni contenute in un brano. Sulla base della lettura di più brani, il candidato affronta prove di logica verbale, ovvero:

- frasi da completare (*sentence completions*): ciascuna frase può contenere anche due spazi da riempire (*blanks*) con una delle 5 alternative proposte;
- comprensione dei brani (*reading comprehension*): i brani sono di varia lunghezza (tra 150 e 800 parole), argomento e registro linguistico, e le relative domande si riferiscono a uno solo o a tutti i brani;

  ragionamento analitico (*paragraph-length critical reading*);

  in queste due prove il candidato deve individuare il significato di alcune parole estrapolate dal testo (prova di *vocabulary*) o di un'informazione contenuta nel testo; quanto al ragionamento, le domande mirano a valutare la capacità di sintesi o di analisi di un'informazione, di riconoscere rapporti di causa-effetto, deduzioni logiche, intenzioni dell'autore e analogie concettuali.

3- Mathematics section (matematica)

Costituiscono le prove della terza sezione:

- domande a risposta multipla (*multiple choice*);
- risposte aperte dello studente (*student produced response questions*).

Scopo della prova è valutare la conoscenza e la dimestichezza dello studente con numeri e operazioni, algebra e funzioni, geometria, statistica, probabilità e analisi di dati (argomento dei programmi delle scuole medie superiori e dei primi tre anni di un corso universitario). È consentito l'uso della calcolatrice, per quanto sia possibile risolvere i quesiti senza il suo ausilio.

4- Sezione senza punteggio

Nell'ultima parte dell'esame al candidato possono essere somministrate:

- letture critiche;
- domande a risposta multipla o di matematica o di scrittura.

Lo scopo è puramente indicativo dell'efficacia del test, dal momento che si intende verificare la coerenza dei risultati conseguiti nelle prime 3 prove.

23.2 Tempo e punteggio

La durata totale della prova è di circa 4 ore: 3 ore e 45 minuti per l'esame e 15 minuti concessi per la distribuzione e la compilazione dei dati anagrafici. Le prime tre prove durano mediamente un'ora ciascuna, mentre l'ultima sezione dura 25 minuti, secondo lo schema riportato nella tabella seguente.

Tipologia prova	Durata	Sottosezioni
Writing section	1ora	35 min. + 25 min.
Critical reading section	1ora e 10 min.	25 min. + 25 min. + 20 min.
Mathematics section	1ora e 10 min.	25 min. + 25 min. + 20 min.
Ultima sezione	25 min.	

Il punteggio può variare da un minimo di 600 a un massimo di 2400; nelle prime tre sezioni si assegna un punteggio minimo di 200 e un massimo di 800 per ciascuna, mentre l'ultima è valutata a discrezione dell'ateneo. Il punteggio finale è calcolato sulla somma dei tre punteggi.

I risultati conseguiti restano validi per un anno.

23.3 Consigli utili

Per affrontare le diverse parti del test valgono i consigli già visti nei diversi capitoli di questo volume. Durante l'esame è possibile utilizzare la dispensa data con i testi degli esercizi come fogli di brutta o di calcolo; è consentito l'uso della sola matita (l'inchiostro non è accettato), che permette di cancellare rapidamente una risposta se si ritiene di doverla cambiare.

1 - Writing

- Quanto all'oggetto del componimento: rileggere più di una volta la traccia data e sviluppare una scaletta dei contenuti pertinente, cercando di non andare fuori tema.
- Quanto alla lingua: ovviamente, essere madrelingua o bilingue o poter vantare un'ottima padronanza dell'inglese facilita, ma il test viene eseguito solitamente da diplomati che hanno alle spalle solo pochi anni di studio della lingua. Tuttavia, non bisogna scoraggiarsi, perché non serve essere laureati in lingue per scrivere un testo corretto, per quanto semplificato: basta *keep it simple*, ovvero non complicare le frasi con subordinate e troppe coordinate; mantenere la farse a un livello più semplice possibile (soggetto + verbo + complemento) spesso è il miglior modo per trasmettere in modo chiaro e senza equivoci il proprio pensiero.
  Si consiglia di leggere molto i quotidiani e di studiare le regole della sintassi e della grammatica.
- Quanto alla scrittura: cercare di scrivere con una grafia chiara, utilizzando solo i fogli dati (altri non ne vengono distribuiti), dando ai caratteri una grandezza adeguata.

2 - Critical reading

- Valgono i consigli dati per affrontare i brani in italiano. Il College Board (associazione di scuole e università che organizza e gestisce il SAT) evidenzia la necessità di attenersi rigorosamente alle informazioni contenute nei brani e di non rispondere mai per supposizione o attingendo alla propria conoscenza (sono molti i quesiti che traggono in inganno proprio in questo modo).

3- Mathematics

- Le risposte ai quesiti vanno inserite in apposite griglie, decidendo prima da quale griglia cominciare. Le risposte devono essere le più accurate e precise possibile (per esempio, 1/8 corrisponde più correttamente a 0.125 piuttosto che a 0.12).

23.4 Dove iscriversi per sostenere il SAT

Il SAT può essere sostenuto anche preventivamente in sedi appositamente adibite. Costa $ 45 (attualmente circa 68 euro). All'estero viene effettuato solo sei volte l'anno.

L'iscrizione deve avvenire almeno 5 settimane prima della data dell'esame, o dal sito del College Board o tramite il formulario che si trova nel Bollettino del SAT. I calendari sono consultabili direttamente sul sito.

È vietato iscriversi on line a: coloro che hanno meno di 13 anni, coloro che si iscrivono per la prima volta durante una sessione di esame che si tiene la domenica, coloro che vivono in un Paese che non dà la possibilità di iscriversi on line.

In Italia le città dove viene somministrato l'esame sono quelle dove hanno sede *high school* americane, quindi le principali città (Roma, Milano, Firenze, Torino) o le sedi di basi militari statunitensi:

- Pordenone (Aviano High School – Aviano)
- Trieste (presso Uwc of the Adratic – Duino)
- Firenze (American language CTR)
- Napoli (Naples High School – Gricignano D'Aversa)
- Chieti (Canadian College Italy – Lanciano)
- Milano (American School of Milan)
- Catania (Sigonella Ms/hs – Nasi Sigonella)
- Roma (Overseas School of Rome)
- Torino (Intl School of Turin)
- Viterbo (School Year Abroad)

Presso queste stesse sedi sono anche organizzati corsi di preparazione.

I risultati vengono consegnati entro due o tre settimane (anche direttamente sul sito del College Board) e restano validi per un anno.

Per maggiori informazioni ci si può collegare al sito del College Board (www.collegeboard.org), i cui recapiti sono:

PO Box 62000 Princeton New Jersey 08541-06200, USA
tel/fax +1 609 771 7600/+1 609 683 1234
e-mail: sat@ets.org

23.5 La Bocconi e il Sat

Per le prove che si tengono in primavera e a settembre, l'Università Bocconi di Milano consente di scegliere se sostenere il test preparato dalla stessa Università, oppure presentare i risultati che il candidato ha ottenuto al SAT.

Ai fini selettivi è necessario inviare, in originale ed entro i termini che l'Università indica sul proprio sito, i risultati ufficiali del SAT1 (SAT reasoning test).

Per valutare il candidato, la Bocconi prende in considerazione i punteggi ottenuti nelle sezioni relative a **Critical Reading** e **Math**.

Per partecipare alla selezione, non è richiesto un punteggio minimo.

23.6 ESEMPI DI ESERCITAZIONI

1- WRITING SECTION

Multiple choice

Improving sentences (Choose the alternative that best replaces the underlined part of the sentence).

> You'll never learn English <u>and you ought to study more</u>
>
> **A** but you studied more
> **B** as long as you study more
> **C** unless you study more
> **D** if you study more

Correct Answer: **C**.

Improving paragraphs (In context, which is the best revision to the underlined portion of sentence 1 reproduced below?)

> Often women artists like Mary Cassatt have worked in the shadows of their male contemporaries. (1) <u>They have rarely received much attention during their lifetimes</u> [...]
>
> They have rarely received much attention during their lifetimes.
> **A** In fact, they had
> **B** Too bad these artists have
> **C** As a result, these women have
> **D** In spite of this, women artists
> **E** Often it is the case that the former have

Correct Answer: **C**.

Identifying sentence errors (Find the underlined part that contains a mistake).

> He's <u>the most honest</u> person <u>that</u> <u>I ever met</u> in my life, <u>isn't he</u>?
>
> **A** the most honest
> **B** that
> **C** I ever met
> **D** isn't he

Correct Answer: **C**.

Short essay

Many persons believe that to move up the ladder of success and achievement, they must forget the past, repress it, and relinquish it. But others have just the opposite view. They see old memories as a chance to reckon with the past and integrate past and present.

Adapted from Sara Lawrence-Lightfoot, I've Known Rivers: Lives of Loss and Liberation

Assignment: Do memories hinder or help people in their effort to learn from the past and succeed in the present? Plan and write an essay in which you develop your point of view on this issue. Support your position with reasoning and examples taken from your reading, studies, experience, or observations.

2- CRITICAL READING SECTION

Passage-based Reading

The passages below are followed by questions based on their content; questions following a pair of related passages may also be based on the relationship between the paired passages. Answer the questions on the basis of what is stated or implied in the passages and in any introductory material that may be provided. The questions below are based on the following passage.

"The rock was still wet. The animal was glistening, like it was still swimming," recalls Hou Xianguang. Hou discovered the unusual fossil while surveying rocks as a paleontology graduate student in 1984, near the Chinese town of Chengjiang. "My teachers always talked about the Burgess Shale animals. It looked like one of them. My hands began to shake."
Hou had indeed found a Naraoia like those from Canada. However, Hou's animal was 15 million years older than its Canadian relatives.

In line 5, "surveying" most nearly means

A calculating the value of
B examining comprehensively
C determining the boundaries of
D polling randomly
E conducting a statistical study of

Correct answer: B.

Sentence completions

Hoping to _____ the dispute, negotiators proposed a compromise that they felt would be _____ to both labor and management.

- **A** enforce, useful
- **B** end, divisive
- **C** overcome, unattractive
- **D** extend, satisfactory
- **E** resolve, acceptable

Correct Answer: **E**.

3- MATHEMATICS SECTION

Multiple choice

In a farm there are 120 animals (rabbits and chickens) and 320 paws altogether. How many chickens are in the farm?

- **A** 70
- **B** 50
- **C** 60
- **D** 40
- **E** 80

Correct Answer: **E**.

Student-produced response questions.

What value of x satisfies both of the equations below?

$16x - 1 = 3$

$3 - 8x = 1$

Correct Answer: $x = 1/4$

23.7 ESERCIZI PROPOSTI E RISOLTI

1- WRITING SECTION

MULTIPLE CHOICE

Improving sentences

1 **Let her not listen** to us! It's a secret!
- **A** Don't let her listen
- **B** Listen her not
- **C** Don't listen to her
- **D** Let not her listen
- **E** Doesn't she let listen

2 <u>Of who</u> is this biography?
- A Who of
- B Whom of
- C Whose of
- D Of whom
- E Of whoever

3 As soon as you receive the documents, <u>inform us</u>.
- A will you inform us?
- B will you?
- C kindly inform us?
- D will you be to inform us?
- E will you be informing us?

Improving paragraphs

4 If you dry a smooth paste made of sand, lime and water it <u>will form</u> a hard layer.
- A forms
- B will be forming
- C is forming
- D formed
- E must form

5 The police reached the spot and the violent demonstrators run away.
- A As the violent demonstrators run away did the police arrive
- B If the police arrived the violent demonstrators would run away
- C No sooner did the police arrive than the violent demonstrators run away
- D Not until did the violent demonstrators run away the police arrived

Identifying sentence errors

6 <u>You were right</u>. <u>The company I worked for</u> was not <u>going bankrupt</u>. If <u>I had taken your advice</u> <u>I wouldn't quit</u> my job.
- A You were right
- B The company I worked for
- C going bankrupt
- D I had taken your advice
- E I wouldn't quit

7 "**What a warm day** today! **What about having an ice cream**?" "**I'd prefer have** an **iced drink**."
- **A** What a warm day
- **B** What about having an ice cream
- **C** I'd prefer have
- **D** iced drink

8 This morning **I got a cheque** in the post **which I wasn't expecting**, **for some work, which I did a long time ago**.
- **A** I got a cheque
- **B** which I wasn't expecting
- **C** for some work, which I did
- **D** a long time ago

2- CRITICAL READING SECTION

Reading

Michael Crichton, the author behind the fictional world of Jurassic Park, died at the age of 66 after a battle with cancer that he hid from the public eye.

Crichton, the author of more than a dozen bestselling novels and creator of the medical drama series ER, died unexpectedly in Los Angeles, his family said.

Steven Spielberg, who directed the film of Jurassic Park, said: "Michael's talent outscaled even his own dinosaurs […]. He was the greatest at blending science with big theatrical concepts, which is what gave credibility to dinosaurs again walking the Earth."

Mr Spielberg added: "Michael was a gentle soul who reserved his flamboyant side for his novels. There is no one in the wings that will ever take his place."

9 Find the right meaning of the sentence.
He was the greatest at blending science with big theatrical concepts, which is what gave credibility to dinosaurs again walking the Earth.
- **A** Credibility to dinosaurs was due to his ability to join science and theatrical concepts
- **B** He managed to give credibility to dinosaurs thanks to his scientific knowledge
- **C** Theatrical concepts gave credibility to dinosaurs
- **D** He mastered theatrical concepts more than science

Despite the continuing falls in house prices, the lender's chief economist, Martin Ellis, said there were signs that the market was starting to stabilise and that the affordability of homes was "improving significantly".

"The house price to average earnings ratio has fallen below 5.0 for the first time for four and a half years," he said.

"We expect a further improvement in the ratio over the coming months.

"The number of mortgages approved to finance house purchase was broadly unchanged in September for a third successive month," he added.

Simon Rubinsohn, chief economist at the Royal Institution of Chartered Surveyors (Rics), took a different view.

"Prices are now falling at a faster pace than in the recession of the early 90s and, with mortgage finance still in short supply, the likelihood is that the picture will continue to deteriorate in the near term.

"Interest rate cuts by the Bank of England should gradually provide some support but the key issue is the extent to which these reductions are passed on to High Street lending rates.

"Ominously some lenders are taking advantage of the current environment to rebuild margins, which will inevitably lessen the beneficial impact of the bank's actions," he pointed out.

10 Replace the underlined parts without changing the meaning of first sentence of the passage. "**Despite the continuing falls in house prices**, the lender's chief economist, Martin Ellis, said there were signs that the market was starting to stabilise and that **the affordability of homes was "improving significantly**".

A House prices are higher and higher but – homes are less and less affordable

B Unless the house prices fall – homes are not affordable yet

C House prices are getting lower and lower even though – homes are more and more affordable

D Though house prices keep on falling – homes are more and more affordable

Lieutenant-Colonel Malalai Kakar was Afghanistan's highest-ranking female police officer. She was a champion of oppressed women in the wartorn state and portrayed in the international media as something of a fearless feminist action hero. (1) As Kandahar's deputy commander of police she vigorously enforced her own brand of justice, unafraid to beat criminals that she caught. (2) Kakar carried on with her duties despite attempts on her life and a succession of death threats. (3) Even the Taleban acknowledged her bravery in their death threats.

Kakar was the first woman to become a police detective in the ultraconservative Kandahar — a dangerous place for any police officer let alone a woman. Kandahar, the birthplace of Taleban extremism, is the largest city in southern Afghanistan (4) and its surrounding province of the same name has a population of about 900,000.

Kakar rose through the ranks to become the country's most prominent policewoman as the head of the crimes against women department of the Kandahar police, leading a team of nearly a dozen policewomen. Her main roles were to sort out family disputes, protect women from domestic violence and run the women's prison.

11 "Kakar was a champion of oppressed women". What did she do exactly?

- **A** As Kandahar's deputy commander of police she vigorously enforced her own brand of justice, unafraid to beat criminals that she caught (1)
- **B** Kakar carried on with her duties despite attempts on her life and a succession of death threats (2)
- **C** Even the Taleban acknowledged her bravery in their death threats (3)
- **D** Kandahar, the birthplace of Taleban extremism, is the largest city in southern Afghanistan (4)

Sentence completions

12 In 1929 the first step towards economic _____ was the Wall Street _____.

- **A** downfall, fall
- **B** collapse, Stock Exchange
- **C** recession, crash
- **D** ruin, fall
- **E** recession, boom

13 My grandfather has recently _____ the illness but still suffers from heart and circulatory _____.

- **A** recovered from, disturb
- **B** treated, disturb
- **C** got over, disorder
- **D** cured, disorder
- **E** been treated, disorder

14 Nowadays a lot of things must be done to restore the _____ of Nature. The WWF was _____ on this _____.

- **A** budget, set up, purpose
- **B** balance, founded, purpose
- **C** equilibrium, created, aim
- **D** balance, established, object
- **E** right, established, idea

3- MATHEMATICS SECTION

Multiple choice

15 John is travelling to a meeting that is 28 miles away. He needs to be there in 30 minutes. How fast does he need to drive to make it to the meeting on time?

- A) 25 mph
- B) 37 mph
- C) 41 mph
- D) 49 mph
- E) 56 mph

16 If 45 is 120% of a number, what is 80% of the same number?

- A) 30
- B) 32
- C) 36
- D) 38
- E) 41

17 How long will Lucy have to wait before her $2,500 invested at 6% earns $600 in simple interest?

- A) 2 years
- B) 3 years
- C) 4 years
- D) 5 years
- E) 6 years

Student-produced response questions

18 Martha is packing 60 cookies for a class picnic. She packs 6 cookies in each bag. Which number sentence can be used to find the number of bags, b, that she will need?

19 If $r = 5z$ then $15z = 3y$, then $r = ?$

20 y is inversely proportional to x squared. Given that y = 2.5 when x = 24, find an expression for y in terms of x.

23.8 Soluzioni

Domanda	Risposta	Domanda	Risposta
1	A	11	A
2	D	12	C
3	A	13	C
4	A	14	B
5	C	15	E
6	E	16	A
7	C	17	C
8	C	18	$b=60/6$
9	A	19	y
10	D	20	$y=1440/x^2$

PER COMPLETARE LA PREPARAZIONE

CORSI

Alpha Test organizza **corsi specifici di preparazione** ai singoli test universitari, con sedi nelle principali città italiane. I risultati conseguiti negli ultimi venti anni dai candidati alle selezioni universitarie dimostrano che **frequentare un corso Alpha Test rappresenta la scelta migliore per chi è veramente motivato a superare la prova** di ammissione al corso di studio prescelto.

Agli studenti che si iscrivono a un corso Alpha Test vengono forniti, al momento dell'iscrizione, tre volumi relativi al corso scelto. Per chi avesse già acquistato **presso un centro Alpha Test** l'ultima edizione di uno o più libri in dotazione al corso, è prevista una riduzione della quota di iscrizione pari al 100% del prezzo di copertina; se i libri sono stati acquistati **in libreria**, tale riduzione è invece pari al 50% del prezzo di copertina.

256 pagg.
€ 15,50

320 pagg. - € 18,90
disponibile anche con Cd Rom a € 25,90

LIBRI

Oltre al **Teoritest 1**, la collana *TestUniversitari* propone **altri due volumi** indispensabili per approfondire la preparazione e per svolgere ulteriori esercizi di verifica.

Esercitest 1 (disponibile anche nella versione con Cd Rom): è un eserciziario rivolto a coloro che intendono **affrontare e risolvere ulteriori quesiti** per migliorare la propria preparazione. Contiene infatti centinaia di quesiti **suddivisi per materia** e per argomento, ciascuno corredato da un commento (oltre che dalla soluzione) che ne illustra i metodi risolutivi più efficaci. Tale struttura consente di svolgere esercitazioni mirate, individuando facilmente le lacune e gli argomenti su cui concentrare il lavoro di preparazione.

Veritest 1: contiene **10 prove d'esame con domande dei concorsi degli ultimi anni**. Le prove sono accompagnate da indicazioni precise (tempo a disposizione, modalità con cui indicare le soluzioni, criteri di valutazione ecc.) che consentono di mettersi alla prova sulla base dei criteri e delle modalità di svolgimento dell'esame ufficiale.

Ai fini della preparazione, l'Esercitest 1 e il Veritest 1 risultano complementari al Teoritest 1.
I tre volumi, infatti, costituiscono nel loro insieme **lo strumento editoriale più esauriente e aggiornato** per la preparazione teorica e pratica necessaria a superare la prova di ammissione.

Per informazioni aggiornate sui corsi e i libri Alpha Test:

www.alphatest.it

NUMERO VERDE
800-017326

assistenza@alphatest.it

IN OMAGGIO su www.testonline.it
3 SIMULAZIONI D'ESAME
solo con i libri Alpha Test

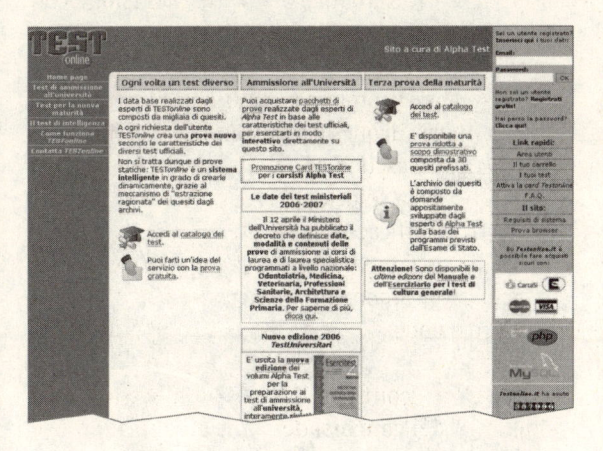

Curato dagli esperti di Alpha Test, il programma offerto da TESTonline permette di svolgere esercitazioni mirate sul test di proprio interesse e di conoscere in tempo reale l'esito di ciascuna prova svolta.

Il funzionamento di TESTonline si basa su archivi aggiornati, composti da migliaia di quesiti appositamente realizzati sulla base delle prove ufficiali assegnate negli ultimi anni nei diversi concorsi.

Tutti i quesiti proposti sono risolti e commentati.

CORREZIONE IMMEDIATA E VERIFICA DEI RISULTATI

Al termine di ogni prova vengono presentati, in forma grafica e tabellare, i seguenti risultati:

- punteggio complessivo conseguito;
- punteggio parziale per ogni materia;
- grafico dei risultati conseguiti nelle diverse esecuzioni dello stesso tipo di test;
- confronto dei propri risultati con quelli ottenuti da altri utenti.

Test di Medicina: esempio di grafico dei risultati con il dettaglio delle diverse materie presenti nel test svolto

---

Per svolgere gratuitamente le 3 simulazioni d'esame è sufficiente disporre di questo libro, andare su www.testonline.it e cliccare il bottone di attivazione delle 3 prove gratuite.

LA PATENTE?
LA PRENDO CON ALPHA TEST!

Manuale teorico-pratico

Nuova edizione

Antonio Messina
L'esame per la PATENTE di GUIDA
Manuale teorico-pratico per il conseguimento delle patenti A e B

- Tutte le conoscenze richieste per risolvere i quesiti ministeriali
- Numerosi quesiti di verifica suddivisi per argomento
- Fac-simile delle schede ministeriali utilizzate in sede d'esame

SECONDA EDIZIONE INTERAMENTE RIVISTA E AMPLIATA
Aggiornata alle novità normative introdotte nel 2007

Alpha Test

Pagg. 288 - € 17,50

Eserciziario

Novità 2009

Antonio Messina
I QUIZ dell'esame per la PATENTE DI GUIDA
Eserciziario per il conseguimento delle patenti A e B

2740 quiz dei quesiti ministeriali
223 schede d'esame suddivise per argomento
50 schede di verifica finali

Alpha Test

Pagg. 320 - € 12,90

Nuova edizione 2009

Alberto Clerici
LA PATENTE EUROPEA DEL COMPUTER
Manuale con CD
NOVITÀ

Guida visuale aggiornata al Syllabus 5.0 e Windows Vista
Con 7 simulazioni integrali dell'esame ECDL ATLAS, in versione Windows Vista e Office 2007
Materiale didattico validato da AICA — ECDL

Alpha Test

Nuova edizione con CD aggiornata con oltre 1300 immagini che guidano passo passo nella comprensione di ogni argomento

Pagg. 800 - € 27,90

Alpha Test

In libreria, su www.alphatest.it e al numero verde:

Numero Verde
800-017326

PER LA SECONDA PROVA SCRITTA DEL LICEO SCIENTIFICO

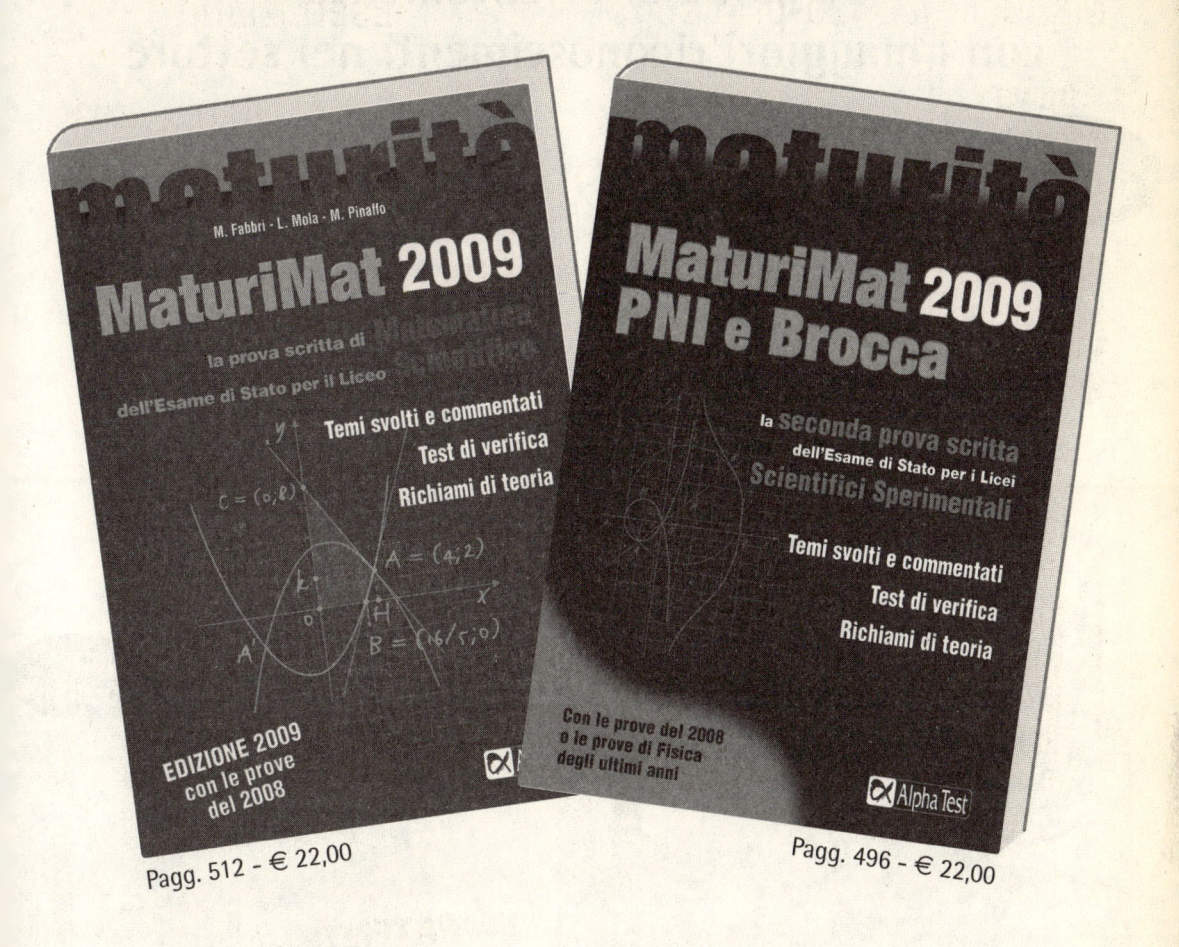

Pagg. 512 - € 22,00

Pagg. 496 - € 22,00

- i temi degli ultimi anni risolti e commentati •
- test per la verifica della preparazione •
- formulario con richiami di teoria •

Alpha Test

In libreria,
su www.alphatest.it
e al numero verde:

Numero Verde
800-017326

E dopo la maturità...?

Le guide di orientamento con i maggiori riconoscimenti nel settore

EDIZIONE 2009/2010

Quale Università?
Guida completa alla scelta degli studi post-diploma
€ 15,90 (Con Cd: € 19,90)

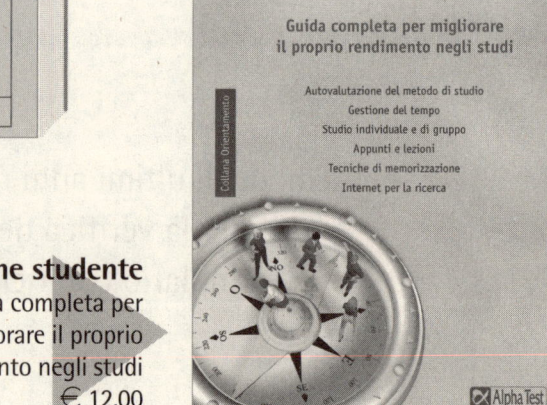

NUOVA EDIZIONE

Professione studente
Guida completa per migliorare il proprio rendimento negli studi
€ 12,00

Alpha Test

In libreria, su www.alphatest.it e al numero verde:

Numero Verde
800-017326

PER LE DOMANDE DI CULTURA GENERALE

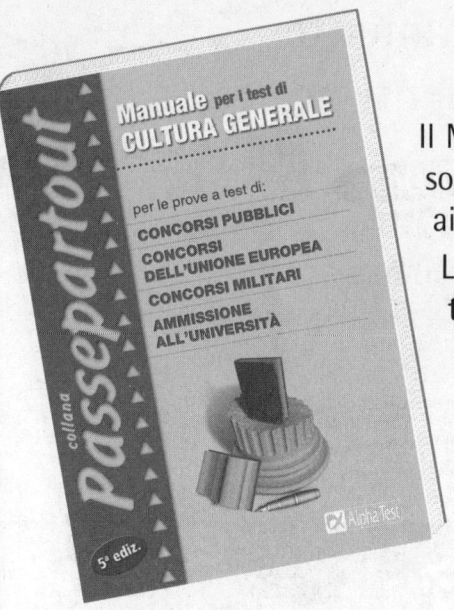

Il Manuale offre materiale completo per un ripasso mirato degli argomenti fondamentali richiesti ai test.

Le materie trattate sono: **letteratura, grammatica italiana, storia, attualità, storia dell'arte, geografia, filosofia, educazione civica, economia, storia delle scienze, cultura ambientale, informatica.**

Pagg. 544 - € 19,90

L'Eserciziario offre **centinaia di esercizi** suddivisi tra le stesse materie trattate nel Manuale, che consentono la verifica di tutti gli argomenti oggetto d'esame. Molti quesiti sono corredati da un **commento**, che offre ulteriori spunti di riflessione e di ripasso.

Pagg. 288 - € 16,00

Alpha Test

In libreria,
su www.alphatest.it
e al numero verde:

Numero Verde
800-017326

PER LO STUDIO E IL RIPASSO APPROFONDITO E MIRATO DI SINGOLE MATERIE

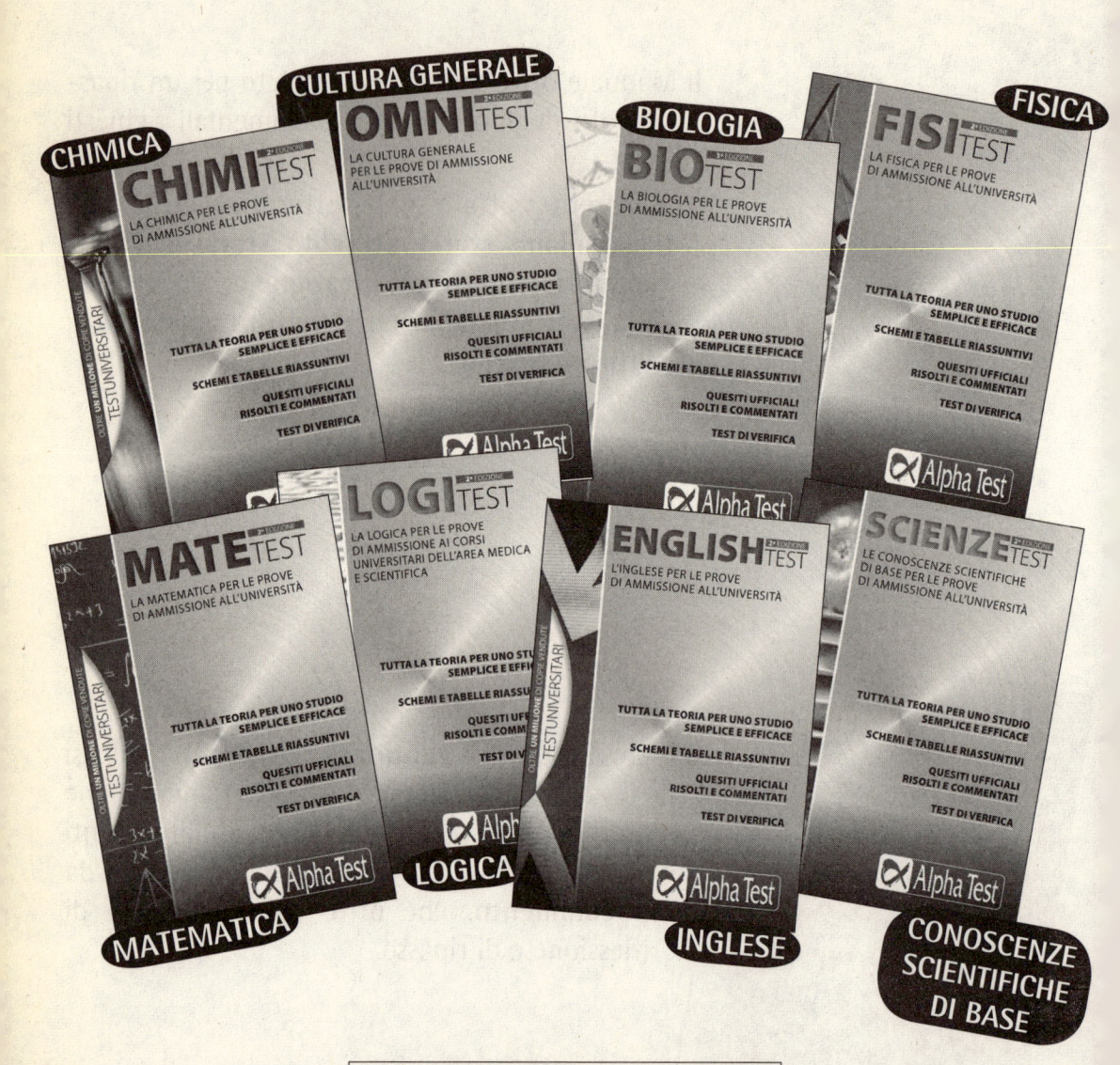

CHIMICA — CHIMITEST
CULTURA GENERALE — OMNITEST
BIOLOGIA — BIOTEST
FISICA — FISITEST
MATEMATICA — MATETEST
LOGICA — LOGITEST
INGLESE — ENGLISHTEST
CONOSCENZE SCIENTIFICHE DI BASE — SCIENZETEST

Ogni volume: da € 12,00 a € 14,90

Alpha Test

In libreria, su www.alphatest.it e al numero verde:

Numero Verde 800-017326